컴퓨터와 인문학 15

조선시대 전자문화지도와 문화 연구

김홍규 / 민현구 / 조 광 / 정우봉 / 우응순
김문용 / 임학성 / 오항녕 / 이형대 / 이정주
최난경 / 김종혁 / 정치영 / 신항수

고려대학교 민족문화연구원

<컴퓨터와 인문학> 간행사

오늘날 컴퓨터는 모든 학문 분야에서 긴요한 도구로서의 역할이 증대되고 있다. 그것은 단순한 도구에 그치지 않고 새로운 연구 방법론을 제공하며, 예전에는 착안하지 못했던 탐구의 시야를 개척하는 데에도 기여한다.

컴퓨터와는 거리가 먼 것으로 여겨져 왔던 인문학에서도 이 점은 예외가 아니다. 컴퓨터의 사용은 인문학의 전통적 주제에 대한 새로운 접근 방법을 제공할 뿐 아니라 새로운 도전적 과제들 또한 제시하고 있다. 컴퓨터와 인문학은 한 세대 전의 사람들이 흔히 생각했던 것처럼 서로 동떨어진 세계의 사물이 아니다. 우리는 계량적으로 분해할 수 없는 가치와 의미를 다루는 전통적 인문학의 정신을 존중하는 동시에, 인문학과 컴퓨터 사이에는 인류의 지적 창조성을 드높이기 위한 만남의 공간이 광범하게 존재한다는 것을 확신한다.

본 연구원은 이러한 기본 전제 위에서 인문학과 관련된 컴퓨터 응용과 그 발전을 위한 연구를 촉진하기 위한 기획으로 <컴퓨터와 인문학> 총서를 간행한다. 이 총서는 한국학을 주축으로 인문과학 전반의 컴퓨터 응용을 활성화하고 정보과학과 기술의 발전을 위한 인문학적 기반을 확충하는 데 기여하고자 한다. 그 주요 내용으로는 인문학 및 한국학 데이터베이스 구현을 위한 연구, 대규모 말모둠(Corpus)과 컴퓨터를 이용한 언어 연구, 텍스트 부호화 및 마크업 방법, 전자 텍스트와 전자 도서관에 관한 연구, 인문학을 위한 프로그램 등 분석 도구, 컴퓨터를 이용한 사전 편찬 및 전자 사전 연구 등이 포함될 것이다.

"해와 달이 비록 悠久하나, 그 빛은 나날이 새롭다"는 燕巖 朴趾源의 말을 오늘에 되새기면서, 이 총서가 인문학의 오랜 역사 위에 정보시대의 새로운 창조성을 더하는 데 크게 기여하기를 기대한다.

1997년 3월

고려대학교 민족문화연구원

머리말

이 책은 고려대학교 민족문화연구원의 전자문화지도 연구팀이 2002년부터 진행한 <조선시대 전자문화지도 개발 및 그 응용 연구>라는 과제의 일부 성과를 엮은 것이다. 이 과제를 기획한 우리의 의도는 전자매체 환경을 능동적으로 활용하여 인문학 자원을 입체적으로 구성하고, 이에 기반하여 새로운 탐구의 시야를 모색해보고자 하는 것이었다. 이 연구의 관심사는 크게 세 분야로 나뉘는 바, 이는 이 책의 구성과도 상응한다.

우리의 일차적 관심사는 조선 시대 전자문화지도 구현 방법론을 모색하고 실제 데이터베이스를 시험적으로 구축하는 일이었다. 우리는 조선 시대의 문학・사상・역사・지리・민속 등 다양한 분야의 자료를 시간, 공간, 주제의 입체 구조 속에 배열하는 문화지도의 모형을 설계하였다. 이를 위해서는 물리적, 역사적인 시・공간을 분할하는 방법론적 고려가 선행되어야 했으며, 복합적인 문화 분류를 위한 주제 분류체계도 마련해야 했다. 또한 개별 주제 데이터베이스를 구축하기 위해서는 대상 자료의 분석 및 DB 구조 설계로부터 지도화, 웹 서비스에 이르기까지 복잡한 일련의 과정을 거쳤다. 이런 작업의 일환으로 우리는 조선 시대의 행정구역을 시기별로 복원하여 지도화하였다. 나아가 이를 베이스 맵으로 하여, 인구, 경지, 사찰, 장시, 교통로, 민요 등 총 22개 영역의 데이터베이스를 구축하였고, 그중 일부는 인터넷을 통해 공개한 바 있다. 이 책의 1부에서는 이러한 연구의 주요 성과를 수록하여 전자문화지도가 어떻게 이루어지고, 그것이 어떤 인문학적 의미를 가지는가에 대한 성찰을 담았다.

우리의 두 번째 관심사는 조선 시대 전자문화지도를 활용한 응용 연구에 있었다. 전자문화지도의 장점은 주제별 문화현상의 시공간적 변이 양상을 파악하기 용이하다는 점에 그치지 않는다. 다양한 분야의 주제도를 동일한 시간, 혹은 공간대에 중첩시켜 봄으로써 그들 사이의 상관관계를 구명하는 기초자료로 활용할 수 있으며, 이를 통해 다양한 학제간 연구를 촉발시킬 수도 있다. 이 책의 제2부에서는 문학과 지리, 음악과 지리의 만남 등의 연구사례를 수록하여 이러한 접근의 일단을 소개하였다.

우리의 세 번째 관심사는 전자문화지도의 구축을 계기로 하여, 부문별 연구 주제의 유기적 통합 내지 소통을 달성하고, 이를 통해 조선시대 문화의 총체적 이해를 위한 인식구도를 진전시켜 보자는 것이었다. 하지만 그러한 목표에 도달하기에는 당초의 설계보다 1년이 축소된 2년의 연구기간이 너무도 짧다는 것을 절감하지 않을 수 없었다. 따라서 세 번째 관심사에 관한 한 우리의 연구는 얼마간의 성과와 함께 앞으로 더 추구해야 할 숙제를 확인하는 지점에서 잠정적인 매듭을 짓게 되었다. 제 3부는 이러한 도정에서 거둔 부문별 주제 연구의 성과를 수록한 것이다.

돌이켜 보건대 당초의 목표에 비해 우리가 거둔 성과는 부족하고 아쉬운 점이 너무도 많다는 느낌이 절실하다. 그러나 전자문화지도에 대한 관심이 증대되도록 촉진하고, 미진하나마 개척적 모색에서 이루어진 성과와 경험을 나누는 것이 향후의 발전에 도움이 되리라 믿어 이를 간행하기로 하였다.

이 연구가 진행되는 동안 협력과 성원을 보내 주신 동학 여러분들께 이 자리를 빌어 경의를 표하며, 여러 가지 난제들을 함께 헤쳐나간 공동연구진의 학문적 열성과 우정 또한 깊이 새겨 두고자 한다. 연구지원기관인 학술진흥재단과, 본 연구의 든든한 터전이 된 고려대학교 민족문화연구원에도 감사드린다.

2006년 7월 15일

연구책임자 김흥규

차 례

1부 : 조선시대 전자문화지도 방법론 연구

2부 : 조선시대 전자문화지도 응용 연구

3부 : 조선시대 문화 주제 연구

제 1 부

조선시대 전자문화지도 방법론 연구

<조선시대 전자문화지도 연구>의 인문학적 의미와 전망

김홍규

1. 인문학의 위기와 매체혁명

최근 수년간 인문학의 위기에 대한 우려가 많이 거론되고 있다. 그 우려에는 흔히 컴퓨터와 전자매체/통신의 발달이라는 환경적 요인이 전제되는 것도 자주 볼 수 있는 일이다. 과연 오늘날의 매체혁명은 인문학에 위기를 가져오는 원인이라 보아 마땅한 것인가?

전통적 인문주의의 감성을 지닌 이들은 디지털 혁명의 도도한 물결에 대해 긍정적 기대보다는 심각한 염려를 더 많이 품고 있는 듯하다. 수많은 종이책, 그 책들을 모아 놓은 도서관, 그리고 교수와 학생들이 얼굴을 마주 대하고 지적 담론을 나누는 강의실, 이런 전통적 공간과 소통체계가 무형적인 비트(bit)의 집합과 네트워크 상의 가상공간으로 대체될 때 생겨날지도 모르는 비인간화와 인문적 교양의 붕괴가 그러한 염려의 주요 내용이 된다.

그러나, 문화사의 거시적 관점에서 볼 때, 디지털 혁명은 위기이기보다는 새로운 가능성을 향한 기회다. 디지털 혁명은 종이책을 포함한 아날로그 매체로부터 디지털 매체로의 전환인 동시에, 재래적 매체를 기반으로 한 물질적, 경제적, 사회적 제약으로부터의 도약이기도 하기 때문이다.

매체기술의 변화를 중심으로 하여 살펴보면 책의 역사는 경제적으로는 정보의 분배에 필요한 단위비용이 절감되어 온 과정이요, 사회적으로는 정보의 소유와 활용에 관한 불평등이 완화되어 온 과정이라 요약할 수 있다.

고대 문명 단계에서는 책을 만들고 보존하는 데에 막대한 비용이 소요되었다. 고대 메소포타미아에서는 점토판에 글씨를 새기고 구워서 책을 만들었다. 고대 중국에서는 굵은 대쪽에 글을 쓰고 가죽으로 꿰어 책을 만들었다. '冊'이라는 한자는 그 모양을 그린 것이다. 이러한 어려움과 비용으로 인해 책에 의한 정보의 혜택은 국가 권력 및 소수의 특권계급에 국한되었다.

제지술의 발명과 보급에 의해 열린 그 다음 시대에는 책을 만드는 비용이 상대적으로 낮아지고 보존의 편의성은 높아짐으로써 인류의 정보 축적이 급속하게 늘어났다. 그러나 그 직접적 혜택은 아직도 특권적 지배계급의 범위를 벗어나지 않았다.

중세 말기에 와서 이른바 구텐베르크 혁명에 의해 싼값으로 대량의 인쇄물을 만들 수 있는 기술이 실용화되자 종래의 상황은 혁명적으로 변했다. 성경은 더 이상 소수의 司祭와 지식인들의 독점적 해석 대상이 아니게끔 되었으며, 문학 또한 市井의 일상적 체험과 감성을 호흡하기 위해 '낮은 곳으로' 내려왔다. 인쇄혁명에 의한 서적 생산비 절감은 많은 사람들이 유용한 정보를 획득할 수 있도록 했으며, 정보의 소유·분배·재생산 구조를 종전보다 평등화했다. 근대 민주주의와 시민문학의 성립, 발전 또한 이와 같은 매체환경 변화와 밀접한 관련이 있다.

디지털 혁명은 이러한 인쇄혁명보다 더 큰 사회적 파급효과를 몰고 올 것이다. 그 작용이 인류에게 전적으로 유익하기만 한 장미빛 미래를 보장할 것인지는 불확실하다. 그러나 그 물결을 멈추거나 늦출 수 없다는 것은 분명하다. 그렇다면 우리가 해야 할 일은 막연한 염려와 걱정에 그칠 수 없다. 21세기를 살아갈 인문학도들은 디지털 혁명의 다양한 문제들에 대해 좀더 적극적인 관심을 가져야 한다. 디지털 혁명은 이제 정보처리 기술만의 문제가 아니라, 모든 분야의 지적 성찰을 필요로 하는 문명사적 현상이다. 그리고 그것은 인문학의 미래를 위해 위기이기보다는 새로운 기회라는, 발상의 일대 전환이 요구되고 있다.

2. 인문학의 장래와 디지털 환경

오늘날의 많은 사람들 사이에는 컴퓨터와 정보기술, 디지털 혁명에 대해 두 가지 상반되는 편견이 존재하는 듯하다. 그 하나는 디지털 시대에 대한 공포 내지 막연한 거부감이고, 또 다른 하나는 이에 대한 낙관적 환상이다.

컴퓨터가 하는 일에 대해 두려움을 가진 사람들은 디지털 기술이 계량화될 수 없는 인간정신의 심원한 내면을 분해하고 數値化하며 더 나아가서는 비인간적인 것으로 환치시키지 않을까 하는 우려를 품는다. 이러한 우려를 가지고 오늘날의 시대적 추이를 바라볼 때 비관적인 전망이 나오게 되는 것은 불가피한 일이 것이다. 반면에, 다른 한쪽에선 디지털 기술에 대해 극히 막연한 낙관적 환상을 고취한다. 디지털 기술이 인간 생활의 여러 일거리들을 자동화하고, '단추만 한번 누르면' 무엇이든 척척 해결해 줄 것이라고 과장되게 이상화하는 식의 예견이 그것이다.

그러나 이 두 가지 논법은 실상과는 거리가 먼, 그리고 넘어서지 않으면 안될 편견에 불과하다. 디지털 기술이 아무리 발전하더라도 상상·설계·추리·판단하는 주체로서의 인간은 변함없이 그 중심에 필요하며, 이러한 주체적 중심을 배제한 디지털 기술은 의미가 없다. 디지털 기술은 상상·설계·추리·판단의 보조적 수단으로서, 효율적인 도구로서 의미가 있을 따름이다.

최근의 10여년 사이에 급속하게 진전되어 온 디지털 정보처리의 물결은 가장 보수적 성향의 학문인 인문학에도 새로운 환경으로 접근해 오고 있다. 인문학은 전통적인 학문정신과 문제의식을 견지하면서도 이러한 상황에 부응하기 위해 적극적으로 노력할 필요가 있다. 디지털 정보처리에 의해 얻을 수 있는 이익을 인문학의 관점에서 거론한다면 다음의 두 가지 가능성에 우선 주목할 만하다.

첫째, 연구를 위한 물리적 장애와 시간적 제약의 타파를 들 수 있다.

컴퓨터 분야의 격언 가운데 '손으로 할 수 없는 일은 컴퓨터로도 할 수 없다'는 말이 있다. 컴퓨터는 인간의 상상과 설계 밖의 일까지 해 주지는 못한다는 경고다. 그런데 한 사람의 손으로 10년이나 20년 걸려야 할 자료 조사의 과제가 있다면 논문 한 편을 위해 그런 일을 할 수 있을까. 가령 <조선왕조실록>을 원전이든 번역본이든 모두 읽어서 필요한 정보를 검출한다면, 한 사람의 힘으로는 여러 해가 걸려도 불가능할 것이다. 아주 유능한 수십 명의 조교를 데리고 일한다면, 1년쯤에 될 법도 하다. 그러나 유능한 조교 수십 명을 그만한 기간 동안 붙들어 놓고 일을 시킨다는 것은 현실적으로 거의 불가능하다. 전자화된 텍스트와 디지털 도구는 적은 인력과 짧은 시간으로 이런 일을 가능하게 한다. 다시 말해서 연구자가 절실하게 꿈꾸고 치밀하게 설계했으면서도 그것을 실행할 만한 시간과 인력이 부족하기 때문에 일찌감치 포기했던 일들이 가능한 과제로 다가오게 되는 것이다.

둘째, 디지털 정보처리는 연구의 규모와 복잡성 때문에 포기했던 학문적 접근의 길을 열어 줄 수 있다.

어떤 종류의 탐구가 요구하는 복잡함의 정도가 보통 사람의 추리력이나 기억력으로 감당할 수 없을 만큼 크기 때문에 포기되었던 일들이 많다. 어떤 수학자가 10여년을 걸려서 圓周率을 소수점 아래 백 몇십 자리까지 계산했는데, 후일에 개발된 컴퓨터는 몇 시간만에 이보다 훨씬 많은 자릿수를 계산했고, 사람이 계산한 것은 그나마 중간에 계산착오가 있었다는 일화도 이제는 진부한 사례에 불과하다. 자연계에 관해서든 인간 사회와 문화에 관해서든 복잡한 變因들의 상호작용에 의해 전개되는 사태를 분석하거나 해석함에 있어서 우리의 계산, 추리 능력은 상상력보다 훨씬 무디고 부족하다. 그리고 이 때문에 일찍부터 포기했거나 아예 문제로써 포착되지도 않은 잠재적 문제들이 얼마나 많은가. 디지털 정보처리는 이러한 잠재적 문제들이 인문학 연구의 주요한 논점으로 떠오르는 계기를 마련해

줄 수 있다.

이처럼 디지털 기술을 이용해서 자료 조사의 수고와 시간을 절약하고, 새로운 분석·비교·종합의 시야를 개척할 수 있다면 디지털 정보처리와 인문학의 만남은 막연한 낙관론을 넘어선 합리적 기대 수준에서 생산적인 성과를 산출하게 되리라 믿어도 좋을 것이다.

3. '조선 시대 전자문화지도'의 방법론적 시야

위에 말한 바와 같은 전제 위에서 출발하면서, 우리는 조선 시대 전자문화지도 연구가 한국학과 한국의 인문학이 지닌 여러 숙제들을 진일보한 차원에서 해결하는 데도 도움을 줄 것으로 기대한다.

종래의 인문학 연구는 대체로 분과적 연구에 치중했고, 문헌 중심적이었으며, 또한 개별 연구자의 관심사를 둘러싼 제한적 평면 위에서 사물과 사태를 보는 데 주력했다. 이와 같은 한계를 넘어서지 않으면 인문학이든 한국학이든 좀더 포용력 있는 시야와 입체성을 확보하는 데 한계가 있다.

조선 시대 전자문화지도 연구는 방법론적 차원에서 이러한 한계를 넘어서고자 하는 시도이다. 조선 시대의 문화를 다면적으로 파악하기 위해 시간·공간·주제의 다차원 구조를 설계하고, 텍스트를 포함한 여러 종류의 매체 자료를 연구자원으로 확보하며, 그 안에서 입체적 사고와 해석을 추구하자는 것이 그 요점이다.

이런 일을 통해 분과적 사고의 관성을 깨뜨리고, 여러 분야의 인문학 연구자들이 학제적 소통과 협력을 이루어 내도로 하고자 우리의 연구 과제는 설계되었다. 그러한 취지에 따라 우리의 과제 속에는 역사·철학·문학·민속·복식·음악·미술·지리 등의 다양한 학문 분야 전공자들이 모여 서로 협력하고 있다. 그 협력의 유기성은 아직 형성 과정에 있지만, 이 연구의 진행을 통해 점차 발전·성숙되어 갈 것이며, 이러한 진전에 우리 인문학의 장래를 위한 일보 전진의 가능성이 있다고 생각한다.

우리가 추구하는 전자문화지도는 한국학을 국제적 시야 속에서 중요한 관심 영역으로, 또 자원이 풍부한 연구대상으로 부각시키는 데도 기여할 수 있을 것이다. 한국학의 역사는 국제적으로 볼 때 상당한 짧다. 또 한국학 연구를 필요한 도서 자원과 기타 자료의 수량 면에서도 이웃한 중국, 일본 연구에 비해 양적인 우열의 격차가 크다. 이것을 재래적인 연구자원의 측면에서 보완하기 위한 노력도 물론 필요하다. 이와 함께 우리는 새로운 정보매체를 이용해서 한국학 연구·교육의 국제적 환경을 가능한 한 짧은 기간 안에 획기적으로 개선하는 방안을 모색해야 한다. 그런 점에서 조선 시대 전자문화지도 연구와 이로부터 산출될 한국 역사·문화 데이터베이스는 국제적인 한국학 정보자원으로서의 몫이 크게 기대된다. 디지털 정보 형태의 문화 연구 자원에 관한 한 한국이 일본·중국보다 별로 적지 않으며, 몇몇 부문에서는 오히려 가장 앞서 있기도 하다는 사실을 주목해야 한다.

우리의 과제는 시간·공간·주제의 다차원 구조를 가지는 조선시대 전자문화지도(Electronic Cultural Atlas)를 개발하고, 이를 응용하여 조선시대 문화에 관한 대규모의 입체적 연구를 수행하는 것을 목적으로 한다. 이를 위해 수행되는 여러 층위의 연구 작업 중에서도 본 연구를 재래의 연구과제와 구별되게 하는 특징적 목표와 양상들을 간추려 보면 다음과 같다.

1) 자료의 입체적 구성에 의한 조선시대 문화 연구자원 데이터베이스 개발

조선시대 전자문화지도는 문화 표현의 근본적인 조건을 좌표축으로 하는 입체적 구성을 가지도록 설계된다. 주제 축은 유형별 분류체계 속에서 문화의 내용을, 시간 축은 그 문화가 생성·변이·소멸되는 역동적인 과정의 전체를, 공간 축은 실제적인 존재의 영역들을 표시하여, 이 다면적 연관 속에서 문화 현상을 총체적으로 파악할 수 있도록 재구성하려는 것이다.

2) 한국학 정보 자원의 국제적 소통을 위한 표준적 정보 처리 방안 확립

이 과제를 통해 우리는 조선시대의 전자문화지도뿐만 아니라, 향후에 구축될 인문학 분야 전자 자원의 국제적 소통을 위한 자료 처리의 표준적 방법을 확립하고자 한다. 예컨대 주제 축 설계의 중심이 될 내용분류 체계는 비교문화 체계의 국제적 인지도가 높은 HRAF(Human Relations Area Files)를 참조하되 좀더 정교하고도 입체적인 방법론을 모색할 것이며, 메타 데이터는 세계적인 조직망을 구축하고 있는 ECAI(Electronic Cultural Atlas Initiative)의 표준 활동과 Dublin Core의 응용을 적극적으로 고려할 것이다.

3) 학제간 협력을 통한 연구 시야의 확대와 새로운 방법론의 창출

조선시대의 문화를 종합적이고도 일관된 틀로 체계화하려는 대규모의 데이터베이스 구축을 위해서 과제 참여자들이 지닌 전문 분야의 지식을 최대한 수합하고, 나아가 전공 영역을 넘어서서 조선시대 문화 전반을 투시할 수 있는 거시적 안목을 확보하고자 한다. 인접 전공과 소통하고 협력하는 과정에서 각자의 전문영역에 거점을 두면서도 거시적인 연관을 동시에 탐사하며, 시간·공간·주제를 인식의 기본 틀로 삼는 새로운 방법론의 체계를 개척하고자 한다.

4) 조선시대 문화에 관한 통합적 이해 체계의 모색

분야별 문화 자료의 데이터베이스 구축과 이를 응용한 개별 연구의 성과를 집약하여 본 과제는 궁극적으로 조선시대 문화에 대한 인식의 기본구도와 통합적 이해 체계를 공동연구의 성과로서 제시하고자 한다. 이로써 조선시대의 문화 현상이 근거하고 있는 미시적인 지반에서 인접한 事象들과의 거시적 연관이, 시공간의 조건에 따른 동일성과 차이점 또는 지속과 변화라는 역동적인 측면들이 해명되고, 이를 바탕으로 하여 조선 문화 전체의 특징적 구조 내지 문화 패러다임을 파악하는 데 기여하고자 한다.

4. 본 연구의 효과에 대한 기대

우리의 연구를 통해 얻을 수 있는 효과 중에서 특히 중요한 것을 다음의 세 가지로 간추릴 수 있다.

첫째, 한국학 분야의 연구에 대한 로드맵을 확인하는 데 공헌할 수 있다.

우리의 연구 성과는 조선 시대 문화 연구, 나아가 한국학의 자료 분포와 연구 현황을 조망하는 입체적 상황판의 역할을 할 수 있으리라 기대된다. 현재까지의 한국학 연구는 주로 분야별로 나뉘어져 수행되어 왔기 때문에 그 전체상을 파악하기가 어려웠다. 본 과제를 통해 조선시대 문화 전체에 대한 분류의 틀이 만들어지고 시대와 영역에 따라 자료와 연구성과가 체계적으로 집약된다면, 연구의 현황에 대한 구조적·입체적 파악이 원활하게 된다. 이에 따라 한국학 연구에 긴요한 과제를 효과적으로 파악할 수 있으며, 나아가서는 한국학의 균형적·장기적 발전을 위한 로드맵(road map)으로서 활용할 수 있을 것이다.

둘째, 한국문화의 역동적 구조와 특성에 대한 학제적 탐구를 촉진하게 될 것이다.

시간·공간·주제의 다면적 연관에 의한 조선 시대 문화의 입체적 탐사는 문화 연구에 있어서 새로운 시각의 확보와 방법론적 진전을 가져올 수 있다. 그동안 우리 학계에서 자주 강조되어 온 학제적 연구는 당위론적 요청만으로 구현되지 않는다. 시간·공간·주제의 여러 차원에서 연구 대상을 입체적으로 파악할 수 있게 하는 자원의 토대가 여기에 필요하며, 그러한 입체적 구도를 함께 탐구하고 발전시켜 나아가는 협업적 연구 집단과 시스템이 요망된다. 본 연구는 그러한 측면에서 한국문화의 역동적 구조와 특성을 탐구하고자 하는 계기를 좀더 뚜렷하게 할 것이다.

셋째, 한국 문화 연구를 위해 전문화된 전자 학술자원 제공의 본격적 발판을 마련하게 될 것이다.

본 과제는 한국 문화와 한국학에 대한 국제적 이해를 획기적으로 개선한다는 점에서 그 필요성이 매우 크다. 서구의 주요 대학이 소장하고 있는 동아시아 연구용 종이책 자원에서 한국은 중국이나 일본에 비해 평균 수량 1/10 미만의 열세를 면치 못하고 있다. 본 연구는 대규모의 문화자원과 연구 성과를 전자화하고 국내외의 한국학 연구-교육을 지원함으로써 이를 효율적으로 개선할 수 있다.

조선시대 문화를 포함하여 한국문화 전반에 대한 지식 데이터베이스는 다각적인 문화 현상들에 대한 연구의 심화·발전을 위해 매우 중요하다. 특정 부문의 문화는 자체만으로 독립된 현상이 아니라 그것을 생성하고 존속하게 한 주체, 환경, 사회구조, 문화적 기반 등과 긴밀하게 연관되어 있다. 이러한 입체적·복합적 연관 속에서 문화 현상의 존재 및 분포를 파악하고 그 시공간적 변화를 파악할 수 있는 전자적 학술자원을 구축하고, 그것이 지속적으로 확충 응용될 수 있도록 하는 것은 본 연구의 종료 이후에도 계속되어야 할 과업이다. 이러한 자원을 확보하고, 그 개방적 발전과 응용의 길을 개척하는 것은 인문학의 발전을 위한 새로운 모색으로서도 필요성이 작지 않으리라 생각한다.

역사학의 새로운 과제와 전자문화지도

신항수

1. 미리말

몇 년 전부터 인문학의 위기가 공론화되었다. 실제 대학과 대학원의 인문학 지원자의 수는 격감하였으며, 이러한 현상은 교수 감축 등 전반적인 인문학 수요의 감소로 이어질 것으로 예상된다. 이에 대해 신자유주의와 세계화 또는 정부의 인문학에 대한 홀대 등의 외부적 요인에 대한 지적에서, 현실과 유리되어 자족적인 연구에 머물렀던 인문학에 대한 반성이나 인문학의 위기가 아닌 '인문학자'의 위기라는 냉소까지 다양한 반응이 나오고 있다. 이러한 경향은 역사학에서도 별반 차이가 없는 듯 하다.

그런데 인문학 내지는 인문학자들의 위기와는 별도로 한편에서는 인문학에 대한 새로운 대중적 수요가 창출되고 있다. 역사학 분야만 보더라도 다양한 기획의 방송이나 출판을 통해 한국사에 대한 대중적인 관심이 증가하고 있다. 역사를 다룬 정규 프로그램이 늘어나고, 서적 판매 순위의 상위권에는 예외없이 대중적인 역사서들이 들어있다. 이러한 현상은 한편으로는 인간과 사회에 대한 성찰이라는 인문학적 문제의식이 현실적인 위기와는 무관하게 계속 던져지고 있음을 의미한다. 그리고 특별한 상황변화가 없는 이상 이러한 추세가 계속 될 것으로 생각된다.

이러한 현상이 나오게 된 계기 가운데 하나로 조선왕조실록의 CD-ROM의 보급을 들 수 있다. 즉 그동안 엄청난 분량과 한자 해독 문제 때문에 접근이 어려웠던 실록의 풍부한 자료를 활용하면서 다양한 콘텐츠를 개발할 수 있었고 이것이 대중의 인문적 지식에 대한 갈망과 이어졌다고 볼 수 있다. 역사학을 포함한 인문학 전반의 위기와 대비되는 역사의 대중적 인기라는 대조적인 현상은 한편으로 위기상황의 한 돌파구를 암시한다. 즉 기득권에 안주하지 말고 위기에 대한 적극적인 대처를 통해 인문학의 효용성을 증명해야 하는 것이다.

고려대학교 민족문화연구원에서는 이러한 문제의식에서 한국학술진흥재단의 지원을 받아 조선시대 전자문화지도를 개발하고 있다. 이 글에서는 역사학의 흐름과 위기상황을 간략히 살펴보고 그것을 극복하는 한 방법으로써 역사학의 정보화 현황을 검토할 것이다. 그리고 이에 이어서 민족문화연구원에서 추진하고 있는 조선시대 전자문화지도의 개발방향을 소개하고 역사학에서의 활용방향과 한계점 등을 살펴보도록 하겠다.

2. 한국 역사학의 흐름과 정보화

1) 역사학의 위기

한국에 근대역사학이 들어온 이후 한국사 연구는 오랜 기간동안 우리 사회에서 의제설정기능을 해왔다. 개항기의 계몽주의 역사학에서 식민지 시기의 민족사학, 사회경제사학 등은 근대화와 민족모순의 극복이라는 시대적 과제를 염두에 두고 제기되었다. 해방 이후의 한국사 연구도 사회 현실과 밀접한 관련을 가지고 전개되었다. 해방이후 70년대까지 한국사연구는 식민지의 유산을 극복하고 근대국가를 건설해야 한다는 시대적 요구를 염두에 두고 이루어졌다. 그 결과로 나온 성과들로는 고대사분야의 구석기시대와 청동기시대에 대한 연구, 중세사의 내재적 발전론과 실학 연구, 근대사분야의 독립운동사 연구 등이 대표적이다.[1] 80년대에도 현실에 대한 고민은 계속되었다. 70년대에 제시된 분단사학론을 계승하여 분단모순에 대한 고민이 이어졌으며, 한편에서는 70년대 이후 심화되어온 계급모순을 극복하고자하는 노력도 나타났다. 그 결과 현대사 연구가 증가하였으며, 전근대사 연구에서도 사회사 연구가 급증하였다.[2]

이러한 연구들은 단지 연구에만 머무르지 않았다. 80년대까지의 한국사연구는 지식대중을 중심으로 광범위하게 확산되어, 대중적 역사인식의 변화로 이어졌다. 이 시기까지의 한국사 연구 성과들 가운데 상당수가 대중잡지에 실렸다는 것이 그 좋은 예이다. 특히 근현대사에 대한 많은 연구들은 민주화운동이나 사회변혁운동의 이론적 기반이 되었고, 공안

---

1) 해방 이후의 한국사 연구 동향에 대해서는 조동걸, 現代韓國史學史(나남출판사, 1998)'를 참조할 수 있다.

2) 이러한 경향에 대해서는 강만길 외, '권두좌담 : 80년대 민중사학론, 무엇이 문제인가', 역사비평 7호(1989)를 참조할 수 있다.

당국의 탄압이 있기도 했다.[3)]

90년대 이후 이러한 경향은 상당히 퇴색했던 것으로 보인다. 현실사회주의의 몰락과 함께 사회변혁의 가능성은 희미해졌다. 그리고 근대성 자체에 대한 비판들이 제기되면서 그때까지 당연시되던 거대담론이 의심받기 시작했다. 식민지시기로부터 한국사 연구자들이 공유해온 민족주의나 80년대 연구자들이 고민해온 진보 등에 대한 비판은 그 대표적인 예이다. 한편에서는 급격한 세계화과정에서 신자유주의의 이데올로기가 사회 전반을 지배하면서 인문학의 효용성에 대해 회의하기 시작했다. 이러한 과정에서 한국사 연구자들의 현실에 대한 고민이나 발언은 점차 약해졌다.

현재 역사학계는 다양한 시도를 통해 90년대 이후 나타난 역사학의 위기를 극복하고자 노력하고 있다. 서양사 전공자를 중심으로 서구의 새로운 경향인 문화사나 미시사, 생활사 등의 연구방법이 도입되었으며, 일부 한국사 연구자들은 이러한 방법론을 한국사 연구에 적용하고 있으며 그 과정에서 논란이 있기도 했다.[4)] 하지만 이러한 논란에도 불구하고 아직 '미시사'나 '문화'로 대표되는 '포스트모던 역사학'은 국내의 한국사 연구자들에게 시민권을 얻지 못한 형편이다. 서구의 새로운 방법론은 아직 대다수의 연구자들에게 소재주의 내지는 파편적인 역사인식이라는 의심을 받고 있다.[5)] 결국 아직 90년대 이후 요구되어온 역사학의 위기에 대한 대안은 여전히 모색중이다. 하지만 역사학의 상황과는 별도로 삶과 사회에 대한 인문적 성찰은 여전히 요구되고 있다.

2) 자료의 정보화

한편 90년대의 IT 산업 발전과, 외환위기이후 정보산업을 국가의 기간산업으로 규정한 이후 인문학의 정보화 노력이 계속되었다. 역사학 분야도 예외는 아니어서 다양한 분야에서 정보처리기술의 적용을 시도하고 있다.[6)] 이러한 작업은 한편으로는 자본의 이해를 반

---

3) 대표적인 사례가 1987년의 『한국민중사』 사건이다. 『한국민중사』 사건의 개요와 성격에 대해서는 『역사비평』1987년 겨울호의 특집을 참조할 수 있다.

4) 대표적인 사례로 백승종의 『韓國社會史硏究』를 둘러싼 논란을 들 수 있다. 이해준은 백승종이 연구를 위해 도입한 '미시사'적 방법이 기존에 학계에서 사용하던 '미시적 분석'과 다르지 않다는 점을 지적하였다.(이해준, '서평 - 백승종저 『韓國社會史硏究』', 歷史學報 156(1997)) 이에 대해 백승종은 '미시사적 방법'과 '미시적 분석'의 차이를 강조하면서 기존에 강조되어온 정치·경제·사회뿐만 아니라 문화적 측면의 고려가 중요하다는 사실을 역설하였다.(백승종, 朝鮮後期社會史의 微視的 研究-李海濬씨의 書評에 답함, 歷史學報 157(1998))

5) 이러한 경향은 서구의 '전통적 역사학'에서도 마찬가지로 나타나고 있다. 영국의 대표적 좌파 역사가인 홉스봄은 '포스트모던 역사학'을 비판하면서, '특수사'가 아닌 '전체사'의 중요성을 강조한다.(홉스봄 저, 강성호 역, 역사론(민음사, 2001)

6) 국학관련 자료의 전산화 현황에 대해서는 다음의 글을 참조하였다.
한상구, '한국역사 정보화의 방향과 과제', 역사학회 편, 역사학과 지식정보사회(서울대학교 출

영한 정책적인 성격이 강하지만, 침체된 인문학 내지는 역사학의 한 돌파구로 활용되기도 한다.

역사학의 발전 방향에서 컴퓨터를 활용한 정보화의 가능성이 모색된 것은 아날학파의 사회경제사학에서 기원을 찾을 수 있을 것이다. 1950년대와 60년대 아날학파의 연구자들, 특히 아날의 2세대라고 규정되는 브로델 등은 다량의 통계적 자료들을 전산화하여 총체사를 구성하고자 하는 노력을 보였다. 그리고 사회경제적인 구조에서 심성으로 관심이 바뀐 이후에도 유언장의 통계적 분석 등에서 보듯 아날학파의 계량적 방법론은 계속 이어졌다. 한국사 연구자들 역시 연구의 방법론으로 전산이나 계량에 관심을 가졌다. 사회경제사 연구의 방법으로 전산을 활용한 통계자료 분석이 많이 활용되고 있다. 이러한 작업은 주로 사료에서 통계자료를 추출하고 그것을 통해 결론을 도출하는 방식으로, 논문이나 기타 저술에 실린 부분만이 공유될 수 있다는 한계를 갖는다. 즉 이러한 작업들은 개별 연구자의 작업에 머무르며 최종 저작물 이외의 데이타는 여전히 개인의 참고자료로서만 기능할 수 있다.

한편 최근에는 사료 자체의 전산화 작업도 활발하게 이루어지고 있다. 구체적으로는 조선왕조실록 CD-ROM 등, 주요 사료의 전산화가 그 대표적인 예이다. 조선왕조실록 이외에도 『삼국사기』, 『삼국유사』, 『고려사』, 『고려사절요』, 『고종순종실록』, 『증보문헌비고』 등의 국역본 혹은 원본이 이미 CD-ROM으로 나왔거나 웹을 기반으로 제공되고 있다. 그리고 '한국역사정보시스템구축' (www.korean history.or.kr) 사업을 통해 국사편찬위원회와 민족문화추진회, 서울대 규장각, 한국정신문화연구원, 한국국학진흥원 등의 기관이 각자 소장한 국학자료를 전산화하는 사업도 현재 추진하고 있다. 이를 통해 문집이나 연대기, 고문서, 고지도, 신문, 잡지, 항일운동자료 등의 다양한 사료가 현재 전산화되고 있으며 일부는 이미 인터넷을 기반으로 공개되었다. 특히 최근에는 국역 위주에서 벗어나 원문이 제공되는 경우가 많아져 보다 편리한 검색이 가능하게 되었다.[7] 이 외에도 중국이나 대만에서 제작된 각종 중국 고전 원전 CD와 원문제공 사이트가 나와 관련 연구자들이 활용하고 있다. 한편으로는 한국사연구휘보를 통해 한국사관련 연구성과의 검색 서비스가 제공되고 기타 국내학술지 학위논문 등의 원문 등이 인터넷을 기반으로 제공되고 있다.

이러한 작업은 방송 및 출판의 역사관련 기획의 증가와 그에 따른 역사의 대중화에서 보듯 적지 않은 효과가 있었다. 연구의 측면에서도 한국사 전공자의 사료검색을 통한 연구실적의 완성도 제고와 인접 전공자들의 사료활용 등 큰 성과가 있었다고 생각된다. 그리고 위에 소개한 기관들이 현재 수행하고 있는 작업 역시 그 성과가 자못 기대된다.

판부, 2001).

이남희, '한국철학 원전의 전산화, 그 현황과 전망에 대하여', 오늘의 동양사상7(예문서원, 2002).

7) 국학 자료의 전산화 현황에 대해서는 앞서 인용한 이남희와 한상구의 글을 참조할 수 있다.

3. 전자문화지도의 개발과 역사분야에서의 활용방안

1) 전자문화지도의 개발

한편 민족문화연구원에서도 90년대 이후 '한국학 연구자원의 확충 및 전자적 가공'을 장기적인 과제로 삼고, 고시조 데이터베이스나 역사용어 시소러스 등을 비롯한 다양한 정보화 사업을 시행하여왔다. 민족문화연구원에서 추진하고 있는 "조선시대전자문화지도 개발"은 지금까지 시행된 정보화 사업의 성과와 경험을 바탕으로 하여 수행되고 있다.

조선시대 전자문화지도는 종래의 문헌중심적인 인문학 연구전통에 첨단의 정보기술을 접목하여 한국학 연구의 학술적 인프라를 확충하고자 하는 목적에서 개발되고 있다. 구체적으로는 문화의 각 부문에 시간과 공간의 특성을 부여하여 데이터베이스를 구현하고, 이를 통해 조선시대의 문화의 미시적 현상과 거시적 연관을 총체적으로 파악하고자 하는 것이다.

이를 위해 각 시기의 조선시대의 행정구역을 지리정보시스템(GIS)을 활용하여 Base Map으로 재현하며, 조선시대의 문화와 관련된 각종 자료를 분석하여 데이터베이스로 구성한다. 구성된 데이터베이스는 Base-Map과 연동되어 각 주제별로 주제도를 작성한다. 여기서 만들어진 각각의 주제도와 데이터베이스는 한편으로는 다른 주제의 지도와 데이터베이스와 중첩된 구현이 가능할 것이며, 이들을 통한 조선시대 각 문화현상의 입체적 파악이 가능하도록 한다. 각 결과물은 국제적 소통을 고려하여 Dublin Core 등 국제적 표준을 적용하게 될 것이다.[8)]

이러한 가공과정을 통해 조선시대전자문화지도는 각종의 자료를 집적하여 그것을 시공간적으로 표현할 수 있다는 점에서 종래 수행된 정보화 사업과 차별성을 갖는다. 조선시대 자료의 시공간적 배열을 통해 그동안 일부 역사 연구자들의 취약점으로 지적되었던 공간적 감각을 일깨울 수 있을 것이며, 보다 입체적인 자료에의 접근 및 이해가 가능할 것으로 전망할 수 있다. 그리고 이렇게 구성된 전자문화지도는 이미 구축되었거나 앞으로 구축될 다양한 국학관련 데이터베이스와 연동·확장될 수 있을 것이다. 그리고 이러한 작업을 통해 우리 연구팀에서 작성하는 기본도 이외에도 주제에 따른 다양한 지도적 표현이 가능하리라 예상된다.

이상과 같은 작업의 결과물은 다음과 같은 형태로 제공될 것이다. 먼저 구축된 각 지도 및 도표에 해석과 해설을 붙인 자료집을 발간한다. 여기에 첨가되는 자료의 해석 및 해설은 한국학 전공자 뿐 아니라 일반 대중도 고려하게 될 것이다. 그리고 구축된 전자지도

8) 자료처리의 기술적인 문제에 대해서는 이번 특집의 권순회, 이정주, 오항녕 등의 글을 참조할 수 있다.

및 데이터베이스는 다음으로 종이책 형태의 자료집과 가상공간을 통해 제공하여 연구자의 연구자원으로 활용할 수 있도록 한다.

2) 조선시대 전자문화지도와 역사학에서의 활용

조선시대 전자문화지도를 통해 다음과 같은 효과가 기대된다. 전자문화지도에서는 먼저 지금까지 나온 국학관련 데이터베이스와 마찬가지로 개별적인 주제에 대한 검색이 가능할 것이다. 조선시대 각 군현의 면적과 호구와 같은 기초자료에서 학파, 음식, 민요 등의 복잡한 문화현상들까지를 망라한 다양한 데이터베이스와 주제도는 연구자들이 작업을 시작할 때 가장 기본적인 참고자료가 될 수 있을 것이다.

그리고 조선시대전자문화지도를 통해 각 분야의 연구에서 지금까지 고려되지 않았거나, 간과되었던 다양한 주제를 확인할 수 있다는 점에서 새로운 인식의 틀을 열 수 있을 것으로 생각된다. 즉 '낯선 것'들을 연결시키고 대비시킴으로써 새로운 인식과 해석의 지평을 열 수 있을 것이다. 예를 들어 지방군제와 장시망, 교통로, 민속놀이, 연행예술 등에 대한 지도적 표현은 이전까지 지방사(혹은 지역사)를 구분하는 기본 틀이었던 행정구역과 이와 별도로 당시 실재했으리라 믿어지는 다양한 문화권을 비교할 수 있는 틀이 될 것이다. 이 작업은 조선시대 각 지역별 문화의 특성을 시간의 추이에 따라 보여주며 그것을 다른 지역과 비교할 수 있다는 점에서 지방사 연구의 기초자료로도 활용될 수 있으리라 기대된다.

한편 지도를 통한 시각적 표현은 문화현상을 가시적으로 보여줌으로써 종래의 문자나 표 위주의 문화연구보다 뛰어난 설명의 효과를 기할 수 있다. 이러한 지도는 연구자나 대중 모두에게 유용한 참고자료가 됨은 물론, 다양한 형태의 문화적 콘텐츠로 가공될 수 있을 것이다.

조선시대전자문화지도는 지금까지 살펴본 것과 같은 가능성과는 별도로 아직까지는 많은 한계를 가지고 있다. 일단 민족문화연구원의 2년간 작업으로 탑재할 수 있는 자료의 양은 논외로 하더라도, 특히 통계자료의 경우 그 신빙성에는 문제가 있다. 주지하다시피 조선시대의 호구나 경지면적, 특산물 등에 대한 각종 자료는 근대의 통계자료와 같은 신뢰성을 갖는 것은 아니다. 하지만 그 신빙성 여부와는 별도로 조선시대의 상황을 판단하는 가장 1차적인 자료라는 것 역시 사실이다. 그러므로 일단 조선시대 전자문화지도를 통해 1차적인 자료를 집성하여 접근성을 높이는 것은 엄밀한 사료비판과는 별도의 의미가 있다고 본다. 즉 이를 통해 연구의 생산성이나 교육의 편의성 등의 효과를 제고할 수 있다고 기대한다.

다음으로 지적할 수 있는 것은 조선시대 전자문화지도에 실리는 자료는 대부분 어떤 식으로든 가공을 거치게 된다는 것이다. 텍스트 자체를 탑재하는 경우도 있지만 대부분은 텍스트의 내용을 일정한 형식으로 나눈 필드에 재구성하게 된다. 특히 인물이나 학파 등의 일부의 데이터베이스는 다수의 자료를 일정한 형식으로 정리하여 데이터베이스를 구성하고 있다. 자료의 가공은 한편으로는 자료이용의 편의성을 제고할 수 있다. 하지만 다른 한편으로는 자료의 원형을 훼손하게 되고 이에 따라 자료 자체의 의미가 일정하게 왜곡될 가능성이 있다. 특히 일부 데이터베이스는 다양한 자료를 정리하는 과정에서 일정한 가치판단이 필수적이다. 이러한 측면에서 조선시대전자문화지도는 일정한 위험성을 안고 있다. 이러한 문제는 데이터베이스의 개발과정부터 그 해결을 적극적으로 모색해야 할 것이다. 한편으로는 개인적인 작업에서도 다양한 자료를 검토하여 연구결과의 신뢰성을 높이듯, 조선시대 전자문화지도 이외의 다른 자료들과의 비교검토를 통해 신뢰성을 확인하는 것은 개발자와 사용자 모두의 몫이라고 할 수 있다.

그렇다면 지금까지 살펴본 조선시대 전자문화지도의 기대되는 효과가 현재 운위되고 있는 역사학 또는 인문학의 위기를 타개할 수 있을까? 이에 대해서는 일정한 가능성과 함께 더욱 큰 한계를 인정해야 할 것이다.

가능성으로는 우선 조선시대전자문화지도가 추구하는 자료의 접근성 제고의 효과를 들 수 있을 것이다. 지금까지 조선시대 연구에서 활용된 자료들은 획득과 해독의 벽으로 인해 전문 연구자들 내에서만 활용되었다. 조선시대전자문화지도는 비록 원사료는 아니더라도 조선시대의 문화에 대한 구체적인 정보를 가상공간에서 제공함으로써 역사학의 대중화에 기여할 수 있을 것이다. 이는 근대 역사학 일반에 제기되고 있는 '누구를 위한 역사학인가'라는 회의에 대한 하나의 해결도구가 될 수 있으리라 생각된다.

자료에 대한 접근성의 제고는 연구자들의 작업에도 도움을 줄 것이다. 종래 간과하던 자료에 대한 접근을 통해 인접학문과의 학제간 연구의 효과를 얻을 수 있으리라 기대되며, 한편으로는 이러한 작업을 통해 당시의 문화에 대한 새로운 인식의 지평을 열 수 있을 것이다.

그렇지만 간과해서는 안 될 것은 자료의 전산화나 정보화는 목표가 아니라 도구라는 사실이다. 다시 말해 자료의 축적과 검색을 돕는 도구일 뿐 그것 자체가 연구의 결과물은 아니다. 현재 제기되는 역사학 혹은 인문학의 위기가 전자문화지도의 개발 등 자료의 전산화 내지는 정보화를 통해 해소되는 것을 기대할 수는 없다. 보다 중요한 것은 연구자 개인의 문제의식일 것이다. 일부에서 소재주의의 의심을 받고 있는 문화사나 미시사의 업적들 역시 현실에 대한 치열한 고민의 소산이라는 점을 상기할 필요가 있다. 역사학의 위기 여부를 떠나서 현실에 대한 고민과 문제 제기는 역사학의 존재이유이며, 자료 축적 이상의 가치를 갖는다고 할 수 있다.

4. 맺음말

지금까지 전자문화지도의 개발과 이에 따라 한국사 연구분야에서 기대되는 효과에 대해 간략히 살펴보았다. 앞서 살핀 바와 같이 역사학을 포함한 인문학 전반은 이제 자신의 존재가치를 스스로 증명해야 하는 어려운 상황에 놓여 있다. 이러한 상황에서 각종 자료의 전산화를 통한 접근성의 제고와 새로운 콘텐츠의 개발 등을 통한 인문학 전반의 저변 확대는 하나의 돌파구가 될 수 있을 것이다. 조선시대 전자문화지도의 개발 역시 여러 가지 한계에도 불구하고 연구나 교육면에서 많은 효용가치를 가질 것으로 생각된다. 그리고 이 과제는 단기적으로 완성될 수 있는 것이 아니므로 장기적인 계획과 투자가 필요할 것이다.

한편으로는 자료의 집적이 곧 연구는 아니며, 그 자체가 목적이 되어서는 안 된다는 점 역시 간과할 수 없다. 냉전의 종식 이후 '역사의 종말'이라는 장미빛 전망이 나오기도 했지만, 아직도 세계는 엄청난 갈등의 소용돌이 속에 있다. 한국 사회 역시 금융위기 이후 불평등과 갈등은 더욱 심화되는 등 연구자들의 성찰과 개입이 크게 요구되고 있다. 중요한 것은 집적된 자료를 해석하는 개인의 문제의식이며 그런 의미에서 자료의 집적과 함께, 역사학의 전통인 삶과 사회에 대한 통찰, 그리고 현실에 대한 고민과 문제제기가 이루어져야 할 것이다. 그리고 이러한 과정을 통해 나오는 결과물들이 모여 역사학 더 나아가 인문학의 위기를 극복하는 힘이 될 것이다.

기록학의 관점에서 본 조선시대 전자문화지도

오항녕

1. 새로운 영역의 만남

본고는 우리에게 낯선, 그러니까 우리 학계에 소개된 지 얼마 되지 않아 연륜이 깊지 않은 새로운 두 영역을 다루게 될 것이다. 이들 학문 영역은 현재 세계 학계에서 이루어지는 변화의 속도를 함축적으로 예시하기도 하지만, 동시에 이러한 기회를 통하여 우리 학계의 수용능력을 가늠할 수 있을 것이다. 두 영역은 기록학과 전자문화지도이다.

'기록학(Archival Science 또는 Archival Studies)'은 최근 몇 년 사이에 활발히 연구되어 이제 우리 사회에서 시민권을 획득한 것으로 보이는데, 그 연원이 오래기도 하지만 그렇지 않기도 하다. 조선왕조실록으로 상징되는 기록문화의 전통이 우리의 자산이기는 하지만, 근대사회에 들어와 학문의 체계를 갖추고 기록에 대한 논의나 실천이 이루어지지 않았기 때문에 하는 말이다. 그렇지만 우리처럼 역사의 급격한 단절을 경험하지 않은 나라에서는 이미 생활화된 학문영역으로 자리잡고 있다. 우리는 1999년에 설립된 민간단체인 한국국가기록연구원이 연구와 시민운동을 주도하였고, 또 정부기록보존소가 공공기관의 기록관리를 위하여 법령 제정을 성사시키면서 이른바 '기록관리학' 또는 '기록학'이라는 분야가 대중에게 알려지기 시작했을 정도로 이제 막 걸음마를 시작한 학문이자 문화운동이었다.[1)]

'전자문화지도(ECAI. Electronic Cultural Atlas Initiative)'도 대체로 1997년경에 시작된 일종의 협동연구 및 지식공유운동이라고 볼 수 있다. 그렇지만, 아직 우리 학계에 널리 알려져 있지도 않고, ECAI의 정체성도 형성단계에 있다고 보아야할 것이다. 그러므로, 그 이념과

1) 오항녕 · 김익한 · 조영삼 · 지수걸, '아키비스트와 기록물의 보존관리', 기록학연구 7호(2003).

이론, 방법 등에 대해서는 예단하기 어려우며, 오히려 참여하여 만들어가는 입장에서 정의를 내리는 편이 합당한 접근이라고 할 것이다.

따라서, 본고에서는 두 가지 측면을 유념하면서 논의를 전개하고자 한다. 하나는 두 영역에 대하여 같은 차원에서 이론이나 방법을 비교하거나 체계의 장단점을 논하기는 어렵다는 점이다. 전자문화지도는 쉽게 말하면 '歷史附圖의 웹버전'이라고 할 수 있다. 그 역사부도는 연구성과의 집적이면서 동시에 확장 연구를 위한 도구이기도 하다. 논란의 여지가 있겠지만, 웹버전이라는 데 주목하면 그 도구적 성격은 더 짙어진다고 생각한다. 마치 사전(辭典)이 연구성과의 집적이면서 동시에 도구[工具書]인 것과 마찬가지이다.[2] 한편, 기록학은 나름의 이론, 방법, 실무를 포괄하는 학문적 체계를 갖추고 있는 응용학문이다. 그러므로, ECAI와 기록학을 같은 차원에서 비교한다는 것은 역사학과 역사부도를 같은 차원에서 놓고 왈가왈부하는 것과 마찬가지로 생산적인 논의가 되지 못할 것이다.

그런데, 오히려 바로 이러한 관계 때문에 우리는 두 분야 사이의 소통 가능성을 확인할 수 있다고 생각한다. 뿐만 아니라, 보완의 끈까지도 고려할 수 있을 것이다. 즉, 서로 다른 차원의 영역이기에 협력과 공조의 가능성은 크다고 생각한다. 우리는 그 실제 사례와 우리 현실에서의 가능성을 모색해볼 것이다.

둘째, 기록학이 인터넷과 웹으로 대변되는 자기표현환경의 변화에 따라 도전을 받고 변신을 거듭하듯이, 전자문화지도는 바로 그러한 토양에서 발생한 문화활동이라는 점에서 공통점을 가지고 있다. 그렇기에, 비교적 시기로 보나 규모면에서 기록학의 발달보다 늦은 ECAI는 기록학이 고민했던 새로운 환경의 대처와 활용에 대한 축적된 문제의식과 해결방법을 후발자의 입장에서 원용할 수 있는 이점을 누릴 수 있다. 지식정보화사회라는 조금 큰 담론의 차원에서 통찰과 성찰의 단서를 공유할 수도 있는데, 우선 ECAI는 웹 환경에서 기록학의 법률적, 기술적, 학문적 경험을 유용한 자산으로 삼을 수 있을 것이다. 문화의 소통이라는 관점에서는 물론 그 역도 성립한다.

본문의 서술은, ECAI의 내용과 목표를 살펴보고 그것이 기록학 이론, 방법, 그 실제 성과와 어떻게 관련성을 가질지 설명하기로 한다. 이어서, 인터넷과 웹 환경에서 기록학이 당면한 과제를 프리즘으로 하여 ECAI가 현재, 또는 장차 대면할 과제를 검토하기로 한다. 마지막으로 현재 ECAI의 이름을 걸고 추진되는 여러 프로젝트 중에서 기록학 유관 기관이나 기록학 성과와 관련된 사례를 살펴보기로 한다. 동시에, 우리 학계에서는 어떤 방식의 양자 교류가 가능할지 모색하는 것으로 본고를 마무리하기로 한다.

---

2) 혹여 이런 표현이 인간의 문명에서 차지하는 '도구'의 지위를 폄하하는 것으로 들리지 않았으면 한다. 도구는 표현의 수단이지만, 동시에 발견의 수단이기도 한다. 아니, 표현의 질적 전환은 발견으로 이어진다.(이는 김문용 박사의 표현을 빈 필자의 응용이다. 2003/4/23 대화 중) 그 발견을 통하여 다시 도구는 문명의 핵심을 응축하여 드러내면서 발달한다. 연필과 키보드처럼.

2. ECAI를 통해본 논점의 발견

ECAI 센터에서는 ECAI를 다음과 같이 정의하고 있다.

> ECAI는 전지구적인 지도작업, 형상, 텍스트를 연결하는 협력 프로젝트이다. ECAI는 다양한 학문분야에서 나온 복합적인 데이터의 조합을 눈으로 직접 확인할 수 있게끔 표현하는 디지털 기술에 기반한 연구 자원을 학자나 다른 이용자들에게 제공한다.[3)]

위의 진술의 핵심을 추려보면, '협동작업과 디지털 기술을 통한 자원의 시각적 공유'가 ECAI의 목표라는 말이 된다. 여기에는 우리가 어렵게 생각할 아무런 새로운 구상도, 전망도 없다. 우리가 다 아는 이른바 '정보화사회'의 모토와 유사하다. 말하자면, 개념화된 진술이라기보다는 상식적인 진술이라는 것이다.

물론 ECAI 센터의 구상이 그렇지는 않았을 것이다. ECAI 센터의 언명보다는, 거기서 아이디어를 얻어 추진하고 있는 민족문화연구원의 기초학문과제인 '조선시대 전자문화지도 개발 및 그 응용연구'에서 우리는 논의의 실마리를 찾을 수 있다.

> 지도는 땅 위의 상태를 기호나 문자를 사용하여 작게 도면화한 것을 일컫는다. 이러한 지도 개념을 바탕으로 하되, 표현의 대상을 문화라는 인간의 물질적・정신적 구조물에 집중하고, 표현 수단을 디지털에 기반하도록 하는 것이 전자문화지도이다. 전자문화지도는 표현 수단의 디지털화를 통하여 지도 이용 방법을 변화시킬 뿐만 아니라, 지도 개념 자체에도 일정한 변화를 가져온다.[4)]

전자문화지도는 무엇보다도 지리정보시스템(GIS)의 문화적 활용에 착안하여 시작된 구상이라는 것이 필자의 이해이다. 그런 점에서 위의 인용은 지도와 문화의 변증법에 대한 진술인 셈이다. 이는 심포지움에서 발표된 다른 논고를 통하여 예시될 것이므로 본고에서는 상론하지 않겠다. 다만, 확인해둘 것은 위의 진술에도 불구하고 역시 '문화'는 범주가 큰 개념이라는 점이다. 또 '지도'도 일반적인 의미의 지도에서부터 가상공간의 3차원 좌표축이나 심지어 사유의 구조에 이르기까지 개념변화에 따라 다양한 쓰임새가 있을 것이다. 그렇기 때문에 ECAI와 관련하여 이루어지고 있는 각종 프로젝트도 그렇게 다양할 수밖에 없는 것이다.[5)] 각 연구팀의 자발적 참여를 기초로 느슨한 연대를 가질 수밖에 없는 소이

---

3) http://www.ecai.org/

4) 김문용, '조선시대 전자문화지도 개발 및 그 응용 연구', 오늘의 동양사상 8호(예문동양사상연구원, 2003). 이 글은, 고려대학교 민족문화연구원, 『조선시대 전자문화지도 개발 및 그 응용 연구』(2002. 8)에 기초하여, 이후 있었던 본 연구원의 내부 논의를 수렴하여 정리한 것이다.

5) http://ecai.org/projects/projectlist.asp

도 여기에 있다. 다만, ECAI에서는 '지도(Atlas)'가 연구에 들어가는 통로로, 또는 결과로 공통되게 구현되고 있는데, 이는 아무래도 ECAI가 지리정보시스템에서 촉발된 것이고, 지도가 연구성과를 가상공간에서 시각화하는 데 가장 유효한 수단이기 때문이다. 즉, 지도는 방법이자 성과이다. 그렇다면, 전자문화지도와 기록학의 연관성을 다루고자하는 본고의 목적에 비추어, 결국 논의의 초점은 전자문화지도의 연구 또는 작업 방법과 그 연구에 이용되는 대상, 즉 자료의 문제로 갈 수밖에 없을 듯하다. 그리고 이 점을 좀더 짜임새 있게 논의하려면 역시 어떤 연구방법과 과정 및 자료에 대한 모형이 필요할 것이다. 여기에는 다음의 모델을 참고하도록 하자.[6]

《표1 : 조선시대전자문화지도 작성 흐름도》

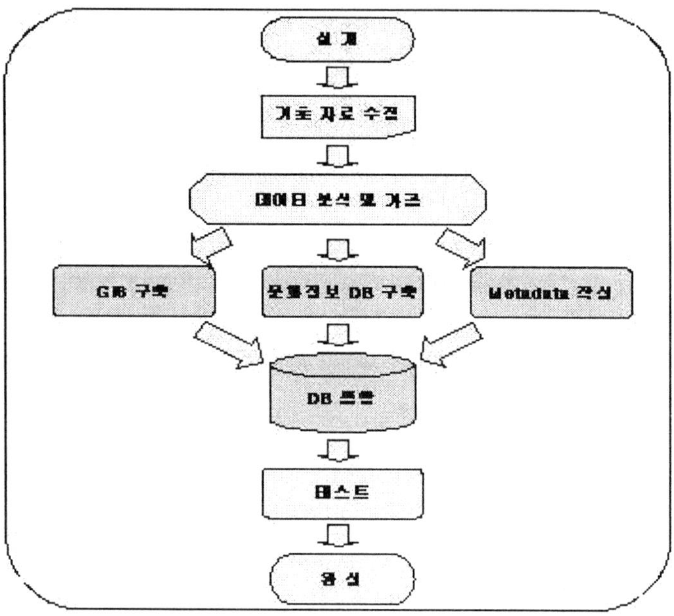

위의 모델은 GIS와 기타 문화정보자료, 그리고 이들 자료에 대한 메타데이타로 양분될 수 있다. 역시 여기서도 지도-문화는 핵심어를 이룬다. 그리고 기초자료 수집단계에서는 각종 사전류에서부터 조선왕조실록, 사마방목, 고지도 등 조선시대에 생산되었거나 조선시대에 대한 참고문헌이 '모두' 망라된다. 물론, 사업의 단계와 주제에 따라 그 자료의 범위는 제한될 수 있다. 하지만, 이 모형은 자료수집→검토 · 분석→정리 · 서술→출간을 거치는 저술 과정과 진배없다. 다만, 저술의 본문과 각주가 다차원으로 구성될 수 있다는 점이 가

6) 고려대학교 민족문화연구원, 앞의 책, 2002. 8. 21면.

상공간의 강점이자 가능성일 것이다. 그리고 미리 언급하거니와, 이 점이 우리 논의의 핵심이기도 하다.

정리하자면, ECAI를 웹환경을 전제로 이루어지는 학문연구 일반의 한 형태로 보자는 것이다. 그렇다면, ECAI를 기록학의 관점에서 본다는 것은, 다른 말로 하면 ECAI 연구에 기록학이 어떻게 기여할 것인가를 묻는 일이 될 것이다.

3. 기록학을 통해본 협동의 가능성

학제적 성격, 또는 실용적 성격을 말하기도 하지만, 기록학도 다른 분과학문처럼 이론과 방법론을 통하여 어떤 대상을 연구, 관리하는 분야이다. 즉, 역사적 보존기록(Archives)을 그 탄생부터 폐기 또는 영구보존에 이르기까지 생애주기(Life-cycle)에 따라 관리하는 방법론이자, 그 방법의 원리와 체계, 사회적 함의를 논하는 이론구성을 갖추고 있다.[7] 먼저, 기록학의 대상은 '역사적 보존기록(Archives. 이하 보존기록으로 줄임)'인데, 그 정의는 다음과 같다.

> **역사적 보존기록(Archives)** : 항구적인 보존을 위하여 선별된 지속적 가치를 가진 문서인데, 보통 비현용(non-current) 기록이지만 꼭 그런 것은 아니다. 대개 영구문서는 기록관리전문기관 문서고에 보존한다.[8]

이 보존기록을 역사학의 관점에서 보면 1차 사료가 된다. 조선시대로 말하면 우리가 잘 아는 '史草'나 '實錄',[9] 古文書가 이에 해당되는데, 역시 가공된 2차 사료와 구분된다. 여기

---

7) 기록학의 뼈대가 되는 '이론(Theory)'에 대한 논의는 편차가 크다. 그러나, 축약하여 정리하면 본문과 같다. 이에 대해서는, Trevor Livelton, Records, Archival Theory, and the Public, SAA, 1996을 참고.

8) ICA/IRMT, *Managing Archives*,(2000) 오항녕 역, 기록보존소의 기록관리(진리탐구, 2002). 이 정의는 'Record'에 대한 정의와 짝지어 이해되어야 한다. 즉, 'Records'는, 형식이나 매체에 상관없이, 법적 의무나 일을 추진과정 중에 개인이나 조직(민간, 공공)에 의하여 생산, 접수, 보유, 사용되어 증거를 제공하거나 증거의 일부가 되는 기록을 말한다. 쉽게 말하면, 'Records' 중에서 남길 가치가 있어서 살아남은 것이 'Archives'가 된다. 이 대목도 현재 논쟁이 진행 중인데, 본고에서는 다루지 않겠다. 또 'Manuscripts'도 대상이 된다. 논자에 따라서는 이를 'Archives'와 따로 다루기도 하고 함께 다루기도 하는데, 차이는 있다. 그러나 역시 본고의 논지와 상관있는 차이는 아니다.

9) 근대 기록학의 관점에서 볼 때, 실록은 'Archives'의 범주에 속한다는 것이 필자의 생각이다. 오항녕, '실록: 등록의 위계', 기록학연구 3호(2001), 참고.

서 말하는 1차, 2차 사료의 구분은 19세기말 베른하임이 제시한 고전적인 분류를 염두에 두고 하는 말인데,[10] 이후 학계에 제출된 견해들에 비추어 보아도 기록학에서 말하는 '보존기록'이 1차 사료에 해당한다는 점에 이의가 있을 것으로 보이지는 않는다.

그러므로 보존기록은 학문적, 법률적, 행정적 측면에서 중요한 가치를 갖는다. 어떤 기록이 역사적 보존기록으로 남으려면, 원본성(Authenticity)·무결성(Integrity)·신뢰성(Reliability)·이용가능성(Usability)이라는 기록으로서의 성격을 충족시켜야 한다.[11] 결국, 우리는 연구를 위하여 1차 사료로써 보존기록이 이러한 성격을 만족시키는가 하는 점을 따져야하며, 이 점에서 기록학과 역사학의 史料批判(Text-critic)이 만나는 것이다.

그리고, 기록학에서는 이런 기록이 생산, 활용, 관리되다가 기록관으로 이관 또는 기증되었을 때 그 관리원칙을 제시하고 있다. 그것이 출처 및 원질서 존중의 원칙이다.

> 出處(provenance) : 아직 업무에 사용되는 동안 기록을 생산, 접수, 보관, 이용하는 기관이나 개인으로, 기록관의 입장에서 보면 기록관으로 이관 또는 기증한 주체.
>
> 原本秩序(Original order) : 원래 일이 이루어지던 장소에서 기록이 생산, 정리, 보관된 순서[12]

이 원칙은 나름의 연구주제를 통하여 자료를 찾는 학자, 특히 역사학자들에게는 생소하거나 적절하지 않은 원칙으로 보일지 모른다. 그러나, 연구주제는 학자들마다 다양하며, 또 이 보존기록의 활용은 연구주제에 해당하는 기록에 익숙하지 않는 무수한 잠재적 이용자들도 고려해야 한다. 즉, 모든 이를 만족시키는 주제분류는 없다는 것이다. 출처주의는 결국 숱한 시행착오를 거치면서 확립된 기록학의 원칙인 것이다. 마찬가지로 원래 기록이 있던 질서를 흩뜨리지 않는 것도 임의적 분류에 의한 기록의 훼손을 막기 위한 원칙으로 자리잡았다.

이 두 원칙은 곧 서가에서 이용을 기다리는 기록을 整理(Arrangement)하고 記述(Description)하는 원칙인데, 정리는 서가의 기록을 물리적, 지적으로(physically and intellectually) 파악, 통제하는 것이고,[13] 기술이란 기록을 생산한 맥락과 기록체계 및 보존기록을 판별, 관리, 배치, 설명하는 데 도움이 되는 정보를 획득, 분석, 조직, 작성하는 과정을 말한다.

---

10) E. 베른하임, 역사학개론(범우사, 1988).

11) ICA/IRMT, *The Management of Public Sector Records:Priciples and Context*(2000) 및 ISO 15489 (Records Management). 이 중, 무결성과 이용가능성은 바로 디지털 환경에서 제기된 보존기록의 성격이다. 전통적인 기록에서도 이런 문제가 발생하지 않은 것은 아니지만, 매체와 그 안에 담긴 기록내용의 견고한 결합 및 매체의 단순성 때문에 이 점이 크게 주목을 끌지 못하였다.

12) ICA/IRMT, 오항녕 역, 앞의 책.

13) 정의하자면, "일련의 보존기록의 조직을 분석하는 전체 과정. 이 과정을 통하여 그 출처와 원본질서를 알 수 있고, 이러한 이해를 반영하고 유지할 수 있는 순서대로 보존기록을 그룹, 시리즈, 아이템으로 배열하는 일"이다. 오항녕 역, 앞의 책.

말하자면, 이렇게 기술이 끝난 보존기록을 연구자나 일반 이용자들이 필요에 따라 활용하는 것이다. 이 점이 중요한데, 바로 '記述'이 기록과 이용자의 만남을 가능하게 해주는 다리가 된다. 현재 국제표준기구(ISO)에서는 다년간에 걸친 연구를 통하여 이 기술에 대해서도 표준인 ISAD(G)와 그 짝인 ISAAR를 제시하고 있다.[14] 그 기술 영역과 요소는 《표2》와 같다.

《표2 : ISAD(G) 기술 영역 및 요소와 EAD》[15]

ISAD(G) 영역	ISAD(G) 2판 요소	EAD 1.0 버전
식별영역	3.1.1. 참조코드 - 국가 코드 - 보존소 코드 - 특정 로컬 참조코드/통제번호/식별자	<archdesc><did><unitid> COUNTRYCODE 속성 and <archdesc><did><unitid> REPOSITORYCODE 속성 and <archdesc><did><unitid>
	3.1.2. 표제	<archdesc><did><unittitle>
	3.1.3. 날짜	<archdesc><did><unitdate>
	3.1.4. 기술계층	<archdesc> LEVEL 속성 or <archdesc><dsc><c> LEVEL 속성
	3.1.5. 기술단위의 규모와 매체	<archdesc><did><physdesc><extent>
배경영역	3.2.1. 생산자명	<archdesc><did><origination>
	3.2.2. 관리연혁/개인이력	<archdesc><bioghist>
	3.2.3. 기록물 이력	<archdesc><admininfo><custodhist>
	3.2.4. 수집/이관의 직접적 출처	<archdesc><admininfo><acqinfo>
내용과 구조영역	3.3.1. 범위와 내용	<archdesc><scopecontent>
	3.3.2. 평가, 폐기, 처리일정 정보	<archdesc><adminiinfo><appraisal>
	3.3.3. 추가	<archdesc><admininfo><accruals>
	3.3.4. 정리체계	<archdesc><arrangement>
열람과 이용조건 영역	3.4.1. 열람조건	<archdesc><admininfo><accessrestrict> <archdesc> LEGALSTATUS 속성
	3.4.2. 재생산조건	<archdesc><admininfo><userestrict>
	3.4.3. 언어와 글자체	<archdesc> LANGMATERIAL 속성
	3.4.4. 물리적 특성과 기술적 요구사항	<archdesc><did><physdesc><physfacet>
	3.4.5. 검색도구	<archdesc><odd><otherfindaid>

14) 이에 대한 종합 검토로는, 이소연 외, ISAD(G)를 적용한 한국기록물기술규칙 개발에 대한 연구(한국국가기록연구원, 2002). ISAD(G)Ⅱ(2000)는 국제기록기술일반표준(General International Standard Archival Description)이며, ISAAR(CPF)는 기업, 개인, 가문에 대한 기록물 인증레코드 국제표준(International Standard Archival Authority Record for Corporate Bodies, Persons and Families)이다.

15) 강소연, '기록물 검색도구 전산화를 위한 EAD DTD에 관한 연구 《표3》'(명지대 기록과학대학원 석사학위논문, 2002)를 필자가 몇 군데 편집, 수정하였다.

연관자료 영역	3.5.1. 원본 존재/위치	<archdesc><odd> ENCODINGANALOG 속성
	3.5.2. 사본 존재/위치	<archdesc><admininfo><altformavail>
	3.5.3. 관련기술단위	<archdesc><add><relatedmaterial> and <archdesc><add><separatedmaterial>
	3.5.4. 출판주기	<archdesc><add><bibliography>
주기영역	3.6.1. 주기	<archdesc><odd>
기술통제영역	3.7.1. 아키비스트 주기	<eadheader><filedesc><notestmt><note>
	3.7.2. 규칙과 협약	<eadheader><filedesc><notestmt><note>
	3.7.3. 기술일자	<eadheader><revisiondesc><list><item><date>

출처 : Society of American Archivists. 1999. Encoded Archival Description Application Guidelines for Version 1.0.
http://lcweb.loc.gov/ead/ag/agappb.html#sec1

이 기술표준의 배경은, 첫째, 일관성이 있고 그에 적절하며 또 그 자체로 설명되는 (self-explanatory) 기술의 생성, 둘째, 기록에 대한 정보검색과 교환의 촉진, 셋째, 인증데이터의 교환, 넷째, 산발적으로 존재하는 기술을 통합된 하나의 정보시스템으로 통합하는 일이었다. 이 점은 ECAI 프로젝트를 추진하는 팀에서 눈여겨보아야할 대목일 것이다.

기술은 이용자와 만나는 도구이자 접점이라는 점에서 중요하다. 그런데, 이 기술은 보존기록의 분류 또는 정리의 원칙이 반영된 다차원규칙에 의하여 이루어진다. 모든 아이템에 기술을 할 수도 없고, 필요하지도 않다. 그러므로 기록의 유기적 특성에 따라 차원(또는 계층)을 두어 기술하게 되는데, 이것을 다차원규칙(Multi-level rule)이라고 한다.[16] 그 도식과 사례를 보자.

《표3 : 정리와 기술의 여러 차원》

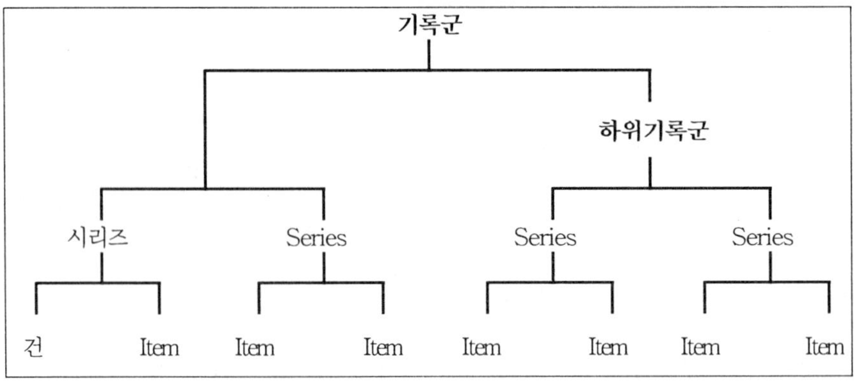

* 보통 시리즈와 아이템 사이에 파일(File)이 설정된다.

16) "국제표준기술원칙(ISAD(G))에서 정해진 국제적으로 공인된 규칙. 영구기록 기술은 각각의 정리차원에 대해 완전하게 작성되어야 하고 이들은 서로 연결되어야 한다." 오항녕 역, 앞의 책.

□ 사례 : 미국국립기록청(National Archives and Records Admin- istration) ARC[17)]

검색화면 : http://www.archives.gov/search/index.html.

검색도구 : http://arcweb.archives.gov/arc/basic_search.jsp → ARC Search, 'korean war'

① 사진

→ 아이템 차원:A far cry from the brutal treatment given American prisoners of war by the Communist North Korean forces, is the humane consideration shown captured North Koreans by American and South Korean Armed Forces, ca. 08/10/1950
(http://arcweb.archives.gov /arc/arch_results_detail.jsp?&pg=1&si=0&st=b&rp=digital&nh=100)

→ 시리즈 차원 : Series: Black and White Photographs of U.S. Air Force and Predecessors' Activities, Facilities, and Personnel, Domestic and Foreign, 1930 - 1975
(http://arcweb.archives.gov/arc /arch_results_ detail.jsp?&pg=1&si=4&nh=1&st=b)

→ 기록군(Group) 차원 : Record Group 342: Records of United States Air Force Commands, Activities, and Organizations, 1900 - 1991 : 92시리즈
(http://arcweb.archives.gov/arc/arch_results_detail.jsp?&pg=1&si=4&nh=1&st=b)

② 지도 : 아직 ARC에서 제공되지 않음.

위의 사례는 일반 용어를 통하여 검색된 데이터가 어떻게 다차원규칙이 적용된 기술과 관련되는지, 즉, 기록 기술의 논리 체계로 들어가 검색을 유기적으로 확장할 수 있는지를 보여준다. 기술의 체계로 들어가면 바로 우리는 하이퍼링크 기능을 통하여 아키비스트가 만들어놓은 효율적인 검색도구를 통하여 새로운 자료의 세계를 만나는 것이다.[18)]

이 보존기록 기술의 원리는, 디지털 환경에서 EAD(Encoded Archival Description)로 표현되기도 한다. EAD DTD(Documnet Type Definition)는 앞서 말한 ISAD(G)와 다차원기술규칙이 디지털 환경에서 국제적인 교환이 가능하고, 그 교환이 촉진되도록 하기 위한 표준연구이다. EAD DTD는 보존기록과 매뉴스크립트를 기술, 관리하며, 이용하게 하는 기록보존소나 도서관 및 기타 기관이 만든 인벤토리나 등록대장(Register), 색인(Indexes) 등의 검색도구(Finding Aids)를 통일된 방식으로 인코딩하는 데 그 목적이 있다.[19)]

이상에서 살펴본 바와 같이, 기록학 이론에 따라 준비된 역사적 보존기록은 역사학 연구의 자료로서만 활용되는 것이 아니다.[20)] 초중고학생들도 이용할 수 있게끔 조직되어 있

17) NARA도 ECAI 기관회원이다. NARA의 ECAI 정책이나 연구에 관해 편지를 했는데, 아직 답신을 받지 못하였다. ARC(Archival Research Catalog)는 NARA의 워싱턴 D.C, 지역 기록관, 대통령기록관 등 전국에 걸린 소장기록에 대한 온라인 카탈로그이다.

18) 이렇게 일단 기술 구조 속으로 들어가면, 시간이 허용되는 한 모든 관련자료를 아키비스트가 제공하는 편의를 이용하여 검색할 수 있다. 아키비스트가 기록을 원칙에 따라 정리해 놓았다면 이용자는 해당 기록을 모두 찾아낼 수 있는 일종의 실수 가능성이 없는 '핀볼 효과'를 볼 수 있는 것이다.

19) http://www.loc.gov/ead/eaddev.html

다.[21] 그러므로 우리는 ECAI 연구에서도 디지털 환경에서 제공되는 기록을 활용할 수 있으며, 그 가능성은 기록의 양만큼 무궁하다.

4. 연계 : 사례와 방법

그동안 기록학계에서는 다방면의 이론과 방법을 탐구하면서, 그들이 다루는 자료인 '보존기록'에 관한 한 스스로 연구자이기보다는 관리나 활용을 위하여 준비해주는 역할을 강조해왔다. 그것은 전문가인 아키비스트의 윤리규약에서도 "아키비스트는 그들이 가진 개인적인 연구와 출판에 관한 관심으로 인해 소속 기관 본연의 전문적인 기록보존 업무나 행정관리 책무를 수행하는 데 방해가 되지 않게 해야 한다"고 명시함으로써,[22] 아키비스트에게는 연구가 본연이 아님을 간접적으로 명시하고 있다. 도식적으로 보면, ECAI는 연구중심(research-oriented)이며 기록학계는 자료중심으로(resourse-oriented) 역할을 나누어맡고 있는 경향을 보인다.[23] 그런데, 이것이 오히려 보완과 협력을 가능하게 해주는 조건이 된다.

여기서 이 점은 두 가지로 나누어 생각해보자. 즉, 자료의 이용이라는 측면과 디지털 환경이라는 측면이다.

앞서도 언급하였듯이, ECAI 연구의 자료는 1차 사료에서 상당한 가공과정을 거친 데이터에 이르기까지 매우 다양하다. 예를 들어, 2002년 5월 ECAI 서울 컨퍼런스에서는 대만과 파키스탄에서 불교조각이나 박물관의 유물 등을 홈페이지에서 열람하게 하는 프로그램을 시연했는가 하면, 국사편찬위원회에서는 타임맵(Time-map) 프로그램을 통하여 소박하게 한국사의 주요 사건이나 영토 변화를 시간의 흐름에 따라 보여주기도 했다. 또 중국 CHGIS처럼 조금 복잡한 가공과정을 거친 것도 있다. 한마디로, 지도 · 사진 · 동영상 · 문서(주로 상징성이 높은 문서)처럼 원자료(raw materials)를 DB에 저장하고 보여주거나 다양한 차원의

---

20) 그러나, 생각보다 한국 역사학계가 이 점을 고려하고 있는 것으로 보이지는 않는다. 최근, '역사학회', 역사학과 지식정보사회(서울대출판부, 2001)에서 역사학의 확대, 인문학의 확대를 논하고 있지만, 'Archives'와 역사학의 연관은 논의에서 비켜서 있다.

21) Hongkong PRO, *Beyond the Textbook*, 2001.

22) ICA, Codes of Ethic, http://www.ica.org/biblio/spa/code_ethics_eng.html.

23) 올해 6월 9-14일에 캐나다 토론토에서 열린 캐나다 아키비스트 협회(ACA) 2003 연차총회의 주제가 역사학과 기록학이다. http://www.archivists.ca /html/conferen/index.htm. 'What's History Got To Do With It?'. 1980년대에 이어 20년만에 다시 던지는 화두이다. 여기서는 지금 본고에서 제시하고 있는 주제들이 다루졌는데, 그 논의는 별고를 통해 정리하겠다. 현재까지 진행된 역사학과 기록학의 문제는, 이상민, '역사를 위하여:아키비스트와 역사가의 역할-공공기록보존소를 중심으로-', 기록학연구 6호(2002) 참고.

가공된 자료를 DB화하기도 한다.[24] 그러므로, 기록학의 대상이 1차 사료에 해당하는 원자료라고 할 때, 연구대상과 그 이용의 측면에서 ECAI와 기록학적 성과는 결합될 수 있는 여지가 있기도 하고 없기도 하다. 이 점을 확인하기 위하여 ECAI에 등록된 프로젝트 중에서 몇몇 사례를 보기로 하자.

□ 사례1 : 미국 예일대 캄보디아 학살 연구팀(Cambodian Gen- ocide programme)[25]

CGDB에는 서지(bibliographic), 인명(biographic), 사진(photographic), 지도(geographic) 등 4종류의 DB가 있다.

① 서지DB : 크메르 루즈 정권 시기의 잔혹행위에 관한 2,963 1차(primary) 및 2차(secondary) 도큐먼트(documents) · 논문(articles) · 저서(books)의 레코드.
② 인명DB : 크메르 루즈 군부 및 정계 지도자와 그 정권하에서 희생된 사람들에 대한 인명색인.
③ 사진DB : 투올 슬렝(Tuol Sleng) 감옥의 수감자 5,000명에 대한 얼굴사진(mug shots).
④ 지도DB : 컴퓨터화한 지도, 십여 군데의 크메르 루즈 시기 감옥과 희생자 기념물, 19,000기의 집단매장지 위치를 보여주는 약 100장의 스캐닝한 지도. → Cambodian National Archives[26]

사례1은 CG팀의 DB를 갖추고, 홈페이지에서 캄보디아 국립기록보존소(CNA)와 링크시킨 경우이다. 현재 CNA에 접속하기가 쉽지 않기에, 둘 사이에 어떤 연관이 있는지 확인할 수 없다.[27] CG팀이 CNA의 기록을 어떻게 활용했는지는 별도의 조사가 필요하며, 다만 여기서는 자체 DB와의 연동사례로만 확인하고 넘어간다.

□ 사례2 : 차알스 부스 온라인 기록관(Charles Booth Online Arc- hive)[28]

이 기록관의 ECAI 사업에서는, 1898-9년의 영국 빈곤상황에 대한 부스의 지도 원본 12장을 지도상으로 참고, 수정, 모자이크로 표시(georeferenced and georectified, mosaiced)하고,

---

24) 현재 진행 중인 민족문화연구원의 인물, 학파 DB가 그 예이다.

25) http://www.yale.edu/cgp/

26) 현재 캄보디아 기록보존소는 호주를 거쳐 모뎀으로 전송하는데, 거의 접속이 불가능하다. 캄보디아 대사관(02-3785-1041)을 통하여 URL을 확인하려했지만, 담당외교관이 계속 미루고 있어 아직 어떤 결과를 통보받지 못하였다.

27) CNA에 자원봉사를 했던 미국 국립기록청 청장대리를 지낸 바 있는 아키비스트인 T. 피터슨(Trudy Peterson) 여사에 따르면, CNA에서 수년간에 걸쳐 정책적으로 크메르 루즈 정권 시기의 자료를 수습했다고 한다.(2002년 5월, 대화)

28) http://www.lse.ac.uk/booth/, http://booth.lse.ac.uk/

지리 정보에 대한 지명색인을 덧붙였다.

이 기록관은 영국정치경제학도서관(the Booth collections of the British Library of Political and Economic Science)과 런던대학도서관(the University of London Library)에서 보존기록자료에 접근할 수 있는 검색 가능 자원(searchable resource)이다. 영국정치경제학도서관의 보존기록에는 1886-1903년의 런던 노동과 삶에 대한 부스의 조사 원본 기록(the original records)이, 또 런던대학도서관의 보존기록에는 1799-1967년에 걸친 부스 가문의 서류(papers)가 포함되어 있다.

초기화면 : http://booth.lse.ac.uk/
* Introduction and guides to the archives
* Poverty maps of London: Browse or Search
* Purchase the Poverty Maps of London
* Inquiry into life and labour in London
  Search the catalogue of original survey notebooks
  Browse the digitised police notebooks
* Booth family papers
* Contacts

① Archives Division(http://www.lse.ac.uk/library/archive/)
→ Online archives finding aids
→ browse, Account Book of a Trinidad Sugar Planter 1799 - 1819

② Booth family Papers(Manuscript)
"The archives of the University of London Library hold an extensive collection of Booth family papers dating from 1799 to 1967.
The Charles Booth Online Archive will allow users to search the catalogue of Booth family papers and to view complete digital images of the Booth family magazine The Colony (1866-1871)."

③ Poverty maps of London
→ Search, Landmarks 1898, browse:Greenwich Reach View on map → 1898, 2000

이 경우는 한 기록관에서 ECAI 프로젝트의 산물인 두 런던 지도(1898, 2000)와 두 도서관에 있는 보존기록을 동시에 제공하는 사이트의 사례이다. 시각화된 지도와 그 증거자료인 조사서가 함께 제공될 수 있다는 점에서 알찬 내용을 담고 있다고 판단되는데, 이는 무엇보다도 소규모 대상과 주제라는 특성이 기인하는 것으로 생각된다. 그러나, ECAI가 결국 연구의 축적이기 때문에 이 사례에서 보여주는 결합이 바람직하다고 생각한다.

□ 사례3 : UNESCO : 세계의 기억(Memory of the World)[29]

우리에게도 익숙한 이번 사례는 조금 당혹스런 느낌이 들 수도 있을 것이다. ECAI에 기관 회원으로 등록되어 있는 UNESCO의 관련 사업은 사실 사이트 연결 이상이 아니다. 즉 그 결합은 그저 회원이라는 것 이상이 아니라는 말이다. 물론 이것이 애초 ECAI의 '느슨한 결속'때문이기도 하지만, 무엇보다도 ECAI라는 연구공동체는 역시 개별 프로젝트를 수행한 연구주체들에 의지하고 있음을 보여주는 예이다. 간단히 말하면, UNESCO 세계의 기억 프로젝트가 곧 성과이자 자료가 되는 셈이다. 그리고, UNESCO의 각국 보존소 포탈 사이트를 통해서만 보존기록과 연계되어 있다.[30]

지금까지 보존기록과 ECAI 프로젝트의 상관성을 살펴보았는데, 좀더 구체적으로 그 연관관계를 가늠해보기로 하겠다. 먼저, 기록학 정리 및 기술의 다차원규칙에 주목해보기로 한다. 기록군(Record Group. 기관이나 개인) - (하위기록군) - 시리즈 - 파일 - 아이템으로 구성되는 기술규칙은, ECAI 프로젝트의 DB 가공도에 따라 곧바로 그 자료로 쓰이거나, 관련성에 따라 직접 또는 간접 참고자료로 제시될 수 있다. 예를 들어, 앞서 예를 든 NARA ARC 검색에 따라 'korean war'라는 검색어를 통하여 기술체계 속으로 들어가 확인한 사진 아이템의 경우가 그 한 예이다. 이는 한국전쟁에 관한 EACI 프로젝트를 구상했을 때 쉽게 상정할 수 있는 DB 보완 방법이 된다. 그리고 지도나 사진, 동영상의 경우에는 이러한 활용도가 훨씬 커진다.

이런 가정을 해보자. 현재 본 연구원이 조선시대 전자문화지도 연구에서 추진하고 있는 조선시대 행정구역복원과 관련하여 복원도면을 작성 중인데, 그 1차 사료 중의 하나인 조선시대에 제작된 원도를 소장처인 규장각에서 웹으로 제공하고 있다면 바로 링크시키는 것만으로 참고문헌달기는 끝난다는 것이다. 또 규장각에서 조선시대 지도에 대한 기록군이나 시리즈를 설정하고 그에 따라 관련 기록을 기술해 놓았다면, 우리는 적지 않은 인력과 경비를 절약할 수 있고, 또 전문적인 고질의 자료를 지원받을 수 있는 것이다. 이렇게 ECAI가 연구주제와 관련하여 구축할 다양한 차원의 DB는 기록관(Archives)에 의하여 얼마든지 확장가능한 자원을 얻게 되는 것이다.

① 복원된 행정지도(DB:군현, 도, 장시, 사찰) → 조선시대 원본지도(규장각) → 市郡 도로건설 도면(정부기록보존소)
② 조선시대 學脈(DB:인물, 학파) → 개인, 가문별 고문서(장서각, 규장각 등)[31]

---

29) http://www.unesco.org/webworld/mdm/index_2.html

30) http://portal.unesco.org/ci/

31) 특히, 조선시대 전자문화지도는 고문서의 활용이 매우 중요하다. 이 점은 현재 한국고문서학회를 중심으로 연구와 고민을 거듭하고 있는데, 외국의 연구로는, Luciana Duranti, *Diplomatics: New Uses for an Old Science*, (SAA&ACA, 1998)를 참고할 수 있다.

③ 조선시대 山水遊記(DB:산수유기, 그림) → 진경산수화(국립박물관, 간송미술관)

일일이 사례를 열거하는 것이 무의미할 정도로 협업의 여지는 무한한 것이다. 끊임없이 기록은 생산되고 또 이용자를 기다리고 있을 것이기 때문이다. ECAI DB 구축 이전에 기초자료를 수집, 분석하는 과정에서도 위의 역사자료를 활용하면 훨씬 효율성이 높아질 것이다. 그런데 숙제는 거기에만 있는 것 같지 않다. 박물관이나 도서관 소속의 기록실(사료관, 자료관)이나 독립된 기록보존소에서 기록학에 근거한 관리 원칙에 따라 기록이 준비가 되어있지 않다면 이러한 가능성은 현실화하기 힘들다. 이점이 우리 현실에서 해결해야할 문제이다.

두 번째 측면은 디지털 환경에서 생각할 수 있는 기록학계의 성과와 ECAI의 협력관계이다. 이미 기술(Description)을 언급하면서 EAD DTD가 디지털 환경에서의 보존기록 기술 표준 및 국제적 호환성을 보증하기 위하여 개발되고 있다고 하였으므로 이는 더 이상 상론하지 않겠다.[32)]

좀더 실제적인 문제 몇 가지를 생각해보겠다. ECAI의 출발이 디지털 환경이 없이는 불가능하였고, 또 기록학 분야에서도 진작 디지털 환경에서 적응하기 위한 노력은 지속되어 왔다.[33)] 필자는 인간이 남긴 기록이라는 관점에서 볼 때, 디지털 환경이란 결국 매체와 거기에 담긴 정보의 분리가 발생하는 환경이라고 요약할 수 있다고 생각한다. 즉, 종이에 쓰거나 돌에 새기거나 하는 방식은 그 자체로 매체와 정보가 결합된다. 그러나 디지털 환경에서는 정보가 매체에서 떨어져 '날아다닌다'. 예를 들어, 한양에 있는 朝報를 東萊에 근무하는 金府使가 보기 위해서는 그 종이를 직접 가지고 가든지, 아니면 다른 종이에 베껴갈 수밖에 없었다. 그러나, 지금은 내 컴퓨터 한글문서는 학교 연구실 컴퓨터 밖에서도 볼 수 있다. 단, 한글문서를 읽을 수 있는 프로그램이 있어야 한다. 이것은 이진법 기호의 결합이 뭔가의 선을 타고 날아가는 것이며, 날아가 도착하기 위해서는 호환성이 있어야 하며, 바로 여기서 데이터에 대한 데이터(Meta-data)의 문제가 발생한다.

기록학계에서는 이런 상황에서 어떻게 기록의 원본성(Authenticity)을 유지할 것인지 고민하고 있다. 전자기록의 경우 기호로 존재하기 때문에, 어떤 근거에 따라 원본성을 인정하고 유지할 것인지가 큰 고민이 될 수밖에 없다.[34)] 이는 EACI에서도 마찬가지이다. 조선시

---

32) 김태수 교수는 더블린 코어(Dublin Core)에 대하여 논의한 적이 있고,(김태수, 목록의 이해(한국도서관협회, 1999)) 최근 논의는 앞서 소개한 바 있다.(강소연, 앞의 글, 2002년) ECAI의 메타데이타에 대해서는 본 심포지움, 권순회의 발표문 참고(본서에 수록).

33) 여기서, 노자나 플라톤이 『파이드로스(Phaedros)』에서 보여준 기술문명(Technology)의 발달에 대한 통찰은 잠시 접어두기로 한다.(오항녕, 앞의 발표문, 2002) 이는 또다른 연구를 필요로 하는 인문학 주제일 것이다.

34) Josef Zwicker, "Some Problems of Authenticity in an Electronic Envioronment", 2002년 12월 1-6일, Macau EASTICA Seminar 발표문. 이 문제로 수년간 지속된 대형프로젝트가 InterPARES이

대 전자문화지도의 성과인 행정구역복원도의 원본성과 그 유지는 어떻게 가져갈 것인가?

또, 새로운 기술에 따른 저작권(Copyright)도 해결할 과제이다.[35] 복사의 필연성, 변환(transmitting)의 용이성, 수정 가능성은 전통적인 저작권 개념에 도전하는 새로운 과제이다. 쉬운 예를 들면, 우리가 RAM에 정보를 복사하지 않고서는 컴퓨터를 쓸 수 없다. 다른 말로 하자면, 컴퓨터를 켜는 순간 하드디스크에서 RAM으로 복사를 하는 것이다. 移轉도 마찬가지이다. 2차원, 3차원(CAM) 연구성과는 디지털 코드로 전환되어 있다가, 텍스트·사진·동영상·TV 등으로 변환된다. 수정 가능성은 말할 것도 없다. 결국 전통적인 출판물의 저작권에서는 발생하지 않았던 예기치 못한 문제가 기다리고 있는 셈이다.

이렇듯, 디지털 환경에서 맞닥뜨린 도전에 대하여 기록학계는 나름의 해결책을 제시한 것도 있고, 또 지금도 연구 중인 사안이 있다. 그러나 디지털 환경이라는 공통분모 때문에, 기록학계의 앞선 고민은 전자문화지도 연구 주체들이 충분히 검토할 필요가 있다고 생각한다.

5. 확장가능한 연구와 자료

지금까지 우리는 기록학의 이론과 방법, 그리고 그에 의하여 관리되는 1차 사료인 '역사적 보존기록(Archives)'가 어떻게 전자문화지도라는 새로운 시도와 결합될 수 있고, 두 주체가 협력해갈 수 있는 지 살펴보았다.

EACI 프로젝트는 공동연구의 성격을 띤다. 반면, 기록학은 자료 지향적 성격을 띤다. 그러므로 ECAI의 연구와 기록학의 자료가 결합하는 것은 무척 자연스러운 일이다. 동시에, 기록학의 원리에 따라 이루어지는 보존기록의 물리적, 지적 통제방식인 정리와 기술은 둘의 협력을 한층 촉진해준다.

즉, ECAI의 기초조사와 DB구축은 곧바로 보존기록이 기록학의 다차원규칙의 원칙에 따라 아키비스트가 정리, 기술한 기록군(또는 하위기록군)-시리즈-파일-아이템에서 관련자료를 찾거나, 참고자료 또는 보완DB의 역할을 발견할 수 있다.

한편, 디지털 환경을 배경으로 등장한 ECAI는 기록학계가 그간 쌓아온 EAD DTD같은 국제호환표준 성과를 검토할 필요가 있을 것이다. 나아가 ECAI 연구성과의 활용을 위하여

다. http://www. interpares. org/'International Research on Permanent Authentic Records in Electronic Systems'.

35) Gary Peterson, "New Technology and Copyright:The Impact on the Archives", 2002년 12월 1-6일, Macau EASTICA Seminar 발표문. 이는 보존기록을 대상으로 했지만, 다른 연구성과에도 마찬가지로 적용된다.

전자기록 일반이 갖는 원본성·저작권 문제를 심도있게 고민할 단서를 발견할 수도 있을 것이다.

근본적으로 학문은 협업이다. 그러므로 학문은 공동연구이며, 자료도 공유한다. 그렇지만, 전통적으로 그 공동작업은 분절적 형식을 띠게 마련이었다. 그런데, 디지털 환경에서 ECAI 프로젝트는 확장가능한 공동연구 및 그 성과의 가능성을 보여주고 있다. 한편 기록학의 대상인 역사적 보존기록은 같은 환경에서 확장가능한 자료로서 우리 앞에 다가와 있다. 물론 그 확장가능한 연구와 자료의 내실 여부는 학인들의 몫이다.

디지털 정보시대의 문화지도 그리기
– 매체 특성 및 활용 방안과 관련하여 –

이형대

1. 미리말

이 글은 디지털 정보매체의 형식을 지닌 전자문화지도를 대상으로 하여, 인문학적 관점에서 그 매체의 특성과 연구 방법으로서의 활용 방안을 모색해보고자 하는 데 목적을 두고 출발한다.

전자문화지도라는 개념은 아직 널리 알려지지는 않았지만, 컴퓨터나 인터넷의 보급으로 인해 생활 주변에서 그다지 어렵지 않게 접할 수 있는 것이기도 하다. 전자문화지도는 지도의 일종이다. 지도는 무엇인가?. 간단히 말해서 지도는 지구 표면상의 장소나 자연 및 인공현상에 대한 정보를 제공해주는 다이어그램의 일종이다. 지도의 역사는 문자의 역사만큼이나 오래되었다. 특정한 역사시기에 제작된 지도에는 당대인의 세계에 대한 인식의 일단, 또는 지식의 일정량이 투사되어 있다. 4,500년전 바빌로니아인들은 원반 모양의 육지 중심에 수도 바빌론과 이를 관통하고 있는 유프라테스강의 모습을 벽돌 표면에 나뭇가지로 그려 넣었다. 그들이 본 나름대로의 세계상인 것이다. 이것이 현전하는 인류 최초의 지도라고 한다. 정밀성의 측면에서만 이것을 보다면 실상 조악하기 그지없다. 그 이후 과학기술이나 투영법, 그리고 매체의 발달에 따라 지도 제작에서 지표면의 실제 위치·형상과의 오차 범위는 날로 줄어들었다. 특히 GPS와 GIS를 활용한 위치정보의 정확성은 지도제작뿐 아니라 이미 여러 산업 분야에서 활용되고 있으며, 특히 지난 이라크-미국 간 전쟁에서 외과수술에 비유될 정도의 정밀한 폭격지점 설정과 실행에서 일반인들도 생생하게 확인할 수 있었다. 그러나 하나의 도면 또는 그림이 실재 세계에 대한 정확한 모사나 재현에 도달했다고 해서 지도의 요건이 모두 갖추어지는 것은 아니다. 사용 목적에 따라 우리의 행동이나 사유, 또는 삶의 길이나 방법 등을 안내할 수 있는 유의미한 기호들이 표시되고 있을 때 비로소 지도가 될 수 있다.

고려대학교 민족문화연구원에서는 현재 조선시대를 대상으로 전자문화지도를 개발하고 그 응용 방안을 모색하고 있다. '전자 문화 지도'라는 복합어에는 디지털 정보자원으로서의 매체 속성과 총체적 생활양식으로서의 문화라는 주제적 범주가 함축되어 있다. 풀어서 말하자면, 인간의 총체적 생활양식으로서의 문화를 디지털 정보매체에다가 유의미하게 기호화한 것을 전자문화지도라고 한다. 여기서 전자문화지도는 일종의 통칭일 뿐이며, 실제적으로는 수많은 개별적 문화현상들을 각각의 주제도로 구현하기 때문에 그 종류는 무척이나 많다. 이러한 문화지도의 구체적인 개발 방법, 즉 데이터의 가공과 처리 등에 관한 기술적인 부문은 제외하고, 매체 전환의 인문학적 의의, 지도 해석의 방향 등에 대하여 살펴보고자 한다.

맥루한(McLuhan, Marshall)은 인류 문명의 발달 단계에서 등장하는 특정의 미디어가 인간의 사고와 지각을 특정의 방식으로 구조화할 뿐만 아니라, 그 효과는 인간의 지각과 감각조직에까지 미친다고 생각하였다[1]. 그에 따르면 인쇄매체가 지배적인 미디어였던 사회에서는 인간의 모든 경험이 추상적 상징인 문자로 환원되고, 여러 감각기관 가운데서 시각이 주류를 차지한다. 이러한 '눈'의 문화(eye culture)는 차갑고 이성적인 특성을 지닌다. 또한 글 읽기 과정에서 사람들이 단어나 문장을 하나씩 순서대로 읽어 가는 데서 알 수 있듯이, 매우 순서적, 논리적, 그리고 인과관계적 사고의 인간을 만들어낸다고 한다.

이러한 주장에 비추어 볼 때, 민족문화연구원에서 수행하는 '조선시대 전자문화지도의 개발' 작업은 다소 복합적인 면모를 지닌다. 즉 600-100년 전의 구술(口述)+인쇄 매체 시대의 문화유산을 디지털 테크놀러지와 멀티미디어라는 새로운 그릇에 담아내는 작업이기 때문이다. 미래학자·문화사가의 예측뿐만 아니라, 이미 오늘날 대다수의 사람들은 디지털 미디어를 통한 문명사의 대전환을 일부 체감하고 있다. 이러한 오늘날 디지털 정보 시대의 뉴미디어는 인간의 지각과 사유에 어떠한 변화를 가져올 수 있을 것인가? 또한 이러한 매체 활용을 도입한 인문학 분야의 연구는 방법론이나 학적 생산의 측면에 있어서 어떠한 효과를 기대할 수 있을 것인가? 나아가 이러한 시대의 삶의 방식은 어떠한 의미와 가치를 지니는 것인가라는 인문학적 진단 등은 이 분야에 관심 있는 모든 이들의 피해갈 수 없는 과제이다. 본고는 이러한 문제에 대한 관심을 공유하면서 민족문화연구원에서 개발하고 있는 전자문화지도와 관련하여 그 매체특성과 활용방법의 측면에서 하나의 실마리를 찾아보고자 한다.

---

1) 강현두, '미디어와 문명', 강현두 편, 현대사회와 대중문화(나남출판, 2000), 99면.

2. 전자문화지도, 그 디지털 텍스트로서의 몇 가지 특성

앞서도 얘기하였듯이 전자문화지도는 여러 개의 주제도로 구현되고, 하나의 주제도는 하나의 개별적인 문화현상을 지도로 표현한다. 따라서 개별적인 주제도의 제작에는 해당 분야의 전문지식을 보유한 사람이 필요하다. 현재 민족문화연구원에서는 조선시대와 관련한 인문분야 전공자들이 각자 자신의 전공 영역과 연관된 부문의 조선시대 문화현상을 주제별로 나누어 전자문화지도를 구축하고 있다. 이 과정에서 조선시대 문헌 중심의 전통적인 텍스트는 디지털 텍스트로 변환된다. 이 단계에서 매체전환을 통해 디지털화된 문화텍스트의 양상과 구조 및 그 속성은 그 이전의 전통 텍스트와는 판연하게 다르다. 이제 그 특성들을 살펴보고, 그것이 지닌 인문학적 의의를 궁구해 보기로 한다.

1) 멀티미디어로서의 입체적 표현

온몸으로 문화를 향유, 감수하는 우리의 신체 특성에 비추어 볼 때 문자 매체는 다분히 시각편향적이고 분절적이다. 그리고 그 기호의 의미체계를 모르는 사람은 추체험조차도 할 수가 없다. 사정이 이러하기 때문에 문자텍스트는 다소 불구화된 감응의 방식을 요구한다. 우리가 눈뿐만 아니라 귀 등의 다른 감각기관이 동원되는 멀티미디어를 선호하는 이유는 그것이 우리의 본래적인 체험과 지각의 형식에 가깝기 때문이다. 디지털 미디어는 이렇듯 통합적인 지각의 조건을 만족시켜줄 수 있다는 점에서 그야말로 혁명적이다.

누구나 알고 있듯이, 전기적인 힘의 세기, 즉 경계 없는 연속으로 표현되는 아날로그 신호와는 달리, 디지털은 전기의 '끔(off)과 켬(on)', 즉 '0과 1'이라는 명료한 분할로 표시되는 정보를 조합하고 있다. 이 때문에 표준화가 쉽고, 아무리 복제를 해도 정보손실이 없으며, 또한 광속도의 전송이 가능하다. 덧붙이자면, 디지털의 세계에서는 아무리 현란한 색채나 음성, 음향, 문자 등이라도 2진법으로 표현된다. 아무리 복잡한 양상일지라도 2진법의 동등한 상황 속에 섞일 수 있기 때문에 그만큼 쉽게 멀티미디어로 전환 될 수 있는 것이다.[2] 즉 이전에는 논리적인 관련이 없이 물리적 형태로 존재했던 각양각색의 아날로그 정보들이 이제는 디지털 시대에 이르러 하나의 통일된 형식, 즉 기호로 표현된다는 것이다. 이것은 앞서 암시한 바와 같이 우리 뇌(腦) 속에서 시·청각을 포함한 여러 감각적 정보들이 동시에 처리되어 통일된 세상으로 표현되는 방식과 동질적이다. 디지털의 시대가 꿈꾸는 멀티미디어와 가상현실(virtual reality) 기술의 완성은 이러한 정보처리 방식을 기반으로 하

---

2) 이광형, '디지털 문화 시대', 최혜실 편, 디지털 시대의 문화 예술(문학과 지성사, 2000); 최혜실, 디지털 시대의 문화 읽기(소명출판, 2001); 정세근, '디지털문화의 철학적 이해', 철학아카데미 편, 철학의 21세기(소명출판, 2002) 참조.

는 것이다.

사람의 삶이나 행위가 시간성과 공간성의 두 좌표축이 만나는 점에서 성립·해명될 수 있듯이, 문화 또한 일정한 공간과 시간에 기반하여 존속한다. 따라서 특정한 문화 형태는 그것의 시·공간적 좌표축을 확인할 수 있다면 당연히 재현할 수 있다. 그리고 이것은 멀티미디어 디지털 기술의 발달과 더불어 출현하기 시작하였다. 실제로 지난 세기 90년대 후반부터 활동을 시작한 ECAI(Electronic Cultural Atlas Initiative)가 선두에서 이러한 작업을 추진하고 있다.

특정한 문화가 공간 속에서 움직이는 양상을 표현하기 위해서는 지리정보시스템(GIS)을 활용하는 것이 편리할뿐더러 정확하기도 하다. 그렇다면 시간축에 따르는 생성, 성장, 변이, 분화, 소멸 등의 동태적 과정은 어떻게 표현할 것인가? 현재로서는 ECAI에서 고안된 Time Map의 활용성이 높은 것으로 판단된다. 현실세계의 사람들은 시간을 인지할 수 있는 별도의 감각기관이 없기 때문에 시계라는 물리적인 도구가 일정하게 등분하여 표현한 시간을 체험한다. 타임 맵의 원리도 마찬가지이다. 특정 문화 현상이 생성된 시기에서부터 소멸해 간 시기에 이르기까지의 전(全)과정을 일정한 크기로 분할하고, 그 각각의 단면에 해당 시기에 존재한 문화의 작동영역을 공간 좌표에 기재하는 것이다. 이렇게 집적된 일련의 자료들을 마치 영사기에 걸린 필름처럼 제한된 시간 안에 연속적으로 뿌리면 동영상이 되어 그 역동적인 변모의 추이를 생생하게 확인할 수 있다. 또한 특정한 시간대에 정지시켜 관련 문화와 맺는 사상들을 정밀하게 따져볼 수도 있다. 이렇듯이 종이책 텍스트에서는 단지 평면적으로 서술될 수밖에 없었던 문화 현상들이 디지털 기술에 힘입어 입체적으로 다시 살아나는 것이다.

그러나 현재까지 제작된 전자문화지도가 '진짜의 세계보다 더 진짜 같음을 추구하는' 가상현실과 같은 방식의 리얼리티를 확보한 적은 없다. 그것은 기술적인 탓도 있지만, 보다 근본적으로는 그것이 지도의 일종인 한, 복원하고자 하는 문화의 총체적 실상과 꼭 같을 필요가 없기 때문이다. 인공위성에서 지구의 특정한 부분을 촬영한 것이 아무리 정밀하다 할지라도 그것은 사진일 뿐이지 지도일 수 없는 이유와 마찬가지인 것이다. 이 점을 반복하여 강조하는 이유는 지도란 특정 부문에 대한 인간의 이해를 돕거나 올바른 인식에 도달하는 도구로서의 속성을 내재하고 있기 때문이다. 이와 같은 점은 다시 전자문화지도를 단순한 도구로서의 차원을 넘어 학문적 방법론의 하나로 승화시킬 수도 있고, 또한 연구자 스스로 새로운 사유의 패턴을 구성할 수 있는 일종의 인식의 지도로 유추·변용할 수도 있으리라 여겨진다.

전자문화지도에서 본래의 내용을 이루는 다이어그램의 부분은 갖가지 기호 등으로 표현된다. 흔히 점이나 선, 또는 면으로 위치나 동선, 혹은 영역 등을 나타내는데 이는 물론 특정한 문화현상을 지시하는 약호로써 기능하는 것이다. 여기에다가 역사의 흐름을 나타내는 시간축을 도입하면, 즉 타임 맵을 가동하면, 존재의 유무를 나타내는 점(点)은 명멸로써, 선(線)은 경로에 따른 움직임을, 면(面)은 영역의 확장이나 축소를 가시적 드러내며 그 역사적 변화상을 명료하게 보여주게 된다.

전자문화지도는 멀티미디어의 복합적 텍스트이다. 따라서 하나의 전자문화지도에 설정된 링크들를 따라가다 보면 원작품의 이미지나 음성 및 음향자료를 만날 수 있다. 오늘날 문화의 한 영역으로 취급되는 인간의 심미활동의 결과, 즉 예술작품들을 안내하는 문화지도에서 이 기능은 특히 유효하다. 예컨대[3] <실경산수화 문화지도>에서는 정선(鄭敾)의 「인왕제색도」나 최북(崔北)의 「표훈사도」를 이미지 자료로 확인하고, <민요 문화지도>에서는 예산지방의 「타맥요(打麥謠)」나 칠곡지방의 「댕기노래」 등의 음향자료를 들을 수도 있다. 뿐만 아니라 <무속 문화지도>에서는 충무 지역 무당이 남해안 별신굿에서 행하는 무속의 춤이나 무당소리, 무가 등을 동화상으로 감상할 수 있을 것이다.

문화연구, 특히 전통문화에 대한 탐구에서는 무엇보다도 전통시대에 존재했던 문화현상에 대한 실체적 접근 및 인식이 중요하다. 잘 구축된 다매체의 전자문화지도는 이에 대한 생생한 자료를 제공할 것이다. 소멸된 문화의 복원이나 또는 소멸의 길을 걷고 있는 전통문화의 보존에도 멀티미디어 전자문화지도는 그 효용이 높다. 이렇게 구축된 전자문화지도는 연구의 기초자료로서의 거의 영구적으로 활용될 수 있을 것이다.

포스트모던시대의 연구방법과 관련하여 전자문화지도가 시사하는 점도 있다. 주지하다시피 삶의 양식으로서나 심미적 활동의 결과로서의 문화의 어떤 측면은 이성적, 논리적 접근만으로는 해명이 곤란하다. 예술처럼 인간의 직관이나 감성에서 출발하는 경우도 있기 때문이다. 이러한 이유로 멀티미디어의 디지털 문화지도는 문화탐구의 새로운 영역을 열어줄지도 모른다. 현재의 인문학은 근대 정신에 대한 회의를 동반하고 있다. 정신이나 이성의 절대적 권위에 대한 믿음도 현저하게 약화되어가고 있다. 상대적으로 포스트모던 시대에는 이성의 능력보다도 감정을 포함한 신체적 인식의 소중함이 강조된다. 근대적 인식이나 질서의 해체와 관련하여 전자문화지도는 긴요한 특장을 지니고 있는 것이다.

2) 탈중심적인 하이퍼텍스트

대부분의 전자문화지도가 그러하듯이 민족문화연구원에서 개발하는 개개의 전자문화지도는 거대한 정보의 집적이다. 각각 그림, 문자, 음성, 음향, 이미지, 동영상 등 여러 형태로 분할된 조각, 즉 마디(node)들이 서로 연결되어 네트워크 구조를 형성하고 있다. 하이퍼텍스트란 이러한 마디들의 모임이다.[4] <조선시대 산수유기 문화지도>의 예를 들어보자.

3) 여기서 사례로 인용되는 문화지도들은 민연의 프로젝트에서 현재 개발 중에 있거나, 개발 목록에 포함된 것들이다. 인용된 문화지도들은 논의의 편의를 위해 완성 형태를 가정하고 기술하고 있으나, 현재의 공정이 그와 같은 단계에 이른 것이 아님을 미리 밝힌다.

4) 배식한, 인터넷, 하이퍼텍스트, 그리고 책의 종말(책세상, 2001) 참조. 아래에서 기술될 하이퍼텍

여기에는 원래의 작품 텍스트—원작품의 이미지, 표점 처리된 텍스트, 번역문—, 여기에 등장하는 지명 등의 지역정보, 인명정보, 시기정보, 작품에서 언급된 경유지 주변의 사적 정보—문자, 이미지, 음향, 동영상—, 일정별 경유지 정보, 작품의 해설정보 등이 웹 구조의 하이퍼 링크로 연결되어 있는 복잡한 구조물인 것이다. 궁극적으로 인터넷 웹에 올려질 이 자료들은 향후에 개발될 또 다른 20여개 주제의 전자문화지도와, 나아가 ECAI의 네트워크에 탑재된 세계 여러 나라의 전자문화지도와, 그리고 인터넷 전체의 정보자원과 하이퍼텍스트를 구성할 것이다.

최초로 하이퍼텍스트 개념을 담은 시스템인 메멕스(memex)를 고안한 배니바르 부시(Vannevar Bush, 1890-1974)는 고도화된 전문적인 지식이 쏟아져 나오는 복잡한 상황에서 인위적인 색인 체계를 통해서는 원하는 정보에 쉽게 접근할 수 없음을 절감하였다. 그리하여 마음의 연상, 즉 '두뇌세포가 지니는 단서들의 복잡한 그물에 따라 이루어'지는 선택의 장치를 생각하였던 것이다. 1965년 '하이퍼텍스트'라는 용어를 실제로 만든 테오도르 넬슨(Theodor Holm Nelson, 1937-)도 대용량의 정보에 대한 효율적인 조직화가 관심사였다. 그는 하이퍼텍스트를 모든 종류의 글쓰기 매체로 보고 있다.

> 하이퍼텍스트란 비순차적인 글쓰기를 말한다. 가지를 치고 독자들에게 선택을 허용하는 텍스트. 상호작용적 화면에서 가장 잘 읽히는 것. 쉽게 말해서 끈들에 의해 연결된 일련의 텍스트의 덩어리들로서 독자에게 다른 경로를 제공하는 것이다.5)

그의 생각은 그대로 구현되어 인터넷 공간에 하이퍼텍스트 문학이, 우리나라에서도 하이퍼텍스트 소설과 시 등이 창작된 바 있다. 전자문화지도의 개발이라는 우리의 과제와 관련해서 우리가 여기에서 주목하는 바는 글쓰기 방식보다도 대용량 지식정보의 배치와 연결에 관한 문제이다.

첫 번째로 주목할 만한 점은 하이퍼텍스트가 비순차적 또는 비선형적(nonlinarity)인 텍스트라는 점이다. 전통시대의 텍스트들 흔히 서구의 양피지 두루마리나 동양의 한지 두루마리에서 쉽게 연상할 수 있듯이 한쪽 끝에서 반대쪽 끝까지 대체로 한 명의 저자에 의해 저술된, 연쇄적 질서를 지닌 하나의 텍스트가 선형적으로 나열되어 있다. 책이라고 해서 다를 바 없다. 장(章)이나 절(節)등으로 위계화 된 텍스트가 순차적으로 나열되어 있는 것이다. 그러나 월드와이드웹을 통해 정보사냥을 한 번이라도 해본 분들에게는 구구한 설명이 더 이상 필요 없을 정도로 웹 구조의 하이퍼텍스트는 비선형적이다. 다소 과장하자면 하이퍼텍스트는 처음도 없고 끝도 없으며 경로 또한 무수하다. 텍스트의 흐름에 대한 경

스트의 개괄적인 특성도 주로 이 책에서 참조·인용하였다.

5) Theodor Holm Nelson, 『Literary Machines』, Pa.:self-published, 1981. 0/1.(배식한, 위의 책, 64면에서 재인용)

로, 말하자면 마디(node)의 링크는 제작자가 설계하지만, 정보사냥의 과정에서 실제로 정보를 선택하여 읽어 가는 것은 순전히 독자의 몫이다. <실경산수화 문화지도>의 사례를 들어보자. 개발자들은 조선시대 문화현상의 하나로서 실경산수화의 시기별, 또는 지역별 분포 현황을 고증하고, GIS와 타임맵(Time Map)에 힘입어 문화지도를 만들며, 다양한 부가정보들의 마디를 제작하여 링크시킬 것이다. 그러나 개발자의 의도가 어디에 있던 간에 독자들의 항행은 자유롭다. 작품의 분포지도에 관심이 있는 독자가 있는가 하면, 그림 감상에 치중하는, 때로는 화가 정보에 몰입된, 아니면 풍경으로 선택된 지역의 풍광에 관심이 있는 독자도 있을 터이며 이들 사이를 가로지르며 텍스트를 섭렵하는 독자도 있을 것이다. 컴퓨터는 각각의 노드들에 대해 어떠한 우열의 가치 판단이나 위계의 설정 없이 수평적으로 연결시킬 따름이다. 때문에 하이퍼텍스트는 저자의 의지가 작동할 수 없는 탈중심적이고, 비선형적이며, 가변적인 텍스트일 수밖에 없다. 계몽 또는 이성의 빛을 지닌 저자의 권위가 해체되고, 하나의 중심보다는 다양한 접속을 허용하는 하이퍼텍스트는 이미 근대적 시스템과는 다소 거리가 있어 보인다.

다음으로, 디지털 하이퍼텍스트에서 생각해 볼 만한 점은 양방향성(interactivity), 또는 대화적 소통의 체계를 지향한다는 점이다. 따지고 보면 디지털 문명 자체가 대화적이다. 하다 못해 집안에서 빨래를 할 때에도 디지털 세탁기는 묻는다. 이를 인간의 언어로 풀이보면 다음과 같을 것이다. "빨래 종류를 선택해 볼까요?", "뜨거운 물로 할까요? 아니면 찬물?", "몇 번이나 헹굴까요?", "골치 아프시죠? 그럼 표준 코스로 가시든지…!"

전자문화지도에서도 마찬가지이다. 독자들은 다양한 검색의 조건들을 선택하거나 입력해야 하고, 각 마디들의 진로를 선택해야 한다. 때로는 다른 주제도를 끌어와 처음의 지도와 오버랩을 시켜 볼 수도 있을 것이다. 이러한 독자들의 참여 범위는 매체의 특성상 더욱 확대되어 가리라고 예상한다. 이렇듯 디지털 미디어 환경은 인문분야 정보, 또는 인문학의 소통방식에도 상당한 변화를 가져오고 있다. 문자텍스트 시대의 저자들은 완료된 연구성과를 책이나 논문의 형태로 발표하여 독자들과 만난다. 독자가 선택할 수 있는 것은 연구성과의 수용 여부 이외에는 별다른 길이 없다. 그만큼 연구의 시작에서 결과의 공개에 이르기까지의 길이 폐쇄적인 것이다.

그러나 쌍방향의 디지털 미디어 환경에서는 발견의 과정, 탐구의 과정에 독자, 즉 일반대중의 참여를 유도할 수 있다. 하나의 전자문화지도에서 개발자들이 설계한 길을 따라가다가, 또는 다른 전자문화지도들과 자유로운 접속 과정에서 숨겨진 의미가 발견될 수 있을 것이다. 디지털 미디어의 또 하나의 장점은 텍스트의 즉각적인 수정이나 보완, 교체, 갱신 등이 가능하다는 점이다. 물론 이와 같은 일이 자동적으로 이루어질 수는 없다. 양방향성, 대화가능성은 어디까지나 디지털 매체의 속성이고 하나의 유효한 기능일 뿐이다. 이를 통해 연구의 열린 공간을 만들어내는 것은 어디까지나 연구자의 판단에 달려 있는 것이다.

요컨대 독자 대중을 학적 결과에 대한 피동적 수혜자의 위치에서 발견의 과정을 함께 하는 능동적 동반자로 끌어 올리는 것이 매우 중요한데, 전자문화지도가 그 가능성을 열고 있다. 덧붙여 바라는 것은 이러한 계기를 통해 다중의 외면 속에 외로운 길을 걷고 있는 인문학이 다시금 대화적 관계를 회복하고 활기찬 학적 소통을 가졌으면 하는 것이다.

3. 문화지도의 활용 방식과 생성적 효용

전자문화지도의 제작과 활용이라는 프로젝트 전체 공정에 비추어 볼 때, 개별적인 주제 영역에서 하나의 문화지도를 만들어 내는 작업이 1단계라면, 자기 전공 영역에서 검증된 문화현상이나 문화 지식의 집적체로서 만들어진 각각의 문화지도들을 서로 접속하고 포개어 새로운 의미를 발견해 내는 작업이 2단계의 과업이라 할 수 있다. 2단계에서부터 본격적인 문화연구가 가능하리라고 본다.

각각의 전공분야에서 조선시대 문화에 대한 旣知의 구현체로서의 개별적 주제도를 만들고, 이를 통합하여 그 문화의 전체상을 탐구하는 방식은 학제간 연구이다. 대체로 문화연구가 근대의 분화된 학문분과 체계에서는 어느 한 분과도 감당할 수 없으며, 따라서 문학, 사학, 역사학, 사회학, 민속학, 예술 등 여러 학문 분과들의 참여와 상호작용 속에서 수행될 수밖에 없다는 사실에 대해서 문화 연구가들은 대체로 수긍하고 있다. 그럼에도 불구하고 막상 문화 연구란 도대체 무엇이며 어떻게 해야할 것인가의 문제가 대두되면 다소 망연해진다.

크리스 젠크스(K. Jenks)가 정리한 내용[6] 가운데 우리의 과제 수행과 관련하여 귀 기울일 만한 점은 다음 두 가지이다. 첫째, 문화 연구는 문화의 확장된 개념으로 작용하기 때문에 문화를 '한 민족의 전체 생활양식'으로 보는 인류학적 시각과 아주 밀접한 문화관을 고수한다는 것이고, 둘째, 문화 연구는 문화를 정태적인 것이 아니라, 생성적이고 역동적이며 끊임없이 새로워지는 것으로 간주한다는 것이다. 그런데 우리가 시·공간의 좌표축을 지니는 지도를 통해 개별적 문화현상의 변모 추이를 도상화하고, 이것들의 복합적 검토를 통해 조선시대 문화의 전체상을 구명하겠다고 기획한 순간, 젠크스의 충고는 이미 전제로서 받아들인 셈이다.

정작 필요한 것은 개별 문화지도를 어떻게 활용할 것인가와 이를 통한 의미 생성의 방법과 방향은 어떻게 설정할 것인가에 대한 방법론을 마련하는 것이다. 그러나 필자는 아직 이를 펼쳐 놓을 준비가 되어 있지 못하다. 민족문화연구원에서 추진하고 있는 문화지

---

6) K. 젠크스, 김윤용 역, 문화란 무엇인가(현대미학사, 1996), 207-208면.

도는 아직 제작과정에 있고 이의 실험적 활용까지는 좀더 기다려야 하기 때문이다. 따라서 문화 연구에 필요한 문화지도 활용의 방법론 마련은 최소한의 실험적 검토가 가능할 때까지 유보될 수밖에 없을 듯하다. 그러나 원론적 차원에서 활용방식에 대한 설계는 가능할 듯하다. 따라서 들뢰즈와 카타리가 리좀(뿌리줄기식물)이라는 강렬한 메타포를 통해 새로운 텍스트의 구조 또는 배치를 설명했던 방식[7]에서 유추하여 우리의 전자문화지도의 활용에 대한 약간의 시사를 얻어보고자 한다.

1) 지도 제작[製圖]과 전사(轉寫)의 비유

원본 위에다가 투명한 트레이싱 페이퍼를 올려 놓고 원본의 형상을 따라가며 연필로 본뜨기를 하는 작업은 얼핏 지도 제작과 유사해 보인다. 그러나 지도와 사본의 차이는 천양지차이다. 앞서도 얘기했듯이 지도는 우리의 삶이나 행동의 경로들의 지침을 지표면과의 일정한 축적에 의하여 표시한 약호들의 체계이다. 해마다 교통지도가 바뀌듯이 지도는 유동적이며 고정화 될 수 없다. 지시대상의 변동에 따라서, 새로운 발견과 의미항의 추가에 따라서, 또는 사용 목적에 따라서 지도는 끊임없이 변화한다. 또한 지도는 다양한 방식으로 세계와 맞닿아 있다. 들뢰즈와 가타리는 말한다. "지도는 그 자체로 리좀에 속한다. 지도는 열려 있다. 지도는 모든 차원들 안에서 연결 접속될 수 있다…"라고 다소 난해한 언술이지만, 저자들은 지도의 본래적 기능에다 새로운 의미나 효과의 생성, 생산적이고 긍정적인 삶의 지도, 자본주의 세계의 삶에서 벗어나는 탈주선의 지도 그리기를 덧붙여 말하고 싶었던 듯하다.

반면에 본뜨기는 천만 번을 행한다하더라도 모상을 그대로 복제하는 것일 뿐이다. 저자들의 표현대로 하자면 그것은 항상 "동일한 것으로" 회귀한다. 어린아이의 무의식적 욕망에 대해 프로이드와 그의 후계자들이 오이디푸스 콤플렉스라는 동일한 해석을 그 또래의 아이 누구나에게 붕어빵 찍어내듯이 덧씌우는 방식을 본뜨기의 대표적인 사례로 들 수 있다. 우리의 전자문화지도 활용과 관련하여 이 점은 각별히 유의할 필요가 있다. 각각의 전자문화지도에 대한 해석의 결과가 '사회적 결속을 합법화하는 단일한 원리 혹은 공통된 이해의 원천이나 메커니즘'으로 귀일 된다면 전형적인 본뜨기의 형국이 되는 것이다. 예컨대 조선시대 <서원, 학파의 문화지도>, <산수유기 문화지도>, <복식사 문화지도>에서 그 이면에 동일하게 '성리학적 세계관과 사유방식'의 원리가 작동하는 것으로 추정이 되었다면, 이미 우리의 지도는 새로운 의미의 생성을 위한 열린 체계가 아닌 것이다.

---

7) 이에 관한 내용은 질 들뢰즈·펠릭스 가타리 저, 김재인 옮김, 천 개의 고원(새물결, 2001), 제1장; 이진경, 노마디즘1(휴매니스트, 2002) 제1장; 배식한, 위의 책. 참조.

2) 리좀으로서의 지도

리좀이란 고구마와 같은 구근이나 덩이줄기식물의 일종이다. 이 식물의 가지나 줄기들은 어떤 하나의 중심이 없이 자유롭게 접속하고 분기한다는 점에서, 잔가지와 중간가지를 걸쳐 결국은 하나의 중심, 즉 일자(一者)로 귀속되는 유기적 통일성을 가진 수목형(樹木型) 모델과는 대비된다. 리좀은 저자들이 자신들의 공저 『천 개의 고원』이라는 책의 구성을 설명하는데 비유적으로 쓰였다. 선형적, 유기적, 위계적 질서를 지니고 하나의 결론으로 수렴되는 전통적 텍스트와는 달리, 자신들의 이 책은 각각의 장(章)들이 독립적 의미를 지니고 있으며 어떠한 장하고도 자유롭게 접속될 수 있는 리좀적 모델이라는 것이다. 이것은 바로 앞쪽에서 얘기가 되었던 하이퍼텍스트의 구조와 매우 유사하다. 그렇다면 당연히 웹 구조인 전자문화지도도 여기에 속한다. 다소 비유적인 발상이지만 저자 자신들도 "지도는 그 자체로 리좀에 속한다"고 하였던 적이 있다. 이러한 리좀의 특성을 전자문화지도의 활용과 관련하여 간략하게 살펴보기로 하자. 먼저, 접속의 원리와 이질성의 원리. 전자문화지도가 리좀이라면 이들은 위계적 층위 없이 이질적인 것으로 접속되어야 한다는 것이다. 상이한 학문분과의 접속도´이에 해당되지 않을까 한다. 문학 연구영역인 <고시조 문화지도>는 역사지리학의 영역인 <행정구역 문화지도>와, 또는 철학·교육학 분야인 <서원·학파 문화지도>와, 그리고 민속학 분야인 <음식 문화지도>와도 접속되는 것이다. 다음으로는 다양성의 원리인데, 하나의 원리로 환원되지 않는 이질적인 것의 집합으로서의 다양성이 이에 해당한다. 이밖에 비의미적 단절의 원리도 있는데, 저자들은 이질적인 말벌과 서양란이 하나의 리좀을 형성하는 사례를 들고 있다.

요컨대 전자문화지도를 활용하는 우리의 문화 연구는 생성적이어야 한다. 우리의 탐구가 어느 하나의 원리로 환원되어서는 곤란하고, 가로지르기와 접속이 가능한 전자문화지도들은 새로운 의미 생산을 촉발하는 리좀적 다양체가 될 수 있을 때 창조적인 성과로 이어질 것이다.

4. 결론을 대신하여.

요즘 세계의 유명 관광국이나 또한 우리나라의 문화관광 관련 정부부처 및 지방자치단체의 홈페이지에 관광용의 전자문화지도가 운영되고 있지 않는 경우는 거의 없다. 이와 같이 상업적 홍보효과를 위해서 뿐만 아니라 ECAI처럼 문화연구의 일환으로 전자문화지도가 제작되는 사례는 날이 갈수록 확산될 전망이다. 인터넷과 디지털 미디어의 팽창에 따른 당연한 추세이다.

그럼에도 불구하고 전자문화지도에 대한 원론적 논의를 펼친 경우를 발견하기는 어려웠다. 전자문화지도는 무엇인가라는 개념적 인식에 앞서 전자문화지도는 이미 우리의 일상적 생활 영역에, 또한 학문 분야에 깊숙이 들어와 자리잡고 있다.

본고에서는 현재 민족문화연구원에서 추진 중에 있는 프로젝트에 기반하여 디지털 미디어 환경과 관련된 전자문화의 매체적 특성 및 활용 방안에 대해 탐색해 보고자 하였으나, 논의 내용이 다소 미진하다. 무엇보다도 실제적 활용의 기회를 아직 얻지 못했기 때문이다. 전자문화지도가 완성되었을 때, 실제의 활용에서 획득한 성과를 보고할 수 있으리라 여겨진다. 여기에서는 다만 원론적인 차원에서 활용방법을 설계하였을 뿐이다.

학문의 각 분과에서 이룩한 성과를 최대한 반영하여 아무리 정밀한 전자문화지도를 구축한다하더라도 그것은 하나의 도구이거나, 또는 방법적인 시사점을 던져줄 뿐이지 그것이 자동적으로 문화연구를 대신해줄 수는 없다. 또한 현재의 문화지도는 시간과 공간의 좌표축을 지니고 있는 정보들이라야 개발이 가능하다. 따라서 이러한 표지를 상실한 문화현상들은 지도로 개발해내기 어렵다. 모든 문화현상들을 지도화하기는 불가능한 일이다. 결국 듬성듬성 구축된 문화지도의 효율적인 배치를 통해서 새로운 의미를 창출하고, 해석적 안목을 통해 그 가치를 가늠해내는 일은 연구자의 몫이다.

조선시대 행정구역 복원과 베이스맵 작성

김종혁

1. 행정구역 복원의 필요성

조선시대 지역정보를 가장 잘 담은 문헌의 하나는 지리지이다. 지역정보는 대부분 군현을 단위로 하여 수록되어 있는데, 지리지가 아니더라도 지역정보를 추출·공간화하는 데에는 군현이 가장 적절한 단위가 된다. 이를 감안하면, 군현의 행정구역을 복원하는 일은 조선시대 역사지도 또는 문화지도를 제작하는 데 일차적인 수행 과제가 된다. 예컨대 현재 구축되고 있는 인구·토지·인물·장시·사찰·유람기·복식·음식·민속 등의 데이터베이스와 스틸사진·음향·동영상·애니매이션·3D 등의 다양한 참조 자료들은 전자문화지도에서 군현을 기본 단위로 하여 공간화·시각화될 것이다.

어느 나라든 통치에 필요한 기초 정보로서 인구·토지·세금·산업·공공기관·종교시설·교통망·지세 등을 조사한다. 조선은 이러한 통계수치나 자료를 군별로 수집·정리하였고, 그 결과물이 여러 형태의 지리지로 전해 오고 있다. 더불어 조선은 일찍이 15세기 초에 세계지도를 제작한 경험이 있고, 18세기 중반에는 정교한 전국지도를 자체 제작할 정도의 측량과 지도제작에 대한 과학기술이 축적되어 있었으며, 명확하고 체계적인 국토인식에 대한 열정도 보유하고 있었다. 그럼에도 한가지 안타까운 사실은 국토의 면적을 계측하여 기록으로 남기지 않았다는 것이다. 이 사실은 조선시대의 모든 통계자료와 통계화한 자료, 그리고 그 가공자료가 절대치의 한계를 벗어날 수 없음을 의미한다.

지역을 이해하는 데 면적값을 대비함으로써 획득되는 밀도값은 절대치 이상의 의미를 갖는다. 예컨대 A군의 인구수가 B군보다 2배 많은데 A군의 관할면적이 B군보다 4배 넓다면 인구밀도는 B군이 A군의 2배에 해당한다. 이처럼 절대치만으로 지역을 이해할 때, 경우에 따라서는 큰 오류가 발생할 수도 있다. 군현 경계를 복원함으로써 획득되는 행정면적은 인구뿐 아니라 수치로 제공되는 모든 군현별 통계자료를 밀도화함으로써 사료의 이용과 해석에 도움을 줄 것이다. 그러나 면적을 산출하는 것은 이 과제를 수행하는 과정에서 파생되는 하나의 효과에 불과하다. 좀더 거시적인 차원으로서, 다차원적 기능이 발휘되는 전자문화지도 속에 조선의 인물・역사・지리・사상・문학・민속・종교・경제활동 등 총체적 의미로서의 문화현상을 배치하기 위해 행정구역 복원은 필수적인 과제이다.

2. 복원의 실마리와 복원시점

1) 조선시대 행정구역의 변화

고려는 지방행정조직을 940년(태조 23)에 9주 5소경으로 편재하였다가 995년(성종 14)에 10도제로 개편하고 곧 이어서 5도양계제로 재편하였다. 5도와 양계는 楊廣道・慶尙道・全羅道・交州道・西海道와 東界・北界로 구성되었고, 그 아래에 4京, 8牧, 15府, 129郡, 335縣, 29鎭 등을 두었다.[1] 한편 일종의 직할지인 개성부 주변의 京畿는 5도와 양계에 버금갔으므로 8도의 체제는 조선 이전에 이미 형성되었다고 할 수 있다. 이 체제는 고려말까지 유지되다가 조선 개국 초기에 8도제가 확립되었고, 8도제의 근간은 오늘날까지 이어지고 있다.[2]

8도제 확립 이후 주목할 만한 지방행정조직의 변화는 개국 504년에 해당하는 1895년(고종 32, 을미개혁)에 실시된 23府制와 바로 이듬해인 1896년에 실시된 13道制를 들 수 있다. 그런데 23부제는 8도에 속한 군현을 거의 그대로 23부 체제로 옮겨 재편한 것이며, 13도제 역시 평안・함경・충청・전라・경상도를 남북도로 分道한 것에 불과하여 관할구역의 공간적인 변동사항은 별로 없었다. 결국 두 개편은 군현간 통폐합이나 분리가 없었기 때문에 기존의 330여 읍수는 그대로 유지되었다. 물론 전 시기를 통하여 군현의 폐치나 부활, 면의 이속, 군의 신설(경남 용남군, 1896), 군간 통합(양평=양근+지평, 1908) 등의 사례가 있기는 하지만 전국적・전시대적 차원에서 보면 매우 미미한 수준이었다. 이처럼 근 5백년 동

---

1) 高麗史, 卷56, 志10, 地理1(북한 사회과학원 고전연구소 편), 415면.

2) 고려말까지 지속된 5도양계 체제는 1390년(공양왕 2)부터 道域에 변화가 생기기 시작하였는데 두드러진 것은 수도의 한성 천도와 관련된 경기지역의 확대였다. 실제 조선 개창과 더불어 수도가 한성으로 南下하자 경기지역도 동반하여 남하하였고, 또한 양광・충청・경상도가 연쇄적으로 남하하는 현상을 보였다.

안 지속된 조선의 군현제는 1914년 일제에 의해 일대 혁신을 맞는다.

2) 1914년 행정구역의 개편

전술했듯이 조선은 330여 개의 군 수를 끝까지 유지하였다. 군의 하위단위인 面(坊・社)은 군에 따라 적으면 5~6개에서 많으면 40여 개에 달했고, 면은 다시 10~30여 개의 里로 구성되었다. 이처럼 장기간 유지된 행정구역은 1914년 상전벽해의 변화를 맞이한다. 일본 식민정부는 1910년 조선을 병합한 후 만 3년 4개월 만인 1913년 12월 29일에 朝鮮總督府令으로 전국적이고 대대적인 행정구역 개편안을 공포하였고 1914년 4월 1일부로 시행하였다.[3] 부령의 요체는 식민통치의 편의를 위해 군의 규모를 조정하는 것이었으며, 결과적으로 전국의 군수가 332읍에서 220읍으로 줄었다(표 1).

<표 1> 1914년 도별 군통합 현황

8도	경기도	강원도	충청도	전라도	경상도	황해도	평안도	함경도	합
개편 전	36 (10.8)	26 (7.8)	54 (16.3)	56 (16.9)	71 (21.4)	28 (8.4)	42 (12.7)	24 (7.2)	332 (100%)
개편 후	20 (9.1)	21 (9.5)	24 (10.9)	36 (16.4)	41 (18.6)	17 (7.7)	33 (15.0)	27 (12.3)	220 (100%)
군수의 변동	-16	-5	-30	-20	-29	-6	-9	+3	-112

자료 1) 개편전 : 『增補文獻備考』(1908)
2) 개편후 : 『朝鮮總督府官報』, 號外(1913.12.29), 「朝鮮總督府令 第111號」

이때 사라진 군현을 우리는 흔히 舊邑이라 부르는데, 안성군 양성면이나 괴산군 연풍면처럼 구읍은 대체로 面 이름으로 보전되었다. 변동 양상의 대강을 살펴보면, 함경도는 오히려 세 개군이 늘어 이채롭고 충청도는 30군이 줄어듦으로써 유지된 군보다도 소멸된 군이 더 많다. 소멸한 군이 가장 적은 곳은 강원도였다. <표 1>의 구체적인 이속 상황이 『新舊對照 朝鮮全道府郡面里洞名稱一覽』(1917, 이하 『일람』)이라는 책자에 군-면-리-자연마을 단위로 일목요연하게 수록되어 있다. 조선의 행정구역이 1914년까지 큰 변화가 없었고, 1914년의 대대적 변동 상황이 상세히 수록된 자료가 존재하고 있다는 두 사실로부터 조선시대 군현별 행정구역 복원 가능성의 실마리를 찾을 수 있다.

3) 『朝鮮總督府官報』, 號外, 「朝鮮總督府令 第111號」(1913년 12월 29일); 아세아문화사, 영인본 12권, 1985, 643~53면.

3) 복원시점

조선시대의 지방행정제도는 전 시기를 걸쳐 邑格의 昇降이 빈번한 반면 관할구역의 변동은 미미했고, 간혹 있었던 관할구역의 변동사례에서 이속단위는 대체로 면이었다는 특징을 지닌다. 이는 행정구역 조정이 끝난 조선초기 이후, 어느 한 시점의 행정구역은 조선 전 시기의 그것과 크게 다르지 않다는 중요한 사실을 의미한다. 따라서 어느 시점이든 최대한 복원 가능한 시점을 찾아내는 것은 조선시대의 행정구역을 복원하는 연구수행과정에서 중요한 사안이 된다.

이 문제의 핵심은 복원에 필요한 자료가 가능한 가장 풍부한 시기를 찾는 것이고, 결국 「大東輿地圖」가 제작된 1861년이 복원시점으로 채택되었다. 이 지도에는 전국의 군경계가 표시되어 있으며, 그 해설서 격인 『大東地志』(1864)는 전국을 포괄하는 坊面條를 수록하고 있다. 이 점은 조선시대의 행정구역 조정이 주로 면단위로 이루어졌음을 감안할 때 중요한 필요조건이 된다. 한편 「대동여지도」 제작자인 김정호가 앞서 완성한 「靑邱圖」(1834)는 군경계를 포함한 더 많은 정보를 담고 있어 「대동여지도」는 보정 자료를 보유한 이점도 있다.

3. 행정구역 복원에 필요한 자료와 복원과정

1) 복원자료

이제 1914년은 복원의 출발점이고, 1861년은 복원의 도달점이라고 할 수 있다. 환기하지만 조선시대 행정구역의 변동단위는 대체로 面이다. 따라서 두 시기 사이의 전국의 군현별 면 현황의 수록 여부는 사용 가능한 자료의 필요조건이 된다. 우선 1914년과 1861년의 상황을 수록한 『일람』과 『대동지지』는 이 복원작업의 기본자료가 된다. 이밖에 두 시점 사이의 변동사항을 추적할 수 있는 자료로서는 주로 1895년부터 1908년 사이의 이속사례를 총괄 기재한 『韓國地名總覽』, 『내고장 이름 사전』(북한), 그리고 1909년 상황을 반영하는 『民籍統計表』가 있다. 후술하지만, 이들 자료들로부터 면의 이속 사례를 시계열적 DB자료로 구축하는 것이 복원작업의 첫 순서가 된다.

지도는 복원작업에서 없어서는 안될 필수 자료이다. 지도 역시 도달점에 해당하는 시기의 「大東輿地圖」와 출발점에 해당하는 일제초기의 1:5만 지형도(1910년대, 총 718매)가 기본도가 된다. 후자는 출발점에 해당하기 지도이기 때문에 1861년의 행정경계가 이 지도 위에 그려지게 되고, 전자지도화는 이를 저본으로 수행된다. 이밖에 「靑邱圖」는 「대동여지도」 못지않게 중요하고, 전국의 군을 대상으로 1872년에 제작된 「郡縣圖」에도 面이 수록되어 있어 『대동지지』와 『한글지명총람』 사이의 변화상을 알려준다. 「군현도」 이후의 지도 가운데 1895년 경 일본인들에 의해 제작된『舊韓末 韓半島 地形圖』(1:5만)는 비록 군경계 표시가 없지만, 일부 目測이 사용된 한국 최초의 근대적 측량지도라는 점에서 활용가치가 높다.[4)]

2) 복원의 유형

1861년의 행정구역을 복원하는 방법론은 가까운 시기인 1914년부터 거꾸로 올라가면서 면이속을 소급·추적하는 것이다. 작업의 순서는 『대동지지』, 『한국지명총람』, 『민적통계표』, 『일람』에 기재된 면을 시계열 DB 자료로 구축하는 것으로 시작된다. 이후 행정단위가 큰 것에서 작은 것으로, 즉 군이 우선 道域을 바꾸었는지를 먼저 확인하고, 차례로 군-면-리/자연마을단위까지 이속사항을 검토한다. 면이 통채로 이속하면 작업이 간단하지만 하나의 면이 複數의 군으로 분할되는 경우도 있으므로 복원단위의 하한은 리가 되고, 따라서 자연마을까지 검토해야 한다.

근본적인 차이는 없지만 복원과정은 크게 두 유형이 있다. 첫째, 두 개의 군 사이에서 두 군이 모두 유지되면서도 한 군의 일부가 다른 군으로 이동하는 유형으로 서울과 고양군을 사례로 들 수 있다. 원래 도성 내부와 성 밖 십리까지를 관할하였던 서울은 1914년 당시 도성 내부와 도성 남쪽의 일부 지역으로 한정되었고, 나머지 구역은 고양군의 6개 면으로 편입되었다. 결국 이 6개 면에 소속된 리를 모두 검토하여 지도 위에서 다시 서울에 포함되도록 경계를 구획하는 방식으로 서울의 영역을 복원하였다. 물론 서울의 영역을 온전히 복원하기 위해서는 서울과 접경하고 있는 주변의 7개 군에 대해 위와 똑같은 방식을 적용해봐야 한다.

둘째, 둘 이상의 군이 하나의 군으로 통합되는 경우로서 복원과정은 대체로 전자보다 복잡하다. 2개 내지 3개의 군이 통채로 합쳐져 하나의 군이 되었다면 역순으로 분해하여 작업이 간단하지만 이런 경우는 거의 없다. 병합한 군이 자기 땅의 일부를 다른 군에 넘겨주거나 병합되는 군도 1개 군이 아니라 복수의 군에 분할 병합되는 사례가 많으며, 더구나 1895년에 이속된 면이 1914년에는 제3의 군으로 이속되는 경우도 있어 이를 해체·복원하는 과정은 생각보다 간단하지 않다. 예를 들어 1914년에 14개 면을 관할하게 된 괴산군은 5면의 괴산군, 3면의 연풍군, 3면의 청안군, 1면의 청주군, 2면의 충주군 땅이 모여 이루어졌다. 이 가운데 불정면은 원래 괴산군 북하·동하면 및 충주군 불정면·율지면 일

---

4) 조선시대 지리지에 수록된 사물의 위치는 모두 읍치를 기준점으로 하여 방위(4~8방) 및 거리(里數)를 기재하는 것으로 표현되었는데, 위 지도는 구읍을 포함한 모든 읍의 치소가 정확히 표시되어 있다. 따라서 이 지도는 DB 항목으로 책정된 역원·진도·읍성·산성·창고·향교·사우·장시·누정·능묘 등의 위치를 비정하는 데 크게 도움을 준다. 다만 행정구역이 도경계만 표시되어 소략한 점은 아쉽다.

부로 이루어졌는데, 충주 소속의 지역은 이미 1895년에 옮겨 온 것이었다. 즉 베이스맵으로 이용되는 1910년대 지형도 상의 괴산군은 모두 5개군으로 분할되며, 불정면 관할 내에서는 충주군과 괴산군의 경계선이 지나간다.

이해를 돕기 위해 비교적 간단한 시흥군의 통합과정을 DB 자료로 구성해 보자(표 2). 이 표는 우선 1914년에 과천군과 안산군이 시흥군에 편입・폐합되었음을 알려준다. 北面은 시흥군 상북・하북면과 과천군 하북・상북면이 모여 이루어졌는데, 과천 하북면 중의 노량진・본동・흑석리와 상북면 중의 동작리가 북면으로 이속되었다. 이로부터 현재 서울의 노량진・흑석동・동작동 일대는 복원도에서 과천으로 편입된다. 新東面은 원래 과천군 상북・동면이, 東面은 시흥군 동면・현내・남면이, 西面은 시흥군 서・현내・남면이 합쳐져 만들어졌다. 안산의 성곶・북방・하곡면은 1895년에 광주군에서 옮겨온 것이므로 「대동여지도」 단계에서는 광주 소속이었다.

<표 2> 1914년 시흥군의 통합

군명	1864	1895	1909	1914	비고
始興	縣內	郡內	–	東面	군내 동면
	西面	–	–	西面	서면 남면 군내
					(→광명시)
	南面	–	–	서면	
	東面	–	–	동면	
	上北	–	–	北面	상북 하북 과천하북 과천상북(1/5)
	下北	–	–	북면	
안산	龍巾	?			
	仍火谷	仁化	–	수암	
	草山	–	–	수암	안산군내 인화 초산
	郡內	–	–	秀岩	
	大月	–	–	군자	마유 대월 와리
	馬游	–	–	君子	
	瓦里	–	–	군자	
	(광주→)	聲串	–	반월	(수원군)
	(광주→)	北方	–	반월	(수원군)
	(광주→)	下谷	–	반월	(수원군)
과천	縣內	郡內	–	果川	과천군내 과천동면(1/6)
	東面	–	–	新東	과천동면 과천상북(4/5)
	南面	–	–	南面	
	上西	–	–	서이	(→안양시)
	下西	–	–	西二	(→안양시)
	上北	–	–	신동	(→서울)
	下北	–	–	북면	(→서울)

자료 : 1864 : 『대동지지』, 1895 : 『한국지명총람』, 1909 : 『민적통계표』, 1914 : 『신구대조 조선전도부군면리동명칭일람』

주 : 괄호 안의 숫자는 전체 리수 가운데 이속한 리의 수. 예를 들어 '과천상북(4/5)'은 과천상북면 5개 리 가운데 4개리가 신동면으로 편입되었음을 의미함.

3) 복원의 난점

행정구역 복원과정서 주의해야할 부분이 越境地[飛地]와 해안선 및 도서이다. 월경지는 한국의 매우 특이한 지방행정제도의 하나로 한 군의 관할구역이 本郡과 격리되어 타군의 영역 안에 소재하는 경우를 일컫는다. 이 제도의 연원은 정확하게 알 수 없으나, 조선시대 대대로 유지되어 내려오다가 1906년 월경지를 본군이 아닌 소재 군으로 편입시킴으로써 소멸되었다. 물론 복원과정에서 소멸된 월경지는 다시 본래의 군으로 귀속시켜야 한다.

해안선 복원은 문헌으로 해결되지 않기 때문에 지도화 과정에서 가장 곤혹스러운 부분이다. 1861년의 해안선을 정확히 복원하는 것은 불가능해 보인다. 태평양 주변부의 규모가 작은 灣의 일부에 해당하는 한국의 서해안은 조차가 9m까지 달해 세계적으로도 유명한 리아스 해안을 형성하였고, 대하천의 대부분이 서해로 유입하기 때문에 해안에는 광대한 규모의 간석지가 분포한다. 이 자체로 해안선을 복원하는 것은 쉽지 않으며, 더구나 서해안의 간석지는 수 백년 전부터, 추정할 수 없는 시기에 농지나 염전으로 변모되어 왔다. 특히 20세기를 전후하여 시작된 근대적 해안간척사업은 기존의 해안선을 직선화하였으므로 1910년대에 제작된 지형도도 이미 원 해안선을 복원하는 데 적합하지 않다. 이보다 일찍 제작된 『구한말 한반도 지형도』(1895년 경)기 간척 이전의 해안선을 비교적 정확하게 나타내지만 산지와 더불어 해안은 목측의 사례가 대부분이라 생각보다 활용가치가 높지 않다.

실제 작업과정에서는 기반암이 돌출되어 지형조건 상 간척될 수 없는 지점의 해수면 고도를 확인한 후 이 등고선을 찾아 잇는 방식으로 해안선을 복원하였고, 천일염전과 간석지는 해안선 밖에 두었다. 한편 조차가 매우 작고 유입하는 하천규모도 작은 동해안은 거의 항상 대기에 노출되는 사빈을 육지의 일부로 인정할 수 있으므로 베이스맵 상의 해안선을 그대로 적용하였다.

한국에는 3천 개 이상의 섬이 있다. 그런데 섬은 생활여건이 열악하고 해적의 침입이 잦았기 때문에 19세기 말까지도 무인도가 대부분이었다. 따라서 정부는 섬에 대한 관심이 상대적으로 적을 수밖에 없었고, 아울러 축적된 정보량도 적었다. 조선 최고의 지도라고 할 수 있는 「대동여지도」도 육지부에 비하면 도서에 대한 정확성은 크게 떨어진다. 표시된 섬의 위치도 실제와 다를 뿐더러 기재된 섬 이름 또한 오늘날과 차이가 커서 각 섬들에 대한 소속 군을 찾아내기가 어렵다.

4. 주제도의 작성

연구결과의 중요한 형태의 하나는 주제도이다. 종이지도 위에서 복원된 행정구역이 전자지도화 되고, 구축되고 있는 DB자료가 전자지도의 속성자료로 입력되면 대량의 자료라도 비교적 쉽게 각종 주제도를 작성할 수 있다. 뿐만 아니라 각 DB자료의 가공처리에 따라 주제도의 내용과 형식은 매우 다양하게 표현될 수 있다. 디지털지도가 지니는 가공할 만한 힘이 아닐 수 없다.

주제도를 작성하기까지의 작업과정을 다시 한번 간단히 정리하면 다음과 같다. 우선 베이스맵으로 사용된 1910년대 1:5만 지형도(62×45cm) 718매를 원본 그대로 스캔하여, 클립 및 보정작업을 거친다. 이와 별도로 면 이속에 대한 데이터베이스를 구축하고, 이로써 각 군의 경계를 추적하여 종이지도 위에 조선시대의 군 경계선을 복원한다. 이어서 보정된 스캔지도 위에 종이지도에 그려진 경계선을 디지타이징하고, 최종적으로 군·월경지·섬별로 폴리건을 생성한다. 군별 폴리건을 생성시키는 데까지 디지타이징이 완료되면 비로소 각종 주제도 작성이 가능해진다.

폴리건은 한 군에 하나씩 생성되는 것이 일반적일 것이나, 월경지나 도서의 변수 때문에 일부 군의 폴리건은 다수로 구성된다. 폴리건이 형성되면 군별 면적이 산출된다. 사업과제의 일환으로 구축되고 있는 각종 디지털자료 및 그 가공자료를 각 폴리건의 속성자료로 입력하면 다양한 주제도를 작성할 수 있다. 이번 학술대회에서는 시기별 인구수를 속성자료로 하여 인구의 분포와 밀도, 성비와 호당 가족수, 그리고 이들에 대한 시계열적 변화상을 간단히 보여줄 것이다. 물론 전술했듯이, 추가되는 DB자료에 따라 인구는 경지면적당 인구밀도, 읍내면의 인구비율, 시장당 인구규모 등 다양한 형태의 주제도로 표현될 수 있다.

5. 복원도의 활용과 향후 과제

조선의 행정구역은 개별 연구자들에 의해 부분적으로 복원된 사례가 있지만, 전국적으로는 이번이 처음이다. 따라서 이 연구는 자체로 연구사적 의의가 크다고 할 수도 있지만, 동시에 이제 시작의 단계에 불과하다는 것을 의미한다. 복원도의 활용가치를 높이기 위해 몇 가지 연구과제가 추가되어야 한다.

첫째, 다양한 시기의 복원도가 작성되어야 한다. 비록 그 정도가 미미했더라도 변화가 없었던 것은 아니므로, 『조선왕조실록』 등의 연대기사료를 중심으로 수집된 변동 사실을 반영해야 한다. 이는 복원도의 볼륨을 풍성하게 하는 의미도 있지만, 더 큰 것은 각 시기별 자료를 엄밀하게 이용한다는 데에 있다.

둘째, 복원도 제작에 사용된 베이스맵의 제작시점을 현재까지 끌어올려야 한다. 즉 현재의 지형도 위에서 조선시대의 행정경계를 구획해야 한다. 이는 지도 속에서 현재와 과거를 직결하는 효과를 지닌다. 이를 수행하기 위해서는 1914년부터 현재까지의 행정구역 이속사례를 앞의 방식대로 검토해야 하는데, 이는 지금까지의 작업량보다 더 많을 것으로 예상된다.

셋째, 문화지도로서의 기능을 차치하고라도 지도 자체의 활용도를 높이기 위해서는 지명 DB 구축이 병행되어야 한다. 이 지명 속에서는 군-면-리(동) 등의 행정명 뿐 아니라 지명화된 山·水·岩·木 등의 자연물, 그리고 취락·도로·정부기관·공공기관·종교시설·산업시설 등의 인공물의 이름이 모두 포함되어야 할 것이다.

조선의 문화현상을 입체적으로 조망하려는 우리의 전체 사업틀 속에서, 행정구역 복원도는 이를 통해 비로소 각 문화현상을 공간축 위에 정확하게 배열할 수 있게 되었다는 일차적인 연구의의를 지닌다. 또한 분포·밀도·입지 등 역사지리정보를 구성하는 기본 개념들은 행정구역 복원을 통해 다양한 형태의 주제도로 공간화·시각화될 수 있다. 이는 한국의 역사지도 수준을 한 단계 끌어올리는 데에도 충분한 효과를 지닐 것이다.

조선시대 문화 분류를 위한 <주제 · 양태 결합 분류체계> 연구

김문용 · 이정주

1. 조선시대 문화 분류의 전제

분류는 지식의 기본 형식이자 방법이다. 무엇을 안다는 것은 그것을 다른 것과 구별한다는 것이고, 구별한다는 것은 그것을 포함하는 대상 세계를 분류한다는 것이다. 이렇듯 앎 또는 지식은 분류를 기본 형식으로 부대하기 마련이다. 역으로 보자면, 어떤 대상에 대한 새로운 이해는 새로운 분류안(分類眼)의 확립을 통하여 성취될 수 있다는 추론이 가능하다. 대상 세계를 좀더 포괄적이고 정밀하게 분류하는 안목을 갖춤으로써 그것에 대한 이해의 폭과 깊이를 더할 수 있다. 요컨대 새로운 이해는 새로운 분류안을 부대하기 마련이고, 새로운 분류안을 통해 새로운 이해를 추구할 수 있다는 것이다.

이러한 맥락에서 볼 때, 조선시대 문화를 대상으로 새로운 분류체계를 개발하는 것은 그것에 대한 새로운 인식의 틀을 마련하는 일과 상통한다고 할 수 있다. 그동안 조선시대 문화에 대한 연구는 여러 분과에서 적지 않은 결과를 축적하여 왔다. 그러나 연구의 축적과 병행하여 연구와 그 이용 환경이 변화하고, 연구 성과에 대한 사회적 수요의 성격도 좀더 즉자적인 형태로 변화한 것이 사실이다. 특히 근래의 디지털 문화는 지식의 생산과 이용 환경에 획기적인 변화를 초래하였는 바, 조선시대 문화 연구를 포함한 한국학 분야 역시 이에 예외일 수 없다. 이제 조선시대 문화 연구는 연구방법론의 개선 차원을 넘어 이해의 새로운 틀을 요청 받고 있는 상황이라 할 수 있다.

본 연구는 이러한 문제의식을 바탕으로 조선시대 문화 분류의 방안을 새롭게 모색하고자 한다. 이 작업은 그동안 축적된 연구, 특히 조선시대 문화에 관한 분류학적 성과로부터 완전히 자유롭지 못하다. 따라서 기존의 주요 분류체계를 검토하고, 거기에서 문제점과 새로운 방안의 단서를 탐색하는 일로부터 시작한다. 그러나 이 작업이 조선시대 문화에 대한 새로운 이해의 틀을 마련하는 일과 연관되어 있는 만큼, 좀더 과감한 시도와 모색이 필요하기도 하다. 이러한 과정에 우리는 다음과 같은 것을 새로운 분류체계 설계의 지침으로 삼고자 한다.

첫째, 분류학적 명징성과 이용자 편의성 사이의 조화를 모색할 것이다. 통상적인 경우, 분류학적으로 명징한 분류체계일수록 이해와 활용의 편의성이 강화되는 것으로 추정해 볼 수 있다. 그러나 문화와 같은 인문적 영역의 분류학은 원천적으로 논리적 명징성에 완벽을 기할 수 없다는 한계가 있고, 특정한 지적 전통 속에 근거를 두고 있는 재래의 분류안은 종종 논리적 해명 이상의 설명력을 갖기도 한다. 새로운 문화분류체계는 양자 사이의 적절한 조화를 모색하는 방향에서 방안이 마련되어야 할 것이다.

둘째, 조선시대 문화의 특수성과 그 통시대적·범세계적 보편성 사이의 조화를 고려할 것이다. 조선시대 문화가 특수한 시대적·지역적 환경의 산물이라는 점에서, 그것을 올바로 이해하기 위해서는 그 특수성에 기반하는 도구와 방법의 개발이 필요하다. 그러나 다른 한 편에서, 현재 문화의 발전은 시대와 지역의 제한을 넘어 원활한 교류와 소통을 요구하고 있고, 그러한 면에서 그 연구에 통시대적·범세계적인 안목과 기준의 활용이 요청되기도 한다. 이 두 측면의 요청을 함께 고려하는 일은 곧 지식·정보의 재래적 표현양식과 디지털 도구의 새로운 표현양식 사이의 적절한 결합을 모색하는 일이기도 하다.

2. 기존 문화분류체계에 대한 검토

분류학이 발달한 대표적인 분야는 무엇보다도 생물 분류학(taxonomy)과 서지·도서 분류학(classification theory) 두 분야라고 할 수 있다. 그 가운데 문화 분류와 직접적인 연관을 가지고 있는 것은 후자이다. 늘어나는 서지·도서를 정리해야 할 실질적인 필요에 의해 고대부터 시작된 서지·도서 분류에는 당연히 문화 분류의 관념이 포함되어 있을 수밖에 없었다. 자연과 더불어 문화 자체에 대한 관심이 커지면서 문화 분류는 서지·도서 분류로부터 분리되고, 근래에 이르러서는 DDC를 비롯한 도서분류체계와 분리되어 나름의 발전 방향을 모색하고 있는 중이라고 할 수 있다.

오늘날 세계적으로 주목받는 문화 분류의 방안으로는 우선 HRAF[1]의 분류체계를 들 수

---

1) HRAF(The Human Relations Area Files, Inc.) 는 1949년 예일대학교에서 창립된 문화인류학 분

있다. 세계 각국의 다원적인 문화 분류의 틀로 널리 활용되고 있는 HRAF의 OCM(Outline of Cultural Materials)[2]은 대체로 다음과 같은 체계를 구성하고 있다.

000 MATERIAL NOT RELEVANT(분류 불가)
100 ORIENTATION(오리엔테이션)
  101 IDENTIFICATION(신분증명)
  102 MAPS(지도)
  103 PLACE NAMES(장소명)
  104 GLOSSARY(용어)
  105 CULTURAL SUMMARY(문화적 개요)
  <생략>
110 INFORMATION SOURCES(정보 자료)
120 RESEARCH METHODS(연구방법론)
130 GEOGRAPHY(지리)
140 HUMAN BIOLOGY(인간 생태)
<생략>
850 INFANCY AND CHILDHOOD(아동)
860 SOCIALIZATION(사회화)
870 EDUCATION(교육)
880 ADOLESCENCE ADULTHOOD AND OLD AGE(청장년 및 노년)
890 GENDER ROLES AND ISSUES(성 역할과 자손)
900 TEXTS(텍스트)
910 ARCHAEOLOGICAL MEASURES, TECHNIQUES, AND ANALYSES (고고학 도구, 기술, 분석)

OCM은 분류체계 최상위 1단계가 82개 항목이며, 그 밑에 각각 9개 이하의 하위 항목이 배치되는 구조를 갖는다. 이것은 약간의 수정을 거치면서 수십 년 간 국제적으로 이용되어 왔고, 그런 만큼 일정한 범위에서 체계의 유의미성을 보증 받고 있다고 할 수 있다. 그러나 한국 문화를 기준으로 볼 때 이 분류체계는 충분히 만족스러운 것일 수 없다. 위에 나타내 보인 것만으로도 항목의 설정이 한국의 문화 현상을 고르게 반영한다고 보기 어렵고, 항목의 배열 또한 충분히 법칙적이거나 계기적이라 보기 어렵다.

이것은 무엇을 의미하는가? OCM의 의의를 인정하는 것과 병행하여 그 한계를 인식하고 개선의 방향을 모색한다는 측면에서, OCM과는 여러 면에서 극단적인 대비를 이루는 오늘날의 '웹(Web) 디렉토리 검색구조'를 검토해 보는 것도 의미가 있다. '웹 디렉토리 검

야의 비영리 연구조직이다. 인간의 행동, 사회, 문화에 대한 비교 연구를 촉진시키는 정보 제공을 목적으로 하고 있다.

2) http://www.yale.edu/hraf 의 OUTLINE OF CULTURAL MATERIALS -Copyright 2002 HUMAN RELATIONS AREA FILES - 참조.

색구조’는 웹의 특성에 기인하는 일정한 편향성에도 불구하고, 그 대상이 대체로 현재의 사회・문화를 포괄하고 나름의 체계적인 분류를 지향하고 있다는 점에서 일종의 문화분류 체계라고 볼 수 있다. 다음은 현재 한국에서 많이 이용되는 몇 개 검색 엔진 사이트 디렉토리의 최상위 분류 항목을 나열한 것이다.

검색엔진	야후	네이버	엠파스	구글
대 분 류	엔터테인먼트 여가생활과 스포츠 뉴스와 미디어 컴퓨터와 인터넷 비즈니스와 경제 지역정보 건강과 의학 사회와 문화 교육, 학문 예술 인문, 사회과학 자연과학 정부 참고자료	뉴스, 미디어 비즈니스, 경제 쇼핑 가정, 여성 사회, 문화 학문, 과학 교육, 참고자료 엔터테인먼트, 예술 컴퓨터, 인터넷 게임 레크리에이션 스포츠 건강, 의학 지역정보	뉴스, 미디어 기업, 쇼핑몰 경제, 재테크 건강, 의학 사전, 참고자료 교육, 학교 정부기관, 사회 연예, 오락 생활, 취미 컴퓨터, 인터넷 문화예술, 종교 여행, 스포츠 학문 대한민국, 세계	가정과 생활 건강,의학 게임 과학 교육,참고자료 뉴스와 미디어 비즈니스와 경제 사회 쇼핑 스포츠 어린이,청소년 엔터테인먼트 여가,취미 예술 인터넷,WWW 지역,국가 컴퓨터
제작연도	1994	1997	1999	1998
제작자	Jerry Yang David Filo	삼성 SDS 기술연구소	지식발전소 코난테크놀로지	Larry Page Sergey Brin
대분류 항목 수	14항목	14항목	14항목	17항목

비고 : 2003년 4월 26일 기준

우선 이 네 개의 ‘웹 디렉토리 검색구조’ 각각은 앞의 OCM과 마찬가지로 최상위 대분류 항목의 설정과 배열에서 특별한 법칙성을 드러내 보이지는 않는다. 그럼에도 불구하고 이 검색구조들은 상호간에 높은 유사성을 간직하고 있다는 점에서 주목할 만하다. 표현은 약간 다를지라도, 엔터테인먼트・스포츠・뉴스와미디어・컴퓨터와인터넷・참고자료・비즈니스와경제・지역정보・건강과의학・사회(집단)의 8개 영역이 4개의 검색엔진에서 공통으로 나타나고 있으며, 쇼핑과 예술이 3개의 검색엔진에서 겹쳐 나타나고 있다. 위 표에 나타나지는 않지만, 하위의 중분류 항목 내용을 고려하자면 나머지 대부분의 대분류 항목들도 실질적으로는 내용이 서로 일치하는 것을 확인할 수 있다. 이것을 통해 우리는 비록 웹이라는 일정한 영역에 한정해서나마, 현대 문화에 대한 통일된 분류체계의 확립 가능성을 볼 수 있다. 더구나 야후와 구글의 검색구조가 외국에서 제작되고 통용되는 검색구조와 크게 다르지 않다는 점을 감안할 때, 범세계적 보편성을 갖춘 문화분류체계의 가능성까지도 내다볼 수 있는 것이다.

이 외에도 '웹 디렉토리 검색구조'는 디지털 환경에서 바람직한 분류체계의 항목 수와 관련하여 시사하는 점이 있다. 웹 디렉토리 검색구조는 각 단계의 분류 항목 수에서 유사성을 보인다. 대분류 항목을 기준으로 본다면, 야후·네이버·엠파스가 14 항목이고, 네이트(舊 라이코스)·한미르가 12 항목이며, 구글이 17 항목으로서, 모두 12~17 항목의 범위 안에 있다. 이는 HRAF의 82 항목에 비할 때 상당히 적은 수임을 알 수 있다. 아무리 다민족(多民族)과 통시대(通時代)의 문화 양상을 포괄한다고 하더라도, HRAF의 OCM은 지나치게 복잡하여 이에 익숙한 소수의 작업자 외에는 활용하기가 불편하다는 인상을 지우기 어렵다. 우리의 새로운 문화분류체계가 디지털 환경을 고려해야 하는 것인 이상, 직관적 파악을 중시하는 '웹 디렉토리 검색구조'의 이러한 항목 수 설정은 적극 고려할 필요가 있다고 할 수 있다.

이렇듯 '웹 디렉토리 검색구조'는 몇 가지 측면에서 긍정적인 시사점을 갖고 있음에 틀림이 없다. 그러나 그것이 조선시대 문화 분류체계의 전범이 될 수 없음은 물론이고, HRAF 분류 방식의 긍정적인 측면을 모두 덮어버리는 것일 수도 없다. 바람직한 조선시대 문화분류체계는 '웹 디렉토리 검색구조'의 긍정적 시사점과 방대한 HRAF 분류 방식의 장점을 함께 고려하고, 무엇보다 조선시대 문화의 특수성 문제를 감안하여 설계해야 한다. 이에 이제까지 출현한 조선시대 문화 분류의 사례를 검토하는 일이 필요하다. 우선적으로 참고할 만한 것으로는 국사편찬위원회가 작성한 <조선왕조실록 분류사 편찬요강>에 포함된 분류체계를 들 수 있다.

<조선왕조실록 분류사 편찬요강>의 분류체계는 원래 기본 항목 40개와 세부항목 161개로 구성되었다. 서울시스템(주)에서 <조선왕조실록 CD-ROM>을 개발하면서, 이를 다시 정치·경제·사회·문화로 재분류하고 약간의 항목 수정을 거쳐 일반에 공개하였는데, 그 대강의 체제는 다음과 같다.

대분류	중분류	소분류
政治	王室	宗社, 宗親, 妃嬪, 宮官, 行幸, 賜給, 經筵, 儀式, 國王
	政論	政論, 諫爭
	行政	中央行政, 地方行政
	人事	選拔, 任免, 管理
	司法	法制, 裁判, 行刑, 治安, 彈劾
	軍事	軍政, 中央軍, 地方軍, 特殊軍, 禁火, 赴防, 軍役 ……
	外交	元, 明, 野, 倭, 琉球, 東南亞, 中央亞, 러시아, 歐美
	變亂	政變, 民亂
	人物	
經濟	<생략>	<생략>

社會	<생략>	<생략>
文化	思想	土俗信仰, 儒學, 佛敎, 道敎, 東學, 西學, 其他
	歷史	史學, 編史, 故事, 前史
	科學	數學, 物理, 化學, 生物, 天氣, 曆法, 地學
	醫藥	醫學, 藥學, 獸醫學
	語文學	語學, 文學
	藝術	音樂, 美術, 演劇, 舞踊
	敎育	人文敎育, 技術敎育, 特殊敎育
	出版	印刷, 書冊

이 분류 방식은 우리에게 매우 친숙한 편이다. 정확한 기원은 알 수 없으나, 근대 이후 오랜 동안 우리는 이러한 분류방식을 교육받고 활용해 왔다. 뿐만 아니라 한국의 역사·문화에 관한 지식과 정보도 이미 많은 부분이 이러한 분류에 기초하여 축적되어 왔다. 한마디로 이것은 관용적이고, 관용적인 만큼 편리한 분류방식이라 할 수 있다. 우선 정치·경제·사회·문화의 대분류가 그러하고, 문화를 사상·역사·과학 등의 중분류 항목으로 분류한 것과 사상을 토속신앙·유학·불교·도교 등의 소분류 항목으로 분류한 것 등도 그러하다.

그러나 이러한 분류는 관용적이어서 편리한 이면에, 분류학적 엄밀성의 측면에서 문제를 드러내기도 한다. 그것은 대부분의 분류명이 문화의 일정한 주제 영역을 지칭하는 용어라는 점과 관련이 있다. 이 때 문화의 주제 영역은 상호간의 경계가 불분명하고 중복되기 일쑤이다. 현실 속의 문화 현상이나 요소 가운데는 정치적이면서 동시에 경제적이며, 또 사회적이고 문화적인 것들이 다수 존재하기 마련이다. 그럴 경우 분류는 작업자의 안목에 따라 임의적일 수밖에 없고, 그 만큼 분류의 엄밀성은 약화될 수밖에 없다. 예를 들어 '갑오농민전쟁'은 작업자의 관점에 따라 정치·경제·사회·문화 어디에나 귀속되는 것이 가능하고, 검색자는 그것이 어느 분류 항목에 속해 있을지 추정하기 어려운 것이다.

이렇듯 주제에 따른 문화 분류가 갖는 임의성과 중복성을 피하기 위하여 활용되는 방안의 하나가 문화 요소의 양태에 따른 분류 기법이다. 이 분류법은 어휘를 계층적으로 구조화하는 언어학의 존재론 개념을 응용한 것이다. 존재론 개념을 응용하는 분류법의 대표적인 사례로는 워드넷(Wordnet)을 들 수 있는데, 그 최상위의 계층구조를 예시하면 다음과 같다.[3)]

3) 이하의 그림은 다음의 글을 참고하였음. George A. Miller. Nouns in WordNet. Wordnet.(The MIT Press, Cambridge, Massachusetts, London, England, 1998), p.30.

```
                                        ┌ animal, 동물 -->
                   ┌ organism, 유기물 ─┼ person, 사람 -->
entity, 실체 ─┤                        └ plant, 식물 -->
                   │               ┌ artifact, 가공물 -->
                   └ object, 대상 ─┼ natural object, 자연물 -- body, 신체 -->
                                   └ substance, 실체 --------- food, 음식 -->
                                        ┌ attribute, 속성 -->
                   abstraction, 추상 ─┼ quantity, 양 -->
                                        ├ relation, 관계 -->
                                        └ time, 시간 -->
                                        ┌ cognition, 인지 -->
                   psychol. feature ──┼ feeling, 감정 -->
                     심리적 자질        └ motivation, 동기 -->
              <이하 생략>
```

이 워드넷은 유의어 집합의 개념적인 상하위 관계를 통해서 형성한 일종의 어휘 네트워크이다. 이것은 본래 언어의 체계적인 이해를 위해 시도된 것인데, 이러한 시도의 바탕에는 어휘가 존재의 질서를 반영하고 있다는 믿음이 전제되어 있다고 볼 수 있다. 이에 따를 때 명사형의 모든 어휘는 그것이 지칭하는 존재의 양태에 따라 존재론 체계의 특정 위치를 점하고, 그럼으로써 질서 있게 배열된다. 위의 도표에 나타난 분류명은 모두 지시 대상의 존재 양태에 따라 어휘를 분류하기 위해 설정된 것임을 쉽게 확인할 수 있다.

이러한 워드넷의 존재론을 문화 분류에 응용할 경우 우리는 주제 분류의 한계를 극복할 새로운 분류체계를 확보할 가능성을 갖는다. 우선 문화 분류에서 임의성과 중복성을 피할 수 있을 것이고, 나아가 모든 문화 요소들이 체계적으로 질서지워짐으로써 그 요소들 사이의 친소, 원근 관계를 파악하는 데 유용한 분류체계를 얻을 수 있을 것이다. 그러나 이러한 기대와는 달리 워드넷의 존재론을 문화 분류에 실제로 적용하는 데는 난관이 존재한다. 워드넷은 원칙적으로 모든 명사형 어휘를 분류 대상으로 삼고 있어서, 문화 이외에 순수 자연적 요소가 그것과 같은 비중으로 취급되고, 정신적 · 물질적 '실체' 이외에 각 종의 '속성'이 큰 비중을 차지하는 등, 지나치게 번잡한 체계를 가지고 있는 것이다.

이러한 이유 때문에 한국에서 워드넷의 존재론을 이용한 문화분류체계, 즉 문화 요소의 존재 양태에 따른 분류법은 완전히 구현된 사례가 아직 나타나지 않고 있다. 다만 한국정신문화연구원이 <한국민족문화대백과사전 증보판>을 편찬하는 과정에서 용어의 선별을 위해 작성한 범례와 '한국역사정보통합시스템'에서 제작한 <한국사 기초사전>의 분류표가 존재 양태에 따른 분류법을 활용하고 있는 대표적인 사례로 눈에 띌 뿐이다. 양자의 일부를 차례로 소개하면 다음과 같다.

<한국민족문화대백과사전 증보판 범례>[4]

용어의 성격	문안 작성을 위한 소구분
개념 · 용어	신분, 집단, 직업, 호칭, 강역, 관행, 현대정책, 현대사조 ……
교리 · 사상	사상, 신앙, 학문, 이론, 정책, 교리, 기타 ……
단체	교육기관, 학회 · 연구소, 출판 · 인쇄사 ……
문헌	총서류, 학술서, 신문 · 잡지, 문집, 문서, 읍지, 지도 ……
사건	전투 · 전쟁, 정변 · 개혁, 민란 · 반란, 조약 · 회담 ……
용품	주거용품, 의장용품, 화장용품, 바느질용품, 주방용품 ……
유물 · 유적	불상, 범종, 토기, 그릇, 출토유물, 장신구 · 의복 ……
<이하 생략>	<이하 생략>

<한국사 기초사전 분류표>[5]

분류 1단계	분류 2단계
개념 · 용어	문화예술, 학술, 경제, 생활
인물	왕실, 정치인, 문신, 무신, 학자, 종교인, 예술인, 언론인 ……
지명	자연지명, 행정지명, 고지명(국가)
문헌	총서류, 관찬사, 문집, 고문서, 경전, 신문, 잡지
작품	문학, 음악, 미술, 무용, 연극영화
제도	정치, 경제, 사회, 문화
단체	정치, 경제, 사회, 교육, 문화예술, 학술, 독립운동, 종교 ……
<이하 생략>	<이하 생략>

위의 두 분류표는 문화 요소의 양태에 따른 분류를 응용하고 있다는 점에서 동일하다. 1단계에 나열한 개념 · 용어, 인물, 지명, 문헌, 사건 등이 원칙적으로는 양태 분류를 응용한 분류명이라 할 수 있다. 그런데 이러한 양태 분류는 두 분류표 모두 1단계에만 적용하고, 2단계(소구분)에서는 양태 분류와 주제 분류를 혼용하거나 주제 분류만으로 바꾸었다는 점 또한 동일하다. <한국사 기초사전 분류표>를 기준으로 보자면, 1단계의 '문헌'에 '신문' · '잡지' 등을 설정한 것은 양태 분류 방법에 근거한 것이라 할 수 있지만, '제도'에 '정치' · '경제' · '사회' · '문화'는 전형적인 주제 분류의 방식을 응용하였다.

이렇게 볼 때 위 두 분류표는 주제 분류 방식과 양태 분류 방식을 혼용한 일종의 '혼합 분류 방식'이라고 할 수 있다. 양태 분류 방식을 2단계에도 관철하지 못한 것은 무엇보다 양태 분류 방식를 일관되게 적용하기 어려워서라고 볼 수 있지만, 그렇더라도 하나의 분류 항목에서 주제 분류 방식과 양태 분류 방식을 혼용하는 것은 분류학적 원칙을 지나치게 도외시한 결과라 하지 않을 수 없다. 이러한 혼합 분류 방식은 부분적으로 불가피한 측면도 있고, 또 당장의 적용에 별다른 문제점을 드러내지 않는다고 할지라도, 좀더 안정적인 분류체계의 확립을 위해서는 검토의 여지를 남기고 있다고 할 수 있다.

4) 한국정신문화연구원, <한국민족문화대백과사전 편찬세부방침 증보판>, 1994.

5) 한국역사정보통합시스템(www.koreanhistory.or.kr)의 <한국사기초사전> 참조.

3. 주제 · 양태 결합 분류체계의 설계

1) 주제-양태 결합 분류체계의 구조

이상의 검토를 통해, 우리는 문화 분류의 방식을 문화의 주제를 기준으로 분류하는 방식과 문화 요소의 양태를 기준으로 분류하는 방식으로 대별할 수 있음을 확인하였다. 양자는 각각 나름의 특성을 갖고 있는 분류 방식으로서, 대체로 다음과 같이 대비할 수 있다. 주제 분류는 이용자 편의성을 도모하는 경향이 강하고, 양태 분류는 분류학적 명징성을 도모하는 경향이 강하다. 주제 분류의 편의성이 그동안의 관용에 말미암는 측면이 강하다는 점에서, 그것은 문화의 조선시대적 특수성을 반영하는 데 유리하다고 볼 수 있다. 반면에 양태 분류는 그 명징성이 항목의 논리적인 분할에 근거한다는 점에서, 통시대적 · 범세계적 보편성에로의 가능성을 많이 함축하고 있다고 볼 수 있다.

한국 문화에 관한 기존의 분류는 주제 분류 방식이 주조를 이루어 왔다. 그러나 대부분의 주제 분류 체계 안에는 문화의 양태별 요소가 삽입됨으로써 부분적으로 양태 분류를 혼용하는 경향을 보여 왔다. 근래에 들어 나타나는 양태 분류 중심의 분류체계 역시 양태 분류 방식을 일관되게 관철하기보다는 거기에 주제 분류 방식을 혼용함으로써 문제점을 보완하려는 경향을 보여 왔다. 한 마디로 기존의 분류는 어느 방식을 중심으로 삼든, 대체로 두 분류 방식을 혼용하는 경향을 벗어나지 않았다고 볼 수 있다. 이때 두 분류 방식의 혼용은 분류체계의 서로 다른 단계에서 나타나기도 하였지만, 경우에 따라서는 하나의 단계에서 이루어지기도 하였다. 결국 기존의 분류는 두 분류 방식의 장점을 의식적으로 결합하는 것이기보다는, 무원칙적이고 편의적으로 양자를 혼용해 왔다고 볼 수 있는 것이다.

본 연구에서는 조선시대 문화를 대상으로 주제 분류와 양태 분류를 명시적으로 결합하는 '주제 · 양태 결합 분류체계'를 설계하고자 한다. 이 '주제 · 양태 결합 분류체계'는 문화에 대해 주제 분류와 양태 분류를 병행하고, 그로 인해 얻게 되는 두 분류값을 결합하여 최종 분류값으로 정하는 방식을 띤다. 분류체계의 형식으로 말하자면, 그것은 문화의 주제 분류를 표시하는 세로축과 문화의 양태 분류를 표시하는 가로축으로 구성되는 바둑판형 구조를 갖는다. 모든 문화 현상 · 요소는 이 바둑판형 분류체계 안에서 일정한 세로축 · 가로축의 위치 값을 갖게되며, 세로축과 가로축의 결합에 의해 최종 분류값(분류코드)이 주어지는 방식이다.

'주제 · 양태 결합 분류체계'가 기존의 분류체계와 다른 중요한 차이점은 분류체계 안에서 주제 분류와 양태 분류가 결합되기 이전에, 각각 독립적인 체계를 갖는다는 점이다. 이러한 구조를 구현하기 위해서는 설계 단계에서 두 분류 방식의 성격을 분명히 구분하고, 각각에 분류 항목 설정의 원칙을 일관되게 적용해야 한다. 그럼으로써 분류체계 이용자가 쉽고 편리하게 분류의 기준을 이해하고 적용할 수 있도록 해야 한다. 이러한 과정을 통하여 새로운 분류 체계는 두 분류 방식이 나누어 가지고 있는 편의성과 명징성, 시대적·지역적 특수성과 보편성을 함께 도모할 수 있는 것이다.

2) 주제 분류의 원칙

여기에서 주제(Subject)란 정치, 경제, 예술, 종교 등과 같이 영역별로 특성화한 사회·문화적 성질을 지칭한다. 한 사회의 문화는 여러 주제 영역의 총합으로 이해할 수 있는 바, 주제 분류란 바로 문화의 제반 현상이나 요소를 주제 영역별로 구획하는 것을 의미한다. 이 때 각각의 주제 영역은 문화를 일정한 규칙에 따라 분할하는 것으로 기대되지만, 그 영역간의 경계가 기대처럼 명확하지는 않은 편이다. 문화 영역의 구분은 객관적인 지표와 엄밀한 분류 기준을 갖기 어렵고, 통상적으로 특정한 사회·문화적 전통에 의해 영향을 받기 마련이다. 이에 따라 문화에 대한 주제 분류 체계는 기존의 분류체계들을 보정하는 차원에서 설계하는 것을 대원칙으로 삼는다.

주제 분류 체계의 구조는 2단계로 설계한다. 제1단계는 12항목으로 구성하고, 제2단계는 항목별 상황에 따라 10항목 내외를 최대로 하여 정하되 '일반' 항목을 반드시 포함한다. 이러한 항목 수는 기존 분류체계에 나타나는 각 단계 항목들과 이용자들의 직관적 파악 가능 범위를 고려하여 결정하였다. 제1단계의 각 항목마다 하위에 '일반' 항목을 두는 것은 적용 빈도가 낮은 항목을 지나치게 많이 나열하는 것을 방지하기 위해서이다. 그리고 '02. 국방·군사' 항목은 제2단계에서 예외적으로 '일반' 항목만을 설정하는데, 이것은 다른 항목의 제2단계 항목들의 추상 정도(또는 적용 범위)와 균형을 이루는 하위 항목을 개발할 수 없기 때문이다.

각 단계 항목의 종류와 명칭 및 순서는 학계와 일반인들 사이에 인정되어 온 관례를 중시하여 설정한다. 그리고 제1단계의 항목명은 항목수가 제한된 상황에서 각각의 분류항의 대역을 넓히고 성격도 분명히 하도록 하기 위하여, '01. 정치·행정' '02. 국방·군사'와 같이 친연성이 높은 두 용어를 병렬하여 표기한다. 특기할 만한 점의 하나는 제1단계의 마지막에 '12. 자연물·자연현상' 항목을 추가한다는 점이다. 자연물·자연현상은 인위가 가해지지 않은 순수 자연을 지칭하는 것으로서 그 자체로 문화 영역에 포함되는 것은 아니지만, 문화 형성의 토대를 함께 고려한다는 측면에서 의미를 갖는다. 다만 이 항목에 대해서는 다른 항목들과는 달리 양태 분류를 교차적으로 진행하지 않는다.

그리고 통상적으로 인정되어 온 분류법의 하나인 '정치, 경제, 사회, 문화' 4분법에서 '문화'에 해당하는 것을 본 분류체계에서는 '08. 문학·예술', '09. 사상·종교', '10. 학술·과학', '11. 교육·언론'의 네 항목으로 나눈다. 이 항목들은 조선시대 사람들의 문화 활동이 충분히 분화하지 않고 있었다는 사실을 고려할 때, 분류의 중복성과 애매성을 피하기 어려운

면이 없지 않다. 그러나 그 경우에도 주제에 따라 문화 활동을 분류하는 일이 원칙적으로 불가능한 것은 아니다. 유학자들의 저술을 예로 들어 살펴보자면, 유교적 교의에 입각한 이기(理氣)·심성(心性) 논의는 '09. 사상·종교'에, 시·소설 등은 '08. 문학·예술'에, 천문학·역사학 방면의 저술은 '10. 학술·과학'로 분류하는 것이 가능하다. 그리고 지방관의 임무에 대해 언급한 『목민심서(牧民心書)』가 '01. 정치·행정'에 속하듯, 교육·언론 문제를 언급한 저술은 당연히 '11. 교육·언론'에 속하는 것으로 처리할 수 있다.

이 주제 분류는 이상의 원칙을 통해 설계하고 적용함으로써 조선시대 문화에 대한 분석적 접근을 도울 수 있다. 그러나 이 분류는 몇 가지 원칙적 차원의 자잘한 배려에도 불구하고, 분류체계의 실제 적용 과정에서 중복성과 애매성을 근본적으로 회피할 수 없다는 문제가 있다. 이것은 인간의 개별 행위가 다중적 함의를 가지기 마련이라는 사실에서부터 유래하는 것으로서, 주제 분류 방식의 본질적 문제에 속한다고 할 수 있다. 이 점을 감안할 때, 주제 분류는 하나의 문화 현상을 원칙적으로 다수의 분류항에 배속할 수 있다는 점이 특별히 강조되어야 할 필요가 있다. 이용자의 검색 편의를 위하여 가능한 한 주요 관련 분류항을 가려내어 이에 배속시키는 일이 권장되어야 할 필요가 있지만, 이것은 원칙 차원의 문제와는 구별되어야 하는 것이다.

<주제 분류 항목 일람표>

주제 분류 제1 단계	주제 분류 제2 단계
01. 정치·행정	01. 정치·행정 일반 02. 정권 03. 행정 04. 입법 05. 사법 06. 왕실 07. 인사 08. 재정
02. 국방·군사	01. 국방·군사 일반
03. 외교·국제관계	01. 외교·국제관계 일반 02. 중국 03. 일본 04. 유구 05. 여진 06. 몽골 07. 아시아 08. 유럽 09. 미주 10. 러시아
04. 경제·산업	01. 경제·산업 일반 02. 수렵·채집 03. 농업 04. 어·염업 05. 임업 06. 목축 07. 공업 08. 광업 09. 토목·건축 10.상업 11. 금융
05. 교통·통신	01. 교통·통신 일반 02. 육운 03. 수운 04. 통신
06. 사회·계층	01. 사회·계층 일반 02. 신분·계급 03. 가족·친족 04. 촌락·지역 05. 보건·복지
07. 생활·풍속	01.생활·풍속 일반 02. 주생활 03. 의생활 04. 식생활 05. 취미·오락
08. 문학·예술	01. 문학·예술 일반 02. 문학 03. 음악 04. 미술 05. 연행 06. 체육
09. 사상·종교	01. 사상·종교 일반 02. 무교 03. 불교 04. 유교 05. 도교 06. 풍수·도참 07. 천주교 08. 개신교 09. 동학·천도교 10. 기타 종교
10. 학술·과학	01. 학술·과학 일반 02. 인문학 03. 사회과학 04. 자연과학 05. 역사학 06. 지리학 07. 의·약학 08. 공학·기술
11. 교육·언론	01. 교육·언론 일반 02. 관학 03. 사학 04. 해외유학 05. 언론 06. 출판
12. 자연물·자연현상	01. 자연물·자연현상 일반

3) 양태 분류의 원칙

여기에서 말하는 양태란 문화를 구성하는 제반 요소의 존재 양태를 지칭한다. 문화의 제반 구성 요소는 유형과 무형, 동태와 정태, 지속성과 일시성, 이동성과 고정성 등 다양한 층차와 기준에서 특정한 존재 양태를 갖는다. 예를 들어 사화(士禍)라고 하는 정치적 사건은 유형물이 아니라 무형물이며, 정태적이지 않고 동태적이며, 오랜 동안 동일한 양상을 지속한 것이 아니라 일시적으로 발생했다 사라진 어떤 것이다. 사화를 비롯한 제반 사건들은 모두 이러한 무형성·동태성·일시성 등을 양태적 특성으로 공유하고, 그런 면에서 다른 유와 구별된다.

문화가 여러 부면(Facet)으로 둘러싸여 형태를 이루는 일종의 입체적 구조물이라 할 때, 그 각각의 부면은 동일한 양태적 특성을 지닌 요소들의 집합으로 이루어진다. 주제 분류에서는 분류항이 영역으로 표시되는 반면 양태 분류에서는 분류항이 부면으로 표시되고, 주제 분류에서는 전체 문화가 영역의 총합으로 이해되는 반면 여기에서는 전체 문화가 제반 부면의 총합으로 이해된다. 이에 따를 때 문화 요소를 양태적 특성에 따라 분류하는 일은 곧 문화라는 입체 구조물의 각 부면을 구성하고, 나아가 그것의 전체적인 양상을 드러내는 데 기여하는 것이라 할 수 있다.

양태 분류 체계의 구조는 1단계 12항목으로 구성한다. 분류 체계의 단계를 2단계 이상으로 단계화하는 것이 원리적으로 불가능한 것은 아니지만, 1단계 분류 항목의 구성으로 보아 그것을 단계화하여 세분하는 것은 실용적 차원에서 의미를 갖지 못한다. 그리고 분류항의 항목수는 주제 분류에서와 마찬가지로 문화 이해에 필수적인 항목의 수효와 사용자의 직관적 파악 가능 범위를 고려하여 결정하였다.

분류항의 설정은 원칙적으로, 양태별 특성에 따라 문화의 부면을 분할하고, 각 부면을 대표하는 두 개의 문화 요소를 병렬하여 분류항으로 설정하는 방식을 취한다. 이 방식에 따를 때, 각 분류항 사이에는 문화 요소의 존재 양태상의 차이가 존재하고, 이에 따라 분류체계의 이용자가 일관된 원리하에 분류 작업을 수행할 수 있게 된다. 그러나 이렇게 설정된 분류항은 조선시대 문화의 모든 요소를 균형 있게 대표한다는 보장이 없고, 이용자들의 지적 욕구 패턴과도 반드시 일치한다고 보기 어렵다.

이에 따라 2차적으로, 양태 분류 방식을 원용한 기존의 분류체계 항목들을 참작하여 분류항을 보정하는 작업이 필요하다. 그리하여 우선, 그동안 조선시대 문화 이해에 중요한 요소로 인정되어 온 'C. 집단·기구' 'D. 법제·사상' 'E. 관념·사상' 'F. 기법·양식'을 상호간에 존재론적 양태 구분이 분명하지 않음에도 불구하고 독립된 분류항으로 설정한다. 그리고 문화 형성의 배경적 성격이 강한 'J. 장소'와 'K. 시간', 문화 형성의 주체에 해당하는 'L. 인물'을 분류항으로 추가한다.

양태 분류의 원칙에 따르자면, 모든 문화 요소는 각각 하나의 양태 분류값을 갖는다. 따라서 어느 문화 요소이든 하나의 분류항에 귀속될 뿐, 복수의 분류항에 귀속될 수 없다. 그러나 어떤 용어가 복수의 문화 요소를 지칭하는 경우, 그 용어는 복수의 분류 항목에 배속되는 것이 가능하다. 예를 들어 '이조판서'라는 용어는 관직과 그 관직을 가지고 있는 인물 모두를 지칭할 수 있는데, 이 경우 '이조판서'라는 용어는 양태 분류에서 'D. 법제·정책'과 'L. 인물' 모두에 귀속되는 것이 가능하다. 이 점은 관직으로서의 '이조판서'가 'D. 법제·정책'에만 속할 뿐 'C. 집단·기구' 등 다른 분류항에 이중으로 속할 수 없다는 원칙에 위배되는 것은 아니라 할 수 있다.

<양태 분류 항목 일람표>

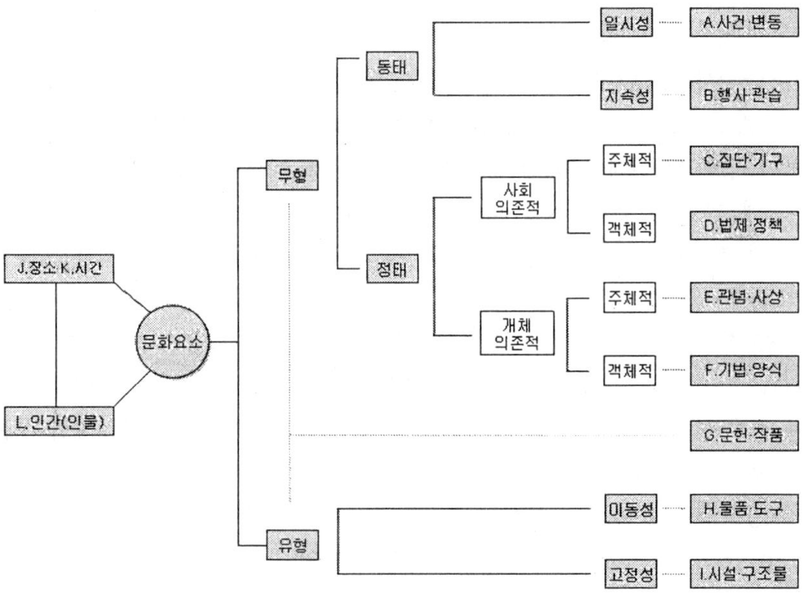

4) 양태 분류의 범례

양태 분류는 주제 분류와 비교할 때 분류항의 설정 원리가 복잡하고, 실제 적용 과정의 난관도 많이 예상된다. 이에 이용자들의 이해를 도모하기 위하여 항목의 성격과 적용 예를 중심으로 항목별 설명을 추가하자면 다음과 같다.

A. 사건·변동 : 사회적 현상으로서의 사건·변동은 대체로 사람이나 물체와 같은 유형물을 통해 현실화한다. 그러나 사건·변동은 그 유형물 자체를 지칭하는 것이 아니라 그것의 동태적 양상을 지칭하고, 그런 점에서 무형적이다. 그리고 그것은 동태적이되 지속적·반

복적이지 않고 일시적이며 일회적이다. 사건·변동은 이렇듯 무형성·동태성·일시성 등을 공유하는 제반 사회 현상을 대표하는 용어이다. 이 분류항에는 각종의 사건·사고와 전쟁·운동·정변 등 변화 또는 변동의 성격을 띠는 사회현상들이 망라된다.

B. 행사·관습 : 행사·관습은 사건·변동과 같은 의미에서 무형적이며 동태적이다. 그러나 그것은 일시적이거나 일회적이지 않고 지속적·반복적이라는 점에서 사건·변동과 구분된다. 이 분류항에는 국가·향촌·가정 등 각종의 집단이나 장소에서 행해지는 행사·의식·놀이·관습·풍속 등이 포함된다.

C. 집단·기구 ~ F. 기법·양식 : 'C. 집단·기구'로부터 'F.문헌·작품'에 이르기까지의 네 항목은 모두 조선시대 문화에서 무시할 수 없는 중요한 요소로서, 무형적이고 정태적이라는 동일한 양태적 특성을 가지고 있다. 이 네 항목 사이에는 공통점과 함께 상호 차이점도 있어서 양태의 측면에서 모종의 구별이 가능하리라 기대할 수 있는데, 정작 그 양태적 차이의 실상에 대해서는 일정한 견해를 확립하기가 쉽지 않다.

여기에서는 임시로 '사회 의존적' 성질과 '개체 의존적' 성질, '주체 친연적' 성질과 '객체 친연적' 성질 등으로 네 분류항을 구분하고자 한다. '사회 의존적'이란 어떤 것이 사회적 공간에서 다수의 사람들 사이에 존재함을 의미하고, '개체 의존적'이란 개인의 의식이나 몸, 개별적인 사물에 의존하여 존재함을 의미한다. 그리고 '주체 친연적'은 제작·운용 등 제반 활동의 주체에 가깝다는 의미이고, '객체 친연적'이란 그 활동의 객체에 가깝다는 의미이다.

'C. 집단·기구'는 여러 사람의 집합을 전체적으로 지칭하거나 여러 사람들로 구성된 가공적 구성물 일체를 지칭하는 것으로서, '사회 의존적'이며 '주체 친연적'인 성질을 갖는다. 여기에는 민간의 각종 집단이나 단체, 공공의 기관이나 조직·기구 등이 모두 포함된다.

'D. 법제·정책'은 각종의 집단이나 기구에서 그 운영을 위해 여러 사람들에 의해 제작되고 운용되는 무형적 가공물을 지칭하는 것으로서, '사회 의존적'이며 '객체 친연적'인 성질을 갖는다. 여기에는 법률과 제도·관직·질서·정책 등이 모두 포함된다.

'E. 관념·사상'은 일차적으로 개인의 의식을 통해 형성되거나 개인의 의식 자체를 구성하는 추상물로서, '개체 의존적'이며 '주체 친연적' 성격을 갖는다. 여기에는 현실 세계에서 구체적인 지시 대상을 갖지 않는 추상적인 관념·개념·사상·학설 등이 포함된다.

'F. 기법·양식'은 일차적으로 개인의 몸이나 그 이외의 개별적 존재를 통해 구현되는 추상물로서, 실체에 대비되는 속성의 성격을 갖고, '개체 의존적'이며 '객체 친연적' 성격을 갖는 존재이다. 여기에는 각종의 기법·기술·양식·규격 등이 포함된다.

G. 문헌·작품 : 이 항목은 사람의 학술적·예술적 창작 행위의 산물 일체를 포괄하기 위해 마련한다. 이 항목에 포괄되는 문화 요소들에는 조형물 등의 유형물과 텍스트와 같은 무형물이 섞여 있어, 항목의 설정 자체가 양태 분류의 원칙에 위배된다. 그러나 기존의 대부분의 분류 체계가 이 항목을 사용해 옴으로써 이용자들에게 친숙하다는 점과, 정신적 창작물(예: 『열하일기』의 텍스트)과 그 창작물을 담고 있는 물질적 매체(예: 『열하일기』라는 종이

책)를 구분하는 일이 현실적으로 어렵다는 점 등을 고려하여 이 항목을 설정한다. 여기에는 책・서류를 비롯한 각종의 문헌, 텍스트・그림・공예품 등의 정신적・물질적 창작물이 모두 포함된다.

H. 물품・도구 : 문화 요소 가운데 유형물은 이동 가능성 여부를 기준으로 대별할 수 있다. 물품・도구는 이동 가능한 유형물을 대표하는 것으로서, 이 항목에는 문헌・작품과 같은 학술적・예술적 창작물을 제외한 각종의 생활용품・생산도구・생산물 등이 모두 포함된다.

I. 시설・구조물 : 이 항목은 유형물 가운데 원칙적으로 이동이 불가능한 것들을 포괄하기 위한 것으로서, 각종의 건축・토목류가 이에 포함된다. 이 항목의 적용에서 특기할 만한 점 가운데 하나는 '성균관'과 같이 '기관' 또는 '단체'와 '건물'을 함께 지칭하는 용어가 다수 존재한다는 사실이다. 이 경우 그 용어는 두 분류항에 모두 배속시키는 것이 가능하다.

J. 장소 : 장소는 본래 시간과 더불어 문화 형성의 배경에 해당한다. 그러나 역사상에 등장하여 명칭을 가지는 장소・지역은 다른 한편에서 문화적 산물의 성격도 함께 갖는 경우가 대부분이다. 예를 들어 '귀양지'는 장소 또는 지역으로서 귀양 생활의 배경이라는 의미를 가지면서, 동시에 귀양 문화의 소산이라는 의미도 함께 갖는다는 것이다.

이 항목의 적용 과정에서 주의할 점은 장소・지역명과 시설・구조물명의 구분이 애매한 경우가 많다는 점이다. 이 경우 양자 사이의 분별은 그 장소・지역의 명칭에 부합하는 기능을 구현하는 데 그곳의 시설・구조물이 차지하는 비중에 따른다. 이 지침에 따를 때, 조선시대의 '장시(場市)'는 'I. 시설・구조물'보다는 'J. 장소'로 분류하는 것이 좀더 적절하다고 할 수 있다. 이 항목에는 행정구역명・자연지명을 포함하여 장소와 지역을 지시하는 모든 용어가 포함된다.

K. 시간 : 시간은 장소와 마찬가지로 문화 형성의 배경이면서 동시에 문화의 산물이다. 여기에는 시대명・연호・절기・기념일 등이 포함된다.

L. 인물 : 이 항목은 문화 형성의 주체인 사람을 지칭하는 모든 용어를 포괄한다. 성명・자・호 등 개인을 지칭하는 명칭이나 직책・직업명의 형식을 통해 사람을 지칭하는 경우가 모두 포함된다.

4. 남은 문제

본 연구에서 설계하고 제안하는 '주제・양태 결합 분류체계'는 조선시대 문화를 대상으로 하여 주제 분류와 양태 분류를 교차적으로 결합하는 분류체계이다. 달리 표현하자면, 이것은 문화 요소의 양태별로 주제 분류를 행하고, 주제 영역별로 다시 양태 분류를 행하는 체계이다. 이러한 분류체계는 무엇보다도 두 분류 방식이 가지고 있는 장점을 훼손하지 않고 결합·보존할 수 있다는 장점이 있다. 그리고 분류 과정에서 시각적 효과를 극대화하고, 문화에 대한 분석적 이해를 강화할 수 있다는 점에서도 큰 의미를 갖는다. 그러나 이 분류체계는 아직 시험 단계에 있는 것으로서, 실제 적용과 추가 연구를 거쳐 다음과 같은 방향에서 확장과 보정이 강구되어야 할 필요가 있기도 하다.

첫째, 이 분류체계는 바둑판형의 폐쇄적인 체계로 인하여 분류 항목이 제한되고, 이로 인하여 분류 과정에 강제성과 임의성이 커질 가능성을 가지고 있다. 이 분류체계는 현재 주제 분류 제2단계의 75항목, 양태 분류 12항목, 총합 899개의 분류항으로 구성되어 있다. 이 분류항 수는 현재 이용되고 있는 다른 조선시대 문화 분류체계들과 비교하여 특별히 적은 규모라고 할 수 없다. 그러나 그 분류항들 가운데는 활용 빈도가 매우 낮은 분류항이 다수 포함되어 있을 수밖에 없고, 따라서 일부 분류항이 사용자들의 요구에 적절히 부응하지 못할 정도로 지나치게 넓은 대역을 가지고 있을 가능성이 존재한다. 이 경우, 양태 분류 항목의 확장 가능성이 낮은 만큼, 다음의 예와 같이 주제 분류를 3·4단계로 확장하는 방향에서 분류체계의 확장이 모색되어야 할 필요가 있다.

㉾ 현 분류체계 ==> 학술·과학>역사학
확장 분류체계 ==>
i) 학술·과학>역사학>한국사 | 동양사 | 서양사
ii) 학술·과학>역사학>한국사> 고고학 | 고대사 | 고려시대사 | 조선시대사 | 근·현대사

둘째, 이 분류체계의 양태 분류는 용어가 특정한 문화 현상이나 요소를 지시하며, 그 문화 현상이나 요소는 특정한 존재 양태를 갖는다는 점을 전제로 하고 있다. 그런데 조선시대 문화 용어 가운데는 지시 대상의 양태를 적절히 표현하지 못하고 있거나, 본래부터 다수의 지시 대상을 갖고 있는 것들이 많이 존재한다. 이것은 양태 분류에서 빈번한 착오를 유발하는 기본적인 요인이 되기도 한다. 이러한 문제점을 해결하기 위해서는 이용자들이 분류 경험을 늘이는 것도 필요하지만, 다른 한편에서는 분류 항목의 적절한 보정도 요청된다. 이러한 작업은 결국 문화를 구성하는 기본 요소를 조정하는 일이고, 결국은 문화 이해의 관점을 교정하는 일이 될 것이다.

제 2 부

조선시대 전자문화지도 응용 연구

조선 초기 鄕藥材의 종류와 産地 분포

-『世宗實錄地理志』'藥材'·'土貢'條의 計量的 분석 -

임학성

1. 머리말

조선왕조 15세기 전반기의 世宗代(재위 : 1418년 8월~1450년 2월)는 정치·경제뿐 아니라 사회·문화·과학·국방 등 모든 분야에서 발전을 이루어 매우 안정된 국가체제가 운영되었던 것으로 평가된다. 특히 괄목할만한 인구의 증대가 이루어졌는데, 이는 이전에 파악되지 못하던 인구가 戶籍제도의 정비로 추가 파악된 때문이기도 하지만, 醫藥의 발달로 이전 시기에 비해 생존율이 증가하고 사망률이 감소한 때문으로도 이해된다.

조선의 제4대 국왕 世宗의 치적은 그 어느 것 하나도 소홀히 평가될 것이 없겠으나, 인구의 증대를 초래한 의약 발달에 지대한 관심을 둔 일은 그 무엇보다도 높이 평가되지 않나 여겨진다. 인구 문제는 예나 지금이나 國政의 성패를 결정짓는 최대 요소이기 때문이다.

세종대의 의약 발달에 대해서는 지금까지 적지 않은 연구가 진행되었다. 그 결과 세종대에 이르러 醫療 제도, 醫書 편찬, 鄕藥 정책 등 다방면에 걸쳐 개혁과 발전이 있었음이 상세하게 밝혀졌다.[1] 특히 鄕藥의 경우 인민들에게 널리 시혜가 미치도록 이른바 '民藥化'

---

1) 세종대의 의약 발달을 다룬 연구로는 三木榮,『朝鮮醫學史及疾病史』(1962); 金斗鍾,『韓國醫學史』(탐구당, 1979); 權丙卓,「藥令市 硏究(II); 15~16세기의 鄕醫藥」(『民族文化論叢』 6, 영남대학교 민족문화연구소, 1984); 李玟洙,「世宗의 福祉政策에 關한 硏究」(『嶠南史學』 창간호, 영남대학교 국사학회, 1985); 孫弘烈,『韓國中世의 醫療制度硏究』(수서원, 1988); 孫弘烈,「鮮初 鄕藥의 開發

정책을 적극 추구하였는데,[2] 우리는 그 성과를 『世宗實錄地理志』의 '藥材'條에서 매우 상세하고 구체적으로 살필 수 있는 것이다.

이에 세종대 향약을 다룬 연구는 거의 『世宗實錄地理志』의 '藥材'조를 자료로 하지 않을 수 없었고, 이의 분석을 통하여 전국 각처에서 自生되거나 인위적으로 栽培된 향약재의 종류와 種數, 지역적 분포 등을 考究·정리하였던 것이다.[3]

이 글 또한 『世宗實錄地理志』를 자료로 하여 조선 초기의 鄕藥材 종류와 種數 및 그 産地 분포를 살펴보려는 데 목적이 있다. 이미 선행 연구로 이에 대한 면면이 밝혀졌음에도 불구하고 또 다시 이에 대한 연구를 수행하려는 까닭은, 우선은 연구의 기초가 되는 자료 분석이 정확하게 이루어지지 못하였다는 점 때문이다. 또한 전자의 이유에 기인한 것이겠지만, 그 분석 결과의 양상으로 제시된 향약재의 종류와 종수에 착오가 보이며, 산지 분포도 군현 단위까지 자세하게 다루지 못하였다는 점도 이유가 되겠다. 이는 『世宗實錄地理志』에 수록된 전국 8道 및 334개 郡縣의 '藥材'조를 분석한다는 게 개별 연구자로는 감당하기 벅찬 일이기 때문이라 이해된다.

그런데 필자는 이 연구를 의도한 바대로 이룰 수 있는 精緻한 자료를 확보하였다. '藥材'조뿐 아니라 『世宗實錄地理志』에 수록된 모든 條目의 내용(정보)을 데이터베이스로 구축한 것이다. 조선시대 地理志 및 각종 문헌 자료를 데이터베이스화하여 '전자문화지도'를 구축함은 물론 궁극적으로는 이렇게 구축된 정보를 연구에 응용하기 위한 공동 연구과제의 일환이었다.[4] 이제 연구자가 이들 데이터베이스만 지니고 있으면 자료 분석에 드는 노고를 대폭 절감할 수 있게 된 것이다.

이에 『世宗實錄地理志』의 데이터베이스를 計量的으로 분석하여 조선 초기 鄕藥材에 관한 諸양상을 살펴보도록 하겠는데, 이에 앞서 자료 분석은 '藥材'조만 대상으로 한 것이 아니라 '土貢'조도 포함하였음을 밝혀둘 필요가 있겠다. 이러한 방법을 취한 이유는 『世宗實錄地理志』의 경기도와 평안도 총설 부분의 '藥材'조를 보면, 貢物로 진상되는 약재를 '土貢'조에 기재한 경우 그 중복을 피하기 위해 '藥材'조에는 기재하지 않았다고 설명하고 있기 때문이다.[5] 따라서 조선 초기의 향약재를 제대로 파악하기 위해서는 '약재'조뿐 아니라 '토공'

과 鄕藥書의 編纂」(『重山鄭德基博士華甲紀念 韓國史學論叢』, 1996); 안덕균, 「세종 시대의 의학」(『세종문화사대계 2(과학)』, 세종대왕기념사업회, 2000) 등이 확인된다. 이 글에서 행하는 세종대 醫學史 전반에 대한 개괄적 언급은 이들 연구에 의존하기로 한다.

2) 『世宗實錄』 권 85, 21년 4월 丙午條("諸般鄕藥, 竝皆種養, 山野自生藥材, 趁節採取, 凡有病人, 隨其所求, 無不施之").

3) 이에 관한 주된 연구는 註 1에서 제시한 三木榮·金斗鍾·李玟洙·안덕균 등의 논저를 들 수 있다.

4) 이 연구과제는 고려대학교 민족문화연구원에서 2002년 8월부터 한국학술진흥재단의 지원을 받아 2년간 수행하였고, 2004년부터는 2기 연구과제를 수행 중에 있다.

5) 『世宗實錄地理志』 京畿 및 平安道 총설의 '藥材'조("凡一物 而疊出於田賦, 若土貢 若藥材者 頗

조도 함께 분석해야만 하는 것이다. 다만 '토공'조에서 약재를 선별하는 작업과[6] 간혹 각 도 총설의 '토공'조와 '약재'조에서 중복되어 나타나는 약재를 하나로 묶는 작업은 필요하였다. 여하튼 이렇게 하여 확보된 레코드 수는 총 4,013개(Microsoft Office Excel 프로그램)이다.

2. 鄕藥材의 종류와 種數

1) 향약재의 종류

약재는 일반적으로 그 성분에 따라 식물성과 동물성, 광물성으로 구분하고 있는데, 『世宗實錄地理志』(이하, 『世地』로 약칭함)에 수록된 향약재는 식물성이 가장 많은 243種이며, 동물성이 46종, 광물성이 14종인 것으로 파악된다.[7]

한편, 『世地』를 보면 향약재를 '自生藥材'와 '栽種藥材'로 구분하여 각 항목에 해당하는 약재를 상세히 기록하고 있다. 재종약재는 본래 산이나 들에서 나는 사생약새와 달리, 각 고을의 풍토에 맞는 것을 따라 醫院으로 하여금 심어 기르게 한 것이다.[8] 『世地』의 분석 결과, 전국에서 산출되는 자생약재는 총 327종, 재종약재는 총 51종이 있었음을 알 수 있었다(〈표 2〉 참조).

이밖에 '土貢'조에 기재된 '土貢藥材'도 하나의 유형으로 분류할 수 있겠는데, 자생과 재종의 구별은 보이지 않는다. 이러한 토공약재는 전국적으로 총 69종이 있었던 것으로 확인된다.

그러면 자생과 재종, 그리고 토공된 향약재들은 어떤 것들이었을까? 이에 해당하는 약재들에 대해서는 기존 연구에 상세히 정리·소개되었기에[9] 그 중복을 피하기로 하고, 여기에서는 종류·지역별로 많이 산출된 약재만을 소개하기로 한다(〈표 1〉 참조).

多, 今從其重者, 若蜂蜜·黃蠟之類, 只書于土貢, 人蔘·五味子之類, 只書于藥材, 不復重出云").

6) 전혀 韓藥材에 지식이 없는 필자로서는 '土貢'조에서 약재를 선별하는 일이 쉽지 않았다. 이에 '藥材'조에 기재된 것을 근거로 하여 선별하는 방법을 택하였다. 지역(도 및 군현)별로 어떤 약재는 '토공'조에 기재되기도 하고, 또 '약재'조에 기재되기도 하였기 때문이다. 물론 이런 방식으로도 파악되지 않는 物種은 辭典 자료에 의거하였다.

7) 李玟洙, 앞의 논문, 127쪽.

8) 『世宗實錄地理志』 京畿 및 慶尙·平安·咸吉·黃海道 등 총설의 '藥材'조("(栽種)藥材, 隨各邑風土所宜, 使醫院種養, 元非山野所產").

9) 앞에서 제시한 金斗鍾·李玟洙·안덕균 등의 논문.

〈표 1〉 종류별 多處 산출 鄕藥材의 종류

분포 / 종류	8개 道에서 산출	7개 道에서 산출	6개 道에서 산출	5개 道에서 산출
自生藥材	貫衆, 當歸, 大戟, 獨活, 藍, 半夏, 白歛, 白芷, 茯苓, 細辛, 升麻, 牛膝, 熊膽, 葳靈仙, 芍藥, 地楡, 菖蒲, 天南星, 草烏頭, 漆 <20>	京三菱, 苦蔘, 桔梗, 蓮子, 馬兜鈴, 防風, 白芨, 白附子, 白蘚皮, 射干, 商陸, 續斷, 安息香, 五加皮, 郁李仁, 人蔘, 茵陳, 赤箭, 前胡, 蒼朮, 天麻, 澤瀉, 玄蔘, 虎杖根, 黃耆 <25>	獺膽, 藜蘆, 漏蘆, 露蜂房, 牧丹皮, 木通, 白朮, 百合, 鼈甲, 茯神, 山藥, 桑白皮, 徐長卿, 蟬脫皮, 牛膽, 牛黃, 紫菀, 枳殼, 車前子, 兎絲子, 蒲黃, 杏仁, 蒿本 <23>	葛根, 葛花, 決明子, 金銀花, 大薊草, 桃仁, 羚羊角, 鹿角膠, 鹿茸, 龍膽, 鯉膽, 馬藺, 木賊, 覆盆子, 蛇床子, 桑螵蛸, 旋覆花, 蟾酥, 小薊草, 阿膠, 五味子, 五倍子, 遠志, 忍冬草, 猪膽, 蚤休, 地骨皮, 蓁艽, 川椒, 虎脛骨, 黃蘗皮, 猬皮, 茺蔚子 <33>
栽種藥材	-	大黃, 惡實 <2>	白藊豆, 生地黃, 荊芥 <3>	甘菊, 麻子, 薄荷, 香薷 <4>
土貢藥材	芝草, 黃蠟 <2>	蜂蜜, 石茸, 眞茸, 紅花 <4>	漆 <1>	木瓜, 松脂, 魚膠, 五味子, 棗 <5>

비고) 〈 〉 안의 수치는 향약재의 種數임.

먼저, 자생약재 가운데 전국 8개 도에서 모두 산출된 향약재는 當歸·白芷·茯苓·細辛·熊膽·葳靈仙·芍藥·牛膝·漆 등을 비롯하여 총 20종이며, 각 1개 도 씩이 빠진 7개 도에서 산출된 향약재는 苦蔘·桔梗·防風·白芨·白附子·五加皮·人蔘·玄蔘·黃耆 등을 비롯한 총 25종이다. 그리고 6개 도에서 산출된 향약재는 獺膽·露蜂房·牧丹皮·白朮·鼈甲·茯神·山藥·牛膽·牛黃 등을 비롯한 총 23종, 5개 도에서 산출된 향약재는 葛根·決明子·羚羊角·鹿角膠·鹿茸·覆盆子·五味子·遠志·蓁艽·虎脛骨 등을 비롯한 총 33종이었다. 따라서 이처럼 5개 도 이상에서 산출된 총 100여 종의 향약재는 그리 어렵지 않게 질병 치료에 쓰일 수 있었던 것으로 여겨진다.

다음, 재종약재는 앞에서 살폈듯이 각 고을의 풍토에 맞아야만 재배가 가능한 것이기에 아무래도 産地가 제한될 수밖에 없었다. 역시 8개 도 전체에서 산출된 향약재는 하나도 없었고, 7개 도에서 산출된 것이 大黃과 惡實 2종, 6개 도에서 산출된 것이 白藊豆·生地黃·荊芥 등 3종, 그리고 5개 도에서 산출된 것이 甘菊·麻子·薄荷·香薷 등 4종에 불과하였다.

끝으로, 토공약재는 8개 도 전체에서 산출된 것이 芝草와 黃蠟 2종, 7개 도에서 산출된 것이 蜂蜜·石茸·眞茸·紅花 등 4종, 6개 도에서 산출된 것이 漆 1종, 그리고 5개 도에서 산출된 향약재가 木瓜·松脂·魚膠·五味子·棗 등 5종이었던 것으로 나타났다.

2) 향약재의 종수

『世地』 분석 결과 향약재의 種數는 총 436개임을 확인할 수 있었다. 역시 世宗代인 1431년(세종 13)에 편찬된 『鄕藥採取月令』에 수록된 향약재(월별로 채취하는 향약재)가 155종인 점과 비교하면 3배에 가까운 종수가 기재되었음을 알 수 있다.

종류별로는 자생약재가 가장 많은 327종(75.0%)이었고, 재종약재가 51종(11.7%), 토공약재가 38종(8.7%), 그리고 오직 각 군현별 '藥材' 및 '土貢'조에서만 확인되는 약재가 20종 등이었다. 이를 통해 볼 때, 조선 초기 향약재의 공급은 재배에 의존하기보다는 대부분 자생된 것에 의존하였음을 알 수 있다.

〈표 2〉 道別 산출 鄕藥材의 種數 (단위: 種)

구분 \ 지역		강원도	경기도	경상도	전라도	충청도	평안도	함길도	황해도	전국
道 전체	自生藥材	125 (78.1)	124 (79.5)	180 (76.6)	170 (78.0)	124 (72.9)	87 (70.7)	101 (86.3)	168 (78.5)	327 (75.0)
	栽種藥材	12 (7.5)	22 (14.1)	30 (12.8)	8 (3.7)	22 (12.9)	9 (7.3)	4 (3.4)	23 (10.7)	51 (11.7)
	土貢藥材	19 (11.9)	4 (2.6)	19 (8.1)	25 (11.5)	14 (8.2)	13 (10.6)	7 (6.0)	14 (6.5)	38 (8.7)
군현별 집계		4	6	6	15	10	14	5	9	20
계		160 (100)	156 (100)	235 (100)	218 (100)	170 (100)	123 (100)	117 (100)	214 (100)	436 (100)

비고) ① ( ) 안의 수치는 '계'에 대한 백분율임.
② 土貢藥材는 自生 및 栽種藥材와 중복되는 것을 제외한 種數임.
③ 군현별 집계는 道 전체에 소개되지 않은 약재의 種數임.

한편 이를 지역별로 살펴보면, 상대적으로 자생약재의 산출 비율이 높았던 곳은 함길도(86.3%)와 경기도(79.5%)였으며, 반대로 산출 비율이 낮았던 곳은 평안도(70.7%)와 충청도(72.9%)였다. 나머지 강원·경상·전라·황해도 등 지역은 전국적인 분포 비율을 상회하고 있었다. 재종약재의 산출 비율이 높았던 곳은 경기도(14.1%)와 충청도(12.9%)·경상도(12.8%)였으며, 산출 비율이 낮았던 곳은 함길도(3.4%)와 전라도(3.7%)였던 것으로 나타났다. 따라서 경기도의 경우, 타 지역의 양상과 비교할 때 자생약재 및 재종약재의 산출 비율이 모두 높았던 지역이었던 점이 주목된다.

3. 鄕藥材의 産地 분포

1) 種數別 産地 분포

향약재의 종수별 산지 분포는 전라도의 濟州가 32종으로 가장 많았으며, 향약재를 전혀 기재하지 않은 군현도 6개(경기도의 喬桐·交河·金浦·海豊, 경상도의 仁同, 평안도의 虞芮)가 확인된다. 그런데 '약재'조 및 '토공'조에 향약재가 기재되지 않은 군현이라고 해서 전혀 향약재가 산출되지 않았다고는 장담하기 어렵다. 『世地』가 중복 기재를 피하기 위해 道 총설에 기재된 약재는 각 군현별 '약재'조 및 '토공'조에 다시 기재하지 않았기 때문이다. 각 군현별로 기재된 향약재는 희귀한 것만 적는 방식을 취하였던 것이다.[10] 이와 같은 사정을 감안하면, 실제 각 군현별로 산출된 향약재는 이번 분석으로 파악된 종수보다 훨씬 많았음이 분명하다. 다만, 道 총설에 나타난 향약재를 군현별 산출 향약재로 분류·파악하는 것이 불가능하기에 어쩔 수 없이 군현 조목에 기재된 것만 집계하였다(이하 서술은 〈표 3〉 참조).

〈표 3〉 鄕藥材의 種數別 産地 분포

種數 \ 지역	강원도	경기도	경상도	전라도	충청도	평안도	함길도	황해도	계(A)
20種 이상	4 (57.1) <16.7>	0	0	1 (14.3) < 1.8>	0	0	2 (28.6) < 9.5>	0	7 (100) < 2.1>
15~19種	16 (48.5) <66.7>	0	0	11 (33.3) <19.6>	0	0	4 (12.1) <19.0>	2 (6.1) < 8.3>	33 (100) < 9.9>
10~14種	4 (5.5) <16.7>	0	12 (16.4) <18.2>	23 (31.5) <41.1>	11 (15.1) <20.0>	8 (11.0) <17.0>	7 (9.6) <33.3>	8 (11.0) <33.3>	73 (100) <21.9>
5~ 9種	0	10 (8.3) <24.4>	39 (32.5) <59.1>	14 (11.7) <25.0>	22 (18.3) <40.0>	18 (15.0) <38.3>	7 (5.8) <33.3>	10 (8.3) <41.7>	120 (100) <35.9>
4種 이하	0	31 (30.7) <75.6>	15 (14.9) <22.7>	7 (6.9) <12.5>	22 (21.8) <40.0>	21 (20.8) <44.7>	1 (1.0) < 4.8>	4 (4.0) <16.7>	101 (100) <30.2>
계(B)	24 <100>	41 <100>	66 <100>	56 <100>	55 <100>	47 <100>	21 <100>	24 <100>	334 <100>

비고) ( ) 안의 수치는 '계(A)', 그리고 < > 안의 수치는 '계(B)'에 대한 각 백분율임.

먼저, 『世地』에 수록된 전국 334개 군현 가운데 20종 이상의 향약재를 산출한 군현은 총 7개(2.1%) 지역에 불과하였고, 15~19종을 산출한 군현이 33개(9.9%) 지역, 10~14종을 산출한 군현이 73개(21.9%) 지역, 5~9종을 산출한 군현이 가장 많은 120개(35.9%) 지역, 그리고 4종 이하만을 산출한 군현이 101개(30.2%) 지역으로 나타났다. 따라서 9종 이하의 향약재를 산출한 군현이 전체의 66.2%(221개 군현)나 차지하고 있었음을 본다. 20종 이상을 산출한

10) 『世宗實錄地理志』 京畿 및 慶尙·平安·咸吉·黃海道 등 총설의 '藥材'조("今將土産稀貴者, 錄于各邑之下, 其每邑所産, 但存其凡于此, 不復錄云").

군현은 강원도에 4개(57.1%) 지역이 분포하였으며, 나머지 함길도에 2개, 전라도에 1개 군현이 각기 분포하고 있었다. 이들 3개 道에 속한 군현들은 대체로 10종 이상의 향약재를 산출하고 있었던 것으로 나타났다.

다음 지역별 분포를 보면, 강원도의 경우 24개 군현 모두 10종 이상을 산출하고 있는 가운데 15~19종을 산출한 군현이 16개(66.7%) 지역으로 가장 많았으며, 경기도의 경우는 41개 군현 모두 10종 이상을 산출한 군현이 없는 가운데 4종 이하가 31개(75.6%) 군현으로 가장 많았다. 즉, 강원도와 경기도는 향약재의 종수별 군현 분포에서 정반대의 양상을 보이고 있었던 것이다. 나머지 지역 중 강원도와 유사한 분포 양상을 보인 곳은 앞에서 언급했듯이 전라도와 함길도였으며, 경기도의 양상과 유사한 분포를 보인 곳은 경상도·충청도·평안도 등 지역이었다. 이들 지역이 뚜렷한 경향을 보인데 반하여 황해도의 경우는 비교적 고른 분포 양상을 보인 것으로 이해된다.

2) 道 및 군현별 鄕藥材數

(1) 강원도

강원도를 이루고 있던 총 24개 군현 중 향약재의 산출 種數가 가장 많은 군현은 24종을 보인 淮陽으로 나타났다. 그 다음으로는 21종이 산출된 麟蹄·旌善이었다. 이밖에 20종이 산출된 江陵과, 19종씩이 산출된 狼川·原州·橫城 등이 도내에서 多種의 향약재를 산출한 지역이었다. 그러나 강원도의 경우 전체적으로 모든 군현이 11종 이상을 산출한 것으로 나타났다. 도내 전체 군현당 평균 향약재의 산출 種數도 전국에서 가장 많은 17.5종을 보였던 것이다.

〈표 4〉 강원도의 군현별 鄕藥材數(24개 군현)

군현명	약재수	군현명	약재수	군현명	약재수	군현명	약재수	군현명	약재수
杆城	18	狼川	19	蔚珍	12	春川	17	洪川	18
江陵	20	三陟	18	原州	19	通川	18	淮陽	24
高城	18	楊口	16	伊川	18	平康	18	橫城	19
金城	15	襄陽	18	麟蹄	21	平昌	17	歙谷	11
金化	14	寧越	17	旌善	21	平海	13	평균	17.5

(2) 경기도

경기도 41개 군현 가운데 향약재의 산출 종수가 가장 많았던 군현은 9종을 보인 楊根이었으며, 8종이 산출된 砥平과 7종씩을 보인 安峽·鐵原[11]이 그 다음을 차지하고 있었다. 산출 향약재가 하나도 없는 것으로 나타난 군현도 4개 군현(喬桐·交河·金浦·海豊)이나 되었다. 따라서 전체적으로 경기도는 군현당 향약재의 산출 종수가 가장 적은 지역이었음을 본다. 평균도 전국에서 가장 적은 3.2종에 불과하였던 것이다.

〈표 5〉 경기도의 군현별 鄕藥材數(41개 군현)

군현명	약재수	군현명	약재수	군현명	약재수	군현명	약재수	군현명	약재수
加平	4	南陽	4	陽城	2	陰竹	2	川寧	1
江華	4	麻田	3	楊州	2	利川	4	鐵原	7
高陽	2	富平	2	陽智	2	仁川	3	通津	2
果川	2	朔寧	5	陽川	1	臨江	4	抱川	5
廣州	6	水原	4	驪興	2	臨津	3	海豊	0
喬桐	0	安山	2	漣川	5	長湍	2	평균	3.2
交河	0	安城	6	永平	6	積城	3		
衿川	2	安峽	7	龍仁	2	砥平	8		
金浦	0	楊根	9	原平	2	振威	1		

(3) 경상도

66개 군현으로 이루어진 경상도의 경우 가장 많은 향약재를 산출한 곳은 13종을 보인 順興인 것으로 나타났다. 그 다음으로 12종씩이 산출된 梁山과 蔚山, 11종씩이 산출된 慶州·東萊·密陽·青松 등이 차지하고 있었다. 향약재를 기재하지 않은 지역도 1곳(仁同) 있었다. 따라서 경상도의 경우 비교적 각 군현별로 고른 분포를 보이고 있었다고 하겠다. 군현당 평균 향약재수도 6.5종으로 나타났다.

〈표 6〉 경상도의 군현별 鄕藥材數(66개 군현)

군현명	약재수	군현명	약재수	군현명	약재수	군현명	약재수	군현명	약재수
開寧	2	東萊	11	安陰	5	義城	8	草溪	4
巨濟	1	聞慶	9	梁山	12	義興	6	漆原	8
居昌	4	密陽	11	彥陽	8	仁同	0	河東	6

11) 鐵原은 세종 당시 경기도에 속해 있었다.

慶山	4	奉化	6	盈德	7	長鬐	5	河陽	6
慶州	11	比安	1	靈山	7	知禮	3	咸安	5
高靈	6	泗川	7	迎日	6	眞寶	6	咸陽	7
固城	10	山陰	10	榮川	4	珍城	4	咸昌	3
昆南	6	三嘉	6	永川	5	晉州	9	陜川	5
軍威	2	尙州	7	寧海	10	鎭海	6	玄風	8
金山	6	善山	7	禮安	8	昌寧	10	興海	1
機張	5	星州	7	醴泉	4	昌原	6	평균	6.5
基川	9	順興	13	龍宮	6	淸道	5		
金海	5	新寧	5	蔚山	12	靑松	11		
大丘	8	安東	10	宜寧	7	淸河	4		

(4) 전라도

전라도는 전체 56개 군현 모두 산출 향약재의 종수가 많은 지역 가운데 하나였다. 종수가 가장 많았던 군현은 32종을 보인 濟州로 나타났는데, 이는 전국 최고치였다. 그 다음으로는 19종씩을 산출한 南原·同福·順天이었고, 寶城·長水·長興·旌義 등 지역은 17종씩을 산출한 것으로 나타났다. 따라서 전라도 전체 군현당 평균 향약재수는 11.1종으로 비교적 높았음을 본다.

〈표 7〉 전라도의 군현별 鄕藥材數(56개 군현)

군현명	약재수	군현명	약재수	군현명	약재수	군현명	약재수	군현명	약재수
康津	9	樂安	14	寶城	17	益山	5	珍原	9
古阜	8	南原	19	扶安	6	任實	11	昌平	9
高山	11	南平	8	淳昌	10	臨陂	9	泰仁	12
高敞	8	綾城	16	順天	19	長城	9	咸悅	3
高興	12	潭陽	11	礪山	4	長水	17	咸平	10
谷城	10	大靜	16	靈光	15	長興	17	海珍	12
光陽	13	同福	19	靈巖	13	全州	13	和順	10
求禮	11	萬頃	4	玉果	7	井邑	4	興德	10
金溝	4	務安	9	沃溝	6	旌義	17	평균	11.1
錦山	13	茂長	7	龍潭	13	濟州	32		
金堤	2	茂朱	12	龍安	3	珍山	10		
羅州	14	茂珍	16	雲峯	13	鎭安	13		

(5) 충청도

55개 군현이 속한 충청도의 경우, 향약재의 산출 종수가 가장 많은 군현은 丹陽·報恩·沃川·堤川 등으로 각 14종씩을 산출하고 있었다. 그 다음은 13종씩을 산출한 永同과 淸州, 12종씩을 산출한 槐山·靑山·淸風 등이었다. 그리고 전체 군현당 평균치는 6.3종으로 나타났다.

〈표 8〉 충청도의 군현별 鄕藥材數(55개 군현)

군현명	약재수	군현명	약재수	군현명	약재수	군현명	약재수	군현명	약재수
結城	3	報恩	14	永春	11	稷山	5	韓山	1
公州	8	扶餘	1	禮山	6	鎭岑	3	海美	6
槐山	12	庇仁	2	沃川	14	鎭川	7	鴻山	3
藍浦	5	瑞山	3	溫水	7	天安	5	洪州	8
丹陽	14	舒川	4	恩津	4	靑山	12	黃澗	8
唐津	2	石城	2	陰城	9	靑安	6	懷德	7
大興	6	新昌	3	尼山	3	靑陽	3	懷仁	4
德山	4	牙山	3	林川	4	淸州	13	평균	6.3
沔川	3	燕歧	5	全義	5	淸風	12		
木川	4	連山	8	定山	5	忠州	10		
文義	6	延豊	9	堤川	14	泰安	5		
保寧	8	永同	13	竹山	3	平澤	1		

(6) 평안도

평안도는 47개 군현 중 成川이 14종의 향약재를 산출하여 가장 많았고, 그 다음은 13종씩을 산출한 順川·陽德·鐵山 등이었다. 반면 虞芮의 경우 산출 향약재가 기재되지 않았다. 전체 군현당 평균은 경기도 다음으로 낮은 6.0종으로 나타났다.

〈표 9〉 평안도의 군현별 鄕藥材數(47개 군현)

군현명	약재수	군현명	약재수	군현명	약재수	군현명	약재수	군현명	약재수
嘉山	4	碧潼	8	順川	13	渭源	4	甑山	7
江界	10	朔州	5	安州	4	殷山	9	昌城	1
江東	7	三登	6	陽德	13	義州	6	鐵山	13
江西	3	三和	8	閭延	5	理山	5	泰川	6
价川	10	祥原	6	寧邊	11	麟山	5	平壤	4

郭山	4	宣川	5	永柔	3	慈山	6	咸從	4
德川	8	成川	14	龍岡	4	慈城	3	熙川	8
孟山	10	隨川	4	龍川	4	定寧	4	평균	6.0
茂昌	1	肅川	3	虞芮	0	定州	4		
博川	4	順安	4	雲山	9	中和	4		

(7) 함길도

21개 군현이 속한 함길도는 군현당 평균 11.3종을 보여 전국에서 강원도 다음으로 군현당 향약재의 평균 산출 종수가 높은 지역이었다. 가장 많은 종수를 산출한 군현은 22종의 會寧이었고, 그 다음으로 富寧이 21종, 穩城과 咸興이 각 17종씩을 산출한 것으로 나타났다.

〈표 10〉 함길도의 군현별 鄕藥材數(21개 군현)

군현명	약재수	군현명	약재수	군현명	약재수	군현명	약재수	군현명	약재수
甲山	12	吉州	14	三水	5	龍津	7	會寧	22
鏡城	10	端川	13	安邊	16	宜川	9	평균	11.3
慶源	15	文川	10	永興	11	定平	5		
慶興	5	富寧	21	預原	7	鍾城	6		
高原	3	北靑	12	穩城	17	咸興	17		

(8) 황해도

황해도는 전체 24개 군현 가운데 19종이 산출된 谷山이 가장 향약재 종수가 많은 지역이었고, 瑞興이 16종으로 그 다음을 차지하고 있었다. 전체 평균치는 9.0종을 보여 전국 8도 중 비교적 높게 나타났다.

〈표 11〉 황해도의 군현별 鄕藥材數(24개 군현)

군현명	약재수	군현명	약재수	군현명	약재수	군현명	약재수	군현명	약재수
康翎	14	鳳山	12	信川	2	殷栗	7	平山	12
江陰	2	瑞興	16	安岳	8	長連	7	豊川	10
谷山	19	松禾	4	延安	5	長淵	7	海州	13
文化	6	遂安	14	瓮津	4	載寧	7	黃州	8
白川	5	新恩	14	牛峯	13	兎山	7	평균	9.0

이상, 전국 8도 및 334개 군현에서의 산출 향약재 종수를 살펴보았다. 상대적으로 도 전체의 평균치가 높았던 곳은 강원도(17.5종)와 함길도(11.3종), 전라도(11.1종) 및 황해도(9.0종) 지역이었으며, 가장 낮았던 곳은 경기도(3.2종)인 것으로 나타났다.

한편 각 군현별로는 전라도의 濟州가 32종으로 가장 많았고, 강원도의 淮陽(24종), 함길도의 會寧(22종), 강원도의 麟蹄·旌善 및 함길도의 富寧(이상, 21종), 강원도의 江陵(20종) 등이 대체로 산출 종수가 많은 지역으로 나타났다.

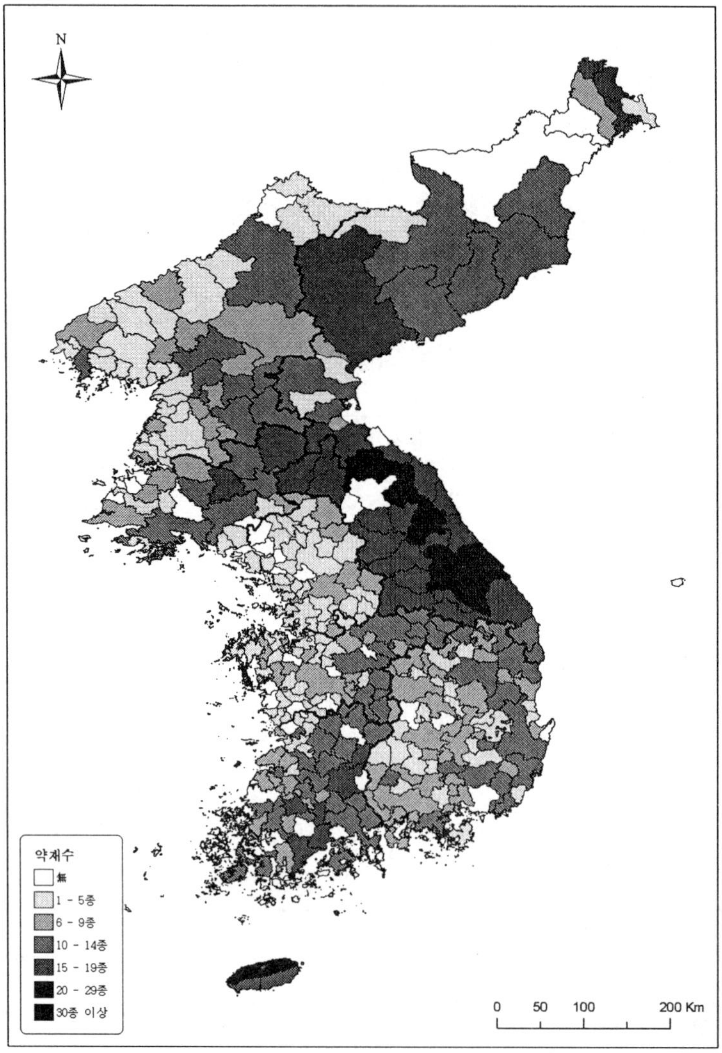

〈그림〉 鄕藥材의 種數別 産地 분포

그러면 산출 種數別 産地 분포는 어떠하였을까? 〈그림〉 은 전국 334개 군현의 양상을 지도로 나타낸 것이다.

지도에서 검게 표시될수록 향약재의 산출 종수가 많은 지역임을 말해 주는데, 대체로 함경도-강원도-전라도를 잇는 S字 곡선을 따라 산출 종수가 많은 지역이 다수 분포하고 있었음을 볼 수 있다. 반면 경기도와 충청도 서부 지역, 경상도의 서부 지역은 대체로 향약재의 산출 종수가 적은 지역이 다수 분포하고 있었다. 결국 산지 지역에서 향약재가 다수, 그리고 다양한 품종이 산출되었음을 엿보게 해준다.

한편, 제주도 지역의 3개 군현은 모두 산출 종수가 많았음을 보는데, 남방 해양에 위치한 지역적 특성으로 아무래도 특종 향약재가 많이 산출되었기 때문이겠다.

3) 多處 산출 鄕藥材

그러면 『世地』에서 확인되는 436종의 향약재 중 전국적으로 많은 지역에서 산출된 것은 어떤 것들일까? 이 역시 군현별 조목에 기재된 것에 의거할 수밖에 없었는데, 우선 芝草[영지]가 196개(전체 334개 군현의 58.7%) 군현에서 산출되어 가장 넓은 産地 분포를 보이고 있었다(〈표 12〉 참조). 다음으로는 漆[옻: 190개(56.9%) 군현], 蜂蜜[꿀: 168개(50.3%) 군현], 黃蠟[밀: 160개(47.9%) 군현], 人蔘[110개(32.9%) 군현], 當歸[92개(27.5%) 군현], 石茸[석이버섯: 84개(25.1%) 군현], 茯苓[83개(24.9%) 군현], 眞茸[느타리버섯: 78개(23.4%) 군현], 五味子[73개(21.9%) 군현] 등이 多處 산출 상위 10대 향약재로 나타났다. 그런데 이들 상위 10대 향약재 가운데 人蔘과 當歸, 茯苓을 제외한 나머지 7개 약재 모두는 土貢藥材였으며, 역시 5개 道 이상에서 광범하게 산출되고 있었음을 본다(앞의 〈표 1〉 참조).

〈표 12〉 각 도별 多處 産出 상위 10대 鄕藥材

지역 / 약재	강원도	경기도	경상도	전라도	충청도	평안도	함길도	황해도	전국
상위 10대 藥材	當歸(24)	芝草(29)	漆(56)	麥門冬(46)	漆(35)	漆(33)	芝草(14)	芝草(23)	芝草(196)
	蜂蜜(24)	眞茸(16)	蜂蜜(53)	漆(43)	棗(32)	芝草(32)	防風(13)	眞茸(19)	漆(190)
	五味子(24)	蜂蜜(8)	黃蠟(53)	蜂蜜(32)	芝草(31)	白附子(26)	紅花(13)	白附子(16)	蜂蜜(168)
	黃蠟(24)	獅子足艾(8)	芝草(34)	黃蠟(31)	人蔘(25)	蜂蜜(24)	人蔘(12)	石茸(12)	黃蠟(160)
	五倍子(23)	蓮子(8)	麥門冬(22)	石榴(24)	黃蠟(23)	人蔘(22)	當歸(8)	五味子(10)	人蔘(110)
	白芨(22)	茯苓(6)	茯苓(20)	棗(24)	蜂蜜(19)	五味子(19)	麝香(8)	漆(10)	當歸(92)
	人蔘(22)	烏足茸(6)	松茸(16)	天門冬(22)	眞茸(16)	當歸(13)	安息香(8)	皀休(8)	石茸(84)
	白膠香(21)	當歸(5)	石茸(14)	鹿茸(18)	石茸(10)	黃蠟(11)	熊膽(8)	蜂蜜(8)	茯苓(83)
	茯苓(21)	續斷(5)	人蔘(14)	石茸(18)	自然銅(10)	芎藭(8)	黃蠟(8)	黃耆(8)	眞茸(78)
	石茸(21)	安息香(5)	當歸(13)	蔈膏(16)	茯苓(9)	麝香(8)	大戟(7)	黃蠟(7)	五味子(73)
	前胡(21)				安息香(9)	眞茸(8)	牧丹皮(7)		
					黃芩(9)		白芨(7)		
							五味子(7)		

참고	芝草(20) 眞茸(17) 蓁艽(15) 漆(11)	皂休(3) 茯神(3) 石菖蒲(3) 五味子(3) 棗(3) 黃芩(3) 黃蠟(3)	防風(12) 蕈膏(12) 天門冬(11) 棗(7) 石榴(6) 魚膠(6) 五味子(6) 雀舌茶(6)	榧子(15) 茯苓(14) 茶(13) 班猫(13) 雀舌茶(13) 芝草(13) 笋(13)	當歸(6) 木瓜(6) 茯神(6) 蓮子(6) 魚膠(6)	石茸(7) 安息香(7) 茯苓(5) 龍膽(5)	白附子(6) 茯苓(5) 酥油(5) 草烏頭(5)	弓幹木(6) 當歸(6) 島阿烏油(6) 續斷(5) 遠志(5) 棗(5) 黃芩(5)	麥門冬(72) 漆(71) 白附子(64) 安息香(41) 防風(39) 白芨(39) 天門冬(36) 前胡(32) 蓮子(30) 石榴(30)

비고) ① ( ) 안의 수치는 해당 약재가 산출되는 군현수를 말함.
② 참고는 각 도별 상위 15대까지 포함되는 藥材들임. 단, 전국의 경우 상위 20대까지 기재함.

한편, 多處 산출 향약재의 분포는 각 도마다 약간의 차이를 보였다. 각 도별 상위 10대 향약재들을 摘記하면 아래와 같다.

- 강원도<24개 군현> : 當歸(24), 蜂蜜(24), 五味子(24), 黃蠟(24), 五倍子(23), 白芨[대왕풀](22), 人蔘(22), 白膠香[다린 송진](21), 茯苓(21), 石茸(21), 前胡[바디나물뿌리](21)
- 경기도<41개 군현> : 芝草(29), 眞茸(16), 蜂蜜(8), 獅子足艾[사자발쑥](8), 蓮子[연밥](8), 茯苓(6), 鳥足茸[싸리버섯](6), 當歸(5), 續斷[검산풀뿌리](5), 安息香[북나무진](5)
- 경상도<66개 군현> : 漆(56), 蜂蜜(53), 黃蠟(53), 芝草(34), 麥門冬[겨우살이풀뿌리](22), 茯苓(20), 松茸[송이버섯](16), 石茸(14), 人蔘(14), 當歸(13)
- 전라도<56개 군현> : 麥門冬(46), 漆(43), 蜂蜜(32), 黃蠟(31), 石榴(24), 棗[대추](24), 天門冬[호라비좆뿌리](22), 鹿茸(18), 石茸(18), 蕈膏(16)
- 충청도<55개 군현> : 漆(35), 棗(32), 芝草(31), 人蔘(25), 黃蠟(23), 蜂蜜(19), 眞茸(16), 石茸(10), 自然銅[산골](10), 茯苓(9), 安息香(9), 黃芩[속서근풀](9)
- 평안도<47개 군현> : 漆(33), 芝草(32), 白附子[흰바곳](26), 蜂蜜(24), 人蔘(22), 五味子(19), 當歸(13), 黃蠟(11), 芎藭[궁궁이](8), 麝香(8), 眞茸(8)
- 함길도<21개 군현> : 芝草(14), 防風[병풍나물뿌리](13), 紅花[잇](13), 人蔘(12), 當歸(8), 麝香(8), 安息香(8), 熊膽(8), 黃蠟(8), 大戟[버들옷](7), 牧丹皮[모란뿌리껍질](7), 白芨(7), 五味子(7)
- 황해도<24개 군현> : 芝草(23), 眞茸(19), 白附子(16), 石茸(12), 五味子(10), 漆(10), 皂休[삿갓나물](8), 蜂蜜(8), 黃耆(8), 黃蠟(7)

* 비고) ( ) 안의 수치는 각 향약재가 산출되는 군현수를 말함.

강원도(전체 24개 군현)의 경우 상위 10대에 분포된 향약재는 대부분 모든 군현(21개 군현 이상)에서 산출되고 있었으며, 경기도(전체 41개 군현)의 경우 29개 군현과 16개 군현에서 산출된 芝草와 眞茸만이 대체로 여러 지역에서 산출되었을 뿐, 나머지 약재는 8개 군현이하에서 산출되는 양상을 보였다.

경상도(전체 66개 군현)의 경우는 56개 군현에서 산출된 漆과, 각 53개 군현에서 산출된 蜂蜜과 黃蠟만이 넓은 산출분포를 보였을 뿐, 나머지 약재들은 대체로 절반 이하의 군현에서만 산출되고 있었다. 전라도(56개 군현)의 경우 46개 군현에서 산출된 麥門冬, 43개 군현에서 산출된 漆, 32개 군현에서 산출된 蜂蜜과 31개 군현에서 산출된 黃蠟 등만이 넓은 산출 분포를 보였을 뿐이다. 그리고 55개 군현으로 이루어진 충청도에서는 35개 군현에서 산출된 漆과, 32개 군현에서 산출된 棗, 31개 군현에서 산출된 芝草 등이 비교적 넓은 산출 분포를 보이고 있었다.

한편 이북 지역에 속한 3道 가운데 평안도(전체 47개 군현)의 경우, 33개 군현에서 산출된 漆과 32개 군현에서 산출된 芝草, 그리고 26개 군현과 24개 군현에서 산출된 白附子와 蜂蜜 등이 넓은 산출 분포를 보였으며, 함길도(전체 21개 군현)는 14개 군현에서 산출된 芝草, 각 13개 군현에서 산출된 防風과 紅花, 12개 군현에서 산출된 人蔘 등만이 전체 군현의 절반 이상 지역에서 산출되고 있었다. 또한 24개 군현으로 이루어진 황해도에서는 23개 군현에서 산출된 芝草와, 19개 군현에서 산출된 眞茸, 16개 군현에서 산출된 白附子, 12개 군현에서 산출된 石茸 등이 비교적 넓은 산출 분포를 보이고 있었던 것이다. 이러한 향약재 산출의 지역별 차이는 각 지역의 지리적 환경과 토양에 따른 결과라 하겠다.

그러면 전국적으로 산출 1, 2위를 보인 芝草(196개 군현)와 漆(191개 군현)의 경우 각 도별로는 어떠한 산출 분포를 보였을까? 먼저 芝草는 강원도와 전라도를 제외한 6개 도에서 상위 10대 산출 분포에 포함되어 있었다. 이 중 경기도와 함길・황해도에서 1위의 산출 분포를 보이고 있었으며, 평안도에서는 2위, 충청도에서는 3위, 경상도에서는 4위의 산출 분포를 보이고 있었다. 비록 10위 안에는 포함되지 않았으나, 강원도에서는 11위(20개 군현에서 산출)를, 전라도에서는 16위(13개 군현에서 산출)를 차지하고 있었다.

다음, 漆의 경우는 강원도와 경기・함길도를 제외한 5개 도에서 상위 10대 산출 분포에 포함되었는데, 경상도와 충청도, 평안도에서는 산출 분포 1위를 보였다. 이밖에 전라도에서는 2위, 황해도에서는 5위(공동)의 산출 분포를 보이고 있었다. 한편, 10위 안에 포함되지 않은 강원도의 경우 漆이 15위(11개 군현에서 산출)에 분포하고 있었고, 함길도에서는 2개 군현에서만 漆이 산출된 것으로 기록되었다. 경기도의 경우 漆이 기재된 군현은 없었다. 그렇지만, 함경도와 경기도 모두 道 총설의 '藥材'조에서 산출 향약재로 漆을 기재하고 있었음을 볼 수 있다. 데이터의 분석 상 어쩔 수 없이 군현별 '약재'조와 '토공'조만을 대상으로 多處 양상을 살필 수밖에 없었지만, 실제로는 경기도는 물론 함길도 역시 여러 군현에서 漆이 산출되었으리라 짐작된다.

4. 맺음말

이상, 데이터베이스로 구축된 『世宗實錄地理志』의 '藥材'조와 '土貢'조를 분석하여 조선 초기 鄕藥材의 종류와 種數 및 産地 분포를 계량적으로 살펴보았다.

그 결과, 첫째 향약재의 종류 · 종수는 본래 산이나 들에서 나는 自生藥材가 총 327종이었으며, 각 고을의 풍토에 맞는 것을 따라 醫院으로 하여금 심어 기른 栽種藥材가 총 51종이었다. 이밖에 '土貢'조에 기재된 '土貢藥材'는 총 69종으로 나타났다.

둘째, 자생약재 가운데 전국 8개 도에서 모두 산출된 향약재는 當歸 · 白芷 · 茯苓 · 細辛 · 熊膽 · 葳靈仙 · 芍藥 · 牛膝 · 漆 등을 비롯한 총 20종이었으며, 7개 도에서 산출된 향약재는 苦蔘 · 桔梗 · 防風 · 白芨 · 白附子 · 五加皮 · 人蔘 · 玄蔘 · 黃耆 등을 비롯한 총 25종이었다. 재종약재는 8개 도 전체에서 산출된 향약재는 없었고, 7개 도에서 산출된 것이 大黃과 惡實 2종, 6개 도에서 산출된 것이 白萹豆 · 生地黃 · 荊芥 등 3종이었다. 그리고 토공약재는 8개 도 전체에서 산출된 것이 芝草와 黃蠟 2종, 7개 도에서 산출된 것이 蜂蜜 · 石茸 · 眞茸 · 紅花 등 4종으로 나타났다.

셋째, 『世地』에 수록된 전국의 향약재 種數는 총 436종로 나타났다. 이 중 자생약재가 327종(75.0%)이었던 반면, 재종약재는 51종(11.7%)에 불과하였다. 따라서 조선 초기 향약재의 공급은 재배에 의존하기보다는 대부분 자생된 것에 의존하였음을 알 수 있었다.

넷째, 『世地』에 수록된 전국 334개 군현 가운데 20종 이상의 향약재를 산출한 군현은 총 7개(2.1%) 지역에 불과하였고, 15～19종을 산출한 군현이 33개(9.9%) 지역, 10～14종을 산출한 군현이 73개(21.9%) 지역, 5～9종을 산출한 군현이 120개(35.9%) 지역, 그리고 4종 이하만을 산출한 군현이 101개(30.2%) 지역으로 나타났다. 따라서 9종 이하의 향약재를 산출한 군현이 전체의 66.2%(221개 군현)를 차지하였음을 알 수 있었다. 20종 이상을 산출한 군현은 강원도에 4개(57.1%) 지역이 분포하였으며, 나머지 함길도에 2개, 전라도에 1개 군현이 각기 분포하고 있었다. 이들 3개 道에 속한 군현들은 대체로 10종 이상의 향약재를 산출하고 있었던 것으로 나타났다.

다섯째, 지역별 분포를 보면 강원도의 경우 24개 군현 모두 10종 이상을 산출하고 있는 가운데 15～19종을 산출한 군현이 16개(66.7%) 지역으로 가장 많았으며, 경기도의 경우는 41개 군현 모두 10종 이상을 산출한 군현이 없는 가운데 4종 이하가 31개(75.6%) 군현으로 가장 많았다. 즉, 강원도와 경기도는 향약재의 종수별 군현 분포에서 정반대의 양상을 보이고 있었다. 나머지 지역 중 강원도와 유사한 분포 양상을 보인 곳은 전라도와 함길도였으며, 경기도의 양상과 유사한 분포를 보인 곳은 경상도 · 충청도 · 평안도 등 지역이었다. 이들 지역이 뚜렷한 반대 양상을 보인데 반하여 황해도의 경우는 비교적 고른 분포 양상을 보였다.

여섯째, 향약재의 산출 種數의 군현당 평균치가 가장 높았던 곳은 강원도(17.5종)였으며, 그 다음이 함길도(11.3종)와 전라도(11.1종), 황해도(9.0종)였다. 반대로 가장 낮았던 곳은 경기도(3.2종)로 나타났다. 전국 334개 군현 가운데 전라도의 濟州가 32종으로 가장 향약재의 산출 종수가 많았고, 강원도의 淮陽(24종), 함길도의 會寧(22종), 강원도의 麟蹄·旌善 및 함길도의 富寧(이상, 21종), 강원도의 江陵(20종) 등도 대체로 산출 종수가 많은 지역으로 나타났다.

일곱째, 전국 334개 군현의 향약재 산출 종수를 지도로 표시해 본 결과, 대체로 함경도-강원도-전라도를 잇는 S字 곡선을 따라 산출 종수가 많은 지역이 다수 분포하고 있었다. 반면 경기도와 충청도 서부 지역, 경상도의 서부 지역은 대체로 향약재의 산출 종수가 적은 지역이 다수 분포한 것으로 나타났다. 결국 산지 지역에서 향약재가 다수, 그리고 다양한 품종이 산출되었음을 엿볼 수 있었다.

여덟째, 『世地』에서 확인되는 436종의 향약재 중 芝草[영지]가 196개(전체 334개 군현의 58.7%) 군현에서 산출되어 가장 넓은 産地 분포를 보이고 있었으며, 다음으로는 漆[옻: 190개(56.9%) 군현], 蜂蜜[꿀: 168개(50.3%) 군현], 黃蠟[밀: 160개(47.9%) 군현], 人蔘[110개(32.9%) 군현], 當歸[92개(27.5%) 군현], 石茸[석이버섯: 84개(25.1%) 군현], 伏苓[83개(24.9%) 군현], 眞茸[느타리버섯: 78개(23.4%) 군현], 五味子[73개(21.9%) 군현] 등으로 나타났다. 이들 물종이 조선 초기 多處 산출 10대 향약재였다.

遊山記로 본 조선시대 사대부의 금강산 여행

정치영

1. 서론

소득이 증가하고 여가시간이 늘어나면서 여행에 대한 사람들의 관심은 날이 갈수록 증가하고 있다. 그런데 여행은 우리가 생각하는 것 이상으로 긴 역사를 가지고 있으며, 다양한 목적으로, 그리고 각기 다른 방법과 형태로 이루어져 왔다. 우리 조상들도 옛날부터 유람을 즐겨하였고 특히 山水를 좋아하였다. 이러한 전통이 면면히 이어져 조선시대에는 산을 유람하는 '유산(遊山)'이 사대부들의 여가활동 중 중요한 부분을 차지하게 되었다. 그러나 아직 조선시대 사대부들이 어떠한 목적을 가지고 산에 올랐고, 이들의 여행경로와 여행 중 활동은 구체적으로 어떠했는지를 살펴보는 연구는 그다지 이루어지지 못하였다.

지금까지 이에 대한 연구가 부진했던 이유는 여러 가지가 있겠지만, 그중 가장 큰 원인으로는 자료수집의 어려움을 꼽을 수 있다. 이러한 상황에서 주목을 끄는 것이 바로 유산의 결과물인 '遊山記'이다. '유산기'는 조선시대 사대부들이 주로 산을 등산한 체험을 산문으로 써서 남긴 일종의 기행문학이다. 이것은 첫머리에 유람의 동기나 목적, 동행인을 기술한 다음 날짜 별로 유람을 하면서 견문한 것을 기록하는 일정한 형식을 갖추고 있는데,[1] 조선시대를 통틀어 지속적으로 창작되어 현재 약 560편의 많은 작품이 전해지고 있다.[2]

1) 이혜순 외, 1997, 조선중기의 유산기 문학, 집문당, pp.14-27.
최석기 외, 2000, 선인들의 지리산 유람록, 돌베개, p.385.

2) 이혜순 외, 1997, 앞의 책, p.15.

이러한 유산기는 그 동안 학계의 큰 관심을 받지 못하여 일부의 작품만이 번역·소개되었으나, 최근 들어 국문학 분야를 중심으로 유산기가 작가의 정신세계를 담고 있는 문학작품이라는 점에 착안하여 유산기의 문학적 특성과, 유산기를 통한 작가의 자연관과 의식, 그리고 기행장소의 정신사적 의미 등을 탐구하는 연구가 활발해지고 있다.[3] 그러나 유산기는 문학작품이면서도 작가의 여행과정과 여행지의 지역상황을 비교적 상세하게 담고 있는 사실적인 기록이라는 특징을 지니고 있다. 본 연구에서는 이러한 점에 주목하여, 조선시대 저술된 '金剛山遊山記'를 자료로, 당시 사대부들의 여행관행을 분석하고자 하며, 그 구체적인 내용은 다음과 같다.

첫째 여행 동기에 대한 분석이다. 조선시대 사대부들의 여행은 단순한 산수 유람이 아닌 다양한 동기를 지니고 있었는데, 이를 유산기의 내용을 통하여 해명하려 한다. 둘째는 여행 경로의 복원이다. 대체로 조선시대 유산의 경로는 선인들의 그것을 답습하는 경우가 많다. 이러한 기본경로의 추출과 함께 개인 별 발전적 경로를 분석하여 그러한 경로를 선택한 원인 등에 대해 분석하고자 한다. 여기에는 여행자의 여행목적, 출발지, 경유지의 특성 등이 주요한 변수로 작용할 것이다. 셋째는 당시의 여행행태에 대한 분석이다. 여행의 동반자는 어떤 사람들이었는지, 그 인원의 규모는 어느 정도인지부터 준비과정, 여행시기, 교통수단, 숙박장소, 친지방문·詩作·題名 등과 같은 여행 중의 활동을 세밀하게 분석하여 당시 사대부들의 일반적인 여행행태를 밝히고자 한다. 이때 여행자의 연령, 신분, 교유관계 등이 여행관행에 어떠한 영향을 미쳤는지 중점적으로 탐구하려 한다.

<표 1> 연구자료로 사용한 금강산 유산기 목록

일련번호	제목	저자	저작연대	출전
1	遊金剛山記	南孝溫	1485년	秋江集 卷6
2	遊金剛錄	李 黿	1493년	再思堂逸集 卷1
3	遊金剛錄	成悌元	1531년	東洲先生逸稿
4	關東日錄	洪仁祐	1553년	耻齋遺稿 卷3
5	遊金剛山錄	柳雲龍	1557년	謙菴集 卷5, 雜著
6	金剛山紀行錄	梁大樸	1572년	青溪集 卷4
7	遊金剛山記	李廷龜	1603년	月沙集 卷38
8	龜沙金剛錄	權 韘	1607년	龜沙金剛錄

3) 유산기에 대한 국문학분야의 연구성과로는 다음과 같은 것들이 있다.
강혜선, 1992, "17·8세기 금강산의 문학적 형상화에 대한 연구," 관악어문연구, 17, pp.91-111.
최강현, 1992, "금강산 문학에 관한 연구(1)," 성곡논총, 23, pp.1773-1829.
최강현 편, 1996, 한국 기행문학작품 연구, 국학자료원.
이혜순 외, 1997, 앞의 책.
이종묵, 1997, "遊山의 풍속과 遊記類의 전통," 고전문학연구, 12, pp.385-408.

9	遊金剛山記	李烱胤	1615년	滄洲遺稿
10	金剛錄	鄭 曄	1618년	守夢集 卷3
11	遊金剛日錄	李命俊	1628년	潛窩遺稿 坤
12	遊金剛小記	申翊聖	1631년	樂全堂集 卷7
13	楓嶽錄	李景奭	1651년	白軒集 卷10
14	東遊記	金昌協	1671년	農巖集 卷23
15	楓嶽日記	金壽增	1680년	谷雲集 卷3
16	金剛山記	李萬敷	18세기 전반	息山集 別集 卷3
17	金剛錄	朴聖源	1738년	謙齋集
18	海山錄	李東沆	1791년	遲庵文集 卷4, 雜著
19	東行日記	趙弼鑑	1802년	瞻猗軒遺稿 卷2
20	東行山水記	李象秀	1865년	峿堂集 卷13

본 연구는 유산기에 대한 기존의 연구성과를 검토하는 것과 함께, 연구자료로 이용할 금강산유산기를 수집하는 작업으로부터 시작하였다. 금강산유산기는 조선시대를 통틀어 지속적으로 창작되어 현재 약 60편의 작품이 남아 있는 것으로 알려져 있는데,[4] 본 연구에서는 2002년부터 고려대학교 민족문화연구원에서 진행해 온 "조선시대 전자문화지도 개발 및 그 응용연구"의 일부로 구축한 '유산기 데이터베이스'를 이용하여 연구에 사용할 유산기를 추출하였다. 추출작업은 먼저 유산기를 저자 및 시대별로 분류한 후, 내용을 개략적으로 검토하여 여정이 제대로 기록되어 있지 않거나 내용이 빈약한 것을 제외하는 방법으로 이루어졌으며, 그 결과로서 표 1과 같이 연구에 사용할 유산기를 선별하였다.

연구자료로 선별된 표 1의 20편의 유산기에 대해서는 보다 상세하게 내용을 분석하였고, 유산기의 저자에 대한 검토도 병행하였다. 저자에 대한 검토는 저자의 신분 · 거주지 · 사상적 배경 · 교유관계 등에 집중하여, 금강산 여행의 동기, 동반자와의 관계, 주요 방문지점과 여행 중 방문인사에 대한 분석자료로 활용하였다. 유산기의 내용분석에서는 여행 시기, 기간, 동반자, 경로, 숙박지, 교통수단, 주요 방문지점 등을 중점적으로 검토하였다. 유산기 내용 및 저자에 대한 개별적인 분석이 끝난 뒤에는 이를 비교 · 종합하여 본격적으로 당시 여행자들의 여행행태를 분석하는데, 시대별 여행행태의 변화상과, 개인별 특성에 따른 여행행태의 편차에 초점을 맞추었다.

4) 鄭珉 편, 1996, 韓國歷代山水遊記聚編 2 · 3 · 4(강원도편), 민창문화사.

2. 금강산 여행자들의 성격과 여행 동기

1) 여행자들의 성격

지리산, 한라산과 함께 三神山 가운데 하나로 꼽히는 金剛山은 예로부터 아름다운 경치와 풍부한 문화유산 때문에 탐방객의 발길이 끊이지 않았으며, 조선시대에도 금강산 유람을 평생의 소원으로 간직한 사람들이 많았다. 그러나 여러 가지 사정 때문에 이를 실행에 옮긴 사람들은 그리 많지 않았을 것이다. 타인의 글을 통해 유람을 간접적으로 경험하는 이른바 '臥遊'가 유행했던 것도 이와 같은 정황을 뒷받침하고 있다. 그러면 어떤 사람들이 금강산을 여행하였는지를 본 연구에서 연구자료로 사용한 유산기의 저자들을 통해 살펴보고자 한다.

표 2를 보면, 우선 여행자의 신분에 있어서는 20명 모두 사대부계층인 것을 확인할 수 있다. 여행자의 신분이 사대부계층에 치우쳐 있는 것은 유산기 저자들만을 분석대상으로 삼은 데에도 원인이 있겠지만, 그 보다는 당시의 교통사정, 경제여건 등을 감안할 때 많은 비용과 시간이 소요되는 금강산여행이 일반 사람들에게는 매우 어려운 일이었기 때문이다. 당시 사대부들조차도 금강산여행이 쉽지 않았다는 것은 반 이상의 여행자들이 금강산 인근지역에 연고가 있던 사람들이거나 금강산을 지나갈 일이 있을 때 여행을 결행했다는 사실에서 확인할 수 있다.

즉 여행 당시 현직에 있었던 사람들로, 鄭曄·李命俊·金壽增은 금강산 인근지역의 수령으로 근무하면서 금강산을 여행하였으며, 李廷龜는 공무로 함흥에 다녀오는 길에,[5] 朴聖源은 함경도 都事로 부임하는 길에 금강산을 유람하였다. 또한 梁大樸은 原州牧使였던 아버지 梁巘를 따라, 成悌元은 金化縣監로 근무하던 장인을, 柳雲龍은 干城郡守로 있던 할아버지를 방문하였다가 금강산을 여행하였으며, 李黿은 벼슬에서 물러나 금강산에서 가까운 안변에 머무르고 있을 때 금강산을 찾았다. 申翊聖과 李景奭은 금강산 온천에서의 신병 치료를 겸해 금강산을 방문하였고, 趙弼鑑은 조카딸의 혼사로 삼척에 갔다가 금강산에 들리게 되었다. 이와 같은 금강산 여행자들은 사대부 출신이라는 공통점과 함께 금강산 인근에 연고가 있거나 다른 일을 겸해 금강산을 방문한 사람이 다수를 차지하였다.

5) 당시 예조판서였던 이정구는 和陵을 수리하는 일을 감독하기 위해 함흥에 다녀오는 길에 금강산을 여행했으며, 출발 당시 예조판서가 멀리 외유할 수 없다는 相臣의 반대를 무릅쓰고 떠날 정도로 금강산여행을 소원하였다.

<표 2> 금강산 여행자들의 특성

번호	성명	생몰년도	연령*	거주지*	관직*	주요경력
1	南孝溫	1454-1492	32	서울	無	金宗直의 문인, 生六臣의 한 사람
2	李 黿	?-1504	미상	함경 안변	無	김종직의 문인, 호조좌랑, 奉常寺 奉事
3	成悌元	1506-1559	26	강원 김화	無	金宏弼의 문인, 보은현감
4	洪仁祐	1515-1554	39	서울	無	23세 때 생원, 관직에는 오르지 못함
5	柳雲龍	1539-1601	19	서울	無	진보현감, 사복시 첨정, 풍기군수
6	梁大樸	1544-1592	29	서울	미상	宗簿寺 主簿, 임진왜란 때 의병장
7	李廷龜	1564-1635	40	서울	예조판서	대제학, 병조판서, 좌의정
8	權 日業	1574-1650	34	서울	無	파주목사, 강릉부사, 고성군수
9	李烱胤	1593-1660	23	서울	無	蓬萊君,宗試에 장원, 유배된 부친 시봉
10	鄭 曄	1563-1625	56	강원 양양	양양부사	수원부사, 충청감사, 도승지, 대사헌
11	李命俊	1572-1630	57	강원 강릉	강릉부사	예조좌랑, 충청도관찰사, 대사간
12	申翊聖	1588-1644	44	서울	미상	五衛都摠府 副摠管, 斥和五臣의 한 명
13	李景奭	1595-1671	57	서울	無	이조정랑, 대사헌, 대제학, 영의정
14	金昌協	1671-1708	21	서울	無	병조좌랑, 대사성, 예조참의, 대사간
15	金壽增	1624-1701	57	강원 회양	회양부사	평강군수, 성천부사, 회양부사
16	李萬敷	1690-1752	미상	미상	無	북청에 유배된 부친 시봉, 관직 無
17	朴聖源	1697-1768	42	함경 함흥	咸鏡道 都事	사헌부 지평, 병조참판
18	李東沆	1736-1804	56	미상	無	관직에는 오르지 못함,
19	趙弼鑑	1767-1826	36	충청 부여	無	33세 때 진사, 관직에는 오르지 못함
20	李象秀	1820-1882	46	미상	미상	繕工監假監役, 사헌부 집의

* 금강산을 여행할 당시의 연령, 거주지, 관직이다.
자료: 한국정신문화연구원의 민족문화대백과사전 등을 이용하여 작성

한편 여행 당시의 연령은 10대 1명, 20대 4명, 30대 4명, 40대 4명, 50대 5명으로 비교적 고른 분포를 보인다. 현직에 있던 사람을 제외하면, 대개 30대 이전은 관직에 오르기 전에, 40대 이후는 관직에서 잠시 물러나거나 은퇴한 이후에 금강산을 방문하였다. 여행 당시의 거주지를 살펴보면, 外官職에 있던 자들을 제외하고는 대부분 서울에 거주하던 사람들이었다.

그러나 여행자들의 경력이나 사상적 배경에는 상당한 편차가 있다. 이정구·정엽·이명준·이경석 등은 당상관의 고위관직을 지낸 사람들인 반면, 洪仁祐·李東沆·조필감 등은 평생 관직을 지내지 않은 이들이었다. 또한 사승관계나 당파에 있어서도 다양한 배경을 지닌 사람들이었다. 다만 대부분의 여행자들이 불의에 대항하여 자신의 주장을 굽히지 않는 강직한 성품을 지닌 이들이었으며, 따라서 임진왜란 때 의병으로 궐기하기도 하고, 청

과의 화의를 끝까지 거부하거나 당쟁에 희생되어 유배생활을 하는 등 굴곡이 많은 일생을 보내었다.[6] 그러므로 이들에게 있어 금강산여행은 고통스런 현실의 갈등으로부터 벗어나 아름다운 자연 속에서 자신의 내면을 성찰하고 인생의 의미를 재음미하는 기회이기도 하였다.

2) 여행의 동기

앞에서 언급했듯이 금강산을 여행한 사대부들은 대개 금강산 여행을 평생의 숙원으로 간직하였던 사람들로, 이 점을 자신들의 유산기 서두에 분명하게 언급하고 있다. 양대박·정엽·이명준·이동항·조필감 등이 그러하며, 유운룡·김창협 등은 어릴 때부터 금강산 유람을 꿈꾸어 왔다고 밝히고 있다. 특히 이정구가 "40년 동안 고대해 왔다", 권업이 "일생의 묵은 빚을 청산하는 일"이라 표현한 것은 이들이 얼마나 금강산 여행을 열망해 왔음을 짐작케 한다. 그러나 본고에서 분석한 20편의 유산기 중 신병치료를 겸했던 이경석과 亞使의 영접이라는 공무로 금강산을 찾은 김수증과 같이, 작자가 자신의 여행동기를 확실하게 밝히고 있는 경우는 많지 않다. 다만 유산기 내용 중 단편적인 기록을 통해서 그들의 여행동기를 다음의 몇 가지 점으로 유추해 볼 수 있다.

첫째는 금강산의 아름다운 산수를 감상하기 위한 것이었다. 많은 유산기에 공통적으로 등장하는 것이 "중국인들도 고려에 태어나 금강산을 직접 구경하는 것이 소원인데, 바로 이 나라에 태어나 금강산을 한 번 구경하지 못한다면 되겠는가"라는 언급이다. 예로부터 우리나라에서 가장 빼어나고 기이한 경치로 정평이 나 있는 금강산을 직접 찾아가 감상하겠다는 희망이 가장 중요한 여행동기가 된 것이다. 앞서 금강산을 여행한 사람들의 유산기나 경험담은 사대부들의 이러한 동기를 더욱 유발하는 자극제가 된 것으로 보인다. 이동항과 조필담이 "선배들이 남긴 遊錄을 읽으며 금강산이 제일의 명승이라는 것을 알았으며 이를 머리 속에서 상상해 왔다"고 한 것이나, 양대박이 "승려를 만나 산을 이야기하면 금강에 관한 말이 입에서 떠나지 않았다고" 한 것, 김창협이 "동생이 금강산을 보고 돌아와 더욱 그 勝景을 믿게 되어 한 번 가보지 않을 수 없었으며 또한 가는 것이 어렵지 않다고 여기게 되었다"고 밝힌 것이 이를 뒷받침한다.

---

6) 신익성은 병자호란 때 척화를 주장하였고 1642년에 청나라 瀋陽에 잡혀가기도 하였다. 이경석은 1646년 효종의 북벌계획이 청나라에 알려지자 그 책임을 지고 청에 의해 백마산성에 위리안치되었다. 한편 생육신의 한 사람인 남효온은 1504년 갑자사화 때 부관참시 되었으며, 이원 역시 1498년 무오사화 때 유배되었다가 갑자사화로 인해 참형을 당하였다. 정엽은 종성부사로 재직 시에 모함에 의해 동래에 유배되었으며, 1618년 인목대비가 폐출되자 관직에서 사퇴하였다. 이명준은 1613년 계축옥사 때 영덕으로 유배되었다가 인조반정으로 재기하였으며, 김창협은 1689년 기사환국 때 관직을 사퇴하고 은거하였다. 박성원도 1744년 영조가 기로소에 들어가는 것을 반대하다가 남해에 위리안치되었다.

둘째는 금강산 여행을 공부의 한 수단으로 삼아, 사물의 이치를 깨닫고 심신을 수련하기 위함이었다. 많은 여행자들은 "孔子가 泰山에 올라 天下가 작다"고 한 일화나, 『論語』의 "知者樂水 仁者樂山"이라는 구절 등을 거론하며, 선인들을 행적을 본받아 이를 실천해 보려는 뜻을 피력하고 있다. 이에 대해 이원은 금강산 여행이 "도덕과 지혜를 체득하고 사물의 이치를 궁리하는 데 일조가 된다"고 하였으며, 홍인우는 여행 중에 "마음을 탁 틔워 바다처럼 넓고 하늘처럼 높게 하고 싶다는" 희망을 친구들에게 전하였다. 금강산을 찾은 이들 중에는 당쟁 등으로 인해 고통스런 현실에 처해 있던 사람들이 많았는데, 이들의 여행에는 마음을 정화하기 위한 이러한 두 번째 동기가 중요하게 작용하였을 것이다. 李萬敷는 "천하장관의 神氣에 마음이 맑고 고와져 가슴속 생각이 확 트였다"고 금강산 여행을 평가한 바 있다.

셋째는 금강산에 축적되어 있는 문화역사유산을 체험하기 위한 것이었다. 금강산은 아름다운 경치 뿐 아니라 신라 · 고려의 역사와 관련된 전설과 불교문화재, 선인들이 여행 중에 남긴 흔적들을 곳곳에 지니고 있는데, 여행자들은 그 현장을 직접 찾아 역사적 사실들을 고증하고 이를 재음미하고자 한 것이다. 사대부들은 선인들이 금강산을 여행하면서 시를 짓거나 글씨를 남긴 장소를 방문해 자신들 나름의 평가를 내리거나 글을 남기고자 하였으며, 특히 직계조상이나 친지들이 남긴 흔적을 찾아 그들을 추익하려 하였다.

3. 금강산 여행의 여정과 그 특성

1) 여정의 복원

금강산 여행의 여정은 출발지에서 금강산까지의 경로, 금강산 내에서의 경로, 금강산에서 돌아오는 경로로 구분할 수 있다. 먼저 출발지에서 금강산까지의 경로를 복원해 보면, 본고에서 분석한 20명의 사대부 중 서울에서 출발한 사람은 남효온 · 홍인우 · 이정구 · 권업 · 이형윤 · 이경석 · 김창협 · 이동항 등 8명이었고, 성제원 · 유운룡 · 양대박 · 정엽 · 이명준 · 김수증 등 6명은 자신이나 친지의 임지였던 강원도 김화 · 간성 · 원주 · 양양 · 강릉 · 회양에서 각각 출발하였다. 한편 이원 · 박성원 · 조필감은 고향이나 당시 거주지였던 함경도 안변 · 경기도 양근 · 충청도 부여에서 각각 떠났으며, 신익성 · 이만부 · 이상수는 출발지에서 금강산까지의 여정이 생략되어 있어 어디에서 출발했는지를 확인할 수 없다. 출발지부터 금강산까지의 소요기간과 구체적인 경로는 표 3과 같다.

<표 3> 출발지에서 금강산까지의 여행경로

여행자	기간	여행경로
南孝溫	9일	서울-**보제원**-**입암**-소요산-**연천**-철원-**김화**-**금성**-창도역-**신안역(2)**-추지원-**통천**-총석정
李 黿	2일	안변-**고성**-숙고촌-유점사
成悌元	3일	김화-**금성**-**도파원**-단발령-장안사
洪仁祐	6일	서울-누원-**회암사**-양문역-**풍전역**-가로현-**김화**-**금성**-창도역-보리진-**통구**-단발령-장안사
柳雲龍	2일	간성-반암진-**대구미어점**-명파역-대강역-숙고사
梁大樸	6일	원주-**횡성**-창봉역-**홍천현**-원창역-**춘천**-청평사-**낭천**-산양역-**창도역**-통구-단발령-장안사
李廷龜	26일	서울--함흥까지 11일-**함흥(6)**-**영흥(4)**-**안변(4)**-철령-**회양**-신안역-통구-단발령-장안사
權 日業	11일	서울-**양주(5)**-포천-**영평**-**철원**-김화-직목역-**금성**-창도역-**통구**-도파원-**단발령**-장안사
李烱胤	8일	서울-우이동-**영평**-**풍전역**-**김화**-**창도역**-신안역-**화천**-추지령-**흡곡**-총석정
鄭 曄	3일	양양-**낙산사**-고성-화진포-**열산**-명파역-대강역-숙고촌
李命俊	4일	강릉-연곡-**동산**-상운역-**낙산사**-영랑호-**간성**-화진포-열산-대강역-해산정
李景奭	7일	서울-**평구역**-포천-**풍전역**-**김화**-**금성**-**창도역**-**통구**-단발령-장안사
金昌協	10일	서울-다락원-**축석령**-포천-**풍전역**-김화-**금성**-창도역-**신안역**-**회양(4)**-**추촌**-묵희령-장안사
金壽增	2일	회양-화천-**부을미촌**-미호령-장안사
朴聖源	5일	양근-쌍수역-**포천**-영평-양문역-**풍전역**-김화-직목역-**금성**-창도역-**통구**-단발령-장안사
李東沆	12일	서울-**양주**-가신-양문역-**영평**-**지포**-**풍전역**-**상사**-김화-**금성**-창도역-**통구**-**단발령**-장안사
趙弼鑑	27일	부여-**공주**-연기-**청주**-괴산-**음성**-대조원-**충주**-박달재-**제천**-청령포-**영월읍**-**화전**-평창-정선-회치-울두령-**사미창촌**-중이령-**삼척(11)**-평릉-**우계**-화비령-경포대-**연곡**-상운역-낙산사-청간정-**간성(2)**-**송도**-고성-해산정

* 굵은 글씨는 숙박한 곳이며, 같은 장소에 여러 날을 숙박한 경우 괄호 안의 숫자로 표시하였다.
자료: 유산기를 분석해 필자가 작성.

표를 보면, 안변・김화・간성・강릉 등 금강산 인근지역에서 출발한 여행자들은 거리에 따라 2-4일 만에 금강산에 도착할 수 있었다. 여행경로는 출발지에 따라 다르나, 김화・원주・회양 등 내륙지방에서 떠난 사람들은 가까운 內金剛의 長安寺를 첫 목적지로 하였고, 안변・간성・양양・강릉 등 해안지방에서 출발한 이들은 해안도로를 통해 접근이 용이한 外金剛이나 海金剛을 금강산 유람의 시작지점으로 삼았다.

서울에서 출발한 여행자들은 樓院[7](楊州)- 祝石嶺[8]- 松隅里(抱川)- 梁文驛[9](永平)- 豊田驛[10](鐵原)- 金化邑治- 直木驛[11]- 金城邑治- 昌道驛[12](金城)까지는 동일한 노선을 택하고 있다.[13]

7) 현재의 서울시 도봉구 도봉동 부근이다.

8) 현재의 의정부시와 포천시 소흘읍의 경계에 있는 고개이다.

9) 현재의 포천시 영중면 양문리이다.

10) 현재의 철원군 갈말읍 군탄리이다.

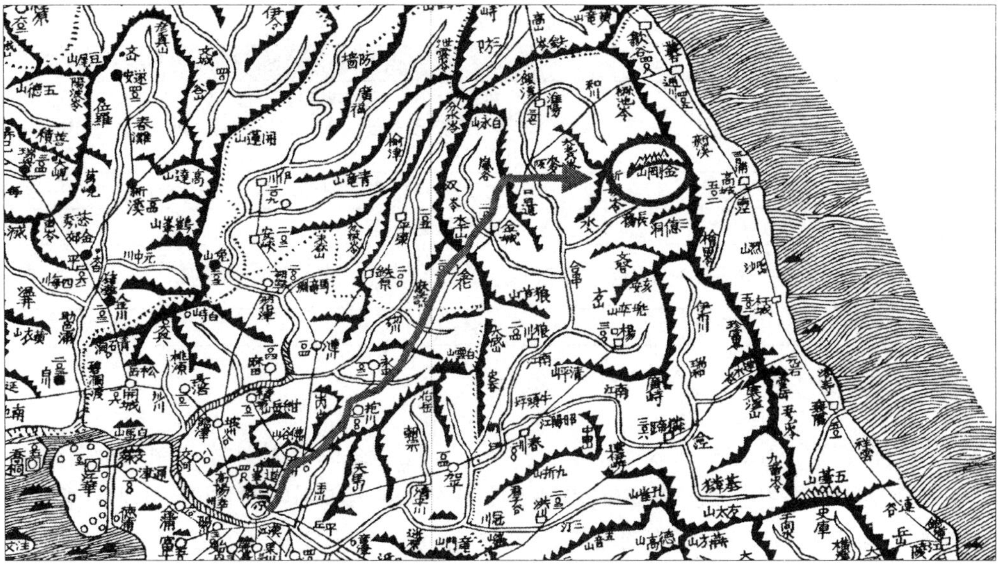

<그림 1> 서울에서 내금강까지의 경로

이 길은 조선시대 6大路 중 第2路인 '慶興路(서울-경흥간 도로)'의 일부구간으로, 현재의 3번 및 43번 국도와 거의 일치한다(그림 1 참조). 서울에서 창도역까지 동일한 길을 따라온 여행자들은 목적지에 따라 각기 다른 길을 택하였다. 남효온·이형윤과 같이 통천의 총석정을 향해 간 여행자들은 新安驛[14](淮陽)- 化川[15]- 秋池嶺[16]- 通川[17]을 경유해 목적지에 이르렀고, 내금강을 목적지로 한 나머지 여행자들은 창도역에서 通溝[18]를 거쳐 斷髮嶺을 넘어 장안사에 도착하였는데, 전자보다는 후자의 여정이 일반적이었다. 한편 서울로부터 소요시간은 중간경유지에 얼마나 머무느냐에 따라 달라지나, 대체로 총석정까지는 8일, 장안사까지는 6-7일이 걸렸다. 중간경유지에서 머문 날짜를 빼면 여행자에 따라 큰 차이가 나타나지 않는데, 이것은 말이라는 동일한 교통수단과 동일한 경로를 이용했기 때문일 것이다.

---

11) 조선시대는 金城 땅이었으며, 현재는 김화군 수태리이다.

12) 조선시대 金城 땅이었으며, 현재는 강원도 창도군 창도읍이다.

13) 남효온은 유일하게 의정부에서 갈라진 제2로의 분기로인 양주, 동두천, 연천으로 이어지는 길을 이용하였는데, 이 길은 철원에서 다시 제2로와 만난다.

14) 조선시대에는 淮陽 땅이었으며, 현재의 강원도 창도군 신안리이다.

15) 조선시대에는 淮陽 땅이었으며, 현재는 강원도 금강군 화천리이다.

16) 현재의 금강군 화천리와 통천군을 넘나드는 고개이다.

17) 현재의 강원도 통천군 통천읍이다.

18) 조선시대에는 金城 땅이었으며, 현재는 강원도 창도군 장현리이다.

<표 4> 금강산내의 여행경로와 체재기간

번호	여행경로	여행자(금강산 체재기간/일)
1	내금강→외금강→해금강	홍인우(16), 양대박(6), 권업(14), 신익성(미상), 이경석(6), 김창협(12), 박성원(11), 이동항(21), 이상수(미상)
2	내금강→외금강→내금강	성제원(14), 김수증(13), 이만부(미상)
3	내금강	이정구(5)
4	해금강→외금강→내금강→외금강→해금강	남효온(14), 이원(11), 유운룡(6), 정엽(10), 이명준(14), 조필감(9)
5	해금강→외금강→내금강	이형윤(10)

자료: 유산기를 분석해 필자가 작성.

금강산 내에서의 경로는 크게 내금강·외금강·해금강으로 삼분하여 살펴 볼 수 있는데,[19] 사대부들의 유람경로는 표 4와 같이 5개 유형으로 구분된다. 20명의 사대부 중 9명이 여행한 내금강→외금강→해금강의 노선이 가장 일반적인 경로였으며, 이 노선은 서울에서 출발한 사대부들이 주로 선택하였다. 다음은 6명이 선택한 해금강→외금강→내금강→외금강→해금강의 노선으로, 남효온을 제외하고는 모두 동해안지방에서 출발한 사대부들이 이용하였다.[20] 내금강→외금강→내금강 노선은 김화·회양 등 내금강 인근지역에서 출발한 성제원·김수증 등이 이용하였다. 금강산 내의 체재기간은 최소 6일에서 최대 21일까지 개인별 편차가 심하나, 이주일 정도를 머무는 것이 보통이었다. 한편 금강산 내에서의 주요 경유지를 정리하면 표 5와 같다.

전체적으로 사대부들이 내금강에서 가장 많은 시간을 들여 제일 많은 장소들을 방문하였으며, 상대적으로 외금강과 해금강에서는 적은 시간을 보내었다는 것을 표를 통해 확인할 수 있다. 내금강에서는 장안사·표훈사·정양사·마하연·보덕굴 등 사찰과 만폭동·명연[21] 등의 계곡이 전시대에 걸쳐 사대부들이 반드시 거치는 경유지였으며, 특히 장안사를 비롯한 사찰들은 여행 중의 숙박장소로도 많이 활용되었다. 한편 금강산의 최고봉인 비로봉에는 20명 중 6명만이 오른 것으로 나타났다. 외금강에서는 유점사가 사대부들이 빼놓지 않고 거치는 경유지였으며, 불정암·발연사 등 사찰도 중요한 경유지였다. 이 세 곳을 제외한 외금강의 경유지들은 주로 17세기 이후부터 사람들의 발길이 잦아졌다. 특히

19) 조선시대에는 內金剛·外金剛·海金剛으로 나누는 것이 일반적이었다. 이때 내금강은 비로봉-일출봉-차일봉 등으로 이어지는 주능선을 경계로 하여 서쪽에 해당하며, 조선시대에는 淮陽府·金城縣, 현재는 금강군에 속한 지역이다. 외금강은 주능선의 동쪽으로 高城郡에 속한 지역이며, 해금강은 동해안 지역으로 조선시대 高城, 通川, 杆城郡에 속한 지역이었다. 최근에는 이를 내금강·외금강·해금강·별금강·신금강 등 5개 구역으로 나누기도 한다.

20) 조필감의 경우, 부여를 출발하였으나 조카딸의 혼사로 삼척에서 금강산을 향해 출발하였고 돌아오는 길에도 삼척을 경유하였다.

21) 울연, 명담, 울소 등 여러 이름으로 불린다.

옥류동·구룡폭포를 포함한 구룡연 일대에는 18세기 중반이후 방문자가 늘었으며, 현재 사람들이 많이 찾는 만물상 일대는 19세기까지도 방문하는 사람들이 거의 없던 곳이었다. 해금강에서는 삼일포와 총석정이 전시기에 걸쳐 사대부들이 가장 많이 들리는 명소였다.[22]

<표 5> 금강산 내의 주요 경유지

구분	경유지	여행자별 경유지(일련번호는 표 2 참조)																			
		1	2	3	4	5	6	7	8	9	10	11	12	13	14	15	16	17	18	19	20
내금강	장안사	◆	◆	◆	◆		◆	◆	◆	◆	◆	◆	◆	◆	◆	◆	◆	◆	◆	◆	◆
	표훈사	◆	◆	◆	◆	◆	◆	◆	◆	◆	◆	◆	◆	◆	◆	◆	◆	◆	◆	◆	◆
	정양사	◆	◆		◆	◆	◆	◆	◆	◆	◆	◆	◆	◆	◆	◆	◆		◆	◆	◆
	백천동		◆	◆	◆			◆	◆		◆				◆		◆	◆	◆	◆	◆
	명연	◆	◆	◆	◆		◆	◆	◆	◆	◆			◆		◆	◆	◆	◆	◆	◆
	망고봉	◆		◆	◆				◆	◆											
	백탑동								◆			◆	◆						◆		◆
	천일대									◆	◆	◆	◆		◆	◆	◆	◆	◆	◆	
	원통암	◆		◆	◆	◆	◆	◆	◆			◆		◆	◆	◆		◆	◆	◆	◆
	만폭동	◆	◆	◆	◆	◆	◆	◆	◆	◆	◆	◆	◆	◆	◆	◆	◆	◆	◆	◆	◆
	보덕굴	◆	◆	◆	◆	◆	◆	◆	◆	◆		◆	◆		◆	◆	◆	◆	◆	◆	◆
	묘길상	◆		◆	◆	◆	◆		◆	◆	◆		◆	◆		◆	◆		◆	◆	◆
	불지암	◆		◆	◆	◆			◆	◆	◆		◆		◆			◆	◆	◆	
	마하연	◆	◆	◆	◆	◆	◆	◆	◆	◆	◆	◆	◆	◆	◆	◆	◆	◆	◆	◆	◆
	안양암	◆		◆	◆		◆		◆			◆			◆		◆	◆			
	송라암	◆		◆	◆		◆		◆	◆		◆	◆					◆	◆		
	비로봉			◆	◆				◆			◆	◆					◆			
외금강	유점사	◆	◆	◆		◆	◆		◆	◆	◆	◆	◆	◆	◆	◆	◆	◆	◆	◆	◆
	불정대	◆		◆	◆	◆	◆		◆	◆	◆	◆						◆	◆		
	만경대								◆	◆		◆	◆		◆						
	은선대								◆			◆	◆	◆	◆	◆	◆	◆	◆	◆	◆
	송림사											◆	◆					◆	◆		
	외원통암				◆					◆		◆	◆					◆	◆		
	발연사	◆	◆	◆	◆	◆	◆			◆		◆	◆					◆	◆		
	금강산온천	◆											◆	◆							
	신계사	◆								◆			◆					◆	◆	◆	◆
	구룡연			◆								◆						◆	◆	◆	◆
	옥류동																	◆	◆	◆	◆
	만물상																				◆
해금강	삼일포	◆	◆		◆	◆			◆	◆	◆	◆	◆		◆			◆	◆	◆	◆
	몽천암	◆			◆	◆			◆			◆	◆					◆	◆	◆	◆
	사선정	◆	◆			◆			◆	◆	◆	◆	◆		◆			◆	◆	◆	◆
	해산정										◆	◆	◆	◆	◆			◆	◆	◆	
	현종암										◆	◆							◆		
	총석정	◆	◆		◆				◆	◆	◆				◆			◆	◆	◆	◆

자료: 유산기를 분석해 필자가 작성.

22) 사선정과 몽천암은 삼일포 변에 위치해 있다.

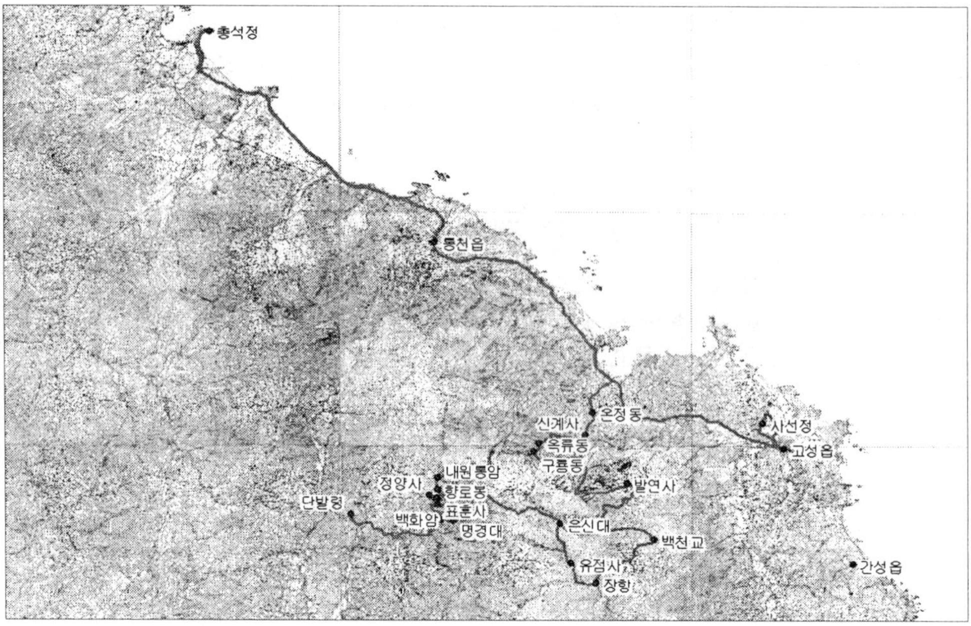

<그림 2> 금강산 내의 경로: 박성원(1738년)의 예

<표 6> 금강산에서 돌아오는 여행경로

여행자	기간	여행경로
南孝溫	10일	고성-안창역-명파역-간성-반암-간성객사-청간정-낙산사-양양-오색역-설악산-원통역-인제-만의역--천감역-영봉역-홍천읍치-백동역-천곡-양근-봉안역-두미천-평구역-서울
洪仁祐	19일	고성-간성-선유담-청간역-영랑호-낙산사-양양(4)-남천-상운역-연곡-강릉(2)-경포-구산역-대관령-횡계역-진부역-대화역-평창-주천현(3)-신림역-원주(2)-흥원창-송현-여주
柳雲龍	3일	삼일포-대강역-명파역-화진포-열산-간성
梁大樸	5일	발연사-명파역-간성-진부령-남교역-한계산-원통역-인제현-천감역-창봉역-횡성현-원주
權 日業	13일	총석정-통천(8)-신안역-회양-창도역-금성-김화-풍전-고석정-양문역-광릉-서울
李炯胤	10일	장안사-통구-금성-낭천-청평사-춘천(3)-가평-우천-두미강어구-광나루-서울
鄭 曄	2일	현종암-대강역-명파역-열산-간성-청간정-낙산사-양양
李命俊	4일	해산정-열산-건봉사-간성-청간정-양양-상운역-동산-연곡-강릉
李東沆	20일	현종암-명파역-대금진-화진포-오리진-청간정-낙산사(2)-신흥사-극락암-백담사-오세암-영시암-원통점-인제현(2)-수곡점-청평사-천전촌-춘천-안보역-가평현-굴운역-황사곡-녹동-마치령-사릉-망우고개-살곶이들-서울
趙翊鑑	24일	고성-간성-청간정-낙산사-양양-오죽헌-강릉-삼척(9)-강릉-정동-화비령-제민원-대관령-진부-평창-약수촌-주천-제천-의림지-충주-목계-가흥-무귀-진천-목천-공주-석성-부여

* 굵은 글씨는 숙박한 곳이며, 같은 장소에 여러 날을 숙박한 경우 괄호 안의 숫자로 표시하였다.
자료 : 유산기를 분석해 필자가 작성.

20명의 사대부 가운데 금강산에서 거주지로 돌아오는 여정을 상세하게 기록한 사람은 10명에 지나지 않으며 나머지 사람들은 그 여정을 간략하게 쓰거나 또는 생략하였다. 표 6은 이를 정리한 것인데 표 3의 금강산까지 간 길과 비교해 보면, 먼저 동해안지방에 거주하던 유운룡·정엽·이명준은 금강산에 온 길과 동일한 경로를 이용해 거주지로 돌아갔으며, 往路와 歸路의 소요시간도 차이가 없었다. 이들이 택한 금강산여행의 시작지점과 종점이 모두 해금강이었기 때문이다. 원주로부터 내금강으로 갔다가 외금강에서 돌아온 양대박 역시 경로에서 차이가 있으나 소요시간은 크게 다르지 않았다. 경로와 소요시간에서 왕로와 복로가 차이가 났던 사람들은 남효온을 비롯하여 서울에서 출발한 사람들로, 모두 돌아오는 길에 더 많은 시간을 소비하였다. 그것은 한 곳에 며칠 간 머물다 오거나, 다른 곳을 들리기 위해 우회로를 택한 때문이다. 권업은 간 길을 되짚어 왔으나 통천에서 8일간이나 머물렀으며, 남효온·이동항은 청간정·낙산사·설악산 등을 구경하고 왔으며, 홍인우는 원주 인근의 선조 묘소를 참배하고 고향인 여주로 돌아왔다.

2) 여정의 특성

지금까지 20명의 사대부들이 금강산을 유람한 여정을 출발지에서 금강산까지의 경로, 금강산 내에서의 경로, 금강산에서 돌아오는 경로로 나누어 복원해 보았다. 그 결과, 다음과 같은 여정의 특성들이 드러났다. 먼저 금강산을 향해 가는 여정은 대개 가장 거리가 짧은 빠른 길을 선택하였고 중간경유지에 오래 머무는 경우가 거의 없다는 점이다. 여기에는 아마도 금강산 유람이라는 평생의 염원을 조금이라도 빨리 실현하고자 하는 사대부들의 욕구가 강하게 작용하였을 것이다.

이러한 특성은 서울에서 출발한 사람들에게서 특히 두드러져, 조선시대 전 시기에 걸쳐 '경홍로'라는 동일한 길을 이용해 금강산까지 여행하였다(표 3, 그림 1 참조). 이 길을 선호한 이유는 서울에서 금강산 입구까지를 거의 직선으로 이어주는 가장 빠른 길이라는 점 때문이다. 『大東地志』에 따르면, 서울에서 창도역까지의 거리는 300리였으며, 여기에서 단발령까지는 20리, 장안사까지는 40리였다.[23] 뿐만 아니라, 경홍로는 조선시대 가장 중요한 간선도로 중 하나로 비교적 잘 관리되었고 길가 곳곳에 驛·院 등 편의시설이 잘 갖추어져 있어 말을 타고 여행하는 사대부들이 숙식에 큰 불편함이 없이 여행할 수 있다는 장점을 지니고 있었다. 또한 공무를 수행하기 위해 함흥으로 먼저 간 이정구를 제외하면, 중간경유지에 이틀 이상 머문 사람은 남효온·권업·김창엽 뿐인데, 남효온은 비 때문에, 권업은 동행자가 오지 않아 기다리다 지체되었고, 김창엽은 부친의 친구인 회양부사가 머물러 가기를 강권하였기 때문에 4일간 회양에 체재하였다.

---

23) 『大東地志』 卷27, 程里考, 東北之慶興二大路.

금강산까지의 여정이 이와 같이 단조로운 데 반해, 귀로의 여정은 여행자에 따라 매우 다양하다는 특성을 지니고 있다(표 6참조). 각각 양양부사・강릉부사라는 현직에 있던 정엽과 이명준은 왕로를 따라 서둘러 임지로 돌아왔고, 원주목사였던 부친과 동행한 양대박 역시 갈 때보다 하루를 단축해 돌아왔으나 "아버지가 공무를 소홀히 한 것을 후회하였다"고 기록하고 있다.

반면 현직에 있지 않았던 사대부들의 귀로는 상대적으로 여유가 있었다. 일찍 관직을 포기하고 전국 각지를 유람하였던 남효온은 낙산사・설악산 등지를 두루 돌아보고 왔으며, 약 300년 후의 인물로 역시 산천유람을 좋아해 지리산에 오르기도 했던 이동항도 남효온과 유사한 경로의 귀로를 잡아 무려 20일간 곳곳을 둘러보고 돌아왔다. 그의 유산기에 남효온에 대한 언급이 자주 등장하는 것으로 보아, 이동항은 의도적으로 남효온의 여정을 답습한 것으로 추정된다. 홍인우도 청간정・낙산사 등을 구경하고, 양양과 주천[24]에서 비를 만나 각각 3-4일씩 지체되어서[25] 19일이라는 긴 여정 끝에 귀향하였다. 권업은 갔던 길을 되돌아 왔으나 역시 비 때문에 통천에서 9일 동안 체재하면서 여정이 길어졌다. 이형윤은 춘천현감의 접대를 받으며 3일간 머물렀으며, 육로만의 이용한 다른 사람들과 달리, 두미강[26] 어구부터 광나루까지 배로 타고 한강을 내려와 서울로 돌아왔다.

금강산 내 여정의 특성은, 기본 경로는 거의 동일하나, 세부 경유지는 여행자의 특징과 체재기간, 경유지의 접근성 등에 따라 상당한 차이가 있으며 시대에 따른 변화도 나타난다는 점이다(4・5참조). 가장 기본적인 경로는 단발령을 넘어 내금강→외금강→해금강 순으로 유람하며 만약 시간이나 사정이 여의치 않을 때는 해금강을 생략하는 것으로, 동해안 거주자를 제외한 대부분의 사대부들이 조선시대 내내 이 노선을 따라 유람하였다. 이 경로는 출발지부터 금강산으로의 접근성・편의성과 더불어 외금강・해금강에 비해 내금강에 볼거리가 더 집중되어 있다는 점 등이 고려되어 결정되었고, 선인들이 남긴 유산기를 참고한 후대의 사람들이 답습함으로써 일반화되었다.

한편 세부 경유지의 선택에는 사대부들의 여행동기와 연령・건강상태・성향 등 개인특징과 함께 경유지의 접근성이 영향을 미쳐 여행자에 따라 상당한 차이가 나타난다. 앞서 살펴본 바와 같이 조선시대 사대부들은 아름다운 경치를 감상하고, 심신을 수련하기 위해 금강산을 찾았다. 그런데 조선후기가 되면, 여행경험자들의 평가에 의해 조망으로는 비로봉・망고봉・천일대・불정대・은선대・만경대, 수석으로는 만폭동과 백천동, 구룡연이 뛰어나다는 정보가 사대부들에게 널리 알려지게 되어, 금강산을 찾은 모든 사대부들은 이곳들을 구경하길 원했다.

24) 현재의 강원도 영월군 주천면 주천리이다.

25) 양양과 주천 모두 불어난 물 때문에 강을 건널 수 없어 지체되었다.

26) 두미강은 현재의 경기도 양평군 양수리인 두물머리부터 광나루까지의 한강을 말함으로, 이형윤이 배를 탄 곳은 양수리 부근으로 추정된다.

그러나 이 장소들에 대한 경유여부는 개인에 따라 차이가 있었고 여기에는 장소의 접근성이 중요하게 작용하였다. 위의 장소들 가운데 천일대·은선대·만폭동·백천동은 비교적 접근이 용이하나, 비로봉·망고봉·불정대·만경대·구룡연은 길이 험하고 멀어 접근하기 어려운 곳이었다. 따라서 만폭동은 20명의 사대부들이 모두 거쳐 갔고 백천동도 사대부들의 발길이 끊이지 않았으나, 비로봉·망고봉 등을 찾은 사람들은 소수였다. 20명중 망고봉은 5명, 비로봉은 6명만이 올랐는데, 이중 성제원·홍인우·권업 등 3명은 두 곳을 모두 올랐으며, 특히 권업은 두 곳 외에도 불정대·만경대 등 험한 봉우리를 전부 올라갔다. 이들은 당시 20-30대의 젊은 나이였으며, 높은 봉우리에서의 조망을 통해 심신을 수련하고자 하는 욕구가 강했던 인물이었다.[27] 이들은 나름의 여행동기에 강인한 체력이 뒷받침되어 남들과 다른 경유지를 택할 수 있었던 것이다.

반면 이동항·김창협·이경석은 각각 "위험한 곳은 가지 말라"는 어머니의 말씀이나, "不垂堂"[28]·"不登高 不臨深"[29]이란 경계를 상기하며 망고대 등 위험한 경유지에는 가지 않았으며, 정엽은 체력이 부족해 사위들과 같이 만경대에 오르지 못했다. 또한 김수증은 나이와 병 때문에 정양사에 계속 머물며 매일 당일 일정으로 주변을 유람하였다. 김창협을 제외하면 이들은 모두 50대 후반이었다.

사대부들에게는 금강산의 분화유산을 체험하는 것도 중요한 여행동기였는데, 이를 충족시키기 위해 주로 찾은 경유지는 유명사찰과 누정이었다. 장안사·표훈사·보덕굴·마하연·유점사 등의 사찰과 사선정·총석정 등이 그것이다. 사찰과 누정은 대부분 접근이 용이한 장소에 위치하고 있었기 때문에 그 경유여부는 연령 등 개인적 특성보다는 숙박지로서의 편의성, 체재기간 등과 주로 관련이 있었다.

세부 경유지를 정리한 표 5를 보면, 시대에 따른 경유지의 변화양상이 나타난다. 장안사나 만폭동과 같이 전시대에 걸쳐 반드시 들리는 장소도 있지만, 망고봉·불정대와 같이 조선전기에, 만경대와 같이 조선중기에, 그리고 천일대·은선대·구룡연·해산정과 같이 조선후기에 들어서 여행자들이 몰리는 장소가 있다. 또한 발연사의 예에서 볼 수 있듯이, 전시기에 걸쳐 사람들의 발길이 이어지긴 했으나 특정한 시기에 방문자가 몰리는 장소도 있다. 그 이유는 다음과 같이 생각해 볼 수 있을 것이다. 첫째는 망고봉·만경대와 같이 후대에 가서 사람들의 발길이 끊긴 사례로, 길이 위험하다고 알려지면서 사대부들이 방문

27) 성제원이 비로봉 정상에 올라 "나도 없고 남도 없다"고 표현한 것이나, 홍인우가 "나는 마음을 탁 틔우고 싶으며…높고 큰 것을 다 보았기 때문에 유점사는 보지 않는다"고 한 것, 권업이 비로봉에서 공자의 "登泰山 小天下"고사를 상기하고 "속세의 생각이 다 씻기고 신선처럼 마음이 깨끗해졌다"고 소감을 밝힌 것은 이를 반영한다.

28) 『史記』, 袁盎傳의 "千金之者不垂堂"에서 나온 말로, 천금을 가진 집 아들은 마루 가장자리와 같은 위험한 곳에 가지 않는다는 뜻이다.

29) 『小學』에 나오는 말로, 높은 곳에 오르지 말고 깊은 물가에 가지 말라는 뜻이다.

을 주저했고 또한 뒤에 상술하겠지만 승려들이 안내를 꺼림으로써 경유지에서 배제된 경우이다. 둘째는 천일대·은선대와 같이 뒤늦게 그 명성이 알려져 사람들이 많이 찾게 된 경우이며, 셋째는 해산정과 같이 늦게 건립되어[30] 조선후기의 사람들만 방문할 수 있었던 경우이다. 넷째는 구룡연과 같이 기본경로에서 상당히 떨어져 있고 주변에 큰 사찰도 드물어 안내자나 숙박장소를 구하기 어려웠던 경우이다. 지금은 유명한 관광지가 되었지만, 조선시대에는 방문자가 거의 없었던 만물상도 이에 해당할 것이다. 이러한 경유지의 개별적인 특징 외에, 조선시대에도 경유지에 있어서 시대에 따른 유행이 있지 않았나 생각되기도 한다.

또한 체재기간과 경유지 숫자는 서로 비례하는 경향이 나타난다. 여행기간이 짧으면 방문지 숫자가 적으며, 여행기간이 길면 여러 곳을 방문하는 것이다. 표 5의 총 35개 경유지 중 가장 많은 29곳을 방문한 이동항은 체재기간도 21일로 가장 길었다.

4. 사대부들의 여행관행

1) 여행준비와 동반자

조선시대의 사회경제적 여건을 고려할 때, 사대부들이 장거리 여행인 금강산 유람을 하기 위해서는 여러 가지 준비과정이 필요하였을 것이다. 그 첫 과정은 여행정보를 수집하는 것이었다. 금강산은 예로부터 많은 유람객들이 찾았기 때문에 조선시대에도 이에 대한 여행정보는 상당히 풍부한 편이었다. 당시 사대부들이 여행정보를 얻은 출처 가운데 가장 중요한 것은 앞선 사람들의 유산기, 유산시 등 문헌자료였다. 본고에서 분석한 20명의 사대부 대부분이 선인들의 유산기를 언급하며, 이를 읽으면서 금강산 여행의 꿈을 키우고 유람의 과정을 머리 속에 상상해 보았다고 피력하고 있다. 따라서 금강산 유람의 자세한 과정이 실려 있는 유산기는 전체적인 여정을 정하고 경유지, 숙박지 등에 대한 사전정보를 입수하는 데 있어 여행안내서 역할을 하였다고 평가할 수 있다. 유산기 중에서도 특히 많이 읽혀졌던 것으로는 조선전기에는 고려시대 李穀이 쓴 『東遊記』였으며,[31] 조선후기에는 남효온 등 조선전기의 사람들이 쓴 유산기를 묶은 이른바 '臥遊錄'이 여행의 참고서가 되었다. 또 다른 정보의 출처는 이미 금강산 유람을 경험한 사대부나 승려들이었다. 이들로부터 직접 들은 생생한 경험담도 여행에 큰 보탬이 되었다.

---

30) 해산정은 車軾(1517-1575)이 고성군수로 있을 때 건립한 누정이다.

31) 이곡은 고려후기의 학자로, 1349년에 38일간 동해안 일대를 유람하고 『동유기』를 썼는데, 양대박 등이 이 책에 대해 언급하고 있다.

여행정보의 수집과 함께 여행비용의 마련도 매우 중요한 일이었다. 대부분의 유산기에는 금강산여행에 얼마의 비용이 들고 이를 어떻게 조달했는지에 대해서 자세한 언급이 없지만, 장기간의 여행에 적지 않은 비용이 필요했을 것이기 때문이다. 물론 당시 현직에 있던 관리들이나 이경석·신익성 등과 같이 고위관직을 역임한 사람들은 비용조달에 큰 어려움은 없었을 것이다. 그러나 이동항의 유산기에, 같이 유람을 가기 위해 부지런히 준비했으나 끝내 비용을 마련하지 못해 여행을 포기한 친구의 이야기가 실려 있는 것으로 보아, 가난한 사대부들에게는 비용문제가 여행의 가장 큰 난관으로 작용하였다. 자신의 능력으로 비용을 마련하지 못할 때에는, 양주목사이던 처조부에게 노자를 얻은 권업과 같이 친지의 도움을 받기도 하였다. 또한 대부분의 여행자들은 그들의 신분과 교유관계를 활용해 여정 상에 있는 지방 관리로부터 식량과 숙박장소는 물론 금전적인 지원을 받기도 하였다.

여행을 떠나기 직전에는 부모님과 친지들을 찾아 인사를 드리고, 여정 상에 살거나 근무하고 있는 친구나 친척들에게 미리 연락을 취하는 일을 잊지 않았다. 오랜만에 친구, 친지를 만나는 것도 여행중의 즐거움이었지만, 이들로부터 여러 가지 편의를 제공받을 수 있었기 때문이다. 여행을 떠날 때 챙긴 준비물은 여행자에 따라 차이가 있으나, 대개 돈과 쌀·부식 등 식량, 각사 타고 길 밀, 여행인내서로 사용할 선인들의 유산기, 중간에 읽을 서적, 詩作과 여행기록에 필요한 종이와 문방구 등이었다. 이중 식량은 2-3일분 정도만 준비하고 경유지에서 조달하는 것이 보통이었다. 이동항은 김화현감과 회양부사로부터 선물받은 식량내역을 기록해 놓았는데, 이를 통해 당시 여행자들이 지참했던 식량이 쌀·콩·미숫가루·육포·꿀·술 등이었음을 알 수 있다. 홍인우의 경우, 비상식량은 동반자와 의논하여 '養老書'에 기재되어 있는 품목을 위주로 갖추었고 『心經』을 가져가 읽었으며, 김창협은 『唐詩』 몇 권을 준비하였다. 또한 이동항은 친하게 지내던 蔡濟恭이 챙겨준 비상약과 술을 가져가기도 했으며, 영의정을 지낸 이경석은 승정원 관리들의 건의로 孝宗이 내린 말을 이용하였다.

한편 여행의 동반자는 여행자의 신분, 교유관계 등과 관계가 있었다. 동행하기로 한 형이 아파 노복만을 대동하고 혼자 출발한 김창협과 같이 이도 있었지만, 출발지에서는 뜻과 마음이 맞는 친구나 가족들을 동반하는 사례가 가장 많았다. 홍인우·이형윤·박성원·이동항 등은 친구 2-3명과 함께, 정엽·이명준·김수증 등은 아들이나 사위를 비롯한 가족들과 동행하였다. 여기에 사대부들은 평균 일인당 한 명의 노복을 데리고 떠났기 때문에 대개는 10명 내외가 일행이 되었다. 현직관리의 경우, 여행단의 규모가 더 컸을 것으로 보이나[32] 자세한 기록이 없어 정확하게는 알 수 없다. 특이한 점은 여행에 樂工을 동행시킨 사람들이 많다는 것이다. 양대박·이정구·권업·이형윤·신익성 등이 그러한데, 주

32) 이정구의 유산기에는 자신의 일행 중에 심부름하는 아전, 畵工, 요리사도 끼어 있었다는 단편적인 기록이 있다.

로 피리를 부는 사람들이었고, 여정 중간 중간에 피리를 불게 하여 흥을 돋우고자 하였다.

이와 같이 출발지에서부터 동행한 사람들도 있지만, 여정 중에 합류하여 일부구간을 같이하는 동반자도 많았다. 이러한 동반자는 두 개의 부류가 있는데, 하나는 같은 사대부계층의 인물들로, 금강산으로 가거나 돌아오는 길 주변에 거주하거나 지방관으로 근무하는 사람들이었다. 이들 중에는 강릉부사이던 이명준과 중간에 만나 금강산 여행을 줄곧 같이 한 고성군수 許啓와 같이 예가 있고, 자신의 거주지나 임지를 방문한 여행자들과 1-2일 정도를 동행하며 안내하는 경우도 있었는데, 후자의 예가 많았다. 대개는 이전부터 개인적인 친분이 있는 사람들이거나, 직접 알지는 못하여도 친구나 친척을 통해 또는 사승관계에 의해 간접적으로 서로를 알고 있던 사이였다. 한편 고위관직에 있거나 있었던 이정구와 이경석의 경우에는 각 군현의 수령들이 고을 경계에서 영접하여 자신의 임지 내를 여행하는 동안 수행하였다.

다른 하나의 부류는 승려들인데, 양주에서부터 권업과 줄곧 동행한 熙信과 같은 이도 있었으나, 대부분은 금강산의 승려들로 안내자와 가마꾼의 역할을 하기 위해 동행하였다. 사대부들은 금강산 내에서 승려의 안내에 주로 의존해 유람을 하였기 때문에 길이 험하고 힘들어서 승려가 안내를 피하게 되면 희망하는 곳을 가지 못하는 경우도 발생하였다. 예를 들어 남효온이 비로봉에 오르지 못한 것은 승려가 안내를 거부했기 때문이었다. 이동항도 이에 대해 "만물상은 길이 없고 험하기 때문에 중들이 모르는 척 숨긴다"고 언급하고 있다.

2) 여행시기와 교통수단 및 숙박지

20명의 사대부들이 금강산을 여행한 시기는 음력 3-4월이 1명, 4월이 2명, 4-5월이 6명, 5월이 1명, 8월이 1명, 8-9월이 5명, 9월이 3명, 가을이라고만 밝힌 사대부가 1명이다. 계절로 보면, 봄이 1명, 늦봄에서 초여름에 이르는 시기가 9명, 가을철이 10명으로, 가을에 유람한 사대부들이 근소한 차이로 가장 많았다. 가을철을 택한 사람이 가장 많은 것은 여행하기 좋은 기후조건과 더불어 단풍으로 유명한 금강산의 가을을 즐기기 위해서였다. 늦봄에서 초여름에 이르는 시기가 의외로 많은 것은 숙식에 따른 불편이 다른 계절보다 적기 때문이 아닌가 생각된다. 그러나 여행기간이 길었던 일부 사대부들은 귀로에 장마를 만나 며칠 씩 발이 묶이는 불편함을 겪기도 하였다. 한편 총 여행기간은 개인에 따라 차이가 있는데, 대체로 출발지에 따라 금강산 인근의 강원도에서 출발했다 다시 돌아온 사람들은 15-20일 정도, 서울에서 출발한 사람은 30-40일 내외가 소요되었다. 가장 여행기간이 길었던 사대부는 59일을 여행한 부여에 거주하던 조필감이었다.

조선시대에 일반인들은 주로 도보여행을 하였다. 그러나 사대부들이 금강산여행에 이용한 주된 교통수단은 말이었다. 20명의 사대부는 모두 금강산까지 가는 길과 금강산에서 돌아오는 길에 말을 이용하였다. 금강산유람이 장거리여행이기 때문이기도 하나, 이들이 사대부계층이었기 때문에 가능했던 일이었을 것이다. 이들은 대부분 사적인 여행이었음에도 불구하고, 길 중간에 있는 역에 들려 말을 먹이거나 여의치 않을 때는 점막이나 민가를 이용해 말을 먹이며 여행하였으며, 말을 타고 갔기 때문에 하루에도 비교적 먼 거리를 여행할 수 있었다. 남효온・권업・박성원 등의 유산기에는 하루이동거리가 비교적 상세하게 기록되어 있는데, 하루에 대개 평탄한 길에서는 100리, 산길에서는 60리 정도를 이동하였다.

또한 대부분의 사대부들은 출발할 때부터 돌아올 때까지 한 마리의 말을 이용하였으나, 공무로 여행한 이정구와 함경도 도사로 부임하는 길이었던 박성원은 중간의 역에서 말을 갈아타고 갔으며,[33] 예조판서이던 이정구는 일부구간에서 가마를 타기도 하였다. 그러나 길이 험한 금강산에서는 말을 이용하기 어려웠다. 따라서 금강산에 들어갈 때는 유람 시작시점이 되는 장안사 등에 말을 맡기거나, 노복에게 금강산 유람이 끝나는 지점에 말을 데리고 대기하도록 하였다.

금강산 내의 교통수단은 시대에 따라 차이가 있었다. 조선전기의 남효온・이원・성제원・홍인우 등은 모두 도보로 금강산을 유람하였다. 따라서 남효온은 발이 부어서 걷기가 힘들 정도가 되었으며, 유운룡은 계획했던 일정을 모두 소화하지 못하였다. 그러나 1572년에 유람한 양대박의 유산기부터는 원주목사이던 부친이 금강산에서 '남여'를[34] 이용했다는 기록이 등장한다. 남여를 메는 일은 승려들이 담당하였는데, 조선후기에 이르면 큰 사찰마다 담당구역이 정해질 정도로 남여의 사용이 일반화된다. 즉 내금강은 장안사나 표훈사의 승려들이, 외금강은 유점사와 신계사의 승려들이 남여를 메었으며, 내금강과 외금강의 경계인 안무재[35]에서 서로 교대하는 것이 관행화 되었다. 1615년 금강산을 유람한 이형윤은 "한량들에게 시달리느라 가마꾼 중들이 오래 머물러 있지 못한다"고 그 폐해를 지적하였으나, 이러한 관행은 시간이 흐를수록 굳어지고 확대된 것으로 보인다. 1791년에 여행한 이동항은 금강산뿐 아니라 단발령을 넘는 데도 남여를 이용하며 여기에는 주변의 일반백성들이 동원되고 있으며, 설악산에서도 이러한 관행이 있다고 기록하였다.[36] 남여의 사용으로 사대부들은 남여의 통행이 불가능한 길을 빼곤 편하게 유람을 즐기게 되었으나, 남여를 메어야 하는 승려의 고생은 이루 말할 수 없는 것이었다.[37] 남여를 이용하는 사대부

33) 이정구는 신안역에서, 박성원은 직목역에서 말을 갈아탔다고 각각 기록하고 있다.

34) 남여는 덮개가 없는 의자형의 가마로, 조선시대 주로 산길 등 좁은 길을 갈 때 이용되었으며, 앞뒤에서 각각 두 사람씩 모두 네 사람이 어깨에 메는데, 때로는 손으로 들기도 하였다.

35) 안문점, 수재, 水岾이라고도 한다.

36) 이동항은 "나라에서 남여꾼들의 폐단을 마음 아파하여 단발령 동쪽과 서쪽에 사는 백성들에게 똑 같이 그들의 부세를 면제해주고 관가에서도 농사짓기를 방해하지 않으니 백성들이 남여를 메고 오르는 일의 괴로움을 말하지 않으며, 설악산도 마찬가지이다."라고 하였으나, 실제로 그러했는지는 의문이다.

들의 태도는 사람에 따라 달라, 정엽과 같이 매우 미안하게 생각한 사람도 있는 반면,[38] 어떤 이는 당연한 것으로 여기고 심지어 남여가 가지 못하는 험한 길에서는 승려의 등에 업혀 유람하기도 하였다. 또한 말, 도보, 남여 이외의 교통수단으로는 배를 이용하였는데, 배는 여행 중 하천을 건널 때와 삼일포·총석정 등 해금강을 유람 할 때 사용했으며, 주로 지방 수령들이 제공하였다.

숙박장소 역시 왕복로 상과 금강산 안에서의 차이가 있었다. 표 7은 왕복로의 여정을 기록한 9명의 사대부가 금강산으로 가는 길과 돌아오는 길에서 숙박한 곳 가운데 그 장소의 유형을 정확하게 밝힌 것만을 정리한 것이다.[39] 표를 보면, 사대부들이 숙박한 장소는 민가, 관아, 역, 사찰의 순이었다. 민가 중 상당수는 왕복로 주변에 살고 있는 친지의 집이었고, 지방관아도 개인적인 친분이 있는 수령이 근무하는 곳이 많았고 대개 객사에서 숙박하였다. 9명 중 현직관료 또는 관료와 동행한 이는 양대박·정엽·이명준이나, 이들 외에도 대부분의 사대부들이 역을 이용한 것으로 보아, 당시 역은 공무여행자 뿐 아니라 사적으로 여행중인 사대부들도 많이 이용한 것으로 생각된다. 역의 장점은 길 주변에 위치해 있고, 말을 잘 관리할 수 있다는 점일 것이다. 사찰도 중요한 숙박시설 역할을 하였으며, 조선후기에 들어서는 店幕이 새로운 숙박시설로 등장하게 된 것으로 추정된다. 한편 노숙을 한 경우는 권업이 유일한데, 그는 통구의 남대천에 이르러 건너갈 배가 없어 할 수 없이 하루를 강변에서 노숙하였다.

<표 7> 왕복로 상의 숙박장소

여행자	장소 별 숙박일수							
	관아	역	원	민가	사찰	향교	점막	노숙
남효온	3	4	1	5	1	1		
홍인우	4	5		2	2			
양대박	2	3						
권업	7	1		4				1
이형윤	5	2		3				
정엽	1				1			
이명준	2	1			2			
이동항	2	2	1	8	7		3	
계	21	18	2	22	13	1	3	1

37) 조필감은 “남여를 맨 중들이 매 백 보마다 한 차례 씩 가마를 바꾸어 메는데, 남여를 멘 중들이 숨이 차서 마치 씩씩거리는 소들처럼 힘들어하면서 땀을 흘리었다”고 표현하였다.

38) 정엽은 “‘가마를 멘 중은 땀이 비오듯하니 필경 내가 비대해서 고생하는 모양으로, 내가 편하려고 남을 힘들게 한다”고 하였다.

39) 숙박한 곳의 지명만 나와 있거나 그 유형을 확실하게 알 수 없는 것은 제외하였다.

금강산에 체재하는 동안에는 모든 사대부들이 사찰을 숙박장소로 이용하였다. 내금강에서는 장안사 · 표훈사 · 정양사 · 마하연 등이, 외금강에서는 유점사 · 신계사 등이 주된 숙박장소였으며, 20명 중 노숙을 한 사례는 사람들이 잘 다니지 않는 구룡연에 갔다가 계곡에서 노숙한 성제원의 경우가 역시 유일하다.[40]

3) 여행 중의 활동

사대부들은 여행 중에 금강산의 경치를 감상하고 문화유산을 답사하는 것 외에도 상당한 시간을 들여 여러 가지 부가적인 활동을 하였다. 이러한 사대부들의 활동 중에는 대부분이 행하는 관행으로 굳어진 것들이 많았다.

먼저 금강산을 가고 오는 길에는 친지를 방문하는 것이 가장 중요한 일이었다. 이들이 방문한 사람들도 모두 사대부계층으로, 가장 많은 수를 차지하는 것은 금강산 인근 군현의 수령들이었다. 남효온이 통천 · 고성 · 양양 · 간성 · 홍천군수를 만난 것을 비롯해, 대다수의 여행자들은 2-3명 이상의 지방관들을 방문해 이야기를 나누고 술자리를 가지는 것이 일반적이었는데, 이것은 여행자의 관직유무와 별 관계가 없었다. 그러나 지방관의 여행자에 대한 접대나 예우는 친소관계나 여행자의 관직에 따라 차이가 있어 간단하게 아침이나 저녁식사를 대접하는 정도부터 금전이나 음식을 보내고, 며칠 씩 머물게 하며 매일 연회를 베풀거나 금강산 여행에 동행하는 것까지 다양하였다. 지방관 외에도 여정 상에 있는 친구나 지방의 명문가를 방문하는 사례도 많았다.

금강산에 체재하는 동안에는 동반자 또는 승려들과의 대화에 많은 시간을 보내는데, 그 주제는 금강산의 고사나 전설에 관한 것이 많았으나, 여행자 대부분이 불교에 대해 매우 비판적인 시각을 지니고 있어 유교와 불교를 주제로 토론을 벌이기도 하였다.

금강산에서는 방문하는 장소마다의 감흥을 시로 옮기는 일도 매우 중요하였다. 여행자들이 시를 짓는 장소는 거의 정해져 있고 따라서 소재가 서로 중복되었다. 그 이유는 특정장소에서 선인들이 지은 시를 먼저 회상한 다음, 자신이 나름대로 느낀 감정과 비교해 시를 짓는 경우가 많기 때문이다. 시의 주된 소재가 된 장소는 표 5에서 방문자수가 많은 곳들이다. 그 외에 안내를 해주고 숙식을 제공해준 승려들에게 고마움의 표시로 시를 지어 주는 경우도 많았다.

사대부의 금강산 유람에서 관행처럼 행해지던 또 하나의 활동은 바위나 누정에 題名하는 것이었다. 20명 중 10명이 자신이 제명한 일을 유산기에 기록하였는데, 이중 최초의 기록은 비로봉 바위틈에 시를 쓰고 삼일포에 자신의 이름을 새긴 1553년의 홍인우이며, 그

---

40) 성제원은 노숙한 상황을 다음과 같이 기록하고 있다. "냇가의 반석 위에 나무를 잘라 임시로 집을 짓고 나뭇가지를 잘라 지붕을 이고 나뭇잎을 바위 위에 깔았다. 깔고 누워 곧 잠자리에 들었다."

후 1607년의 권업 이후에는 대부분의 사람들이 제명하였는데, 조필감과 같은 이는 금강산에서만 6군데에 제명하였다.[41] 1700년대 전반에 금강산을 찾은 이만부는 "만폭동의 양사언의 글씨 주변에는 글씨를 새길 만한 공간이 없을 정도로 셀 수 없이 많은 이름이 새겨져 있다"고 증언하고 있으며, 1865년에 유람한 이상수는 "금강산의 제명은 장안사의 동문에서부터 시작되어 명경대에서 성황을 이루고 만폭동에서 극치를 이루었다. 주먹만한 돌도 온전한 것이 적었다"고 기록하였다. 이경석·이상수 등 제명에 비판적인 입장을 보인 사람도 있었지만,[42] 이명준·이동항과 같이 자신의 형이나 친척이 남긴 제명을 찾아 감회에 젖고 그 옆에 자신의 이름을 남기는 사람도 있었다. 반면 바위에 글씨를 새겨야 하는 승려나 노복의 고생은 매우 심하였을 것이다.[43]

이와 같이 금강산에서 제명이 유행하게 된 데에는 楊士彦(1517-1584)이 만폭동의 바위에 새긴 '蓬萊楓岳元化洞天'이란 글씨가 후대의 모든 유산기에 언급될 만큼 유명해지면서 자신의 이름을 후세에 남기고자 하는 욕구도 있었을 것이나, 그 보다는 詩作과 마찬가지로 선인의 유람관행을 본받는다는 의미가 강했다. 이상수는 이에 대해 "옛날 사람들은 우연한 흥취로 인하여 더러 어떤 한 가지 일을 창출하기도 하였는데 깊은 뜻은 없었다. 그러나 후세사람들은 그것을 마냥 본받고 있다. 韓昌黎[44]는 숭산에서, 蘇東坡[45]는 선유에서 모두 제명을 남겼다. 그러나 이 두 사람은 지나는 산천마다 모두 제명을 남긴 것은 아니었다."고 기술하고 있다. 선인의 유람관행을 모방하는 예로는 발연에서의 물놀이도 들 수 있다. '발연의 물놀이'란 발연의 폭포 위에서 나무를 깔고 앉아 물 위에 뛰어드는 놀이로 남효온이 승려의 말을 듣고 직접해 본 다음, 남효온의 유산기를 읽은 사대부들이 자주 재현한 것이다.

---

41) 옥류동, 만폭동, 총석정의 바위에 이름을 새기고, 유점사 산영루·정양사 헐성루·장안사 신선루에서는 목판에 이름을 새겨서 걸었다. 조필감은 이외에도 낙산사, 삼척 죽서루, 무릉계곡 등에 제명하였다.

42) 이경석은 제명에 대해 다음과 같이 비판하였다. "유력자들이 다투어 도끼를 가지고 바위에 새기면 기암괴석이 필경에는 거의 완전한 형체가 없을 것이다.…나는 제명하지 않는 것으로서 제명을 삼고 이름을 새기지 않은 것으로서 이름을 새길 터이다."

43) 이동항은 다음과 같이 기술하고 있다. "세상 사람들은 좋은 이름을 훔치려는 마음과 좋은 일을 하는 버릇을 이기려고 먹으로 새길 가치도 없는 것을 나무판에 새기고 돌 위에 새기기도 하여 새긴 위에 또 새기고 하여 하루도 쉴 날이 없다. 그러므로 장안사와 표훈사, 유점사, 신계사 중들은 돌을 새기는 기술자가 아닌 사람이 없을 정도이다."

44) 중국 唐나라 때 시인 韓愈를 말한다.

45) 중국 北宋 때의 시인 蘇軾을 말한다.

5. 맺음말

본 연구는 조선시대 저술된 20편의 금강산유산기를 자료로, 당시 사대부들의 여행동기를 밝히고, 여정을 복원하며, 그들의 여행관행을 분석하는 것을 목적으로 하였다. 그 주요한 결과는 다음과 같다.

먼저 조선시대 사대부들의 금강산 여행동기는 첫째 금강산의 아름다운 경치를 감상하기 위한 것이었고, 둘째 금강산여행을 공부의 한 수단으로 삼아 심신을 수련하기 위함이었으며, 셋째는 금강산에 축적되어 있는 역사적 문화적 유산을 체험하기 위한 것이었다.

금강산 여행의 여정은 출발지에서 금강산까지의 경로, 금강산 내에서의 여정, 금강산에서 돌아오는 경로로 구분해 복원하였다. 금강산까지의 경로는 출발지에 따라 차이가 있으나, 대체로 가장 거리가 가깝고 편의시설이 잘 갖추어진 길을 이용하였으며, 서울을 출발한 사대부들은 주로 '경흥로'를 이용하였다. 금강산 내의 여정은 기본경로는 동일하나, 세부 경유지에서는 연령・건강상태・관심사 등 여행자의 개인특징과 경유지의 접근성, 체재기간 등에 따라 상당한 차이가 있었다. 또한 시대에 따른 경유지의 변화양상도 나타난다. 금강산에서 돌아오는 여정은 여행자의 신분・성향에 따라 다양하였다.

사대부들은 금강산 여행을 떠나기 전에 유산기나 금강산 여행 경험자로부터 여행정보를 수집하고, 여행비용과 준비물을 마련하는 등 치밀한 준비를 하였다. 여행의 동반자는 친구・가족이 많았으며 노복과 악공을 데리고 가는 경우가 많았다. 여정 중간에 합류하는 동반자로는 금강산 인근에 근무하는 지방관리, 그리고 안내자 역할을 수행한 승려들이 있었다.

여행시기는 가을과 늦봄에서 초여름에 이르는 기간이 많았으며, 교통수단으로는 왕복로에서는 말, 금강산에서는 가마를 주로 이용하였는데, 해금강 여행에는 배를 타기도 하였다. 또한 왕복로에서는 민가・관아・역・사찰 등을, 금강산에서는 사찰을 숙박장소로 이용하였다.

사대부들은 여행 중에 금강산의 경치를 감상하고 문화유산을 답사하는 것 외에도 상당한 시간을 들여 여러 가지 부가적인 활동을 하였는데, 친지의 방문, 동반자들과의 토론, 詩作, 題名 등이 그것이다. 이러한 활동들은 대부분의 사대부들이 행한 것으로, 선인들의 유람행태를 본받아 관행화된 것들이었다.

민요의 종류와 음악적 특성의 분포

- 모심는 소리, 노젓는 소리, 만선 풍장소리를 중심으로 -

최난경

1. 머리말

본고는 고려대학교 민족문화연구원에서 수행되고 있는 대형과제인 '조선시대 전자문화지도 개발 및 그 응용연구'(The Development and Academic Application of the Electronic Cultural Atlas of Chosun Korea)의 결과물 중, 4분과에 소속되어 있는 필자가 민요 데이터베이스를 구축하고, 그 분석을 시도한 것이다. 필자는 문화방송에서 펴낸 바 있는 『한국민요대전』[1]에 수록되어 있는 총 2635개의 민요를 데이터베이스로 구축한 바 있는데, 이 글에서는 이를 분석하여 민요의 종류와 음악적 분포양상을 연구한 것이다.

지금까지 인문학과 음악학의 분야에서 다수의 민요를 데이터베이스로 축적하고, 컴퓨터를 활용하여 검색, 계측, 분석하는 방법으로 연구하려는 시도는 없었다. 이러한 연구방법

1) 『한국민요대전-강원도편』(문화방송, 1996).
『한국민요대전-경기도편』(문화방송, 1996).
『한국민요대전-경상남도편』(문화방송, 1994).
『한국민요대전-경상북도편』(문화방송, 1995).
『한국민요대전-전라남도편』(문화방송, 1993).
『한국민요대전-전라북도편』(문화방송, 1995).
『한국민요대전-충청남도편』(문화방송, 1995).
『한국민요대전-충청북도편』(문화방송, 1995).
『한국민요대전-제주도편』(문화방송, 1992).

을 사용하게 된다면, 방대한 분량의 민요 자료들을 거시적으로 조망하여 새로운 의미를 찾을 수 있을 것이고, 국지적인 연구에서 찾기 어려운 객관적인 정보도 얻을 수 있을 것으로 생각된다.

필자가 지난 2년간 수행한 것은 『한국민요대전』에 실려있는 민요를 데이터베이스로 만든 것이다. 민요 데이터베이스에서는 『한국민요대전』의 민요를 민요명, 이명(異名), 채록지, 채록날짜, 가창자, 가창자 주석, 채보자, 유형분류, 수반행위, 가창방식, 리듬구조, 빠르기, 선율구조, 종지음, 시김새, 악보, 사설, 음반의 총 18개의 항목으로 나누어 입력함으로써 항목별로 다양하게 검색할 수 있도록 설계되어 있다. 하지만 이것은 총 2635개라는 매우 한정된 양을 수록하고 있으므로 앞으로 다른 민요 자료들을 지속적으로 입력해나감으로써 확장, 보완해나가고자 한다.

본고에서는 지난 2년간 결과물이자 그 선행 단계로서 모심는 소리, 노젓는 소리, 만선 풍장소리의 세 부문을 대상으로 민요의 종류와 음악적 특성의 분포를 살펴보기로 하겠다. 이를 위해 민요 데이터베이스를 적극 활용하기로 한다. 첫째, 민요의 기능별 분류를 통해 모심는 소리, 노젓는 소리, 만선 풍장소리를 가려내고, 둘째, 기존 연구를 참고하여 모심는 소리, 노젓는 소리, 만선 풍장소리를 노래의 종류별로 분류한 후 그 분포를 살펴보겠고, 셋째, 음구조 유형(선율구조)을 통하여 모심는 소리, 노젓는 소리, 만선 풍장소리의 음악적 특징을 분류한 후 그 분포를 살펴보겠다.

이 글에서는 민요의 음악적 특징을 살펴보는 데 있어서 장단, 형식, 음구조 유형 가운데 음구조 유형에 한정해서 살펴보기로 하겠다. 그 이유는 음구조 유형을 통하여 민요의 지역적인 특성을 가장 뚜렷하게 찾아볼 수 있기 때문이다. 음구조 유형을 해석을 하는 데 있어서 음계, 선법, 조, 토리 등의 다양한 용어를 사용하거나, 치밀하게 분석한 경우가 있으나, 본고에서는 음계, 선법, 조를 한데 묶어서 '토리'라는 상위개념으로 해석하기로 하겠다.

본고에서 사용한 민요 자료는 다음과 같다.

민 요 명	자 료 명	수록 악곡의 수
1. 모심는 소리(도합 485개)	1. 『한국민요대전』	121개
	2. 『한국의 농요』[2],	207개
	3. 『한국의 민속음악』[3]	101개
	4. 『강원의 민요』[4]	56개
2. 노젓는 소리(도합 105개)	1. 『한국민요대전』	26개
	2. 『한국의 민속음악』	24개
	3. 『한국의 뱃노래』[5],	45개
	4. 『강원의 민요』	10개
3. 만선 풍장소리(도합 31개)	1. 『한국민요대전』	9개
	2. 『한국의 민속음악』	3개
	3. 『한국의 뱃노래』	19개

위의 자료들은 각 분야의 전공자에 의해 비교적 충실하게 조사되어 있기는 하지만, 전 악곡의 음악분석·악보·음반자료를 모두 구비하고 있지는 못하고 있다. 그러므로 본고에서는 민요의 음구조 유형을 살펴보기 위해서 음구조 유형의 해석이 되어있는 악곡의 경우 그 악보나 음반자료를 통하여 검증하겠고, 악보나 음반자료 없이 음구조 유형의 해석만 되어있는 악곡은 비슷한 지역의 음반자료를 구해서 검증하겠다. 음구조 유형의 해석이 되어있지 않은 악곡의 경우 그 악보나 음반자료를 통하여 필자가 해석하기로 하겠다.

2. 기능별 분류

제2절에서는 민요를 기능별로 대분류, 중분류, 소분류의 세 단계로 분류하였다. 이를 정리하면, <표 1>과 같다.

<표 1> 민요의 기능별 분류

대분류	중분류	소분류
1 농요	11 논농사	111 물푸기, 112 논갈기, 113 논고르기·논삶기, 114 모찌기, 115 모심기, 116 논매기, 117 논맨 후 행진(장원질소리), 118 벼수확, 119 벼운반, 120 벼타작, 12x 기타
	12 밭농사	121 밭갈기, 122 밭고르기, 123 씨앗뿌리기, 124 밭매기, 125 보리타작
	13 목축·퇴비	131 마소놀이, 132 풀베기·갈꺾기, 133 풀짐운반·갈짐운반, 134 풀썰기
2 어요	21 고기잡이	211 뱃고사, 212 닻올리기·닻내리기, 213 노젓기, 214 그물질, 215 고기푸기, 216 만선풍장, 21x 기타(갈치낚는 소리, 미역따는 소리, 굴까는 소리 등)
	22 기타 어촌노동	221 줄꼬기(주대소리), 222 배운반, 22x 기타

2) 이소라, 『한국의 농요 1』(현암사, 1985).
______. 『한국의 농요 2』(현암사, 1986).
______. 『한국의 농요 3』(현암사, 1989).
______. 『한국의 농요 4』(현암사, 1990).
______. 『한국의 농요 5』(민속원, 1992).

3) 『한국의 민속음악-경상남도민요편』(한국정신문화연구원, 1985).
『한국의 민속음악-전라남도민요편(본문)』(한국정신문화연구원, 1993).
『한국의 민속음악-전라남도민요편(악보)』(한국정신문화연구원, 1993).
『한국의 민속음악-충청남도민요편』(한국정신문화연구원, 1988)
『한국의 민속음악-제주도민요편』(한국정신문화연구원, 1984).

4) 『강원의 민요 1』(강원도청, 2001).
『강원의 민요 2』(강원도청, 2002).

5) 김순제, 『한국의 뱃노래』(호악사, 1982).

3 기타 노동요	31 토건 · 운반	311 흙퍼나르기(가래소리), 312 터다지기, 313 토건 · 건축의례, 314 자재운반(목도소리), 315 흙질, 31x 기타(집줄놓는 소리, 멧목소리, 시선뱃노래 등)
	32 철공	321 풀무질
	33 목공	331 통나무 자르기, 332 통나무 켜기, 333 통나무 다듬기
	34 요업	341 점토이기기, 342 물레돌리기
	35 땔나무 · 벌목	351 땔나무베기, 352 땔나무운반, 353 나무꾼노래(어사용), 354 나무하러가기, 355. 통나무베기, 356 통나무끌어내리기, 357 목도소리, 358 운재소리, 35x 기타
	36 채취	361 나물캐기, 362 잣따기, 363 뽕따기, 36x 기타(갈 베는 소리 등)
	37 수공	371 양태 겯기, 372 망건 겯기
	38 가사노동	381 방아 · 멧돌, 382 길쌈, 383 육아, 384 바느질, 385 빨래, 38x 기타
4 의식요	41 장례	411 축원, 412 밤샘의식 · 밤샘놀이, 413 운상, 414 성분(달구소리), 41x 기타
	42 세시의례	421 지신밟기소리, 422 액맥이타령, 42x 기타(동제지내는소리)
	43 주술의례	431 주장맥이, 432 동토잡이, 433 객귀 물리기, 43x 기타
	44 기타의례	441 기우제(농바우끄시는 소리)
5 유희요	51 세시놀이	511 윤무(강강술래, 월워리청청), 512 놋다리밟기 · 기와밟기, 513 줄다리, 514 고싸움, 515 윷놀이, 516 그네뛰기, 517 널뛰기, 518 화전놀이, 51x 기타
	52 집단가무	521 노래판(둥당애타령, 칭칭칭, 서우젯소리),522 길걷기(길노래), 52x 기타
	53 기타 놀이	531 내기놀이, 532 아녀자놀이, 533 주술놀이(방망이점노래 등), 53x 기타
6 기타 민요	61 동요	611 사물묘사, 612 놀리기(앞니, 곰보), 613 세기(이거리 저거리), 614 말놀이, 615 집단놀이, 616 놀이, 617 세시놀이, 618 천재 · 기상(별, 해, 비), 61x 기타
	62 신세타령	621 각종 신세타령(홍글소리, 홍그레타령)
	63 각종타령 · 노래	631 사물묘사, 632 특정직업, 633 풀이(언문뒤풀이, 투전뒤풀이), 63x 기타
	64 서사민요	641 시집살이(사촌성님), 642 가족관계(부부싸움, 진주낭군), 643 혼인 · 연애(강실도령, 못갈장가), 64x 기타(쌍금쌍금 쌍가락지, 줌치노래 등)
7 통속 민요 · 잡가 · 선소리	71 통속민요	711 경기민요, 712 서도민요, 713 남도민요, 714 동부민요, 715 제주민요, 71X기타
	72 잡가(좌창)	721 경기긴잡가, 722 경기휘모리잡가, 723 서도잡가
	73 선소리(입창)	731 경기입창, 732 서도입창, 733 남도잡가
8 기타 자료	81 내방가사	81X 기타
	8x 기타	8XX 기타

3. 노래의 분류와 분포

제3절에서는 논농사요 가운데 모심는 소리, 어로요 가운데 노젓는 소리, 만선 풍장소리의 세 부문을 대상으로 노래의 종류를 분류하고, 그 분포를 살펴보기로 하겠다. 이를 위하여 기존 연구를 참고하여 노래의 종류를 나눈 후, 그 분포를 살펴보기로 하겠다.

1) 노래의 분류

(1) 모심는 소리

모심는 소리는 모판에서 뽑아낸 모를 논에 두어 포기씩 옮겨 심으면서 부르는 것이다. 모심는 소리는 현재 19종 이상의 노래가 있다[6]고 알려져 있는데, 이중에서 비슷한 종류의 노래는 한데 합치고 분포권이 크고 뚜렷한 노래를 추려내 보면, 크게 모심는 하나소리, 모심는 정자소리, 모심는 아라리, 모심는 미나리, 모심는 상사소리, 기타 모심는 소리의 여섯 종류로 나눌 수 있다.

① 모심는 하나소리

모심는 하나소리는 '한알(허나)기로구나'의 한 종류만을 가리키기도 하지만[7], 본고에서는 '한알기로구나소리', '열소리', '여기도하나소리'의 세 종류를 모두 모심는 하나소리의 범주에 포함시키기로 하겠다. '한알기로구나소리'는 후렴이 "하나 하나 한알기로구나"로 부르는 선후창의 노래이다. '열소리'는 <악보 1>과 같이 한 사람이 "열이로구나 하나 하나로구나 두울"하면 다른 사람이 "두울 세이라 셋이로구나 네엣"하고 교대로 불러나가는 교환창의 노래이다. '여기도하나소리'는 후렴이 "여기도 하나 저기도 또 하나"로 부르는 선후창의 노래이다.

<악보 1> 모심는 하나소리: 열소리[8]

---

6) 강등학, "모심는 소리와 논매는 소리의 전국적 판도 및 농요의 권역에 대한 연구", 『한국민속학』(한국민속학회, 2003) 제38호, 19쪽.

7) 강등학, 위의 논문, 22쪽.

8) 고양 모심는 소리, 『한국민요대전-경기도편』(문화방송, 1996), 115쪽.

② 모심는 정자소리

모심는 아라리는 빠르기에 따라 긴 아라리, 자진 아라리의 두 종류로 나누고 있으나, 여기서는 이를 분류하지 않겠다. 모심는 긴 아라리는 세마치장단에 맞추어 “아리랑 아리랑 아라리로고나 아리랑 고개 고개루 날만 넘겨주게”라는 후렴이 있는 선후창으로 부르기도 하고, 후렴이 없이 교환창으로 부르기도 한다. 모심는 자진 아라리는 일명 ‘강원도아리랑’으로 알려져 있는 곡으로 2.3혼소박 8박자 즉 8분의 20박자에 맞추어 “아리랑 아리랑 아라리요 아리랑 고개로 넘어간다”라는 후렴이 있는 선후창으로 부르거나, 후렴이 없이 교환창으로 부른다.9)

<악보 2> 모심는 정자소리10)

9) 한국정신문화연구원, 『임석재 채록 한국 구연민요 자료집』(민속원, 2004), 411, 469쪽.

10) 대구 모심는 소리, 『한국민요대전-경상북도편』(문화방송, 1995), 62쪽.

③ 모심는 아라리

모심는 정자소리는 후렴이 없는 장절형식의 노래로서 서로 길이가 비슷하고 댓구 관계를 이루는 가사를 서로 비슷한 선율에 얹어서 교대로 불러나간다. 이 노래는 지역에 따라 등지, 등개, 등기, 덩지, 정지, 모정자, 정자, 모노래 등의 다양한 명칭으로 불리운다. 모심는 정자소리는 빠르기에 따라 긴 정자소리, 짜른 정자소리로 나누고 있고, 또한 부르는 시간에 따라 아침 정자소리, 점심 정자소리, 해거름 정자소리로 나누기도 하는데[11], 여기서는 이를 따로 구분하지 않겠다.

④ 모심는 미나리

모심는 미나리는 일명 '메나리', '미노리', '민아리'라고 부르는 것으로 후렴이 없는 장절형식의 노래이다. 이 노래는 자유리듬으로 비슷한 길이의 가사를 길게 늘여가면서 서로 교대로 불러나가는 교환창 방식으로 부른다. 모심는 미나리가 후렴이 없는 장절형식의 노래라는 점에서 모노래의 일종(강원도형 모심는 정자소리)으로 보는 견해[12]가 있지만, 본고에서는 양자를 별도로 보아 따로 분류하였다.

⑤ 모심는 상사소리

모심는 상사소리는 후렴구가 "에 헤 에헤여루 상사디야", "얼럴럴 상사디야" 등으로 되어있는 선후창방식으로 부르는 노래를 가리킨다. 모심는 상사소리는 속도에 따라 긴 상사소리와 자진 상사소리로 나누고 있지만, 본고에서는 이를 구분하지 않았다.

⑥ 기타 모심는 소리

기타 모심는 소리로는 '모심는 방아소리', '아부레이수나소리', '이여송소리', '혼합형소리(이여송류+모노래)', '모심는 어사용'의 다섯 종류를 들 수 있다. 이중에서 모심는 방아소리, 아부레이수나소리, 이여송소리, 혼합형소리(이여송류+모노래)의 네 종류는 후렴구가 있는 선후창의 노래이다. 모심는 어사용은 필자가 임의로 명명한 것으로 어사용 곡조에 맞추어 후렴이 없이 교환창으로 부른다.

(2) 노젓는 소리

노젓는 소리는 어로요의 일종으로 바다로 고기를 잡으러 가거나 고기를 잡고 돌아올 때 노를 저으면서 부르는 소리를 가리킨다. 기존 자료집을 보면, 노젓는 소리는 노래의 종류를 세부적으로 나누어 놓은 바가 없다. 본고에서는 노젓는 사람에 따라 어부 노젓는 소

11) 한국정신문화연구원, 『한국의 민속음악 - 경상남도민요편』(한국정신문화연구원, 1985), 38쪽.
12) 이소라, 『파주민요론』(파주문화원, 1997), 111쪽.

리[13)], 해녀 노젓는 소리로 나누어서 살펴보기로 하겠다.

① 어부 노젓는 소리

어부 노젓는 소리는 어부들이 바다로 고기잡이를 할 때 노를 저으면서 부르는 노래를 가리킨다. 대부분 후렴이 "어기야 디야", "에야 디여", "어야 받아라" 등으로 되어있는 선후창으로 부르나, 작은 배를 혼자 저어 나가는 경우에는 독창으로 부른다. 부산, 의창 등지에서는 일본조의 어부 노젓는 소리가 발견된 바 있다[14)].

② 해녀 노젓는 소리

해녀 노젓는 소리는 일명 '해녀소리', '좀녀소리', '좀수질소리'라고 하는 것으로 제주 해녀들이 물질 나갈 때 노를 저으면서 부르는 노래를 말한다. 이 노래는 메기는 소리를 받는 소리가 나올 때에도 계속 끌고 있는 반면, 받는 소리는 앞에서 메기는 소리를 그대로 따라 받거나, 아니면 "이여도사나"라는 후렴을 반복하거나, 메기는 소리와 관계없이 자기의 사설과 가락을 대고 있어서 전체적으로 독특한 효과를 자아낸다[15)].

(3) 만선 풍장소리

만선 풍장소리란 만선이 되어 마을로 돌아올 때 풍장을 치며 부르는 노래를 가리킨다. 만선 풍장소리는 지역에 따라 부르는 노래의 종류가 다른데, 여기서는 크게 배치기소리와 기타 만선 풍장소리의 두 종류로 나눌 수 있다.

① 배치기소리

배치기소리는 다른 말로 이물양, 에밀양, 봉기타령, 봉주타령이라 하는데 조기잡이와 관계가 있는 노래이다. 배치기소리는 "에헤에 에에에 에헤에헤 좋아요" 등의 후렴이 있는 선후창방식으로 부르는 노래로서 대개 매절마다 악기가 등장하여 간주(間奏)를 한다.[16)]

② 기타 만선 풍장소리

기타 만선 풍장소리로는 만선 상사소리, 만선 가래소리, 만선 에야 에이디야소리, 만선 두헤야소리, 만선 칭칭이소리의 다섯 종류를 들 수 있는데, 이것들은 각각 농요(만선 상사

---

13) 기존 민요 자료집에서는 '노젓는 소리'라고 하고 있는데, 이를 해녀 노젓는 소리와 구별하기 위해 필자가 어부 노젓는 소리라고 명명하였다.

14) 한국정신문화연구원, 『한국의 민속음악 - 경상남도민요편』(한국정신문화연구원, 1985), 96쪽.

15) 한국정신문화연구원, 『한국의 민속음악 - 제주도민요편』(한국정신문화연구원, 1984), 102쪽.

16) 김순제, 『한국의 뱃노래』(호악사, 1982), 197~198쪽.

소리, 만선 두헤야소리), 어요(만선 가래소리, 만선 에야 에이디야소리), 유희요(만선 칭칭이 소리)를 차용한 것들로서 선후창으로 부른다.

2) 노래의 분포

(1) 모심는 소리

모심는 소리는 모심는 하나소리, 모심는 아라리, 모심는 미나리, 모심는 정자소리, 모심는 상사소리, 기타 모심는 소리의 여섯 개로 나누어서 그 분포를 살펴보기로 하겠다.

① 모심는 하나소리

『한국민요대전』, 『한국의 농요』, 『한국의 민속음악』을 보면, 모심는 하나소리는 경기도 고양군 송도면, 고양시 구산동, 강화군 양사면, 교동면, 선원면, 여주군 가남면1, 2, 화성군 팔탄면1, 2, 비봉면, 매송면, 마도면1, 2, 동탄면, 송산면, 서신면, 안산시 수암동, 안성군 보개면, 파주군 탄현면, 포천군 가산면, 충청북도 음성군 삼성면, 진천군 이원면, 만송면, 문백면, 진천읍, 덕산면, 충청남도 천안군 성환읍, 천원군 성환읍, 입장면, 아산군 선장면, 당진군 진관리, 서산군 지곡면, 강원도 철원군 김화읍, 동송읍의 총 34개가 분포한다. 이를 정리해보면, 모심는 하나소리는 경기도 20개, 충청북도 6개, 충청남도 6개, 강원도 2개의 순으로 경기도에 가장 많이 분포하고 있다. 그리고 충청북도 6개와 충청남도 6개의 지역은 경기도 남부와 인접한 지역이고, 강원도 2개 지역은 경기도 북부와 가까운 지역이다. 이러한 점으로 볼 때, 모심는 하나소리는 경기도를 중심으로 분포하는 노래라는 점을 확인할 수 있다.[17)]

② 모심는 아라리

『한국민요대전』, 『한국의 농요』, 『강원의 민요』를 보면, 모심는 아라리는 강원도 고성군 간성읍1, 2, 3, 4, 5, 6, 죽왕면1, 2, 3, 4, 토성면1, 2, 3, 현내면1, 2, 3, 4, 강릉시 명주군 사천면1, 2, 3, 4, 5, 옥계면, 구정면1, 2, 3, 성산면, 연곡면, 포남동, 동해시1, 2, 망상동, 북평동, 천곡동, 삼척시 근덕면, 미로면, 양양군 강현면1, 2, 현남면1, 2, 3, 서면, 손양면1, 2, 양양읍, 현북면, 원주시 문막읍, 신림면1, 2, 행구동, 호저면, 흥업면, 귀래면1, 2, 부론면, 인제군 남면, 서화면, 횡성군 공근면1, 2, 갑천면, 강림면, 서원면, 홍천군 내면, 동면, 장전평리, 속초시 대포동, 충청북도 괴산군 증평읍1, 2, 도안면, 청천면, 문광면1, 2, 감물면, 장연면, 사리면, 소수면, 청안면, 중원군 신니면1, 2, 노은면, 음성군, 제천군 봉양면, 경기도 여주군 강

---

17) 북한지역에 대한 민요자료를 보면, 모심는 하나소리는 황해도 지방에도 분포하고 있으나, 본고에서는 남한지역만을 다루기 때문에 이를 제외하였다.

천면1, 2, 점동면, 대신면, 북내면, 경상북도 문경군 산북면의 총 88개가 분포하고 있다. 이상의 내용을 정리해보면, 모심는 아라리는 강원도 66개, 충청북도 16개, 경기도 5개, 경상북도 1개의 순으로 강원도에 가장 많이 분포하고, 그와 인접한 경기도 여주군과 충청북도 괴산군, 중원군, 음성군, 제천군, 그리고 경상북도 문경군까지 뻗쳐져 분포하고 있다. 이러한 점으로 볼 때, 모심는 아라리는 강원도를 중심으로 하는 노래라는 점을 알 수 있다.

③ 모심는 미나리

『한국민요대전』, 『한국의 농요』, 『강원의 민요』에 의하면, 모심는 미나리는 강원도 원주군 호저면1, 2, 3, 소초면, 횡성군 우천면1, 2, 3, 4, 서원면, 횡성읍, 갑천면, 공근면1, 2, 청일면, 인제군 남면, 상남면, 인제읍, 춘천시 퇴계동, 화천군 간동면, 상서면, 홍천군 서면, 내촌면1, 2, 고성군 수동면, 삼척군 근덕면의 총 25개가 분포한다. 이를 정리하면, 모심는 미나리는 모두 강원도 지역에서만 분포하고 있는데, 대부분 영서지역인 원주군, 횡성군, 인제군, 춘천시, 화천군, 홍천군에 분포하고 있고, 극히 일부분만이 영동지역인 고성군, 삼척군에 분포한다. 이러한 점에서 볼 때, 모심는 미나리는 강원도 영서지방을 중심으로 하는 노래라는 점을 알 수 있다.

④ 모심는 정자소리

『한국민요대전』, 『한국의 농요』, 『한국의 민속음악』에 의하면, 모심는 정자소리는 경상북도 대구 광역시 달성군 하빈면, 현풍면, 화원읍, 동구 평광동, 경산군 와촌면, 남천면, 진량면, 자인면, **면[18], 청도군 풍각면1, 2, 청도읍, 운문면, 울진군 온정면1, 2, 죽변면1, 2, 기성면, 원남면, 울진읍1, 2, 북면, 경주시 안강읍, 천북면, 고령군 운수면, 구미시 지산동, 군위군 우보면, 김천시 농소면, 상주시 화서면, 영양군 영양읍, 영천시 자양면, 포항시 흥해읍, 울릉군 서면, 북면, 성주군 가천면, 경상남도 거창군 북상면, 마리면, 산청군 시천면, 김해군 진례면, 상동면, 밀양군 산내면, 단장면, 상동면, 밀양읍1, 2, 3, 울산시 일신동, 울산군 두동면, 강동면, 진양군 사봉면, 명석면, 대곡면1, 2, 일반성면, 하동군 청암면, 북천면, 화개면, 함양군 안의면, 함안군 도항리, **면, 합천군 쌍책면, 대병면, 초계면, 창령군 영산면, 의령군 봉수면1, 2, 궁유면, 낙서면, 화정면, **면, 용덕면, 지정면, 가례면, 남해군 삼동면, 이동면1, 2, 미조면, 고현면, 사천군 축동면, 양산군 상북면1, 2, 3, 하북면1, 2, 3, 4, 양산읍1, 2, 일광면, 기장읍1, 2, 철마면1, 2, 3, 4, 동면, 장안읍, 고성군 **면1, 2, 3, 4, 5, 고성읍1, 2, 거류면, 거제군 장승포읍, 일운면, 의창군 구상면, 부산광역시, 수영농청, 충청북도 영동군 매곡면, 황간면1, 2, 3, 영동읍, 양강면, 양산면, 학산면, 옥천군 옥천읍1, 2, 보은군 보은읍, 청원군 미원면, 북일면, 문의면1, 2, 괴산군 칠성면, 소수면, 충청남도 대전시 대덕구, 금산군

---

18) 분포지역이 경산군이라고만 표기되어 있는 경우 경산군 **면이라고 하였다.

부리면1, 2, 3, 중도리, 남일면, 대덕군 신탄진읍, 동면, 전라북도 진안군 용담면1, 2, 장수군 계북면, 무주군 설천면, 무풍면, 안성면, 남원군 아영면1, 2, 이백면, 덕과면의 총 146개가 분포한다.

이상의 내용을 정리해보면, 모심는 정자소리는 경상북도 35개, 경상남도 76개, 충청북도 17개, 전라북도 10개, 충청남도 8개의 순으로 주로 경상도 지역을 중심으로 분포하고 있고, 경상도와 인접한 충청북도 영동군, 옥천군, 보은군, 괴산군과 전라북도 진안군, 장수군, 무주군, 남원군에 분포하고 있다. 그리고 충청북도 영동군, 옥천군, 보은군과 인접 지역인 충청남도 대전시 대덕구, 금산군, 대덕군에서도 분포하고 있다. 이러한 점으로 볼 때, 모심는 정자소리는 경상도를 중심으로 분포하는 노래라는 점을 알 수 있다.

⑤ 모심는 상사소리

『한국민요대전』, 『한국의 농요』, 『한국의 민속음악』에 의하면, 모심는 상사소리는 전라남도 고흥군 도양읍1, 2, 3, 4, 도덕면1, 2, 3, 두원면, 동강면1, 2, 곡성군 삼기면, 옥과면1, 2, 3, 광주광역시 광산구, 광양군 진상면, 나주군 다시면1, 2, 3, 4, 왕곡면, 금천면1, 2, 세지면, 공산면1, 2, 다도면, 동강면, 봉황면, 남평면, 무안군 무안읍, 현경면, 신안군 장산면1, 2, 임자면, 비금면, 영암군 서호면, 신북면, 시종면, 영암면, 완도군 소안면, 청산면, 노화읍, 음일읍, 함평군 신광면1, 2, 엄다면1, 2, 월야면, 학교면1, 2, 영광군 대마면, 장성군 남면1, 2, 북이면, 북하면, 광산군 동곡면, 한아면, 담양군 수북면1, 2, 화순군 능주면1, 2, 구례군 산동면, 광의면, 여천군 소라면1, 2, 보성군 문덕면, 노동면, 보성읍, 웅치면1, 2, 장흥군 장흥읍1, 2, 장평면, 해남군 해남읍1, 2, 문내면, 화원면, 산이면, 진도군 군내면, 의신면, 지산면1, 2, 3, 4, 강진군 강진읍, 전라북도 완주군 운주면, 익산군 낭산면, 익산군 **면1, 2, 옥구군 회현면, 김제군 청하면, 백산면, 정읍군 입암면, 고창군 공음면, 해리면, 성송면, 흥덕면, 고창읍, 무장면, 상하면, 아산면, 대산면, 부안군 부안읍, 순창군 풍산면, 남원군 송동면, 충청남도 공주군 이인면1, 2, 3, 4, 탄천면1, 2, 계룡면1, 2, 3, 우성면, 사곡면, 논산군 논산읍, 노성면1, 2, 부적면1, 2, 부여군 부여읍, 옥산면, 규암면1, 2, 은산면1, 2, 세도면1, 2, 3, 4, 서천군 한산면, 판교면1, 2, 연기군 남면1, 2, 전동면, 금남면, 조치원읍1, 2, 천안군 수신면, 청양군 청남면1, 2, 3, 목면, 태안군 고남면1, 2, 홍성군 결성면1, 2, 장곡면, 형산리, 서산군 인지면1, 2, 근홍면, 운산면, 해미면, 당진군 대호지면, 대덕군 신탄진읍, 보령군 청소면, 예산군 고덕면1, 2, 천원군 성남면, 동면, 충청북도 진천군 문백면, 초평면1, 2, 청원군 부용면1, 2, 남이면1, 2, 북이면1, 2, 현도면, 강내면, 북일면, 옥산면1, 2, 청주시, 경상남도 통영군 광도면, 삼양면, 거제군 하청면, 장목면의 총 182개가 분포한다.

이를 정리해 보면, 모심는 상사소리는 전라남도 85개, 충청남도 58개, 전라북도 20개, 충청북도 15개, 경상남도 4개의 순으로 전라도와 충청남도에 많이 분포하고 있다. 그리고 충청남도와 가까운 충청북도 진천군, 청원군, 청주시에 분포하고, 전라남도와 인접한 남해안의 경상남도 통영군, 거제군에서도 분포하고 있다. 이런 점으로 볼 때, 모심는 상사소리는 전라도와 충청남도를 중심으로 분포하는 노래라는 점을 알 수 있다.

⑥ 기타 모심는 소리

『한국민요대전』, 『한국의 민속음악』, 『한국의 농요』에 의하면, 기타 모심는 소리 가운데 모심는 방아소리는 충청남도 당진군 송악면1, 2, 읍내리, 기지시리, 초대리, 서산군 음암면, 예산군 고덕면에 분포하고 있다. 『한국민요대전』, 『한국의 농요』에 의하면, 아브레이수나소리는 경상북도 예천군 예천읍 통명리에 분포하고, 이여송소리는 경상북도 예천군 풍양면 공처리에 분포한다. 『한국민요대전』에 의하면 혼합형소리(이여송류+모노래)는 경상북도 영주시 이산면, 봉화군 물야면에 분포하고, 모심는 어사용은 경상북도 의성군 단촌면에 분포한다. 이를 요약하면, 기타 모심는 소리 가운데 모심는 방아소리는 충청남도의 당진군과 그 근처의 서산군, 예산군에 분포하고, 나머지 아브레이수나소리, 이여송소리, 혼합형소리(이여송류+모노래), 모심는 어사용은 각각 경상북도 북부의 예천군, 영주시, 봉화군, 의성군에 분포한다.

(2) 노젓는 소리

노젓는 소리는 크게 어부 노젓는 소리, 해녀 노젓는 소리의 두 개로 나누어서 살펴보겠다.

① 어부 노젓는 소리

『한국민요대전』, 『한국의 뱃노래』, 『한국의 민속음악』, 『강원의 민요』에 의하면, 어부 노젓는 소리는 경기도 강화군 길상면, 내가면, 옹진군 자월면, 모도앞바다. 인천광역시1, 2, 화성군 주정면, 충청남도 당진군 당진읍, 봉산면, 서산군 **면, 보령군 장고도, 서면 마량리, 서천군 **면, 전라북도 군산시 해망동, 옥구군 고군산열도1, 2, 옥구면 서면리, 부안군 산내면1, 2, 하서면, 전라남도 영광군 영광읍1, 2, 법성포1, 2, 신안군 흑산면1, 2, 가거도1, 2, 영암군 미암면, 무안군 청계면1, 2, 3, 해제반도1, 2, 3, 진도군 조도면 소마도, 시도1, 2, 해남군 산이면 금호도, 강진군 대구면1, 2, 장흥군 관산면, 여천군 **면1, 2, 3, 삼산면 거문도1, 2, 승주군 해룡면1, 2, 고흥군 도양읍, 제주도 북제주군 추자도 묵리1, 2, 3, 경상남도 통영군, 남해군, 거제군 동부면1, 2, 양산군, 의창군, 경상북도 영덕군, 울진군 평해면1, 2, 기성면, 강원도 강릉시 옥계면, 사천면1, 2, 강동면, 삼척시 원덕읍1, 2, 3, 삼척군 삼척읍, 근덕면1, 2, 동해시 묵호동, 양양군, 속초시1, 2, 3, 고성군 토성면, 현내면, 가진리1, 2의 총 82개가 분포한다. 이 내용을 정리하면, 어부 노젓는 소리는 서해안 38개, 남해안 21개, 동해안 23개로 서해안, 남해안, 동해안에 비교적 골고루 분포하고 있다. 제주도의 경우 남해안과 가까운 거리에 있는 북제주군 추자도에서만 분포하고 제주도 연안에는 전혀 분포하지 않는다.

② 해녀 노젓는 소리

『한국민요대전』, 『한국의 뱃노래』, 『한국의 민속음악』에 의하면, 해녀 노젓는 소리는 제주도 구좌읍1, 2, 3, 서귀포시, 안덕면1, 2, 대정읍1, 2, 3, 한경면1, 2, 3, 한림읍, 애월면, 삼도동1, 2, 건입동, 조천면1, 2, 성산읍, 전라남도 북제주군 추자면, 경상남도 거제군 둔덕면, 사천군의 총 23개가 분포한다. 이를 정리해보면, 해녀 노젓는 소리는 대부분 제주도 지역에 분포하고, 극히 일부분이 남해안 북제주군 추자면, 사천군, 거제군에 분포하고 있다는 점에서, 제주도를 중심으로 하는 노래라는 점을 알 수 있다.

(3) 만선 풍장소리

만선 풍장 소리는 배치기 소리와 기타 만선 풍장소리의 두 개로 나누어서 살펴보겠다.

① 배치기 소리

『한국민요대전』, 『한국의 뱃노래』, 『한국의 민속음악』에 의하면, 배치기 소리는 경기도 강화군 재가면, 길상면, 내가면1, 2, 옹진군 백령도1, 2, 모도1, 2, 인천광역시1, 2, 화성군 주정면, 충청남도 당진군 석면면 난지도리, 당진읍, 봉산면, 태안군 안면읍, 서산군 부석면, 안면읍, 보령군 장고도, 서천군 서면, 전라북도 군산시 해망동, 옥구군 고군산열도1, 2, 전라남도 영광군 법성면, 진도군 **면, 조도면 소마도의 총 25개가 분포한다. 이를 요약하면, 배치기 소리는 서해안을 따라서 북으로 경기도 강화도 부터 남으로 전라남도 진도까지 쭉 이어져서 분포한다는 것을 알 수 있다.[19)]

② 기타 만선 풍장소리

『한국민요대전』, 『한국의 민속음악』에 의하면, 기타 만선 풍장소리 가운데 만선 상사소리는 제주도 북제주군 추자면에 분포하고, 만선 가래소리는 전라남도 여수시에 분포한다. 만선 칭칭이소리는 경상남도 삼천포시 마도, 수영에 분포하고, 만선 두헤야소리는 경상남도 통영군 한산면에 분포하며, 만선 에야에이디야소리는 경상남도 거제군 일운면에 분포한다. 이를 정리하면, 기타 만선 풍장소리는 모두 남해안에만 분포하고 있는데, 이 노래들은 각각 한 두 지역씩 매우 국지적인 분포양상을 보인다.

---

19) 배치기 소리가 유일하게 경남 울산시 방어동에서 채록된 예(『한국의 뱃노래』, 214쪽)가 있다. 하지만 가창자가 26세까지 통영에서 성장했다고만 되어 있을 뿐이고, 어디서 이 노래를 배웠는지에 대해서는 언급하지 않고 있으므로 본고에서 제외하였다.

4. 음악적 특징의 분류와 분포

제4절에서는 모심는 소리, 노젓는 소리, 만선 풍장소리의 음악적 특징을 분류하고, 그 분포양상을 살펴보기로 한다. 민요의 음악적 특징에는 장단, 형식, 음구조 유형 등이 있지만, 본고에서는 음구조 유형만을 다루기로 하겠다. 이를 위하여 첫째, 기존 연구에 의거하여 음구조 유형을 분류하고, 둘째, 음구조 유형의 분포를 살펴보기로 하겠다.

1) 음구조 유형의 분류

민요의 음구조 유형에 대한 기존 연구에서는 음계, 선법, 토리 등의 용어를 사용하고 있다. 이 글에서는 음계, 선법, 토리를 한데 묶어서 지칭하는 명칭으로 서도의 수심가제, 전라도의 육자백이제와 같이 특정 지역의 음악적 특징을 드러내는 음조직을 지칭하는 명칭으로 이혜구에 의해 처음 사용된 바 있고[20], 이보형에 의해 음구조, 시김새, 음비중, 음기능 등의 요소를 포괄하고 있는 것으로 정의[21]된 바 있는 '토리'라는 용어를 사용하고자 한다. '토리'에 의거하여, 모심는 소리, 노젓는 소리(어부 노젓는 소리), 만선 풍장소리의 음구조 유형을 분류해보면, 메나리토리, 육자백이토리, 경토리, 수심가토리, 육^메나리토리, 수^메나리토리, 육^경토리, 수^경토리, 제주토리의 아홉 종류로 나눌 수 있다.

이중에서 메나리토리, 육자백이토리, 경토리, 수심가토리, 육^메나리토리, 수^메나리토리, 육^경토리, 수^경토리의 여덟 종류는 한국 민요의 음조직에 대한 기존 연구[22]를 참고했고,

---

20) 이혜구, "무악연구", 『한국음악연구』(국민음악연구, 1957), 173-174쪽,

21) 이보형, "토리의 개념과 유용론", 『소암권오성박사회갑기념 음악학논총』(민속원, 2000), 511~533쪽.

22) 본고에서 참고한 한국 민요의 음조직에 관한 연구는 다음과 같다.
장사훈·한만영, 『국악개론』(서울: 한국국악학회, 1975), 18, 213쪽.
한만영, "태백산맥 이동 지방의 민요선법", 『예술논문집』제12집(서울: 대한민국예술원, 1973), 121~147쪽.
이보형, 『경서토리 음구조 유형에 관한 연구』(문화재연구소, 1992).
______, "메나리조(산유화제)", 『한국음악연구』제2집(서울: 한국국악학회, 1972), 128쪽.
______, "육자백이토리 음조직연구", 『한국음악연구』(서울: 한국국악학회, 1996), 11~30쪽.
황준연, "한국전통음악의 악조(평조와 계면조)", 『국악원논문집』제5집(서울:국립국악원, 1993), 124~125쪽.
이성천, 『알기쉬운 국악개론』(서울: 도서출판 풍남, 1995), 81쪽.
백대웅 외, 『전통음악개론』(서울: 도서출판 어울림, 1995), 161쪽.
김영운, "영동지방 메나리의 음악적 연구", 『국립국악원 논문집』제4집(서울: 국립국악원, 1992), 10~13쪽.
권오성, 『한민족음악론』(서울: 학문사, 1999), 154쪽.

나머지 제주토리의 한 종류는 토리로써 지금까지 별로 밝혀진 게 없으므로 조영배의 "제주도 민요의 음악양식 연구"[23]를 참고하였다.

(1) 메나리토리

메나리토리는 미·솔·라·도'·레'[24]의 5음 구성음으로 되어있고, 이중에서 미·라·도'의 3음이 주요음이고, 솔은 하행시 경과음으로 사용된다. 미나 라로 종지하고, 미를 떨고 레'는 도'로 꺾어주거나 길게 흘러내려준다. 주요음의 음정관계를 따져보면, 미↔라의 완전4도(약간 좁음) 위에 라↔도'의 단3도(약간 좁음)를 쌓은 구조로 되어 있다. 미↔라의 음정에 따라 미선법, 도선법, 모선법 등으로 나누기도 하지만[25] 본고에서는 이를 모두 메나리토리에 포함시켰다.

<악보 3> 메나리토리의 음구조[26]

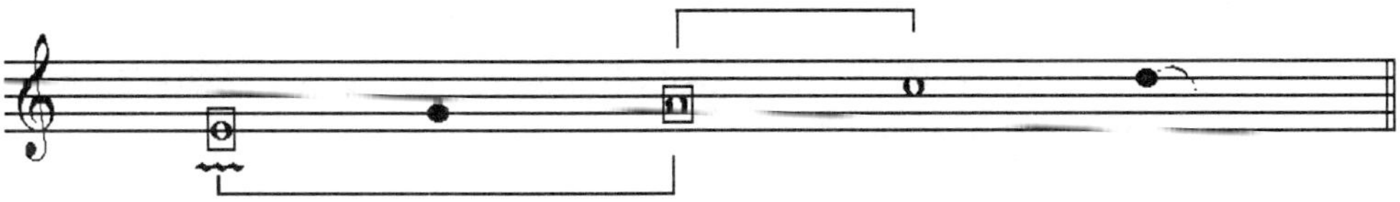

(2) 육자백이토리

육자백이토리는 미·(솔)·라·시·도·(레)'의 4~6음 구성음으로 되어있고, 이중에서 미·라·시의 3음이 주요음이고, 미나 라로 종지하고, 미를 떨고 도'는 시로 꺾어주거나 길게 흘러내려준다. 주요음의 음정관계를 살펴보면, 미↔라의 완전4도 위에 라↔시의 장2도(약간 좁음)를 쌓은 구조로 되어있다.

---

23) 조영배, "제주도 민요의 음악양식 연구"(성남: 한국정신문화연구원 한국학대학원 박사학위논문, 1996).

24) 도', 레'는 한 옥타브 위의 도, 레를 가리킨다.

25) 이소라는 민요의 음조직을 해석하는데 있어서 메나리토리를 도선법, 미선법, 모선법, 모노래선법으로 다양하게 해석하고 있다.

26) 악보 가운데 □로 표시한 음은 종지음, ○로 표시한 음은 주요음, ●로 표시한 음은 비주요음, 음표 옆에 ~로 표시한 음은 요성(떠는음), 음표 옆에 ㄱ로 표시한 음은 퇴성(뉘는음)을 각각 표시한 것이다.

<악보 4> 육자백이토리의 음구조

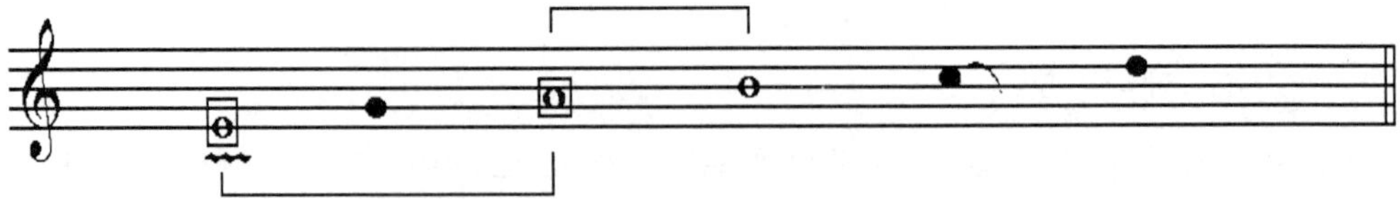

(3) 경토리

경토리(일명 경조, 경제)는 경기 지방에 전승되는 소리의 토리라는 뜻으로 크게 창부타령토리와 한강수타령토리의 두 종류로 나눌 수 있으나, 여기서는 이를 구분하지 않고 함께 포함시켰다. 창부타령토리는 솔・라・도'・레'・미'의 5음 구성음으로 되어있고, 이중에서 솔・도'・레'가 주요음이고, 솔이나 도'로 종지하고, 레'를 떨어주고, 미는 뉘여준다. 한강수타령토리는 라・도'・레'・미'・솔'의 5음 구성음으로 되어있고, 이중에서 라・레'・미'가 주요음이고, 라나 레'로 종지한다. 이 두 토리의 주요음의 음정관계를 살펴보면, 완전4도 위에 장2도를 쌓은 구조로 되어있다.

<악보 5> 경토리의 음구조

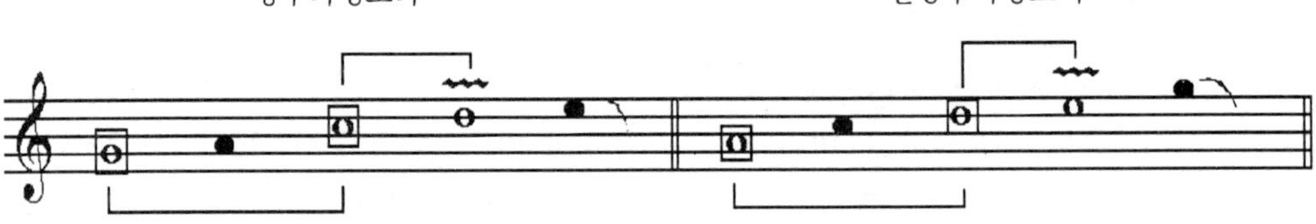

(4) 수심가토리

수심가토리는 '서도 토리' 즉 '평안도・ 황해도 지방에 전승되는 소리의 토리'라는 의미로 사용되기도 하고[27], '수심가토리' 즉 '수심가에 나타나는 토리'라는 두 가지 의미로 사용되기도 한다. 여기서는 '서도 토리'라는 의미로 사용하겠다.

수심가토리는 크게 수심가형과 난봉가형으로 나눌 수 있다.[28] 수심가형은 레・미・솔・라・도'의 5음 구성음이고, 이중에서 레・라・도'의 3음이 주요음이고, 레나 라로 종지하며,

27) 이보형, 위의 책, 57쪽

28) 이보형, 위의 책, 57쪽

라를 떨어주고 도'는 뉘여준다. 난봉가형은 라・도'・레'・미'・솔'의 5음 구성음이라는 점에서 한강수타령토리와 같지만, 라・미'・솔'의 3음이 주요음이고, 라나 미'로 종지한다는 점에서는 차이가 있다. 이 두 유형의 주요음의 음정관계를 보면, 완전5도 위에 단3도를 쌓은 구조이다.

<악보 6> 수심가토리의 음구조

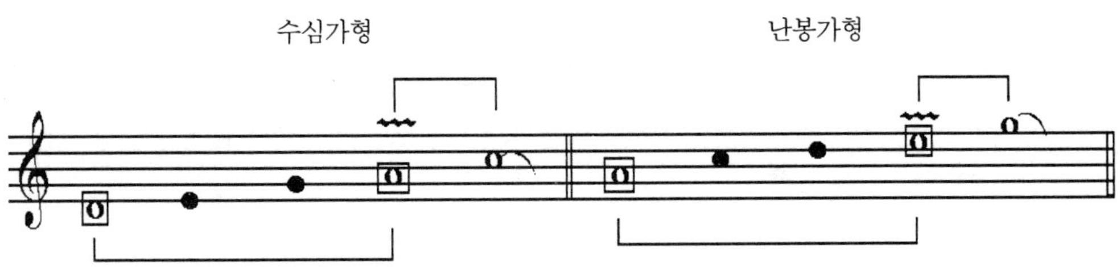

(5) 육^메나리토리

육^메나리토리는 메나리토리가 육자백이토리의 영향을 받아 변용된 것으로 악곡의 앞에는 메나리토리, 뒤에는 육자백이토리가 사용되거나, 반대로 악곡의 앞에는 육자백이토리, 뒤에는 메나리토리가 쓰이는 경우를 가리킨다.

(6) 수^메나리토리

수^메나리토리는 메나리토리가 수심가토리와 상호작용하여 변용된 유형이다. 미・솔・라・도'・레'의 5음 구성음으로 되어있으나 제1・4・5음이 주요음이고 제4음을 떨어주고 제5음을 뉘여주는 수심가토리의 영향을 받아 미・도'・레'의 3음이 주요음이 되고 제1음인 미에서 떠는 게 없어지고 제4음인 도'를 떨고 제5음인 레'를 뉘여준다.[29)]

<악보 7> 수^메나리토리의 음구조

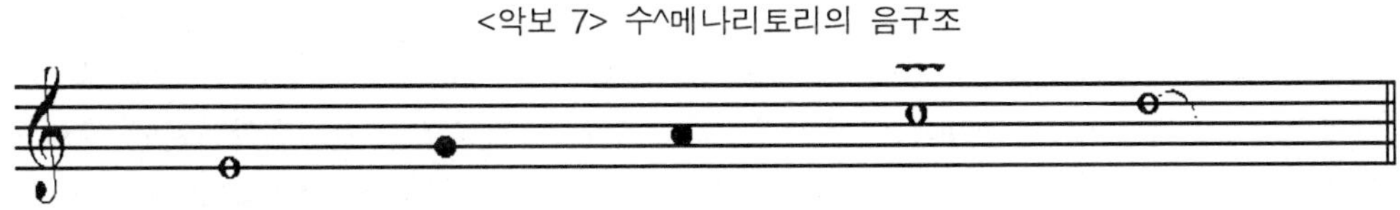

29) 이보형, 위의 책, 74쪽

(7) 육^경토리

육^경토리는 경토리(창부타령토리)가 육자백이토리의 영향을 받아 변용된 유형으로 일명 '남부 경토리'(혹은 남도 경토리)라고 한다. 이것은 솔·라·도'·레'미'·의 5음 구성음을 유지하면서 제1음을 떨고 제4음을 꺾거나 흘러내려주는 육자백이토리의 특성을 받아들여 제1음인 솔을 떨고 제4음인 레'는 꺾거나 길게 흘러내려준다.[30] 제2음인 라는 생략하는 경우가 있다.

<악보 8> 육^경토리의 음구조

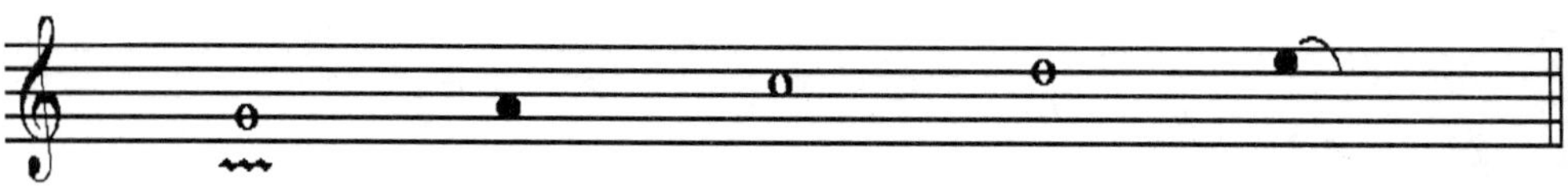

(8) 수^경토리

수^경토리는 경토리가 수심가토리와 상호작용하여 변용된 유형에 속한다. 솔·라·도'·레'·미'의 5음 구성음을 갖고 있으나, 제1·4·5음이 주요음인 수심가토리의 영향을 받아 솔·레'·미'의 3음이 주요음이고 제4음인 레'의 주요도와 떠는 기능이 강화되며, 제5음인 미'의 음고가 높아져서 수심가토리의 제5음과 같아지게 된다.[31]

<악보 9> 수^경토리의 음구조

(9) 제주토리(제주민요선법)

제주도 민요에 대한 토리는 아직까지 제대로 밝혀진 바 없다. 그러므로 본고에서는 조영배의 "제주도 민요의 음악양식 연구"[32]를 참고하였다. 조영배는 민족음악학자인 부르노 네틀(Bruno Nettl), 호른보스텔(Hornbostel) 등에 의해 활용되어 왔던 비중음계(Weighted Scale) 기법에 의거하여 제주도 민요를 분석한 결과, 크게 레선법, 라선법, 감5도 특수선법, 도선

30) 이보형, 위의 책, 31쪽.

31) 이보형, 위의 책, 68쪽.

32) 조영배, 위의 논문.

법의 4개의 선법으로 분류한 바 있다.[33] 이 가운데 레선법이 본고에서 다루고자 하는 해녀 노젓는 소리의 음구조 유형에 해당한다고 보았다.

<악보 10> 제주도 민요 선법 중 레선법

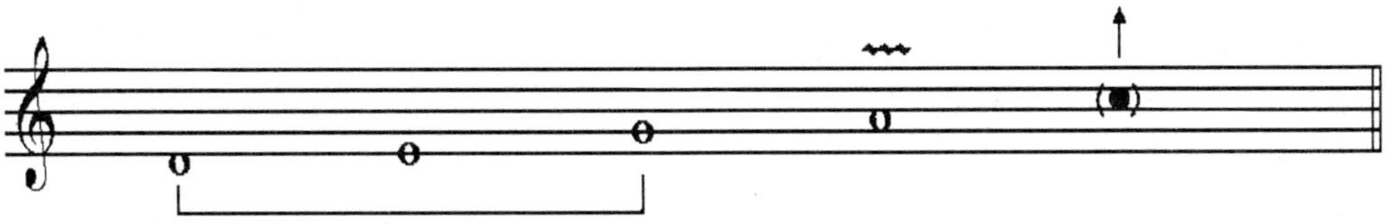

2) 음구조 유형의 분포

(1) 모심는 소리

모심는 소리는 여섯 개의 노래 종류별로 음구조 유형의 분포를 살펴보기로 하겠다.

① 모심는 하나소리

모심는 하나소리는 크게 <수심가토리>, <경토리>, <메나리토리>의 세 개의 음구조 유형이 분포한다. <수심가토리>는 경기도 강화군 양사면, 교동면의 2개가 분포하고, <경토리>는 경기도 강화군 선원면, 고양군 송도면, 고양시 구산동, 화성군 비봉면, 매송면, 마도면1, 안산시 수암동, 충청남도 서산군 지곡면의 8개가 분포한다. <메나리토리>는 경기도 안성군 보개면, 포천군 가산면, 여주군 가남면1, 2, 화성군 팔탄면1, 2, 마도면2, 동탄면, 송산면, 서신면, 충청북도 음성군 삼성면, 진천군 이원면, 만송면, 문백면, 진천읍, 덕산면, 충청남도 천안군 성환읍, 아산군 선장면, 천원군 성환읍, 입장면, 당진군 진관리, 강원도 철원군 김화읍, 동송읍의 23개가 분포한다.

이를 요약하면, 모심는 하나소리는 경기도를 중심으로 분포하는 노래이지만, 황해도와 가까운 경기도 강화군에는 <수심가토리>가, 경기도 서부의 강화군, 고양군, 화성군, 안산시와 충청남도 서산군에서는 <경토리>가, 그리고 나머지 경기도와 그 인접지역인 충청북도 음성군, 진천군과 충청남도 천안군, 아산군, 당진군, 강원도 철원군에서는 <메나리토리>가 각각 분포한다. 이를 모심는 하나소리가 황해남도와 경기도를 중심으로 분포하는 노래[34]라는 기존 연구에 비추어보면, 모심는 하나소리가 황해도와 경기도에서 충청도, 강

33) 조영배, 위의 논문, 201쪽.

34) 모심는 하나소리 가운데 한알기로구나소리는 황해도 연백평야가 근원지이고, 열소리, 여기도 하나소리, 혼합형은 경기도가 근원지인 것으로 보고 있다. 이소라, 『파주민요론』, 108쪽.

원도로 전파됨에 따라 <수심가토리>, <경토리>에서 차츰 <메나리토리>가 파생된 것으로 볼 수 있겠다.

② 모심는 아라리

모심는 아라리는 <메나리토리>의 한 개의 음구조 유형만이 분포한다. 메나리토리는 모심는 아라리의 전체 즉 강원도 고성군 간성읍1, 2, 3, 4, 5, 6, 죽왕면1, 2, 3, 4, 토성면1, 2, 3, 현내면1, 2, 3, 4, 강릉시 명주군 사천면1, 2, 3, 4, 5, 옥계면, 구정면1, 2, 3, 성산면, 연곡면, 포남동, 동해시1, 2, 망상동, 북평동, 천곡동, 삼척시 근덕면, 미로면, 양양군 강현면1, 2, 현남면1, 2, 3, 서면, 손양면1, 2, 양양읍, 현북면, 원주시 문막읍, 신림면1, 2, 행구동, 호저면, 흥업면, 귀래면1, 2, 부론면, 인제군 남면, 서화면, 횡성군 공근면1, 2, 갑천면, 강림면, 서원면, 홍천군 내면, 동면, 장전평리, 속초시 대포동, 충청북도 괴산군 증평읍1, 2, 도안면, 청천면, 문광면1, 2, 감물면, 장연면, 사리면, 소수면, 청안면, 중원군 신니면1, 2, 노은면, 음성군, 제천군 봉양면, 경기도 여주군 강천면1, 2, 점동면, 대신면, 북내면, 경상북도 문경군 산북면의 총 88개가 분포한다. 이러한 점에서 볼 때, 모심는 아라리는 강원도를 중심으로 하는 노래답게 <메나리토리>로만 분포한다는 점을 알 수 있다.

③ 모심는 미나리

모심는 미나리도 역시 <메나리토리>의 한 개의 음구조 유형이 분포한다. 즉 메나리토리는 모심는 미나리의 전체 즉 강원도 원주군 호저면1, 2, 3, 소초면, 횡성군 우천면1, 2, 3, 4, 서원면, 횡성읍, 갑천면, 공근면1, 2, 청일면, 인제군 남면, 상남면, 인제읍, 춘천시 퇴계동, 화천군 간동면, 상서면, 홍천군 서면, 내촌면1, 2, 고성군 수동면, 삼척군 근덕면의 총 25개에 분포한다. 이러한 점으로 볼 때, 모심는 미나리도 역시 강원도를 중심으로 분포하는 노래로서 <메나리토리>만이 분포한다는 점을 알 수 있다.

④ 모심는 정자소리

모심는 정자소리는 크게 <메나리토리>, <육^메나리토리>, <육자백이토리>의 세 개의 음구조 유형이 분포한다. <메나리토리>는 모심는 정자소리의 대부분의 지역 즉 경상북도 대구광역시 달성군 하빈면, 현풍면, 화원읍, 동구 평광동, 경산군 와촌면, 남천면, 진량면, 자인면, **면, 청도군 풍각면1, 2, 청도읍, 운문면, 울진군 온정면1, 2, 죽변면1, 2, 기성면, 원남면, 울진읍1, 2, 북면, 경주시 안강읍, 천북면, 고령군 운수면, 구미시 지산동, 군위군 우보면. 김천시 농소면, 상주시 화서면, 영양군 영양읍, 영천시 자양면, 포항시 흥해읍, 울릉군 서면, 북면, 성주군 가천면, 경상남도 거창군 북상면, 마리면, 산청군 시천면, 김해군 진례면, 상동면, 밀양군 산내면, 단장면, 상동면, 밀양읍1, 2, 3, 울산시 일신동, 울산군 두동면, 강동면, 진양군 사봉면, 명석면, 함양군 안의면, 함안군 도항리, **면, 합천군 쌍책면, 대병면, 초계면, 창령군 영산면, 의령군 봉수면1, 2, 궁유면, 낙서면, 화정면, **면, 용덕면, 가례면, 양산군 상북면1, 2, 3, 하북면1, 2, 3, 4, 양산읍1, 2, 일광면, 기장읍1, 2, 철마면1, 2, 3, 4, 동면, 장안읍, 의창군 구상면, 부산광역시1, 수영농청, 충청북도 영동군 매곡면, 황간면1, 2, 3, 영동읍, 양강면, 양산면, 학산면, 옥천군 옥천읍1, 2, 보은군 보은읍, 청원군 미원면, 북일면, 문의면1, 2, 괴산군 칠성면, 소수면, 충청남도 대전시 대덕구, 금산군 부리면1, 2, 대덕군 신탄진읍, 동면의 111개에 분포한다.

<육^메나리토리>는 전라도와 경상도의 접경지역인 경상남도 고성군1, 5, 고성읍1, 거류면, 하동군 청암면, 북천면, 화개면, 사천군 축동면, 진양군 대곡면1, 2, 일반성면, 의령군 지정면, 남해군 미조면, 전라북도 남원군 아영면1, 2, 이백면, 덕과면, 진안군 용담면1, 2, 장수군 계북면, 무주군 설천면, 무풍면, 안성면과 그 인접지역인 충청남도 금산군 부리면3, 중도리, 남일면의 26개에 분포한다.

<육자백이토리>는 남해안을 따라 전라도와 가까운 거리에 있는 경상남도 고성군2, 3, 4, 고성읍2, 남해군 고현면, 삼동면, 이동면1, 2, 거제군 장승포읍, 일운면의 10개에 분포하고 있다.

이상의 내용을 요약하면, 모심는 정자소리는 경상도 지역을 중심으로 하는 노래답게 대부분 지역에서 <메나리토리>가 분포하고, 전라도와 경상도의 접경지역에서 <육^메나리토리>가 분포하며, 남해안을 따라 전라도와 가까운 경상남도 고성군, 남해군, 거제군에서는 <육자백이토리>가 분포하고 있다. 이러한 점에서 모심는 정자소리는 경상도가 근원지이고, 주변 지역으로 전파됨에 따라 <메나리토리>에서 <육^메나리토리>, <육자백이토리>가 파생하게 된 것으로 보인다.

⑤ 모심는 상사소리

모심는 상사소리는 <육자백이토리>, <메나리토리>, <육^메나리토리>, <육^경토리>의 네 개의 음구조 유형이 분포하고 있다. <육자백이토리>는 모심는 상사소리의 대다수 지역 즉 전라남도 고흥군 도양읍1, 3, 4, 도덕면1, 3, 두원면, 곡성군 삼기면, 옥과면1, 2, 광주 광역시 광산구, 광양군 진상면, 나주군 다시면4, 무안군 무안읍, 현경면, 신안군 장산면1, 2, 임자면, 영암군 시종면, 영암면, 완도군 소안면, 노화읍, 음일읍, 함평군 신광면1, 2, 엄다면1, 2, 월야면, 학교면1, 2, 영광군 대마면, 광산군 동곡면, 한아면, 담양군 수북면1, 2, 화순군 능주면1, 구례군 산동면, 광의면, 여천군 소라면1, 2, 보성군 문덕면, 웅치면2, 장흥군 장흥읍1, 2, 장평면, 해남군 해남읍1, 2, 문내면, 화원면, 산이면, 진도군 의신면, 지산면1, 3, 4, 군내면, 장성군 남면1, 2, 전라북도 완주군 운주면, 익산군 낭산면, 이산군1, 2, 옥구군 회현면, 김제군 청하면, 백산면, 정읍군 입암면, 고창군 공음면, 해리면, 성송면, 남원군 송동면, 부안군 부안읍, 순창군 풍산면, 충청남도 서산군 근흥면, 부여군 부여읍, 옥산면, 세도면1, 2, 3, 4, 서천군 판교면2, 보령군 청소면, 홍성군 형산리, 결성면2, 당진군 대호지면, 연구군 남면, 태안군 고남면1, 경상남도 통영군 삼양면, 거제군 하청면, 장목면의 87개가 분포한다.

<메나리토리>는 충청북도 진천군 문백면, 초평면1, 2, 청원군 부용면, 남이면1, 2, 북이면1, 2, 북일면, 부용면, 옥산면1, 2, 현도면, 강내면, 청주시, 충청남도 논산군 노성면2, 부적면2, 연기군 남면1, 전동면, 금남면, 조치원읍1, 2, 대덕군 신탄진읍, 부여군 규암면1, 2, 은산면1, 2, 청양군 청남면1, 2, 3, 목면, 천안군 수신면, 홍성군 결성면1, 장곡면, 공주군 탄천면1, 2, 이인면2, 서산군 인지면1, 2, 해미면, 천원군 성남면, 동면, 전라남도 고흥군 동강면1, 2의 44개가 분포하고 있다.

<육^메나리토리>는 충청남도 서천군 한산면, 논산군 노성면1, 부적면1, 예산군 고덕면1, 2, 공주군 이인면1, 2, 4, 계룡면1, 2, 3, 사곡면, 우성면, 홍성군 결성면, 청양군 사곡면, 전라남도 고흥군 동강면1, 2, 경상남도 통영군 광도면의 18개가 분포한다.

<육^경토리>는 충청남도 서천군 판교면1, 서산군 운산면, 태안군 고남면2, 전라북도 고창군 흥덕면, 고창읍, 무장면, 상하면, 아산면, 대산면, 전라남도 고흥군 도양읍, 도덕면2, 나주군 다시면1, 2, 3, 왕곡면, 금천면1, 2, 다도면, 동강면, 공산면1, 2, 세지면, 봉황면, 남평면, 신안군 비금면, 영암군 서호면, 신북면, 진도군 지산면2, 곡성군 옥과면3, 보성군 노동면, 보성읍, 웅치면1, 화순군 능주면2, 강진군 강진읍의 35개가 분포한다.

이를 정리해보면, 모심는 상사소리는 전라도를 중심으로 하는 노래답게 충청남도에서 전라도에 이르기까지 <육자백이토리>가 지배적으로 분포한다. 하지만 모심는 상사소리의 분포지 가운데 북쪽에 속하는 충청북도 진천군, 청원군, 청주시와 충청남도 일대와 남쪽에 동떨어져있는 전라남도 고흥군에는 <메나리토리>가, 전라도와 가까운 충청남도 서천군, 논산군, 예산군, 공주군, 홍성군, 청양군에는 <육^메나리토리>가, 그리고 충청남도 서부의 서천군, 서산군, 태안군과 전라도 서남부의 고창군, 고흥군, 나주군, 신안군, 영암군, 진도군, 곡성군, 보성군, 화순군, 강진군에는 <육^경토리>가 각각 분포하고 있어서 모심는 소리 가운데 가장 복잡한 음구조 분포양상을 보인다.

⑥ 기타 모심는 소리

기타 모심는 소리 가운데 모심는 방아소리는 <경토리>, <수^경토리>의 두 개의 음구조 유형이 분포하고, 아브레이수나소리, 이여송소리, 혼합형소리, 모심는 어사용은 모두 <메나리토리>의 한 개의 음구조 유형이 분포한다. 모심는 방아소리가 충청남도 서쪽인 당진군, 서산군, 예산군에서 분포하는 노래인데도 불구하고, 주로 경기도 서북지역에서 찾아볼 수 있는 <경토리>와 <수^경토리>의 두 개의 음구조 유형으로 되어있다는 점이 특기할 만하다. 이에 비해 아브레이수나소리, 이여송소리, 혼합형소리, 모심는 어사용은 모두 경상북도 북쪽 지역에 분포하는 노래로서 경상도지역에서 흔히 찾아볼 수 있는 <메나리토리>의 한 개의 음구조 유형으로 되어있다.

(2) 노젓는 소리

노젓는 소리는 어부 노젓는 소리, 해녀 노젓는 소리의 두 개로 나누어서 살펴보기로 하겠다.

① 어부 노젓는 소리

어부 노젓는 소리는 <메나리토리>, <육^메나리토리>, <수^메나리토리>, <육자백이토리>의 네 가지 음구조 유형을 사용하고 있다. <메나리토리>는 경기도 강화군 길상면, 내가면, 옹진군 자월면, 모도앞바다. 인천광역시1, 2, 화성군 주정면, 충청남도 당진군 당진읍, 봉산면, 보령군 장고도, 서면 마량리, 서천군 **면, 전라북도 군산시 해망동, 옥구군 고군산열도1, 2, 옥구면 서면리, 부안군 산내면1, 2, 하서면, 전라남도 영광군 영광읍1, 법성포1, 2, 신안군 흑산면2, 가거도2, 영암군 미암면, 무안군 청계면1, 2, 3, 해제반도1, 진도군 시도1, 2, 해남군 산이면 금호도, 강진군 대구면1, 2, 장흥군 관산면, 여천군 **면1, 2, 3, 삼산면 거문도2, 승주군 해룡면2, 고흥군 도양읍, 경상남도 남해군, 거제군 동부면1, 2, 양산군, 의창군, 경상북도 영덕군, 울진군 평해면1, 2, 기성면, 강원도 강릉시 옥계면, 사천면1, 2, 강동면, 삼척시 원덕읍1, 2, 3, 삼척군 삼척읍, 근덕면1, 2, 동해시 묵호동, 양양군, 속초시1, 2, 3, 고성군 토성면, 현내면, 가진리1, 2의 69개가 분포한다.

<육^메나리토리>는 전라남도 신안군 흑산면 가거도1, 영광군 영광읍2, 제주도 북제주군 추자면 묵리1, 2, 3, 경상남도 통영군의 6개가 분포하고, <수^메나리토리>는 충청남도 서산군의 1개가 분포한다. <육자백이토리>는 전라남도 흑산군 흑산면1, 여천군 삼산면 거문도1, 진도군 조도면 소마도, 무안군 해제반도2, 3, 승주군 해룡면1의 6개가 분포한다. 이를 정리하면, 노젓는 소리는 대부분 <메나리토리>가 분포하고, 북쪽으로 서해안인 경기도 강화, 옹진에 메나리토리에 수심가토리가 섞인 <수^메나리토리>가 분포하며, 남쪽으로 서해안과 남해안 일대에 메나리토리에 육자백이토리가 섞인 <육^메나리토리>, <육자백이토리>가 분포한다. 이러한 점으로 볼 때, 노젓는 소리의 근원지는 메나리토리권[35]이고, 다른 지역으로 전파되면서 <메나리토리>에서 <수^메나리토리>, <육^메나리토리>, <육자백이토리>로 음구조 유형이 변형되어 전승하게 되었으리라는 점을 추정할 수 있다.

② 해녀 노젓는 소리

해녀 노젓는 소리는 <제주토리(레선법)>, <육자백이토리>의 두 개의 음구조 유형이 분포한다. <제주토리>는 해녀 노젓는 소리의 분포지역 대부분 즉 제주도 구좌읍1, 2, 3, 서귀포시, 안덕면1, 2, 대정읍1, 2, 3, 한경면1, 2, 3, 한림읍, 애월면, 삼도동1, 2, 건입동, 조천면1,

---

35) 김순제, 위의 책, 92쪽.
이보형, 위의 책, 73쪽.

2, 성산읍, 경상남도 거제군 둔덕면, 사천군의 22개가 분포하고, <육자백이토리>는 전라남도 북제주군 추자면의 1개가 분포한다. 이러한 점에서 해녀 노젓는 소리는 제주도가 근원지이고 그와 인접한 전라남도 북제주군 추자면, 경상남도 거제군, 사천군까지 퍼져나갔다는 점을 알 수 있다.

(3) 만선 풍장소리

만선 풍장소리는 배치기소리와 기타 만선 풍장소리의 두 개로 나누어서 살펴보겠다.

① 배치기 소리

배치기 소리는 <수심가토리(난봉가형)>, <수^경토리>의 두 가지 음구조 유형을 사용하고 있다. <수심가토리>는 경기도 강화군 재가면, 길상면, 내가면1, 2, 옹진군 백령도1, 2, 모도1, 2, 인천광역시1, 화성군 주정면, 충청남도 당진군 석면면 난지도리, 당진읍, 봉산면, 태안군 안면읍, 서산군 부석면, 보령군 장고도, 서천군 서면, 전라북도 옥구군 고군산열도1, 2, 전라남도 영광군 법성면, 조도면 소마도의 21개가 분포한다. <수^경토리>는 충청남도 서산군 안면읍의 1개가 분포한다. 나머지 경기도 인천광역시2, 화성군 주정면, 전라북도 군산시 해망동의 3개는 음구조 유형을 해석하기 애매한 편이여서 제외하였다.

이를 정리해보면, 배치기 소리는 분포지의 대부분 즉 서해안을 따라 북쪽으로 강화군, 옹진군 부터 남쪽으로 진도군까지 <수심가토리>가 분포하고, 극히 일부분 즉 충청남도 서산군 안명읍에서 <경^수심가토리>가 분포하고 있다. 이러한 점으로 볼 때, 배치기 소리의 근원지는 서도 지역[36)]이라는 것을 알 수 있다.

② 기타 만선 풍장소리

기타 만선 풍장소리는 모두 <육자백이토리>의 한 가지 음구조 유형을 사용한다. 즉 만선 상사소리(북제주군 추자도), 만선 가래소리(여수시), 만선 칭칭이소리(삼천포시, 수영), 만선 두헤야소리(통영군), 만선 에야 에이디야소리(거제군)는 모두 남해안에 분포하는 노래로서 <육자백이토리>로 되어있다. 이 노래들은 각각 모심는 소리(만선 상사소리), 고기푸는 소리(만선 가래소리), 놀 때 부르는 소리(만선 칭칭이소리), 논매는 소리(만선 두헤야소리)로 사용된다는 점으로 볼 때, 분포지역에서 흔히 부르는 농요, 어요, 유희요를 그 기능만 바꾸어 만선 풍장소리로 불렀다는 것을 알 수 있다.

---

36) 황해도 배치기소리가 남하하여 메나리토리와 상호작용으로 메나리토리에 가깝게 전이되었다. 이보형, 위의 책, 76~77쪽.

5. 맺는말

지금까지 모심는 소리, 노젓는 소리, 만선 풍장소리의 세 부문을 대상으로 하여 노래의 종류와 음악적 특성의 분포에 대하여 살펴보았다. 이를 위해 민요의 기능별 분류를 한 후, 노래의 종류, 음악적 특성의 두 가지 측면으로 나누어서 그 분포 양상을 살펴보았다. 이를 정리하면 다음과 같다.

1. 기존 연구를 참고하여 노래의 종류를 나누어본 결과, 첫째, 모심는 소리는 크게 모심는 하나소리, 모심는 아라리, 모심는 미나리, 모심는 정자소리, 모심는 상사소리, 기타 모심는 소리의 여섯 종류로 나눌 수 있고, 둘째, 노젓는 소리는 어부 노젓는 소리, 해녀 노젓는 소리의 두 종류로 나눌 수 있다. 셋째, 만선 풍장소리는 배치기소리, 기타 만선 풍장소리의 두 종류로 나눌 수 있다.

2. 노래의 종류별로 분포를 살펴본 결과, 첫째, 모심는 소리는 여섯 개의 노래별로 그 영역이 구분된다. 즉 모심는 하나소리는 경기도를 중심으로 분포하고, 모심는 아라리는 강원도를 중심으로 분포한다. 모심는 미나리는 강원도 영서지역을 중심으로 분포하고, 모심는 정자소리는 경상도를 중심으로 분포하며, 모심는 상사소리는 충청남도와 전라도를 중심으로 분포하고 있다. 기타 모심는 소리 가운데 모심는 방아소리는 충청남도 당진군, 서산군, 예산군 일대에 분포하고, 아브레이수나소리, 이여송소리, 혼합형소리(이여송류+모노래), 모심는 어사용은 각각 경상북도 북부인 예천군, 영주시, 봉화군, 의성군에 분포하고 있다. 둘째, 노젓는 소리는 어부 노젓는 소리, 해녀 노젓는 소리의 두 개로 노래별로 영역이 구분된다. 어부 노젓는 소리는 서해안, 남해안, 동해안에 광범위하게 분포하고, 해녀 노젓는 소리는 제주도 연안과, 남해안의 북제주군 추자면, 거제군, 사천군에 국한하여 분포하고 있다. 셋째, 만선 풍장소리도 역시 배치기소리, 기타 만선풍장소리의 두 개의 노래별로 뚜렷한 영역을 형성하면서 분포한다. 배치기 소리는 북쪽으로 강화부터 남쪽으로 진도까지 서해안 전 지역에 걸쳐서 광범위하게 분포하는데 비해 기타 만선 풍장소리는 남해안 일대에 노래 종류별로 한 두 지역씩 국지적으로 분포한다.

3. '토리'에 의거하여 음악적 특성을 분류한 후 그 분포를 살펴본 결과, 첫째, 모심는 소리의 경우 모심는 하나소리는 <수심가토리>, <경토리>, <메나리토리>의 세 개의 음구조 유형이 분포하고, 모심는 아라리는 <메나리토리>의 한 개의 음구조 유형이 분포하며, 모심는 미나리도 역시 <메나리토리>의 한 개의 음구조 유형이 분포한다. 모심는 정자소리는 <메나리토리>, <육^메나리토리>, <육자백이토리>의 세 개의 음구조 유형이 분포하고, 모심는 상사소리는 <육자백이토리>, <메나리토리>, <육^경토리>, <육^메나리토리>의 네 개

의 음구조 유형이 분포한다. 기타 모심는 소리는 <경토리>, <수^경토리>(모심는 방아소리), <메나리토리>(아브레이수나소리, 이여송소리, 이여송류+모노래의 혼합형소리, 모심는 어사용)의 세 개의 음구조 유형이 분포하고 있다. 이를 종합해보면, 우리나라 동쪽에 분포하는 모심는 아라리, 모심는 미나리, 모심는 정자소리는 <메나리토리>가 지배적인데 비해 우리나라 서쪽에 분포하는 모심는 하나소리, 모심는 상사소리는 <수심가토리>, <경토리>, <메나리토리>, <육자백이토리>가 다양하게 분포하고 있다는 것을 알 수 있다. 둘째, 노젓는 소리의 경우 어부 노젓는 소리는 <메나리토리>가 지배적이라는 점에서 메나리토리권에서 근원한 노래이고, 해녀 노젓는 소리는 <제주토리(레선법)>가 지배적이라는 점에서 제주토리권에서 근원한 노래라는 점을 알 수 있었다. 셋째, 만선 풍장소리의 경우 배치기소리는 <수심가토리(난봉가형)>가 지배적이라는 점에서, 기존의 견해대로 근원지가 서도지역이라는 점을 확인할 수 있고, 기타 만선풍장소리는 남해안에서 <육자백이토리>로 된 여러 종류의 노래가 한 두 지역씩 국지적으로 분포하고 있다는 점을 알 수 있었다.

이 논문은 민요 DB를 활용하여 민요의 기능, 노래의 종류, 음악적 특징의 분포를 대략적으로 살펴본 것이다. 기존의 한정된 자료를 대상으로 하였으나, 같은 기능을 가진 민요라도 노래의 종류, 음악적 특징에 따라 다양한 분포양상을 연구할 수 있는 토대를 최초로 마련해보았다는 데에 그 의의가 있다고 할 수 있겠다. 민요의 기능이 과거 전통사회에서 일반 백성들의 생활상과 밀접한 관계를 갖고 있다는 점에서 현재 고려대학교 민족문화연구원에서 수행하고 있는 대형과제인 "조선시대 전자문화지도와 생활 문화론적 연구"에서 매우 실질적인 역할을 할 수 있을 것으로 전망된다. 아울러 자료의 한계로 인하여 민요의 음악적 특징을 검증하는 데에 어려움이 있다는 점과 자료가 추가됨에 따라 이 논문을 수정, 보완해나가겠다는 두 가지 점을 앞으로 해결해야 할 과제로 남겨둔다.

<모부록 1> 모심는 소리의 분포

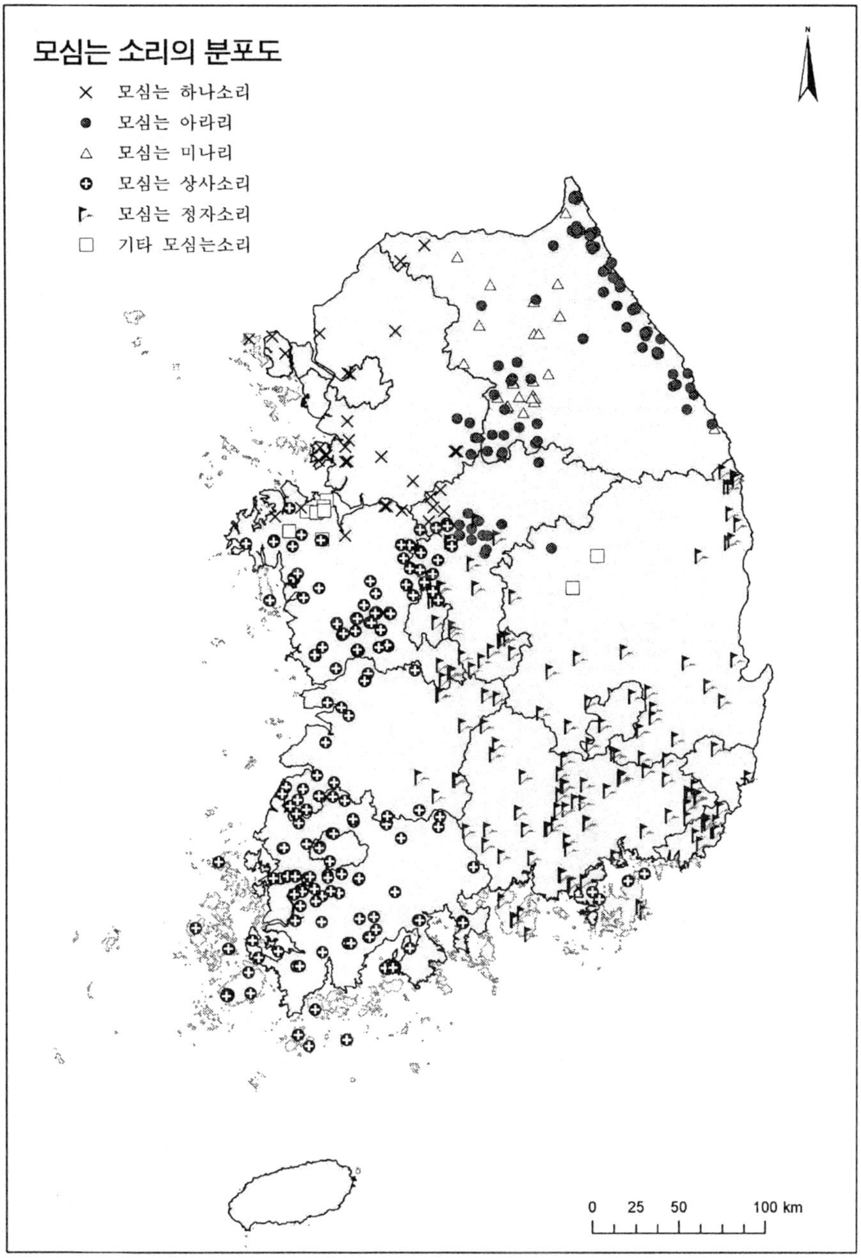

<부록 2> 노젓는 소리의 분포

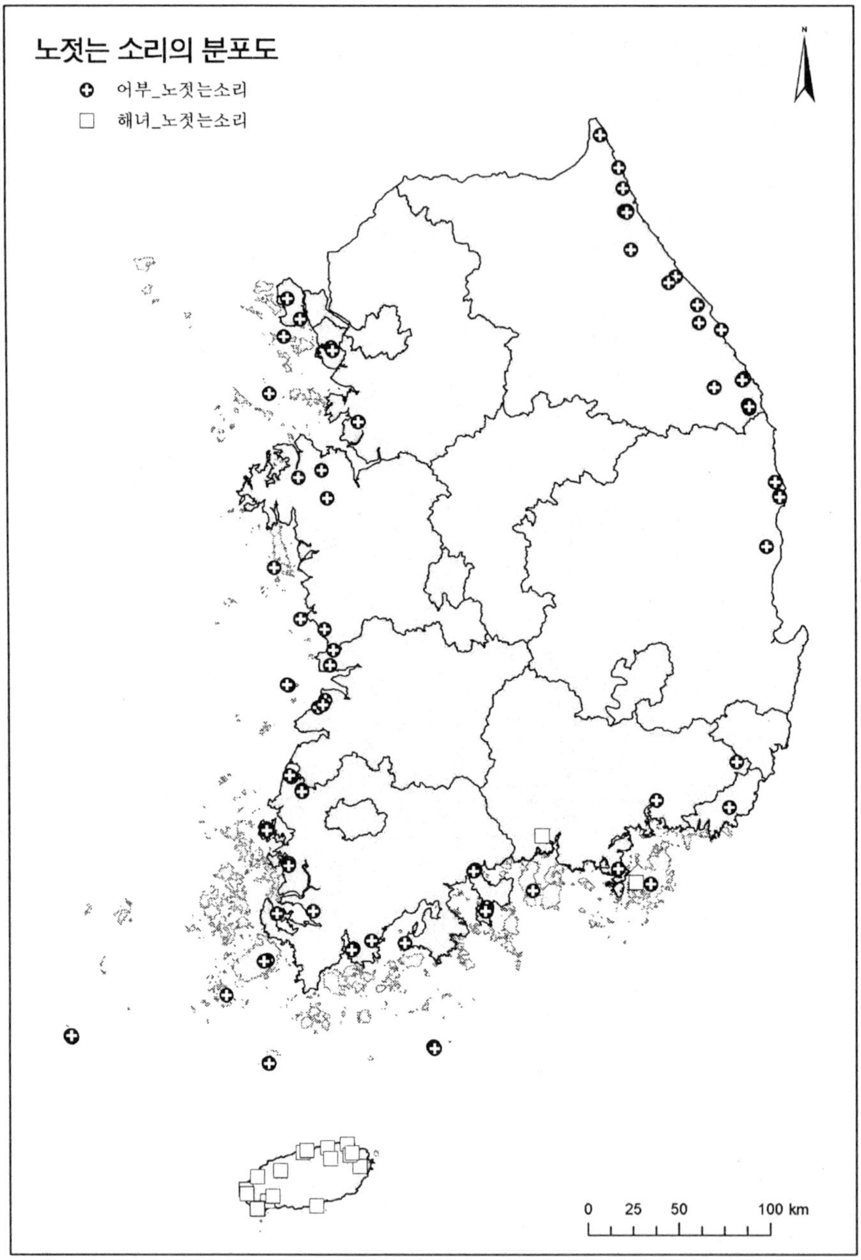

<부록 3> 만선 풍장소리의 분포

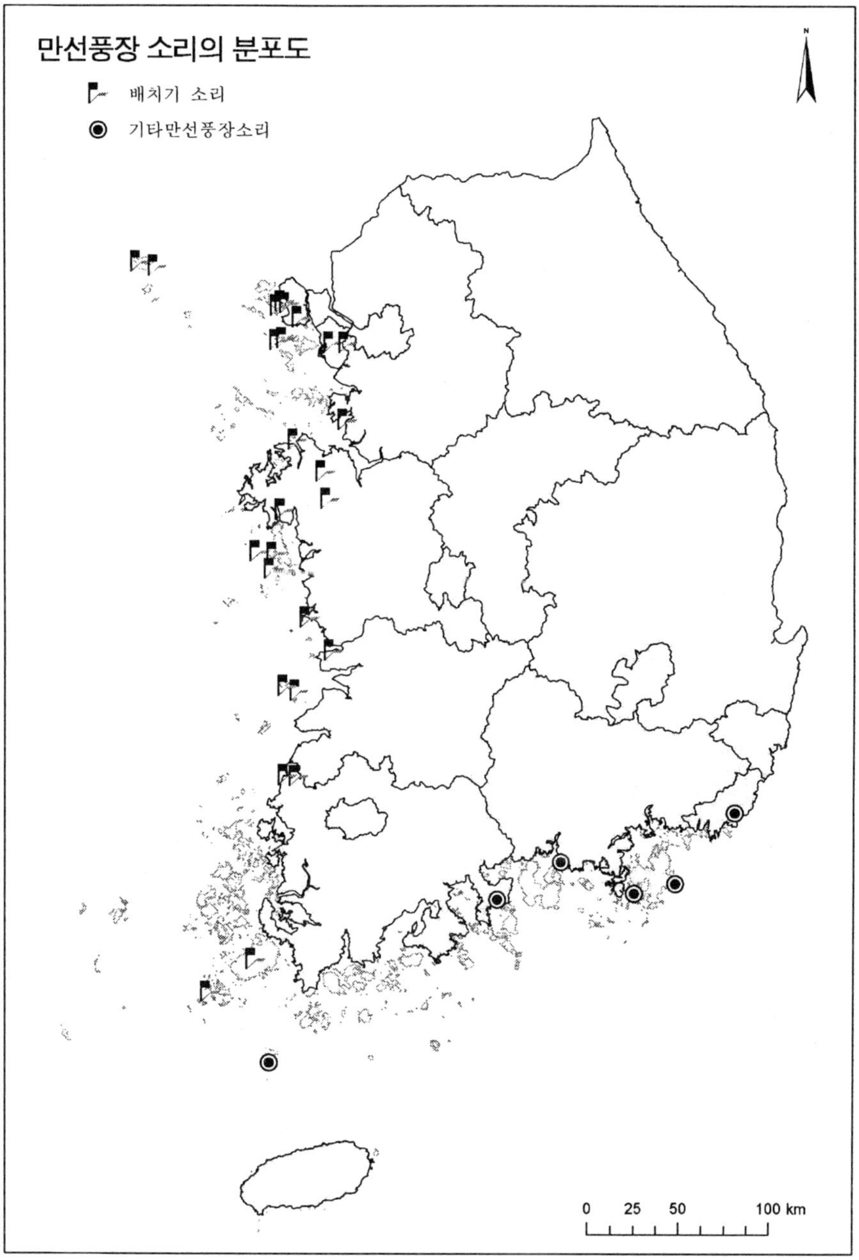

민속놀이의 전국적 분포와 농업적 기반
– 줄다리기와 씨름을 중심으로 –

허용호

1. 연구 목적과 방법

본고에서 필자는 민속놀이 중 '줄다리기'와 '씨름'을 중심으로 그 전국적 분포 양상과 농업적 기반과의 관계를 살피고자 한다. '줄다리기의 전국적 분포 양상은 어떠한가?', '줄다리기의 전국적 분포 양상이 드러내는 농업적 기반은 무엇인가?', '씨름의 전국적 분포 양상은 어떠한가?', '씨름의 전국적 분포 양상이 드러내는 농업적 기반은 무엇인가?' 등의 문제를 던지면서 이에 대한 해결을 모색하는 것이 본고의 목적이 된다.

이러한 목적을 위해 본고는 민속놀이에 대해 전국적 규모에서 최초로 조사된 『朝鮮の鄕土娛樂』[1]을 주 대상으로 했다. 주지하다시피 민속과 관련된 조선시대의 자료는 그리 많지 않다. 흔치 않은 민속놀이 관련 자료 속에서 『朝鮮の鄕土娛樂』의 갖는 의의는 크다. 일제강점기인 1936년부터 식민 지배 당국에 의해 이루어진 조사라는 한계가 있기는 하지만, 그 이전에 이렇게 전국적으로 방대하게 조사된 자료는 없다. 이렇게 본고는 『朝鮮の鄕土娛樂』을 중심으로 하고, 조선후기에 간행된 『京都雜誌』[2], 『洌陽歲時記』[3], 『東國歲時記』[4] 등의 세시기 역시 참고 자료로 함께 이용한 '민속놀이 데이터베이스' 작업의 성과를 바탕으로 한다.

1) 『朝鮮の鄕土娛樂』, 朝鮮總督府, 1941.

2) 柳得恭, 『京都雜誌』.

3) 金邁淳, 『洌陽歲時記』, 1819.

4) 洪錫謨, 『東國歲時記』.

본고는 데이터베이스화한 400여 가지의 민속놀이 중에서 '줄다리기'와 '씨름'을 중심으로 논의된다. 그 이유는 본고가 완결되고 완성된 결론을 주장하기 보다는, 민속놀이 데이터베이스의 다양한 활용을 제안하기 위한 사례 연구라는 성격 때문이다. 필자는 본고를 통해서 앞으로 이 방면의 연구가 활성화되기를 바라는 열린 태도를 갖고 있다. 따라서 전국적 분포 양상을 보이고, 지역적 특색이 두드러지면서, 그 속성이나 기원에 있어 대표적인 놀이 종목으로 '줄다리기'와 '씨름'이 선택된 것이다.

본고의 논의에는 비단 '민속놀이 데이터베이스' 작업성과만 바탕이 되는 것은 아니다. 민속놀이의 전국적 분포도를 작성하는 데에는 본 연구팀이 작년에 완성한 '조선시대 지방행정구역 복원도'가 기본 지도로 이용되었다. 또한 민속놀이의 농업적 함의를 논의하는 데에는 '경지(耕地) 데이터베이스'와 이를 가공한 '수전·한전 분포지도'가 유용하게 이용되었다.

논의 순서는 우선, '줄다리기 데이터베이스'를 바탕으로 그 분포를 '조선시대 지방행정구역 복원도'에 점으로 표시하여 줄다리기의 전국적 분포 양상을 드러내는 것으로 시작된다. 이어서 줄다리기 전국 분포 양상이 갖는 농업적 기반을 '수전·한전 분포 비율 그래프'와 비교를 통해서 추론해 볼 것이다. 그 다음에 '씨름 데이터베이스'를 바탕으로 그 분포를 '조선시대 지방행정구역 복원도'에 점으로 표시하여 씨름의 전국적 분포 양상을 드러낼 것이다. 이어서 씨름이 벌어지는 시기를 기준으로 하여 전국적으로 달리 나타나는 분포 양상을 살피고 그 권역 구분을 시도하게 된다. 그리고 씨름 시기를 통한 권역 구분의 농업적 기반을 '수전·한전 분포지도'와 비교를 통해서 추론할 것이다.

2. 줄다리기의 분포 양상과 그 농업적 기반

줄다리기는 지역에 따라 '줄당기기', '줄땡기기', '줄댕기기', '줄쌈' 등의 이름으로도 불리는 우리의 대표적인 민속놀이이다. 문헌에는 '絜河戱'[5], '葛戰'[6], '索戰'[7], '曳索'[8] '挈河'[9], '繂曳'[10], '引索戱'[11] 등으로 기록되어 있다. 『朝鮮の鄕土娛樂』에는 '索戰', '綱引' 2가지로 기록되

5) 洪錫謨, 「정월」, '상원', 앞의 책.

6) 위와 같음.

7) 洪錫謨, 『都下歲時風俗詩』; 진경환 역주, 『서울·세시·한시』, 보고사, 2003, 277면.

8) 李學逵, 「金官紀俗詩」, 『洛下生全集』; 진경환 역주, 위의 책, 277면.

9) 柳晚恭, 『歲時風謠』, 1843; 임기중 역주 해설, 『우리 세시풍속의 노래』, 집문당, 1993. 119면.

10) 黃玹, 「상원잡영」, 『梅泉集』; 진경환 역주, 앞의 책, 278면.

11) 崔永年, 「속악유희」, 『海東竹枝』, 1821.

어 있다. 이 두 가지 다른 명칭은 줄다리기 방식의 차이 때문에 달리 표기한 것 같지는 않다. '索戰'의 경우 다른 문헌에도 줄다리기의 한자표기로 그 용례가 나와 있어 이를 따른 것으로 보인다. '綱引'의 경우는 아마 일본에서 줄다리기를 '綱引(스나히키)'라 부르고 있는 것[12]을 차용한 것으로 보인다.

『朝鮮の鄕土娛樂』에 조사된 줄다리기 분포 지역은 총 161 지역이다. 줄다리기가 벌어지는 161개 지역을 '조선시대 행정구역 복원도' 위에 점으로 표시하여 분포도로 나타내보면 다음과 같다.

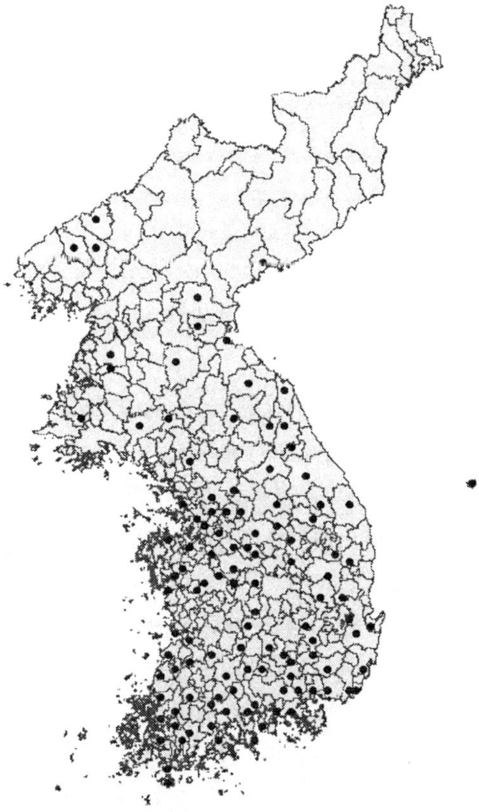

그림 1. 줄다리기 전국 분포 양상

12) 金宅圭, 『韓國農耕歲時의 硏究』, 영남대학교출판부, 1991 재판, 229면.

위의 '줄다리기 분포도'를 보면, 한 눈에 줄다리기 분포의 특징을 파악할 수 있다. 한반도 남부 지역에 그 분포 조밀하게 되어 있고, 중부지역으로 갈수록 그 분포의 조밀성이 약해지다가 북부 지역에서는 희박하게 나타나며, 특히 함경도 북부 지역은 전혀 줄다리기가 분포하고 있지 않음이 이 분포도를 통해서 뚜렷하게 드러난다.

앞의 분포도를 통해 나타나는 줄다리기 분포 양상의 지역간 편차는 구체적인 수치로 표현해 볼 때, 그 차이가 현저해 진다.

도	줄다리기 분포지역 수	분포지역/도 전체 조사지역(%)
전라도	29	29/37(78.3%)
경상도	32	32/43(74.4%)
충청도	19	19/24(79.1%)
경기도	10	10/22(45.0%)
강원도	11	11/21(52.3%)
황해도	4	4/17(23.5%)
평안도	5	5/34(14.7%)
함경도	5	5/28(17.8%)

표 1. 줄다리기의 도별 분포수와 비율

위의 표를 보면 전라·경상·충청 지방인 경우 도별 분포 비율이 70%를 상회하고 있으며, 중부 지역인 경기·강원 지방은 50% 내외의 분포 비율을 보인다. 반면에 황해·평안·함경 지방은 그 분포 비율이 20% 이내로 현저하게 낮아짐을 알 수 있다.

이러한 줄다리기 분포 양상이 나타나는 이유는 무엇인가? 그 실마리를 줄을 만들 때 사용되는 주재료를 중심으로 해서 풀어보기로 한다. 주지하다시피, 줄을 만들 때 사용되는 주 재료는 '볏짚'이다. 칡, 억새, 죽피 등도 재료로 이용되기도 하지만, 그 재료의 중심에는 '볏짚'이 자리하고 있다. 몇 십 미터가 넘는 거대한 줄을 만들기 위해서 소용되는 볏짚은 한두 단에 그치는 것이 아니다. 줄을 만들기 위해서는 집집마다 볏짚을 걸립하는 일이 선행된다. 이러한 사정을 염두에 놓고 볼 때, 줄다리기는 짚을 어렵지 않게 구할 수 있는 지역, 곧 벼농사를 짓는 지역이 줄다리기를 할 수 있는 기반이 갖추어진 곳이라 할 수 있다.

따라서 줄다리기 분포 양상이 드러내는 지역적 편차는 곧, 벼농사 지역 분포와 밀접하게 연관될 것이라는 추정을 할 수 있다. 이러한 추정은 다음의 '수전(水田)·한전(旱田) 분포 비율 그래프'에서 분명하게 입증된다.

그림 2. 전 · 한전 비율

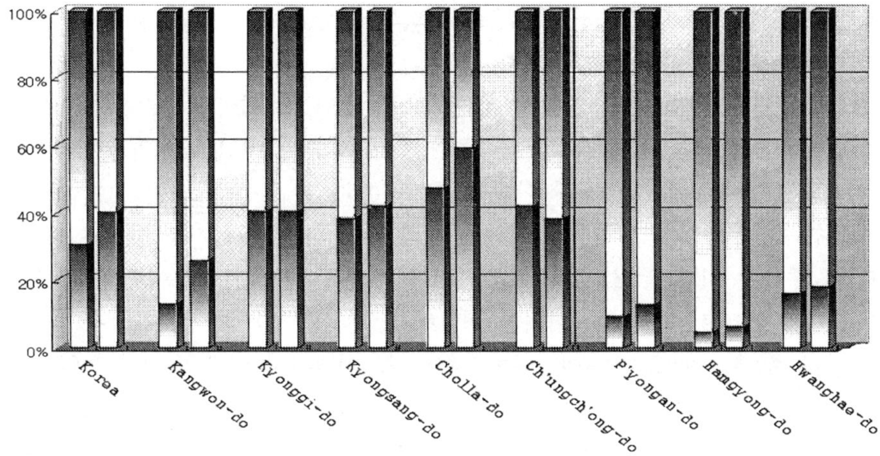

위의 그래프는 15C 전반의 『세종실록지리지』와 18C 중엽의 『여지도서』를 원자료로 하여 구축한 '경지 데이터베이스'를 가공하여 도별 수전 · 한전 비율을 나타낸 것이다. 각도의 왼쪽 그래프는 15C 수전 · 한전 비율이며, 오른쪽 그래프는 18C 수전 · 한전 비율이다. 각 그래프의 아래쪽 녹색 부분이 수전 비율이며, 위쪽 고동색 부분이 한전 비율이다. 이 그래프를 보면 각 도별로 수전의 비율이 높을수록 줄다리기 분포 비율이 높다는 사실을 알 수 있다. 이는 다음의 줄다리기 분포 비율표와 수전 · 한전 비율을 겹쳐서 수치로 비교해 봄으로써 더욱 분명하게 나타난다.

도	줄다리기 분포 비율(분포지역수)	15C 수전 비율	18C 수전 비율
전라도	78.3%(29)	47.4%	59.2%
경상도	74.4%(32)	38.4%	42.1%
충청도	79.1%(19)	42.0%	38.2%
경기도	45.0%(10)	40.5%	40.5%
강원도	52.3%(11)	13%	26.0%
황해도	23.5%(4)	16.2%	18.1%
평안도	14.7%(5)	9.3%	12.8%
함경도	17.8%(5)	4.8%	6.4%

표 2. 줄다리기 분포 비율과 수전 비율

위에서 살폈듯이 줄다리기는 벼농사, 곧 수전 농업과 깊은 관련을 맺고 있다. 줄이 수전 농업에서 가장 중요한 비를 불러오는 용이나 뱀의 형상을 하고 있는 점[13] 역시 줄다리기와 수전 농업과의 관련성을 말하는 것이다.

줄다리기는 단지 하루 날을 정해서 일회적으로 줄만 당기는 민속놀이가 아니다. 짚을 모으고 줄을 만들고 난 후, 줄다리기를 하고 그 이후 줄을 처리하는 과정까지 일정 기간 동안 지속되는 민속놀이이다. 뿐만 아니라 줄다리기는 한 두 사람만이 참여하는 것이 아닌 수십, 수백의 사람이 참여하여 연행되는 대동놀이이다. 줄다리기를 하기 위해서는 일정한 기간과 수많은 사람이 필요한 것이다. 더불어 줄을 만드는데 쓰이는 볏짚 역시 쉽게 구할 수 있는 시기여야만 한다. 이러한 필요조건들은 줄다리기가 행해질 수 있는 기반들을 규정한다. '많은 사람들이 모여 사는 수전 농업 지역에서 볏짚을 어렵지 않게 구할 수 있는 농한기'라는 기반이 조성되어야 줄다리기가 가능해 질 수 있는 것이다. 대부분의 줄다리기가 수전 농업 지역의 농한기인 정월 대보름에 벌어지는 까닭이 여기에 있다.

3. 씨름의 분포 양상과 그 농업적 기반

씨름은 맨손과 맨몸으로 하는 민속놀이로, 줄다리기와는 달리 그 준비 과정이나 놀이 진행에 별다른 준비물이 필요하지 않은 간편한 놀이이다. 문헌에는 '角觝戲'[14], '角技'[15], '角力戲'[16], '角力'[17], '角觝'[18], '角戲'[19], '高麗伎'[20], '撓跤'[21], '角抵'[22] 등의 명칭으로 기록되어 있다. 『朝鮮の鄕土娛樂』에는 '脚戲', '角力', '相博', '씨름' 등의 명칭이 혼용되어 기록되어 있다. 별다른 준비물이 필요하지 않고 간편하게 할 수 있는 특성에 비추어 보았을 때, 씨름은 우리나라 전역에서 벌어졌을 것으로 추정된다.

실제로 『朝鮮の 鄕土娛樂』에서 조사된 씨름의 분포는 전국에 걸쳐 있다. 전체 226 조사 지역에서 씨름이 조사된 지역은 213 지역이다. 이를 '조선시대 행정구역 복원도' 위에 점으로 표시하여 분포도로 나타내면 다음과 같다.

---

13) 지춘상, 「줄다리기의 고싸움놀이에 관한 연구」, 『민속놀이와 민중의식』, 집문당, 1996, 315면 참조.

14) 『高麗史』 卷36 世家 忠惠王 後4年 2月 甲辰條, 5月 辛卯條, 11月 丙寅條.

15) 『高麗史』 卷36 世家 忠惠王 元年 3月條.

16) 『世宗實錄』 卷4 元年 6月 戊子條. 洪錫謨, 『都下歲時紀俗詩』; 진경환, 앞의 책, 426면.

17) 『世宗實錄』 8年 3月 己卯條. 洪錫謨, 『東國歲時記』, 「오월」 '단오' 및 「팔월」 '월내'.

18) 金正喜, 『阮堂集』 卷10 詩 端陽; 진경환, 앞의 책, 425면.

19) 洪錫謨, 『都下歲時紀俗詩』; 진경환, 앞의 책, 424면. 洪錫謨, 『東國歲時記』, 「오월」 '단오'.

20) 洪錫謨, 『都下歲時紀俗詩』; 진경환, 앞의 책, 424면. 柳得恭, 『京都雜誌』, 「세시」 '단오'. 洪錫謨, 『東國歲時記』, 「오월」 '단오'.

21) 柳得恭, 『京都雜誌』, 「세시」 '단오. 洪錫謨, 『東國歲時記』, 「오월」 '단오'.

22) 柳晩恭, 『歲時風謠』, 1843; 임기중 역주 해설, 『우리 세시풍속의 노래』, 집문당, 1993, 197면.

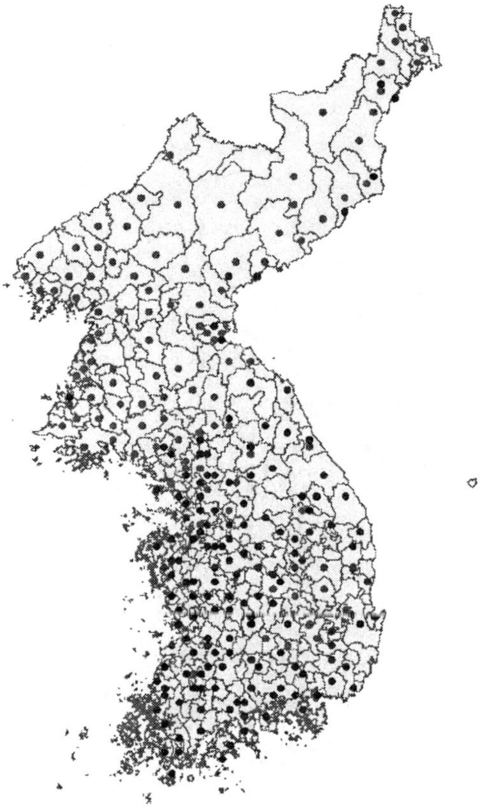

그림 3. 씨름의 전국 분포 양상

위의 씨름 분포도를 보면 어떤 지역적 편차가 존재하지 않는 것으로 보인다. 줄다리기처럼 그 분포 유무가 지역별로 두드러지는 것이 아니라, 전국 대부분 지역에서 행해지고 있는 그야말로 전민족의 놀이라고 할 수 있다.

하지만 '민속놀이 데이터베이스'를 구성하는 필드 항목 중에 하나인 '시기'에 주목하여 본다면, 전국에 걸쳐 분포하는 씨름에 지역적 편차가 드러난다. 그동안 막연히 '단오'에 벌어지는 것이라 인식되어 왔던 씨름이 '단오'는 물론이고 '추석', '백중' 등 다른 시기에도 대표적인 민속놀이로 벌어졌음이 드러날 뿐만 아니라, 그 시기가 지역적으로 차이를 드러내고 있음을 확인할 수 있다.

우선 단오에 씨름을 즐기는 지역을 살펴보기로 한다.

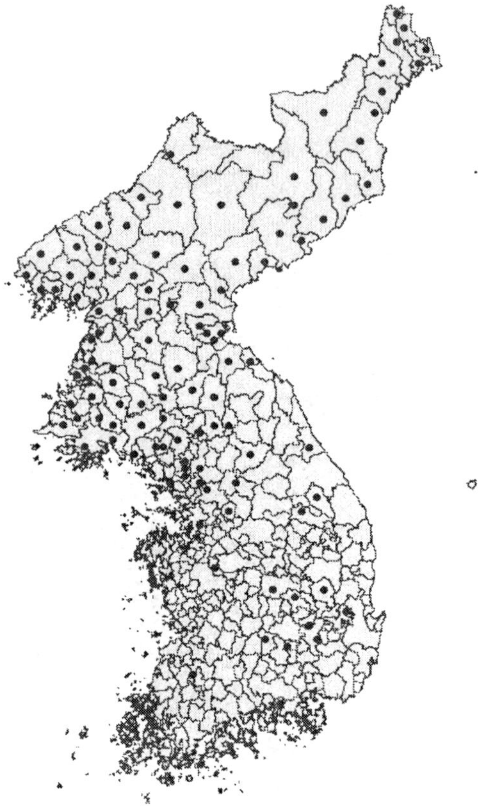

그림 4. 단오 씨름의 지역 분포도

'단오 씨름의 지역 분포도'에서 보듯이 '단오 씨름'은 황해도, 평안도, 함경도 대부분 지역을 근거지로 하여, 경상도 북부, 경기도 북부, 강원도 일부 지역에 분포하고 있다. 씨름 시기를 기준으로 할 때, 단오 씨름이 가장 많이 전체 98 지역에서 행해지고 있어서 씨름이 단오에 행하는 대표적인 민속놀이라는 일반적 인식에 크게 벗어나고 있지는 않지만, 전라도 지역이나 충청도 지역, 그리고 경상도 남부 지역에서 단오 씨름이 나타나지 않는다는 것은 흥미로운 현상이다.

'단오 씨름'이 거의 분포되지 않았던 충청 지역은 다음 분포도에서 보듯 '백중 씨름'의 근거지가 되고 있다. 특히 현 충청북도 지역은 조사된 16개 지역 모두에서 '백중 씨름'이 행해지고 있다.

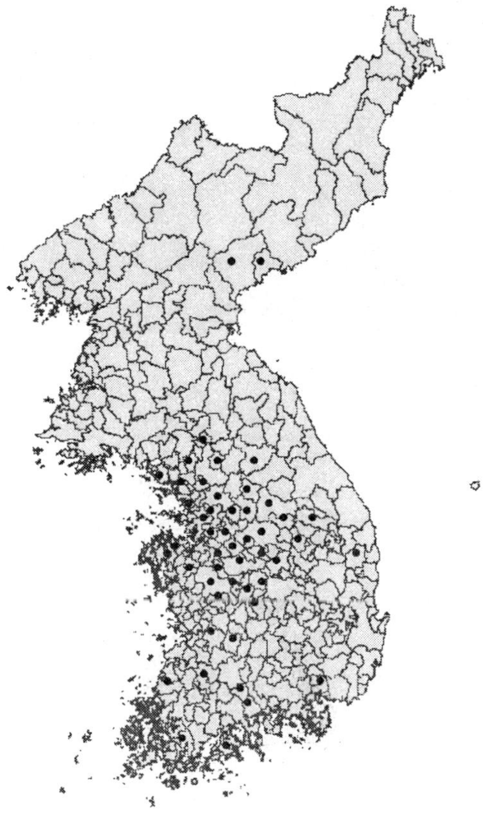

그림 5. '백중 씨름'의 지역 분포도

위 지역 분포도에서 보듯이, '백중 씨름'은 충청북도 지역을 근거지로 하여, 충남과 경기 그리고 전남 지역에 분포하고 있다. 특히 충청 지역의 '백중 씨름'은 『東國歲時記』에서도 다음과 같이 언급된 바 있어서, 그 조사의 신뢰성을 더해준다.

> 충청도 풍속에 노소를 막론하고, 15일에는 거리에 나가 마시고 먹으면서 놀고, 또 씨름놀이도 한다 하였다. (『東國歲時記』 7월 中元節)

'단오 씨름', '백중 씨름'과 더불어 씨름이 벌어지는 대표적인 시기는 '추석'이다. 추석에 벌어지는 씨름의 분포 지역 역시 앞의 두 경우처럼 일정한 지역적 특색을 드러낸다.

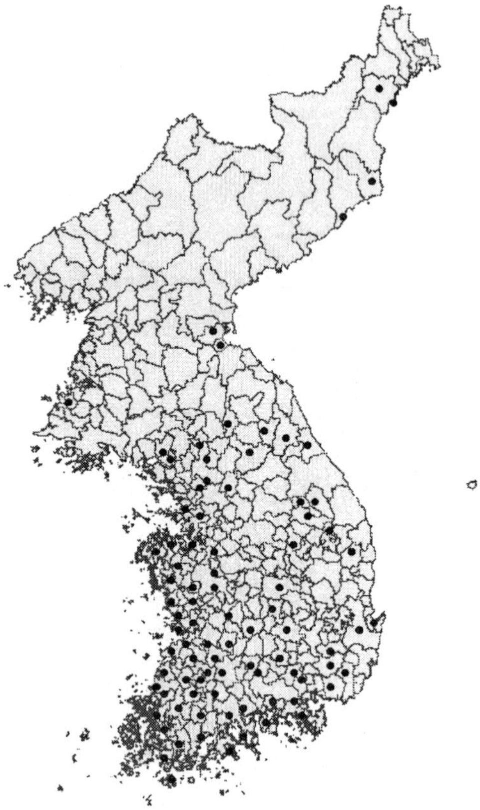

그림 6. '추석 씨름'의 지역 분포도

분포도에 나타나듯이, '추석 씨름'은 전라도와 경상 남부 지역을 근거지로 하여 서해안을 따라 호서 지역과 경기 지역까지 그 범역을 형성하고 있다. 호서 지역인 경우『東國歲時記』에 다음과 같이 언급되어 있어서 위 분포도의 신뢰성을 더해준다.

> 호서 풍속에 팔월 십육일 씨름놀이를 하는데, 술과 음식을 차려놓고 즐긴다. 이는 대개 농사가 끝나가서 쉬려는 뜻이다. 매년 그렇게 한다.(『東國歲時記』 8月 月內 角力)

앞에서 살핀 씨름 시기를 기준으로 한 지역적 분포를 서로 겹쳐보면 다음과 같은 분포도가 만들어질 수 있다.

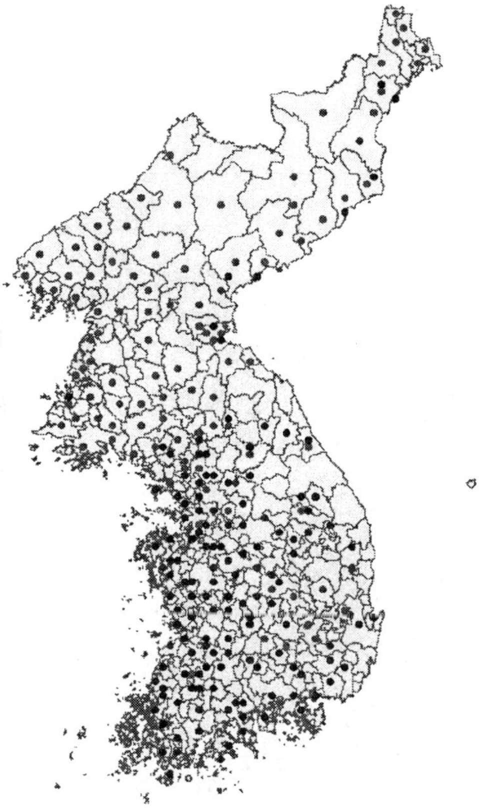

그림 7. 씨름의 시기별 전국 분포도

위의 분포도에서 빨간색 점으로 표시된 지역은 '단오 씨름' 분포 지역이고, 파란색 점으로 표시된 지역은 '백중 씨름' 분포 지역이다. 그리고 보라색 점으로 표시된 지역은 '백중 씨름' 분포 지역이다. 이러한 분포 지역 구분을 바탕으로 했을 때 전국을 대략 다음과 같은 권역으로 나눌 수 있다.

권역명	지역
추석권	전라도, 경상도 남부, 충청 서부(충남)
추석·백중 복합권	충청 중서부(충남)
백중권	충청 동부(충북)
단오·백중 복합권	경기도
단오·추석 복합권	경상도 북부(경북), 강원
단오권	황해도, 평안도, 함경도

그런데 흥미로운 것은 이 권역이 앞서 살핀 한전 수전 비율과 일정한 관계가 만들어진다는 점이다. 앞서 그래프로 살핀 한전·수전 비율을 좀더 정밀하게 군현별로 나누어 나타낸 다음 지도를 보면 씨름 시기를 바탕으로 나눈 권역과 한전·수전 비율간의 관계가 보다 명확하게 드러난다.

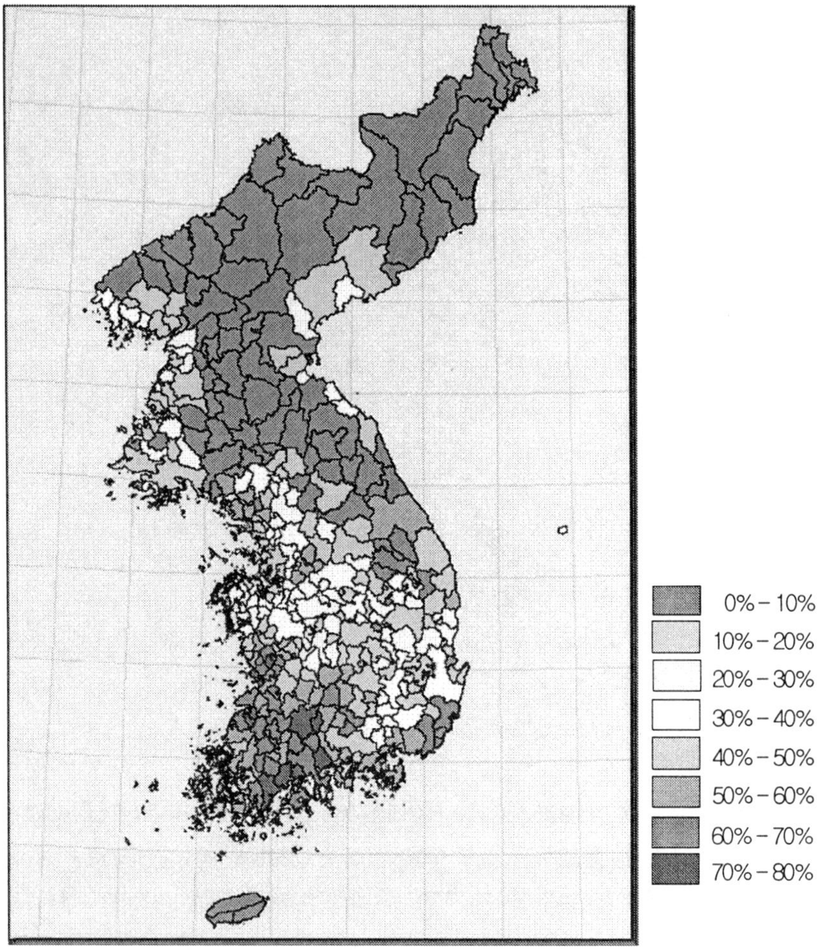

그림 8. 18C 수전·한전 분포 비율

이 지도를 바탕으로 한다면, '추석 씨름권'은 수전 비율이 50%를 상회하는 수전 농업 지역이며, '단오 씨름권'은 수전 비율이 10% 이내의 한전 농업 또는 산간 농업 지역임을 알 수 있다. '백중 씨름권'은 수전 비율이 20-40%의 한·수전 농업 지역임도 이 지도에서 확인된다. 이러한 씨름 시기 권역과 수전 비율과의 연관성을 표로 만들어 보면 다음과 같다.

권역명	수전 비율	비고
추석권 (전라, 경상 남부, 충청 서부)	50% 이상 (수전 농업)	
추석·백중 복합권 (충청 중서부)	30% 내외(한·수전 농업)	남부 추석권과 충청 동부 백중권의 영향
백중권 (충청 동부)	20-40% (한·수전 농업)	
단오·백중 복합권 (경기)	2-30% 지역과 40% 이상 지역의 혼재(한·수전 농업)	북부 단오권과 충청 동부 백중권의 영향
단오·추석 복합권 (경상 북부, 강원)	대부분의 20% 이하 지역과 일부 40% 이상 지역의 혼재(한전 농업)	북부 단오권과 남부 추석권의 영향
단오권 (황해, 평안, 함경)	10% 이내 (한전 농업, 산간 농업)	

표 3. 씨름 시기별 권역과 수전 비율과의 관계

이렇게 씨름 시기를 기준으로 한 권역과 그 농업적 기반과의 연관성을 바탕으로, 각 시기별 씨름이 벌어지게 된 연유를 추론해 볼 수 있다.

우선 '추석 씨름'이 벌어지는 수전 농업 지역을 보자. 일반적으로 씨름이 벌어지는 시기는 단오로 알려져 있다. 하지만 수전 농업이 중심적인 지역에서 단오를 전후한 시기는 농번기이다. 모판 관리를 하고 모내기 준비를 해야 하는 농번기에 단순한 개인놀이에서 대동의 놀이판을 벌이는 데 적합한 '판따기' 형태로 변화한 씨름을 벌인다는 것은 무리가 있다. 따라서 첫 수확물을 조상에게 바치는 수확제의 시기인 추석에 대대적으로 씨름을 벌인 것으로 생각된다. 한 해 농사를 마무리 지으면서 모두가 함께 즐기는 명절놀이의 하나로 씨름이 자리한 것이다.

'백중 씨름'이 분포하는 충청 지역은 한·수전 농업지역이다. 한전 농업의 경우 백중을 전후한 때는 수수를 위시한 잡곡과 과실이 수확되는 시기이다. 더불어 수전 농업의 경우 김매기가 마무리는 되는 시기이다. 따라서 한전 농업의 수확, 그리고 수전 농업의 김매기를 일단락 지은 한가한 시기에 씨름을 비롯한 여러 민속 놀이판이 벌어지는 것이다. 덧붙여 '백중 씨름'이 충청 지역에 두드러지는 것에는 이 지역 불교·도교의 영향력과도 연관이 있는 것으로 보인다. 백중은 불교의 우란분절, 도교의 중원절로서 종교적 명절의 성격을 농후하게 갖고 있다. 이러한 불교적 도교적 성격의 명절을 지속적으로 이어오고 있다는 것은, 곧 그 영향력이 여전하다는 것을 말하는 것이기 때문이다. 더구나 현재까지도 이어지는 이 지역 무속의 불교·도교적 성격을 감안했을 때, 이러한 추정은 더욱 강해진다.

'단오 씨름'이 분포하는 지역은 한전 또는 산간 농업 지역이다. 한전 농업 또는 산간 농업에서 단오를 전후한 시기는 수전 농업에서처럼 바쁜 농번기가 아니다. 오히려 가을보리, 밀, 감자, 마늘, 대마 등 한전 농업을 통해 산출되는 농작물의 수확기이다. 단오는 산간 농업의 한 방식인 화전의 수확 시기와도 밀접한 관계가 있다.[23] 이처럼 단오는 한전 또는 산간 농업 지역에서는 추석과 유사한 수확 의례의 시기인 것이다. 따라서 이 시기가 모두가 다 함께 즐기는 중요한 명절로 자리 잡게 된 것이며, 씨름 역시 단오놀이의 하나로 행해진 것이 아닌가 생각된다.

4. 연구 성과와 과제

본고는 본격적인 연구라기보다는 '민속놀이 데이터베이스'의 다양한 활용 가능성을 제안하는 사례 제시라는 성격이 강하다. 따라서 앞에서 제시된 사례를 참고로 하여 이 방면의 연구를 활성화시키는 것이 본고의 가장 큰 목적이라 할 수 있다.

본고를 통해서 우선 줄다리기의 전국적 분포가 확연하게 드러났고, 이 분포가 줄다리기가 수전 농업 지역의 제 여건을 바탕으로 해서 이루어진다는 점이 구체적인 자료를 바탕으로 설명되었다. 본고에서는 씨름의 전국적 분포 및 시기별 분포에 따른 권역 구분도 시도되었다. 그리고 씨름 시기별 권역은 추석권, 백중권, 단오권 등으로 구분되며, 이 권역은 각각 수전 농업 지역, 한·수전 농업 지역, 한전 농업 지역의 제 여건을 바탕으로 해서 이루어진다는 점이 구체적인 자료를 바탕으로 설명되었다.

이러한 본고의 논의는 막연한 추정이나 추론이 아닌 구체적인 자료를 바탕으로 이루어진 것이라는 점이 다른 연구와 변별되는 이 연구의 성과라 할 수 있다. 줄다리기와 씨름의 전국적 분포와 그 농업적 기반과의 연맥이 구체적인 자료를 통해 제시된 것이다.

하지만 본고의 논의는 세밀한 분포와 그 농업적 기반에 대한 해명에까지 이르지 못하고 대략적 분포와 경향 설명에 그쳤다는 한계가 있다. 이는 군현단위 지역까지만 조사된 원자료의 한계에서 기인한다. 줄다리기나 씨름에 대한 분포가 군현에서 좀더 세밀하게 리나 동단위 나아가 자연마을 단위까지 포착이 될 때, 그 농업적 기반에 대한 논의나 나아가 권역에 대한 논의 역시 좀 더 세밀해지고 정치해질 것이다. 이러한 문맥에서 '민속놀이 데이터베이스'는 최근에 본격적으로 나오기 시작한 조사 보고서들을 참고하여 보다 확장되어야 할 필요가 있다.

---

23) 金宅圭, 「韓國部落慣習史」, 『韓國文化史大系』IV, 고려대학교 민족문화연구소, 1970, 697-701면 참조.

제 3 부

조선시대 문화 주제 연구

朝鮮 太祖政權의 붕괴

민현구

1. 머리말

高麗 末의 극심한 혼돈과 정쟁을 극복하고 朝鮮이 건국하였으나, 불과 6년 남짓한 짧은 기간이 지난 다음, 太祖는 왕위에서 쫓겨나고 정치적 주도권은 태조의 第5男 芳遠을 비롯한 宗親勢力으로 넘어갔다. 새로운 王朝의 開創에 중심 역할을 했고, 이어서 새 국가의 문물 제도를 정비하는 데 앞장서서 크게 공헌한 鄭道傳과 그 일파는 비상수법에 의해 제거당하였고, 궁궐 안에 있던 世子 芳碩도 방축되어 무참하게 죽음을 맞았으며, 뒤이어 태조는 타의에 의해 왕위에서 물러나기에 이르렀다. 이른바 제1차 王子亂에 의해 새 왕조 조선의 기본 골격이 깨지는 커다란 정치적 변혁이 이루어졌던 것이다.

이것은 지금껏 중대한 사건으로 주목의 대상이 되어왔다. 특히 李相佰은 이 일이 종래 朝鮮王朝實錄에 鄭道傳 일파가 여러 왕자들을 모해하려다가 오히려 뜻을 이루지 못하고 伏誅당하였다고 기록되어 있는 바에 따라 「鄭道傳의 亂」으로 인식되어 온 점이 잘못임을 밝힘으로써 이 대사건이 「제1차 王子亂」으로 정리될 수 있게 하였고, 그에 따라 이 시기 政治史의 이해에 새로운 지평을 열 수 있었다.[1] 정도전에 대해 적극적인 관심이 쏠리고, 太宗(芳遠)에 대해 정치적인 책략가, 수단과 방법을 가리지 않은 권력지향적 존재로 파악하는 데 상당한 영향을 미쳤다고 하겠다.

그런데, 이 변혁에 대해 지금껏 역사적 사실로 파악하여 그 자체 속에서 접근하는 데에는 소홀히 하였다고 여겨진다. 그것이 정도전이 획책한 것이었던지, 또는 왕자란이었던지

---

1) 李相佰, 「三峰人物考」, 『震檀學報』 2,3, 1935 및 『朝鮮文化史研究論攷』, 1947.

와는 별개의 문제로, 그 사건은 태조의 몰락이요 정도전 일파의 失權이었던 만큼, 당시의 권력구조, 정치상황 속에서 검토되어야 할 것이다. 달리 말하면, 이 일이 권력중심부 밖의 왕자 또는 종친세력이 뛰어들어 야기시킨 사건으로서 보다는 왕조체제 속으로부터 야기된 정권의 붕괴라는 관점에서 살필 필요가 있다고 여겨진다.

이 변혁은 앞에서 말한 대로 새 왕조의 기본 골격을 깨뜨리는 사건이었다. 국왕과 세자, 그리고 그들과 밀착되어 권력의 중심부를 이루던 정치세력이 함께 제거되어 무너져버렸지만, 정치권력과 王統은 宗室·왕자세력에게 넘어가서 조선왕조는 그대로 지속되었던 만큼, 이것을 태조정권의 붕괴로 파악하여 접근할 수 있다고 생각한다. 이 고찰을 통해 조선 太祖代 후반기의 정치상황이 분명히 밝혀지고, 그것으로써 시간적으로는 짧지만 역사적으로 중요한 태조대의 정치 운영과 권력구조의 실상에 대해 보다 깊게 이해할 수 있게 되기를 바란다.

2. 조선 건국 초 새 권력구조의 형성

고려의 멸망과 조선의 건국은 易姓革命의 형식을 띠고 이루어졌지만, 그 이면에는 威化島回軍 이후의 치열한 政爭이 개재하였다. 恭愍王代에 대두한 新進文臣勢力의 정치적 성장과 新興의 武將 李成桂의 武勳이 결합하여 조선건국 주도세력의 대두를 보게 되었다고 하더라도, 고려·조선의 왕조교체가 구현되어 새 왕조가 성립하기까지에는 복잡한 정치적 이합집산이 있었다. 그러므로 새롭게 탄생한 조선초기의 권력구조는 결코 단순한 것이 아니었다.[2)]

조선 건국 직후에 최고위 관료직에 대한 인사 발령이 있었고, 이어서 開國功臣이 책봉되었으며, 또한 세자의 책립이 이루어짐에 따라 새로운 정치구도, 권력구조가 모습을 드러내게 되었다. 새 왕조가 개창된 지 11일이 지나 合坐機關인 都評議使司 및 門下府, 三司, 中樞院을 비롯한 모든 정치기구의 조직과 업무를 규정하는 官制를 공포함과 동시에 인사 발령을 내서 조정의 진용을 짰다.[3)] 이때의 인사는 元老로서 상징성이 큰 判門下府事 洪永通, 領

2) 조선 건국초의 정치사와 권력구조를 다룬 주요 논저로 앞서 제시한 이상백의 논문 이외에 다음의 것들이 있다. 鄭杜熙, 「朝鮮初期 三功臣硏究」, 『歷史學報』75·76, 1977 및 『朝鮮初期 支配勢力硏究』, 1983.
韓永遇, 「朝鮮 開國功臣의 出身에 대한 硏究」, 『朝鮮前期社會經濟硏究』, 1983.
崔承熙, 「朝鮮 太祖의 王權과 國政運營」, 『震檀學報』64, 1987 및 『朝鮮初期政治史硏究』, 2002.
閔賢九, 「朝鮮 太祖代의 國政運營과 君臣共治」, 『史叢』61, 2005.

3) 『태조실록』1, 태조 1년 7월 丁未.

三司使 安宗源을 위시하여 門下左侍中 裵克廉, 門下右侍中 趙浚 등 모두 18명의 재상급에 대한 것이었는데, 그들은 새 조정의 중추적 존재였다.

이들 조선왕조 개국당시 최고위 재상급 인물들의 성분을 살피면, ① 고려말엽에 명망있는 정치가로 활약하면서 이성계 일파에 동조하거나 적극적으로 협력한 부류의 인물들(洪永通, 安宗源, 裵克廉, 尹虎, 金士衡, 鄭摠), ② 이성계 일파의 중심세력으로서 개혁론을 주창하고 치열한 정쟁에 앞장섰던 사람들(趙浚 , 鄭道傳, 南誾, 趙仁沃, 南在), ③ 이성계 일파에 속하지만, 親族이나 군사적 유대를 통해 그 예하에 들어온 武將 출신 인물들(李和, 鄭熙啓, 李之蘭, 金仁贊, 張思吉, 趙琦, 黃希碩) 등 3부류로 나눌 수 있다. 조준과 정도전을 중심으로 하는 개혁세력이 이성계와 손잡고 그의 무력적 기반에 힘입어 정치적 중심세력을 구축하고, 배극렴, 윤호, 김사형 등과 같은 명망 있는 기성세력을 포섭하여 왕조교체에 성공하였음을 뜻한다고 하겠다.

개국공신의 성향을 분석하더라도 비슷한 양상을 나타낸다. 건국초에 착수된 개국공신 책봉은 4개월만인 태조 1년 11월에 완료되어 최종적으로 52명의 功臣이 탄생하였는데, 건국과 동시에 최고위 宰相급으로 발탁된 인물들 가운데, 홍영통과 안종원을 제외한 16명과 그밖에 뽑힌 36명이 합쳐진 것이었다.[4] 앞에 든 3부류 가운데 이성계의 친인척이나 예하의 무인으로 분류될 수 있는 사람들이 역시 많았지만, 친인척으로서는 이성계의 庶弟인 李和 이외에 사위인 李濟가 높은 서열로 공신 대열에 포함될 뿐, 왕자들은 일체 배제되고 있음이 주목된다.

세자의 책립은 왕조 개창 후 약 1개월 만에 태조 이성계의 後夫人인 顯妃 康氏 소생의 末子 芳碩을 세우는 것으로 낙착되었다. 이성계에게 이미 사망한 前夫人 韓氏 소생의 6남과 강씨 소생의 2남 등 모두 8명의 아들이 있었다. 그 가운데 한씨 소생으로는 장남 芳雨가 廢疾 상태요, 제6남 芳衍은 사망했던 터이므로, 세자 후보로는 조선건국에 공이 큰 제5남 芳遠을 비롯하여 4명이 있었는데, 모두 배제되었던 것이다. 생존 중인 현비 강씨의 영향이 컸고, 장남을 세울 수 없는 형편에서 이성계가 정치적 야심이 큰 방원을 긍정적으로 평가하지 않은 점도 상당한 작용을 하였다. 당초 이성계는 강씨 소생의 제7남 芳蕃을 선호하였으나 그가 恭讓王의 동생 王瑀의 사위란 점을 못마땅하게 여기는 功臣 · 宰相의 입장을 받아들여 芳碩을 세자로 삼기에 이른 것으로 파악된다.[5]

開國에 즈음하여 중요하게 떠오른 것은 兵權의 문제였다. 이에 대해서는 새롭게 義興親軍衛를 설치하고, 또한 「宗親과 大臣에게 諸道兵을 分領케 한다」는 방침을 밝히는 조치를 취하였다. 앞의 것은 고려 말 이성계 휘하의 군사를 핵심 병력으로 하던 都摠中外諸軍事府를 革罷하고 그 대신 義興親軍衛를 설립하여 새 국왕의 친위군으로 삼은 조치로서, 李和,

---

4) 註 2)의 논문들 참조.

5) 閔賢九, 「朝鮮 太祖代의 國政運營과 君臣共治」, 『史叢』61, 2005.

鄭道傳, 南誾, 金仁贊, 張思吉, 趙琦의 7인과 王子・駙馬가 관장토록 했다. 뒤의 것은 고려 말에 將帥가 지역별로 군사를 징발하고 지휘하면서 軍籍까지 관할하였던바, 王朝 開創 당시 이성계 일족과 유력한 대신들이 관장했던 侍衛牌의 지휘권과 행정권(軍籍)을 그대로 인정한다는 내용이었다.6)

이상에서 살핀 바와 같이 조선 건국 초의 권력구조는 3부류의 세력으로 메워졌고, 세자로는 이성계의 후부인 강씨 소생의 芳碩이 책립되었으며, 병권은 이성계의 직속군이 친위군으로 개편된 반면, 各道의 군대는 종친과 대신에게 그대로 領屬되는 상태였다. 조정의 최고위직과 개국공신으로 표상되는 조선의 주도세력이 국왕과 조화를 이루고, 세자 방석을 중심으로 하는 후계구도를 굳히면서 병권의 정돈을 이룩하는 것이 장차의 과제였다.

이러한 상태로 정치체제를 굳힌 새 국가는 계속해서 중요한 현안을 해결해 나갔다. 明과의 교섭을 통해 새 국호로 「朝鮮」을 擇定케 함으로써 국가수립의 승인을 받았다. 前王朝의 왕과 왕실 및 왕족에 대한 처결문제가 대두되어 당초에는 온건책을 표방하다가 결국 대다수 신료들의 강경한 주장에 좇아 그들 모두를 살해, 제거시켰다. 이어서 건국과 동시에 큰 문제로 제기된 遷都에 대해서는 태조 이성계의 적극적 추진에 힘입어 마침내 태조 3년 10월에 漢陽으로의 천도가 구현되기에 이르렀다. 이러한 국가적 중대사는 국왕과 공신・재상이 서로 뜻을 모아 「君臣共治」의 형태로 처결되었다.7)

시간이 경과함에 따라 권력구조가 정비되었다. 태조 1년 12월에 首相직인 左侍中에 趙浚, 右侍中에 金士衡이 임명되었고, 이듬해 9월에는 역시 一品職으로 고위직인 判三司事에 鄭道傳이 임명됨으로써 이후 태조대 정치의 주역을 맡을 三人體制가 형성되었다. 조준은 위화도회군 직후 획기적인 田制 改革 上疏로 개혁운동에 불을 붙인 당대 최고의 經世論者였고, 김사형은 名門인 安東 金氏 가문 출신으로 寬厚 愼重한 가운데 지략을 갖춘 인물이었다. 정도전은 文武兼全한 사상가요 策士로서 개혁운동의 선봉장이었다. 모두 이성계의 신임이 두터웠다. 그밖에 이성계가 높이 사서 宰相位에 있으면서 활동한 南誾을 들 수 있는데, 그는 정도전과 가까운 행동적인 개혁파였다. 김사형이 앞에서 든 ①의 부류에 속하고, 조준, 정도전, 南誾은 ②의 부류에 속한다.

한편, 병권 문제와 관련하여 태조 2년 9월에 義興三軍府를 설치하고 제도적 개편에 착수하였다. 고려 말 三軍摠制府에서 연원을 찾아 신설된 이 기구는 종래 종친・대신이 節制使의 직함을 갖고 독자적으로 侍衛牌를 관할해 온 상태에 변화를 주어 그 군대를 조직 속에 소속시켜 국가의 통제 안에 들어가도록 하기 위한 것이었다. 그리하여 해당되는 모든 군대는 의흥삼군부에 소속되었고, 뒤이어 이 기구의 長인 判事에 정도전을 임명하였다. 절제사들이 시위패의 軍籍을 관장함으로써 군대의 지휘권과 행정권을 지니는 상태는 지속되었

6) 閔賢九, 『朝鮮初期의 軍事制度와 政治』, 1983.

7) 閔賢九, 「朝鮮 太祖代의 國政運營과 君臣共治」, 『史叢』61, 2005.

지만, 의흥삼군부는 훈련과 감독을 통해 군대에 대한 국가의 영향력을 증대시키려고 했다.[8)]

이와 같은 정치의 방향은 신생의 조선 왕조 체제를 안정시키려는 것이었다. 太祖 李成桂를 國王으로 하는 조선의 성립을 기정사실화하여 체제의 정비를 꾀하고, 왕권을 확립하여 정치적 안정을 도모하는 동시에, 芳碩을 世子로 하는 後繼構圖 역시 함께 묶어서 굳힘으로써 새로운 권력구조의 장래에까지도 만전을 기하려고 했다. 국왕과 세자와 三人體制를 중심으로 하는 정치권력의 중심부는 이해관계를 함께 할 수 있는 상황이었다.

그러나 조선왕조의 개창과 동시에 새로운 정치구도가 마련되고, 시간의 추이에 따라 권력구조가 정비되는 과정을 통해 문제점들도 쌓여가고 있었다. 우선 李成桂의 前夫人 韓氏 소생의 王子들이 소외된 점이다. 그들은 세자 책립에서 배제되었고, 功臣冊封에서도 빠졌다. 다음으로 건국과 동시에 요직에 임명된 ③부류의 사람들이 점차 권력의 중심에서 멀어진다는 사실이다. 이성계의 庶弟로 宗親을 대표하는 李和는 관직에서 물러나 정치에서 소외되었고, 다른 이들도 정치적으로 퇴조하는 모습을 보여주었다. 게다가 義興三軍府를 설치하여 기존의 종친·대신들의 兵權 장악에 대해 압박을 가할 경우, 王子, 宗親, 武將 출신 將相들은 불안감과 의구심을 지닐 여지가 생기게 되었다.

이 무렵 世子 芳碩이 沈孝生의 딸을 맞아 世子嬪으로 삼는 혼인이 성립되었다. 방석은 이미 혼인한 전력이 있으나 세자빈 柳氏가 궁중에서의 불미스러운 일로 출궁당하는 사건이 발생하였고, 그로부터 1년 5개월 만인 태조 3년 10월 재혼이 이루어졌다.[9)] 심효생은 개국공신이지만 원래 가문이 寒微하다는 점을 들어 정도전이 태조에게 권하여 이 혼인이 이루어졌다. 자연히 세자를 매개로 하여 정도전, 남은과 심효생이 가까워지고, 세자의 生母인 顯妃 康氏 및 그녀와 가까운 정치세력도 연결을 갖게 되었다. 정도전에 대한 태조의 신뢰와 기대가 워낙 컸고, 당시 그의 활약과 위상이 두드러졌던 만큼, 그를 중심으로 세자를 지원하는 세력이 결집되는 경향도 서서히 나타나게 되었다.

그러나 태조는 신중한 자세를 취하며 수상인 조준을 우대해서 병권을 조준과 정도전에게 고루 맡겼다.[10)] 그리고 삼인체제에 힘을 실어주어 모든 주요 정사는 都評議使司의 결의를 거치되 실질적으로는 三人의 동의를 필수적인 것으로 하였다. 조준은 유능한 정치가로서 정무의 처결에 결단력이 있었고, 김사형은 중후한 풍모로 사태를 원만히 처리함으로써 책략적인 정도전과 더불어 조화를 이루며 안정된 전국을 이끌 수 있었다.

8) 閔賢九, 『朝鮮初期의 軍事制度와 政治』, 1983.

9) 『太祖實錄』6, 태조 3년 10월 壬午.

10) 『太祖實錄』5, 태조 3년 3월 壬寅.

3. 太祖代 말엽 정치환경의 변화

(1) 對明관계의 악화와 權力中心部의 분열

새롭게 형성된 朝鮮王朝는 태조 4년에 이르러 새 權力構造를 중심으로 정치적 안정을 보여 주었다. 漢陽 遷都에 뒤이어 궁궐조성을 비롯한 후속사업이 벌어지고, 새 국가체제를 갖추기 위한 문물제도의 정비에 박차를 가하였다. 前年에 芳遠이 明의 요청에 따라 入明하여 황제를 만나고 돌아온 다음, 朝鮮의 對明관계에도 별다른 문제점이 드러나지 않고 있었다. 그러한 가운데 國王과 三人體制를 중심으로 하는 功臣·宰相을 주축으로 君臣共治의 국정운영이 이루어지고, 世子 芳碩을 내세운 후계구도도 더욱 굳어지고 있었다. 太祖代를 통해 정치적으로 가장 안정된 1년간이었다.

그런데, 태조 5년에 접어들어 對明관계가 악화되면서 사정은 달라지게 되었다. 2월에 明이 다시금 表箋文의 輕薄·戱侮를 문제 삼아 조선을 압박하기 시작하였고, 그것이 계속 확대 강화되었던 것이다.[11] 당초 明은 朝鮮의 건국을 승인하고, 조선이라는 國號를 擇定케 하는 등 긍정적 태도를 보였으나, 태조 2년 5월에 使臣을 보내 조선의 女眞 유인, 貢物로 보낸 말의 駑下 등 5가지 점을 들어 조선을 책망하면서 위협하기 시작했다. 조선의 해명에도 불구하고, 명은 강경책을 써서 朝貢路를 폐쇄시켜 사신의 입국을 저지시키기까지 했는데, 이 무렵 조선의 表箋文에 「侵侮之辭」가 섞여 있다는 점을 들어 질책한 바 있다. 이와 같은 明의 억지스러운 시책은 新興의 朝鮮을 견제하고, 특히 女眞과 연결된 조선의 遼東방면으로의 세력확산에 쐐기를 박으려는 것이었다. 조선은 크게 당혹스러웠지만, 芳遠이 王子로서 明에 다녀옴으로써 朝貢路가 열리고 사태는 진정되어 양국관계가 정상화되는 듯했다. 그러한 가운데 이번에 또 表箋文을 들고 나와 明이 高麗에 타격을 가했다.[12]

조선은 당초 원만한 해결을 위해 명이 문제 삼은 태조 4년 10월의 正朝表箋 撰文者 金若恒을 즉시 명에 管送하면서, 言語가 中華와는 서로 다르고 學問이 조잡한 때문에 생긴 실수라고 사죄하였다. 그러나 1개월 뒤에 명으로부터 돌아온 고려 使臣 편을 통해 새로운 표전문제의 제기가 알려졌다. 正朝表箋에 뒤이어 國王의 誥命과 印信을 내려줄 것을 요청한 奏請文에 무례한 내용이 있다고 질책하며 撰文者·校正인을 잡아 보내라는 것이었다. 조선이 머뭇거리다가 2개월이 지난 태조 5년 6월에 明은 使臣 牛牛와 王禮·宋孛羅·楊帖木兒 등을 보내 문제의 撰文者로 鄭道傳과 鄭擢을 지목하여, 그들과 이미 사신으로 갔다가 억류 중인 柳珣 등의 처자를 붙잡아 보내도록 요청하였다.[13] 조선 조정은 크게 당혹하였다. 특

11) 末宋保和, 「麗末鮮初에 있어서의 對明關係」, 『靑丘史草』1, 1969.

12) 朴元熇, 「明初의 文字獄과 朝鮮表箋問題」, 『史學研究』, 1975 및 『明初朝鮮關係史研究』, 2002.

13) 『太祖實錄』9, 태조 5년 6월 丁酉.

히 최고의 실권자요 왕이 가장 신임하는 정도전이 管送의 대상자로 지목된 것이 충격이었다. 南誾은 명의 요청을 거부하라는 上書를 올렸다.

조선은 1개월 뒤, 明 使臣 宋孛羅가 돌아갈 때 撰文者로 權近, 鄭擢, 그리고 校正人으로 盧仁度를 管押하면서 河崙을 啓稟使로 삼아 파견하였다.[14] 鄭道傳은 撰文에 간여하지 않았을 뿐 아니라 鼓腹脚氣病을 앓는다는 이유로 제외시켰고, 權近은 자신도 撰文에 간여했다고 自請하여 一行에 포함되었다. 語音이 다르고 學問이 精博하지 못해 表箋文의 체제를 제대로 알지 못한 때문이지 고의로 희롱하고 모멸하려는 뜻은 전혀 없었다는 해명도 전하였다. 明의 사신 일행 가운데 牛牛는 4개월 더 머물다가 돌아갔는데, 앞서 잡혀간 撰文者의 처자들이 뒤따라 管送되었다.

그 후 태조 6년 4월까지 이때의 表箋文 사태는 끊임없이 史書에 오르내리다가 한 동안 뒤 7개월 만에 鄭摠, 金若恒, 盧仁度가 明 皇帝의 노여움을 사 죽음을 당했다는 소식을 확인하고 장례를 치루는 것으로 일단락되었고, 곧 이어서 또 다른 表箋문제가 제기되었다. 우선 또 다시 문제가 생기기 이전까지의 추이를 간단히 살피면, 撰文者 權近, 鄭擢 등을 管送할 때 啓稟使로 갔던 河崙이 4개월만인 태조 5년 11월에 鄭擢과 함께 귀환하였고, 수일 후 謝恩進表使 權仲和가 돌아올 때 被留使臣 柳珣와 鄭臣義가 석방되어 왔다. 이듬 해 3월에는 權近이 특별히 황제의 勅慰詔書와 御製詩 등을 갖고 귀환했는데, 명에서 황제에게 學識과 文才, 그리고 事大之誠을 인정받아 호감을 줄 수 있기 때문이었다.[15] 그러나 앞서 말한 대로 3인은 명 황제의 猜疑에서 벗어나지 못하고 희생되었다.

그 동안 조선에서 여러 번 사신이 왕래하였는데, 그때마다 명 황제는 정도전이 명에 관송되지 않은 데 대해 불만을 토로하였고, 그에 대한 비판도 서슴치 않았다. 태조 6년 4월 謝恩使 偰長壽가 귀국할 때 갖고 온 明 禮部의 咨文 속에는, 「지금 朝鮮國王이 기용하고 있는 文人 鄭道傳이란 자는 王에게 무슨 도움이 되겠는가. 王이 깨닫지 못한다면, 이 사람은 반드시 禍의 근원이 될 것이다」[16]라는 황제의 얘기가 들어 있다. 이처럼 명 황제가 정도전을 경계하고 비판한 까닭은 그가 조선의 실권자로서 군사제도를 정비하며 대외정책에서 遼東進出과 연관되는 對明 적극책을 내세울 수 있는 위험인물로 간주한 때문이었으리라 여겨진다.[17]

명이 표전문제를 제기하며 정도전을 지목하여 관송하라고 주장하자, 정도전의 정치적 입지는 약화되었다. 그는 태조 5년 7월 判三司事 職에서 물러나 奉化伯에 봉해졌다. 태조는 그를 명에 끌려가지 않도록 보호하며 변함없는 신임을 확인시켜 주었지만, 명으로부터 잘

---

14) 『太祖實錄』10, 태조 5년 7월 甲戌.

15) 朴元熇, 「明初의 文字獄과 朝鮮表箋問題」, 『史學研究』, 1975 및 『明初朝鮮關係史研究』, 2002.

16) 『太祖實錄』11, 태조 6년 4월 己亥.

17) 朴元熇, 「明初 朝鮮의 遼東征伐計劃과 表箋問題」, 『백산학보』19, 1975 및 『明初朝鮮關係史研究』, 2002.

못을 저질렀다 하여 추궁을 받고 현직을 물러나야 했던 정도전의 위치가 전과 같을 수는 없었다. 정도전의 관송을 요청하러온 명 사신 일행 가운데 牛牛와 楊帖木兒가 이례적으로 5개월이나 머무는 동안, 조선 안에서 그들에게 정도전을 率行하여 데리고 가도록 공작을 펼친 일이 있었다는 사실이 그것을 시사해 준다.[18]

이처럼 명이 표전문제로 조선을 압박하고, 최고의 실력자라 할 정도전을 억지로 붙잡아 가려는 상황이 벌어지자 그에 대한 대처 방식이 문제로 떠올랐다. 대명관계의 악화에 대한 조선의 대응책이 없을 수 없었던 것이다. 표면적으로는 가능한 한 명의 요구에 응하며 외교적으로 대처했지만, 이 때 적극적인 興兵出境論, 즉 군사행동을 통해 국경 밖, 실제로는 遼東으로 진격하자는 주장이 제기되었다. 태조 6년 6월경에 바로 鄭道傳, 南誾, 沈孝生 등이 明과의 군사적인 정면대결을 내세웠던 것이다.[19]

앞서 간략히 논급한 바와 같이 조선은 건국 초 兵權 문제를 중요시하여 모든 군대를 총괄하는 義興三軍府를 설치하고 鄭道傳을 判事에 임명하여, 실제로 宗親·大臣이 장악해서 私兵視될 수 있는 侍衛牌를 국가의 통제 속에 두게 하려고 했다. 그러한 목적에서 鎭法訓練을 강화하기도 했는데, 당시 倭寇의 침입이 그치지 않는 상황에서 군사력 강화는 緊切한 과제이기도 했다. 그리하여, 정도전이 진두에 선 진법훈련이 계속되는 가운데 義興三軍府를 중심으로 한 조선의 군사체제와 군사력은 어느 정도의 수준에 도달할 수 있었다. 이와 같은 상태에서 명의 표전문제를 통한 압박이 강화되고, 특히 그것이 정도전을 겨냥하게 되자, 군사행동을 통한 명과의 정면대결을 도모하기에 이르렀다.

이 때 정도전, 남은, 심효생 등이 앞장서 추진한 요동공벌 계획의 정확한 내용은 알 수 없다. 事案의 중대성 때문에 그에 대한 계획과 논의가 권력중심부에서 비밀리에 이루어졌고, 그나마 뒷날 『太祖實錄』의 편찬과정에서 그것을 부정적으로 보는 입장에서 관련 자료를 깎아내고 변질시킨 때문이다. 그러나 『太祖實錄』의 記事를 통해 그것이 정도전 등에 의해 강력히 추진되어서 태조에게 건의되었음은 분명한 사실로 드러난다고 하겠다.

그러나 趙浚은 遼東征伐 계획을 강력히 반대하였다.[20] 事大정책에 어긋나고, 新生의 국가로서 경솔하게 명분이 없는 군사를 일으키는 것은 부당한 일이라고 주장했다. 이해관계로 보더라도 명이 당당하게 우뚝 서 있어서 빈틈이 없는데, 함부로 일을 벌였다가 제대로 추

---

18) 『太祖實錄』12, 태조 6년 9월 丙辰.

19) 『太祖實錄』11, 태조 6년 6월 甲午.
「時鄭道傳、南誾、沈孝生等, 謀興兵出境, 獻議於上, 抵左政丞趙浚之第諭之。 浚方疾病, 乃以輿進闕, 極言不可曰: “本國自古不失事大之禮, 且以新造之邦, 輕擧無名之兵, 甚爲不可。 雖以利害言之, 天朝堂堂, 無釁可圖, 臣恐擧事不集, 而變生不虞也。” 上聞之悅。 誾憤然曰: “兩政丞, 於出納斗升之事則可矣, 不可與圖大事也。” 由是誾等與浚有隙。 後誾搆浚於上, 上怒叱之。」

20) 朴元熇는 이때 遼東征伐 문제를 둘러싼 鄭道傳의 征伐論과 趙浚의 征伐反對論을 정리한 바 있다. 朴元熇, 「朝鮮初期의 遼東征伐論爭」, 『韓國史研究』14, 1976 및 『明初朝鮮關係史研究』, 2002.

진해보기도 전에 뜻밖의 좌절을 당할 우려가 있다는 점도 지적했다. 그는 수상으로서 냉철하고 상식적인 입장에서 적극적이요 모험적인 요동정벌 계획에 반대했던 것이다. 정도전 등에게 어느 정도 설득 당했던 태조는 조준의 말을 듣고 일단 그에 동조해 그만두기로 결정을 내렸다. 그러나 압박이 그치려들지 않고, 왜구의 위협이 계속되는 상황에서 鎭法訓練은 계속되었고, 遼東征伐論도 아주 불식된 것이 아니었다.

요동정벌론을 둘러싼 정도전 등과 조준의 의견대립은 정치적으로 큰 변화를 가져왔다. 태조의 절대적 신임을 바탕으로 정치권력의 중심을 이루던 三人體制가 내면적으로 분열되었던 것이다. 뒷날 조준의 회고에 의하며, 이때의 의견대립으로 틈이 생기고 서로 용납하기 어렵게 되었고, 이것이 밖으로 드러나게 되었다는 것이다.[21] 삼인체제에서 온건한 입장의 金士衡이 趙浚의 뜻에 따르게 됨에 따라 결국 정도전은 고립된 셈이지만, 남은, 심효생 등과 연대하여 뒤에 서술하게 될 이른 바 「世子之黨」의 진용을 확실히 하게 되었다.

뒤에서 살필 터이지만, 표전문제로 명의 압박이 커지자 정도전이 判三司事의 직위서 물러날 무렵, 왕비가 별세하고 태조는 커다란 정신적 충격에 쌓이면서 그 후 宦官의 역할이 커지게 된다. 이때 태조는 왜구의 침입에 적극적으로 대처하며 對馬島征伐을 도모하는데, 표전문제로 인한 명의 압박에 대해서도 진법훈련을 후원하면서 요동정벌론에 힘을 실어주었다. 그는 잠정적으로 조준의 뜻에 따르면서도 내심으로는 정도전의 주장을 이해하고 그들을 정치적으로 후원하였다. 삼인체제가 내면적으로 붕괴된 상태에서 왕의 이러한 傾斜는 정치적으로 큰 의미를 지니는 것이었다. 결국 정도전, 남은, 심효생을 중심으로 하는 「世子之黨」은 왕비가 죽은 자리에 태조를 끌어들여 강력한 세력을 이룬 셈이기 때문이다. 그러나 이것은 왕의 권위와 국정장악력이 약화될 경우, 잠재적인 반대세력으로부터 크게 반격받을 수 있다는 위험성을 내포하고 있었다.

(2) 王妃의 사망과 宦官 세력의 확대

太祖 李成桂의 後夫人 康氏는 조선왕조 개창과 동시에 왕비가 되어 顯妃로 책봉되었다.[22] 이성계의 前夫人 韓氏는 개국되기 1년 전에 사망했으므로, 현비는 새 왕조의 유일한 왕비였다. 그녀의 친정은 信川 康氏로서 元 干涉期에 크게 떨쳤고, 그러한 가문의 盛勢는 恭愍王代 이후에는 어느 정도 이어져서 이성계의 정치적 성장에도 상당한 도움을 주었다. 현비의 친정이나 인척 관련 인물 가운데 朝鮮 建國初 功臣으로 봉해진 사람이 적지 않은 점으로 미루어 새 왕조의 개창에도 이성계의 처족으로서 信川 康氏는 어느 정도 영향을 미쳤다고 여겨진다. 이성계의 後夫人이지만 京妻인 그녀는 禑王 14년 이후 이성계가 開京에서 정치적으로 활동하면서부터는 永興에 거주한 전부인 韓氏보다 절대적으로 많은 기간

21) 『定宗實錄』2, 정종 1년 8월 庚子.

22) 『太祖實錄』1, 태조 1년 7월 丙辰.

을 남편과 함께 보냈으며, 왕비가 된 이후에도 각별히 금슬이 좋았던 것으로 나타난다. 불교에 관심이 많아서 태조 이성계와 함께 佛寺에 가서 祈禱하는 記事가 많이 나타난다.

王妃의 소생으로 첫 번째는 딸이었는데, 일찍이 星州 李氏로서 李仁任의 族姪인 李濟에게 출가하고 朝鮮朝에 들어와 慶順公主로 책봉되었다.[23] 그 아래로 芳蕃, 芳碩의 두 아들을 두었고, 방석이 세자로 책봉되었음은 앞서 말한 바와 같다. 현비는 직·간접으로 상당한 정치적 영향력을 발휘했던 것으로 여겨진다. 방석이 세자로 책봉된 것도 그렇지만, 사위인 이제가 왕조 개창 당시 上將軍으로 개국 일등 공신으로 책봉되었는데, 서열 제5위로 이성계의 庶弟 이화보다 앞선 점도 그것과 연관 지어 생각할 수 있다. 처음 왕자를 封君할 때에도 왕실내의 3명 節制使 가운데 방번과 이제를 각각 撫安君, 興安君으로 封하며 함께 義興親軍衛節制使 職을 맡아 그녀의 아들과 사위가 전체의 3분지2를 차지하였으며, 그녀의 친정 姨姪婿인 鄭熙啓가 개국 일등공신으로 봉해지는 것도 역시 현비의 영향력과 깊은 연관을 지닌다고 여겨진다. 아마도 그녀는 방석이 세자로 책봉된 뒤에도 계속해서 태조를 통해 정치에 영향력을 발휘했을 것이다.

顯妃는 4년 1개월간 왕비로서 궁중생활을 한 끝에 태조 5년 8월에 별세하였다.[24] 앞서 그녀는 조선 건국직후인 태조 2년 1월에 병환이 생겨 遷都 후보지인 鷄龍山으로 가고 있는 태조에게 「顯妃未寧」의 急報를 알리게 하였고, 그 후 태조 4년 7월에 다시 「顯妃未寧」의 소식이 보이는 바, 건강상태가 일찍부터 별로 좋지 않았던 것 같다. 간간이 태조 이성계는 왕비와 온천에 들리면서 「治病」 때문에 가는 것이라고 해명하는데, 「治病」은 왕 자신보다는 왕비에게 해당되는 사항이었다고 여겨진다.

태조 5년 6월에 이르러, 顯妃의 未寧 때문에 왕이 舊京인 開京에 避居한다는 기록이 나타난다. 다음 달에는 왕비의 未寧으로 侍從 50명을 내전에 불러 모아 부처에게 기도드렸고, 며칠 뒤에도 같은 행사를 벌이며 檜巖寺에 使臣을 보내 역시 부처에게 기도드리도록 하였다. 또한 昭格殿에 醮齋를 올리도록 했는데, 물론 왕비의 병환이 낫기를 기원하는 행사였다. 그러나 결국 현비는 곧 세상을 떠났다. 당시 나이는 밝혀지지 않았으나, 태조 이성계가 62세였고, 막내아들인 세자 방석이 15세였음을 감안하면, 50세 정도가 아니었을까 추측된다.

왕비의 죽음에 대해 태조는 「痛悼不已」, 즉 한없이 깊게 슬퍼했으며, 10일 동안 朝市를 정지했다고 쓰여 있다.[25] 한편, 功臣으로서 左政丞 조준과 右侍中 김사형 등은 죽은 왕비를 기리어, 「顯妃殿下는 稟性이 貞淑하고 操行이 謹愼하여, (上께서) 平日에는 늘상 儆戒의 자

23) 太壽敬, 「高麗末 子女의 婚姻關係를 통해 본 李成桂一家의 政治的 成長過程」, 高麗大學校大學院 碩士學位論文, 1986.

24) 『太祖實錄』10, 태조 5년 8월 戊戌.

25) 『太祖實錄』10, 태조 5년 8월 戊戌.
「夜, 顯妃薨于李得芬家。 上痛悼不已, 停朝市十日。」

세를 취하고 危急할 때는 大策을 參結하는 데 바친 內助의 功은 竹帛에 크게 빛날 것인 즉 그것을 일일이 말씀드릴 수 없습니다」[26]라 하면서 공신 1인이 3년간 守陵할 것을 다짐하였다. 왕은 여러 군데 陵地를 살핀 끝에 聚賢坊에서 相定한 후 神德王后란 尊號와 貞陵이란 陵號를 확정짓고, 이듬해 1월에 장례를 치루었다. 이로써 태조 이성계는 두 부인을 모두 먼저 보내고 中殿이 없는 國王으로 남게 되었다.

왕비의 건강이 악화되어 죽음에 이르는 동안 태조는 자연히 政務에 힘쓰기 어려웠다. 앞에서 서술한 바와 같이 왕비가 별세하기 약 두 달 전에 그녀의 「未寧」 때문에 舊京인 開京으로 왕이 함께 避居하면서부터 그러한 상황에 들어갔다고 할 수 있다. 僧徒를 모아 부처에게 기도를 드리고, 醮齋를 올리면서 왕비의 병환이 낫게 하기 위해 모든 정성을 쏟았다. 실상은 왕비가 세상을 떠나기 5개월 전에 왕이 왕비와 함께 溫川에 가면서 「질병을 치료하기 위해서」라고 이유를 설명한 바 있고, 그로부터 1개월 뒤에는 승려 800명을 勤政殿에 불러들여 金經을 講하게 한 바 있는데,[27] 이것도 왕비의 건강 악화와 왕이 정사에 전념하지 못하는 정황을 시사한다고 할 수 있다.

물론 왕비가 臥病하다가 별세하여 장례를 치르는 동안 태조 이성계가 정사를 전혀 돌보지 않았거나 국정 운영에 파탄이 벌어진 것은 아니었다. 이 시기는 앞에서 살핀 바와 같이 對明관계가 표전문제로 크게 악화되어 兩國 간에 使臣 왕래가 여러 차례 있었고, 倭寇가 침입하여 긴장을 불러 일으켰던 것인데, 이에 대하여 왕은 儀禮에 따르고 적극적으로 대처하는 모습을 보여주었다. 또한 科擧합격자의 放榜에 臨席한다든가 개국공신의 죽음에 애도를 표시하는 데 국왕으로서 역할을 하였고, 특히 都城의 건축에 대해서는 집요한 관심을 나타냈다.[28] 『太祖實錄』에 따르면, 국정운영에 아무런 이상 징후도 나타나지 않았다. 그러나 당시 상황을 면밀히 살펴보면, 태조는 視朝와 聽政을 충실히 하지 않았고 宦官에 대한 의존도를 높여간다는 점이 드러난다. 視朝와 聽政에 대해서는 다음 장으로 미루고 우선 宦官문제를 살필 필요가 있다.

조선 환관은 고려 환관이 그대로 넘어와 형성되었다. 조선이 易姓革命을 통해 고려를 계승함에 따라 壽昌宮 王氏 王朝의 宦官들도 그대로 넘어와 景福宮 李氏 王朝에 딸리는 존재가 되었던 것이다. 恭愍王代 이후 고려 조정에서 환관세력이 강했는데, 그들이 집단적으로 새 왕조에 移屬되었기 때문에 그 세력 일부는 조선 건국 초에도 강한 영향력을 유지했다. 공민왕 때부터 크게 떨쳤던 金師幸은 태조 이성계의 신임을 받으면서 조선 왕조에 들어와서도 높은 지위를 확보하였다. 아마도 새로이 왕위에 올라 왕궁의 법도를 닦고 왕의 儀衛를 갖추는 데 태조는 김사행의 도움을 받았을 터이고, 김사행으로 대표되는 환관세력의

26) 『太祖實錄』10, 태조 5년 8월 辛丑.

27) 『太祖實錄』9, 태조 5년 3월 丁卯 및 同書 9, 태조 5년 4월 丙辰.

28) 『太祖實錄』9, 태조 5년 6월 丁亥, 同書 10, 태조 5년 7월 丁卯 및 同書 10, 태조 5년 9월 己卯, 10월 乙酉條 참조

포섭이 왕권강화에 도움을 주기도 했을 것이다. 그러나 건국 초에 환관들은 끊임없는 臺諫의 견제 속에서 세력을 떨치기 어려웠다.

그런데 顯妃가 와병·사망할 무렵부터 환관들의 움직임이 활발해졌다. 數名의 환관이 등장하지만, 그 가운데 뚜렷이 부각되는 이는 앞에 든 金師幸과 또 한 사람 曺恂이다. 김사행은, 왕비의 장례가 끝나 貞陵에 딸린 사찰로 興天寺를 지을 때 당초 태조는 아침저녁으로 香火를 하는 소박한 것으로 만들려 했지만, 왕에게 아양을 떨며 부추겨서 더할 나위 없이 사치스럽게 짓게 했다는 것이다(태조 6년 2월). 그는 또한 文廟造成提調로 임명되었으며 태조 7년 1월, 근정전에 華嚴法席을 마련하고 매우 사치스런 法具를 설치하게 하기도 했다.[29] 曺恂은 현비가 와병해 있을 무렵, 과거시험 때 사사롭게 시험관에 부탁하여 답안지(卷子)를 바꿔치기해서 불합격자를 합격시켜 生員이 되게 하려 했고, 태조 6년 5월에는 궁궐의 출입을 독점적으로 통제해서 왕자 방원이 그의 허락을 받아 왕과 대면하는 것으로 나타난다. 이 무렵 曺恂은 왕비 와병 중의 불충 비리로 엄중한 탄핵을 받아 한 때 職牒을 몰수당하기도 하는데,[30] 이것은 宦官의 발호가 커지는 데 대한 臣僚들의 경계심이 발로된 결과였다.

王妃의 臥病·死亡을 계기로 宦官이 대두 得勢하는 것은 어떤 면에서 자연스러운 일이었다. 왕비의 有故로 인해 배우자를 잃은 왕은 외로운 존재로 되고, 따라서 가까이에 있는 환관을 믿고 의지하게 되는 경우가 많은 것이다. 특히 視事·聽政이 제대로 이루어지지 않아 承旨의 入侍 기회가 제약받는 상황에서 왕은 완전히 환관에게 포위당해 있는 셈이었다. 특히 왕비를 통한 중요한 정보 입수의 통로를 잃은 태조 이성계는 더욱 옹폐되었고, 그러한 사태는 환관에게 더욱 큰 힘을 실어주면서 왕의 국정운영 능력을 저하시켰던 것이다.

환관세력의 확대는 높아진 정치적 지위를 통해 엿볼 수 있다. 태조 6년 5월에 金師幸은 判敬興府事·同判都評議使司事兼判司僕·司農·繕工監事 駕洛伯에 임명되었는데,[31] 敬興府, 司僕寺, 司農司, 繕工監 등 4관서의 判事를 겸하면서 都評議使司事의 同判事가 되고 駕洛伯에 봉해진 것이다. 중궁의 僚屬을 총괄하면서 輿馬·廐牧과 耕籍·錢穀 그리고 材木·營繕의 중요 업무를 모두 長의 위치에서 감당하는 동시에 국정을 논의하는 최고의 合坐機構에 정2품 재상과 동급으로 참여한다는 것이다. 駕洛伯은 태조의 동생인 李和가 받은 義安伯이나 鄭道傳의 奉化伯에 비견된다. 이로부터 7개월 뒤에 金師幸은 輸忠輔理功臣의 功臣號를 덧붙여 받았다.[32] 金師幸에 대한 이러한 파격적 대우는 그의 지위와 권한을 높일 뿐 아니라 환관 전체의 위상을 올려주는 것이었다.

환관의 위치는 태조 최측근 환관의 임무분담을 공식화함으로써 더욱 굳어졌다. 앞에서

---

29) 『太祖實錄』11, 태조 6년 2월 壬寅, 동 6년 5월 壬午 및 同書 13, 태조 7년 乙卯條 참조.

30) 『太祖實錄』11, 태조 6년 1울 戊辰.

31) 『太祖實錄』11, 태조 6년 5월 壬申.

32) 『太祖實錄』12, 태조 6년 12월 甲午.

말한 바와 같은 여러 차례에 걸친 臺諫의 강력한 반대 상소에도 불구하고 태조 7년 2월에 曺恂을 다시 불러들였는데, 이번에 왕은, 「李匡은 귀가 먹어서 내 말을 出納하는 데 착오를 일으키는 경우가 많아서 (曺)恂으로 대신하게 하려고 한다. 만약 恂이 불가하다면 누구를 시킬 수 있겠는가」라 하며 뜻을 관철시켰다.[33] 그리고 이어서 李匡은 宮禁宿衛와 考察申聞을, 曺恂은 出納命令과 大臣待遇 등의 일을 분담 관장하면서 항상 곁에서 侍衛토록 하였다.[34] 국왕의 공식 활동과 사생활의 구분이 사실상 없어지고, 承旨의 역할이 거의 배제된 채 환관이 측근에서 정치를 농단할 소지가 크게 넓혀졌던 셈이다. 이처럼 왕비의 별세 이후 환관의 세력과 활동범위가 넓어졌고, 그에 따라 국왕의 국정운영에 이상 징후가 나타나기에 이르렀던 것이다.

(3) 「世子黨」과 宗親세력의 대결구도

정도전은 태조 3년 5월에 「朝鮮經國典」을 撰進하였는데, 그 가운데 「定國本」에서 「世子는 天下國家의 근본이다」라 전제하고, 「삼가 생각건대, 우리 전하께서는 즉위하시자마자 먼저 得音을 내리어 東宮의 자리를 바르게 하시었다」라 하여 세자의 중요성을 강조하고 그 자리가 바르게 채워졌음을 밝혔다.[35] 이것은 새 王朝 朝鮮에서 芳碩을 세자로 하는 후계구도가 성립되어 확고히 자리 잡았음을 시사하는 것으로 볼 수 있다. 실제로 이 무렵 朝鮮은 정치적 안정을 이룩하고 수개월 후에 漢陽 遷都를 하게 되는 시점에 놓여 있었던 만큼, 당시 왕의 절대적 신임을 받으며 권력의 중심부에서 세자의 師傅職에 있었던 鄭道傳으로서는 顯妃의 아들인 芳碩을 世子로 하는 왕조체제를 굳히는데 계속 致力하면서도 동시에 상당한 자신감을 지닐 수 있었을 것이다. 태조 4년에 이르면, 조선왕조의 안정은 더욱 굳어지고, 세자의 존재와 위치도 확고해져서 그 권위에 대해서 아무도 도전할 수 없는 지경에 도달했던 것으로 여겨진다.

한편, 世子 책립에서 배제된 王子들은 王室의 宗親이 되어 있었다. 달리 말하면, 朝鮮王朝가 開創됨에 따라 새 왕실의 종친이 형성되었다. 실제로는 이성계의 형제와 세자를 제외한 왕자들이 종친의 핵심을 이룬다고 할 수 있는데,[36] 이성계의 庶弟인 李和와 8명의 아들 가운데 世子인 芳碩과 이미 별세한 芳衍을 제외한 6명의 왕자가 구체적 내용이라 할 수 있다. 그런데 정치적 관계로 보아 제7남 芳蕃은 顯妃 소생으로 세자와 같은 진용에 서게 됨에 따라 그를 제외한 나머지 韓氏 소생 왕자들과 李和가 뜻을 함께 하면서 종친집단의 중심을 형성한다고 할 수 있다.

---

33) 『太祖實錄』13, 태조 7년 2울 癸卯 및 동 7년 3월 庚戌條 참조.

34) 『太祖實錄』13, 태조 7년 4월 丁酉.

35) 『太祖實錄』5, 태조 3년 5월 戊辰 및 『三峰集』7, 「朝鮮經國典」上, 「定國本」참조.

36) 당시 宗親으로서는 그 밖에 李成桂의 庶兄인 李元桂의 자녀들을 들 수 있다.

李和는 高麗末에 恭愍王으로부터 총애를 받았고, 이성계를 좇아 전장에 나가 공을 세웠으며, 위화도회군에도 동참하였다. 조선 건국과 동시에 商議門下府事에 오르고 節制使로서 兵權도 관장하였으며 개국공신에도 봉하여졌다.[37] 한씨 소생의 아들 모두가 관직이나 공신책봉에서 배제된 상황 아래, 종친 가운데 어른인 동시에 새 권력구조 안에 포함되는 존재로 중요한 위치에 있었다. 그러나 자기의 소생인 芳碩을 세자로 내세운 현비의 정치적 작용이 힘을 얻게 되고, 鄭道傳이 앞장선 集權化 시책이 펼쳐지는 과정 속에서 이화의 입지는 점차 약화되었다. 개국공신 책봉에서 서열이 駙馬인 李濟에 뒤졌고, 관직에서도 오래지 않아 물러섰으며, 義興三軍府 설치로 군제를 개편한 때에 이미 그의 모습은 나타나지 않았다.

이성계의 아들들은 개국 초에 모두 封君되었다. 장남 芳雨는 鎭安君에 봉해졌고, 廢疾 상태에 있다가 조선 건국 후 1년 5개월이 지난 시점에 별세하였으며, 아들 福根이 있었다.[38] 제2남 芳果는 건국 직후 永安君에 봉해지면서 義興親軍衛 節制使에 임명되었다가 태조 2년 10월에 義興三軍府 中軍節制使로 改銜되었다.[39] 제3남 芳毅와 제4남 芳幹은 건국 초에 각각 益安君과 懷安君으로 봉해졌으나, 그 후 별다른 행적이 나타나지 않는다.

제5남 芳遠은 건국 초 靖安君에 봉해졌고, 3개월 뒤에는 咸州와 그 이북 지역에 있는 先祖의 陵을 살펴보고 山勢와 略圖를 그려 바쳤는데, 父王의 명에 따랐던 것으로 여겨진다. 태조 2년 3월에는 倭寇의 침입에 대처하여 全羅道에 節制使로 나가 격퇴시키고 돌아왔으며, 태조 3년 6월에는 明으로부터 왕자를 파견하라는 요구가 있어 明에 갔다가 5개월 뒤에 돌아왔다. 이 때 왕은 어려운 일을 감당할 능력을 인정해 방원을 지목해 보냈던 셈인데, 눈물을 흘리며 체질이 수척한 아들의 萬里遠路를 걱정했다고 한다. 그러나 정치적 야심이 컸고 세자 책봉에 불만을 지녔을 것으로 여겨지는 芳遠은 세자 芳碩의 측근에게 경계의 대상이 되었다. 그가 일찍이 태조를 수행하며 遷都 후보지로 떠오른 鷄龍山에 갔다 올 때 世子의 保衛를 책임지고 있는 南誾의 장막에 들어가려다가 거절당했던 일이 그것을 알려준다.[40]

李和는 왕자 가운데 특히 芳遠과 가까웠던 것 같다. 태조와 至親한 宗室의 어른으로서 정치권력에도 큰 관심을 지녔던 이화는 조카 가운데 정치적 야심이 큰 방원과 기맥을 함께 할 수 있었고, 특히 顯妃와 世子를 중심으로 재편성된 권력구조에서 밀려난 이화로서는 내심 세자 책립에 불만을 지닌 방원과 가까이 하면서 밀착된 관계를 이어 갔을 것이다. 태조 4년 10월에 靖安君은 李和의 요청으로 함께 사냥을 나갔다가 표범과 부딪쳐 위기에 처한 적도 있었다.[41] 그러나 전반적으로 보아 이화와 한씨 소생 왕자들을 중심으로 하는

---

37) 李和에 대해서는 간략한 그의 卒記 (『太宗實錄』16, 태종 8년 10월 庚辰)와 李和 開國功臣錄券 그리고 實錄에 散見되는 기사를 종합하여 살필 수밖에 없다.

38) 『太祖實錄』1, 태조 1년 7월 丙辰 및 同書 4, 태조 2년 12월 甲申條 참조.

39) 『太祖實錄』1, 태조 1년 7월 丙辰 및 同書 4, 태조 2년 10월 己丑條 참조.

40) 『太祖實錄』1, 태조 1년 7월 丙辰, 同書 2, 태조 1년 10월 丙子, 同書 3, 태조 2년 3월 癸亥, 同書 5, 태조 3년 6월 己巳 및 『太宗實錄』5, 태종 3년 6월 辛亥條 참조.

종실들은 정치적으로 밀리는 형국이었던 바, 뒷날 太宗(芳遠)은 이 무렵, 즉 태조 4년경 태조가 世子 芳碩에게 傳位하고 뒷전으로 退居했다면 자기들, 즉 宗親들은 끝내 감히 움직일 수 없었으리라 회고하였던 것이다.[42]

그런데, 현비가 별세하는 태조 5년경부터 종친들의 동향이 달라질만한 여건이 마련되고 있었다. 왕비의 죽음이 세자에게 가장 중요한 보호막이 없어졌음을 뜻한다는 것은 더 말할 나위도 없지만, 바로 같은 시기에 世子를 뒷받침하는 제1의 유력한 기둥이라고 할 鄭道傳의 정치적 입지가 약화됨으로써 정치적 환경에 변화가 초래되었던 것이다. 앞에서 논급한 바 있지만, 明 황제가 고려 表箋文의 侮慢 문제를 다시금 트집잡아 고려를 압박하기 시작한 것이 태조 5년 2월의 일인데, 조선은 撰文者인 金若恒을 압송했으나 明은 또 다른 표전문제를 제기하며 이 해 6월 직접 使臣을 보내 정도전을 지목하며 이번에 꼭 압송토록 요청했던 것이다. 朝鮮은 끝내 병을 핑계 삼아 정도전을 보내지 않았다. 그러나 곧 정도전은 判三司事의 현직에서 물러나고 奉化伯에 봉해지는데, 이것은 정도전 세력의 후퇴를 뜻하는 것이었음은 앞서 지적한 바와 같다. 그로부터 한 달 뒤에 현비가 별세하였다.

바로 이 무렵에 「世子之黨」이라는 표현이 기록에 나타난다. 태조 5년 6월, 바로 表箋문제를 또 제기하며 정도전을 붙잡아 가려는 明 使臣 牛牛 일행이 당도하자, 宗親들이 王命에 따라 번갈아가며 그들을 위해 연회를 베풀게 되어 芳遠이 그의 집으로 초내해서 잔치를 치룰 때의 일을 서술하는 가운데 다음과 같은 구절이 있다.

> (使臣牛牛는) 사람됨이 거만해서 가는 곳마다 禮儀를 나타내는 모습을 보이지 않았다. 殿下(芳遠을 가리킴)의 집에 이르러서는 殿下를 보자 자기도 깨닫지 못한 채 床에서 내려와 머리를 조아려 경례를 하였다. 世子之黨이 모두 좋아하지 않았다.[43]

이 사료는 芳遠의 비범함을 드러내려는 것으로, 王子가 明 使臣을 위해 잔치를 베푼 자리에 참석한 주요 인물 가운데 芳遠을 달가와하지 않는 「世子之黨」이 있었음을 알려준다. 이것은 지금껏 넘볼 수 없었던 세자의 권위와 후계구도를 뒷받침하는 정치권력의 주류를 상대화하여 「世子之黨」으로 부르게 되었음을 뜻한다. 이제 정치적 환경이 급격히 달라지면서 여태까지 왕비와 정도전을 두 축으로 世子 芳碩을 떠받치며 정치의 중심에 확고히 서 있었던 정도전, 남은, 심효생을 중심으로 하는 주류세력이 특별히 世子之黨으로 지칭되고, 자연스럽게 宗親들이 그 對蹠的 위치에 자리하는 새 정치구도가 움트게 되었던 것이다.

그럼에도 불구하고 정치적으로 어수선한 가운데 종친들의 특별한 움직임은 나타나지 않는다. 당시 정치권력의 중심에 섰던 정도전에 대해 비판적 입장에 섰던 쪽에서는 그가 관

---

41) 『太祖實錄』8, 태조 4년 10월 癸卯.

42) 『太宗實錄』18, 태종 9년 8월 己酉.

43) 『太祖實錄』9, 태조 5년 6월 壬子.

송되도록 작용하기도 했지만,[44] 태조 이성계는 부득이 관직에서 물러나게 하면서도 끝까지 그를 신임하고 후원했고, 그러한 구도 속에서 국방·외교 면에서 강경책을 추구했던 것이다.[45] 그러므로 종친들은 분명한 정치 환경의 변화를 목도하면서도 신중하게 처신하며 관망의 자세를 취했던 것 같다.

그러한 가운데에서 새로운 변화가 목도된다. 우선, 이화가 다시 조정에 등장하였다. 그는 태조 6년 2월에 王命으로 趙浚, 鄭道傳과 함께 對馬島 정벌을 하고 돌아온 金士衡과 明에 使行을 하고 돌아온 權仲和를 위해 연회를 베풀었다. 그리고 두 달 뒤에는 領三司事로서 정도전과 함께 왕명을 받들어 宮闕都監 提調를 위해 연회를 베풀었고, 같은 해 10월에도 역시 領三司事로서 嘉禮都監의 提調職을 맡았다. [46]이것은 그 동안 조정의 활동에서 제외되었던 이화가 재등장하여 영삼사사의 관직까지 지니게 됨을 알려주고 있다. 아마도 현비의 견제가 없어지면서 나타나는 변화가 아닌가 여겨지지만, 이것은 종친의 정치적 활동이 개시된다는 점에서 상당한 의미를 지닌다고 여겨진다.

다음으로 태조 6년 5월의 일로서 芳遠이 斬刑에 처해지게 된 朴子安을 구명하기 위해 이화를 비롯한 종친들과 함께 궁궐로 父王을 찾아가서 감형시키는 데 성공한 일도 주목된다.[47] 이화를 비롯한 종친들이 방원의 집에 자주 회동했다고 여겨지는 점, 방원이 앞장선 종친들이 무리를 이루어 궁궐로 가서 「國家大事」인 국방관련 중죄인의 처형문제에 개입하여 왕의 결정을 번복시켰다는 점은 이 무렵 달라진 정치 환경과 깊은 연관을 갖는다고 볼 수 있다. 이처럼 왕비의 죽음과 정도전의 정치적 지위 약화가 여러 가지로 영향을 미치는 가운데 이화와 방원을 중심으로 하는 종친들은 새로운 행보를 보이고 있었고, 그것은 궁극적으로 世子黨과 宗親勢力의 대결구도로 나아가는 길이었다고 하겠다.

4. 太祖政權의 붕괴과정

(1) 정권붕괴의 발단

태조 5년에 접어들면서 초래된 정치환경의 변화로 인하여 조선의 정치적 상황은 불안정한 가운데 분열과 대립의 기운이 싹트는 경향을 보여주었다. 태조 6년말·7년초를 기준으

44) 李相佰, 「三峰人物考」,『震檀學報』2, 3, 1935 및 『朝鮮文化史硏究論攷』, 1947.

45) 태조 5년 12월에 金士衡을 五道兵馬都統處置使로 임명하여 一岐·對馬島를 공격하도록 한 것이 대표적 사례라 하겠다 (『太祖實錄』10, 태조 5년 12월 丁亥).

46) 『太祖實錄』11, 태조 6년 2월 辛卯, 동 4월 癸卯 및 同書 12, 태조 6년 10월 甲申條 참조.

47) 『太祖實錄』11, 태조 6년 5월 己巳.

로 살핀다면, 表箋문제로 야기된 對明관계의 악화는 정치의 중심에 위치한 鄭道傳을 判三司事의 직에서 물러나게 했고, 그것은 지금껏 군사분야에서 지휘권 조정과 훈련에 힘써온 그와 동조자를 지극시켜 遼東征伐論을 주창하게 만들었다. 이에 대해 首相인 趙浚이 적극 반대하여 진전되지 않았으나 그 때문에 정치권력의 중심부인 三人體制가 분열되었다. 태조 6년말에 鄭道傳은 義興三軍府 判事 직에서 물러나 東北面宣撫巡察使로 나감으로써[48] 陣法訓練도 중지되지만, 對明관계가 불안정한 만큼, 遼東征伐論은 여전히 불씨를 안고 있었다.

王妃를 잃은 지 약 1년 6개월이 지난 시점에서 태조는 충격에서 어느 정도 벗어나 嬪으로 貞慶翁主 柳氏와 和義翁主 金氏를 맞아들였고 불교와 관련된 행사나 시책에 적극적인 모습을 보여 주었다. 그러나 그는 정상적인 視朝·聽政에서 벗어나 있었고, 宦官에 크게 의지하는 형편이었다. 앞서 살핀대로 태조는 이후에 환관에 대한 의존도를 높여가는데, 이것은 그의 국정장악력과 연관되는 것이었다. 그러한 가운데 태조의 정도전에 대한 믿음과 친밀감이 커지면서 국왕으로서의 권위와 엄정한 자세를 떨쳐버리고 「世子之黨」 속으로 들어가는 듯한 처신을 보여 주었다.

한편, 世子 芳碩은 태조 6년 9월 아내가 정식으로 왕세자 賢嬪으로 책봉되고,[49] 이어서 국가의식으로 嘉禮를 치룸으로써 권위를 높일 수 있었다. 그럼에도 불구하고 1년 수개월 전에 겪은 母后의 죽음과 對明관계의 악화로 입은 타격은 치명적 상처를 남겼다. 왕비의 보호막이 없어지고, 정도전의 위치가 약화되는 가운데 종래 절대 우위에 있던 세자 방석의 후원세력이 「세자지당」으로 상대화되었으며 방원을 비롯한 종친들이 여태까지 움추렸던 자세에서 털고 일어나 새로운 움직임을 보여주었던 것이다. 李和와 芳遠을 중심으로 하는 종친들은 아직 정치세력으로서 드러나지는 않았으나 세자에 대해 잠재적인 대립구도를 이루는 형세였다.

이상에서 살핀 정황 속에서 太祖政權이 붕괴의 길로 접어든 출발점은 태조 7년 2월 29일부터 3월 26일까지 약 1개월간에 걸친 平州 溫泉 행차였다고 여겨진다.[50] 그에 앞서 태조 6년 12월에 明은 또다시 새롭게 進賀 表箋文을 문제 삼아 撰文者를 보내라고 요구해왔고, 朝鮮에서는 20일 만에 曺庶를 管送했는데 그 사이에 별다른 논의는 보이지 않는다.[51] 그런데, 명의 요구가 알려진 후 4일이 지나 정도전은 東北面都宣撫巡察使로 나갔다. 또 다시 표전문제로 인해 그가 논란에 휩싸이는 것을 막기 위해 외직으로 내 보낸 것 같다. 약 2개월 뒤에 왕은 정도전에게 편지를 보냈는데, 그것을 위해 承旨와 의논하여 松軒居士란 號를 짓고 그 명의로 발송했다. [52]그리고 앞서 말한대로 宦官 曺恂을 불러들였고 이어서

48) 『太祖實錄』12, 태조 6년 12월 庚子.

49) 『太祖實錄』12, 태조 6년 9월 丙子.

50) 『太祖實錄』13, 태조 7년 2월 丙午 및 同 3월 壬申.

51) 『太祖實錄』12, 태조 6년 12월 丙申, 丙午.

52) 『太祖實錄』13, 태조 7년 2월 辛巳.

온천으로 향했다.

右政丞 金士衡과 宜城君 南誾이 동행한 이 여행은 중도에 檜巖寺에 들려 王師 自超를 만나고, 또는 술을 마시며 조선을 건국할 때 애쓰던 일을 회고하면서 다니는 여유있는 것이었고, 東北面에서 소임을 마치고 3개월 만에 돌아오는 정도전이 중도에 복명해 일행에 합류함으로써 절정을 이루었다.[53] 이 때 잔치를 연 자리에서, 공신들이 건국한 지 상당한 시일이 경과한 지금까지 군사를 관장하는 것은 부당하므로 節制使를 革罷하여 侍衛牌를 官軍으로 하자는 논의가 있었다. 그리고 귀로에 碧蹄驛에서 세자와 대신의 마중을 받으면서 돌아왔다.

이 행차는 먼저 당시의 정황이 왕이 1개월 가까이 漢陽을 비울만큼 좋지는 않았다는 점에서 문제가 있었다. 明의 表箋문제가 다시 대두되었고, 宰相들이 都堂회의중 몰래 翼室로 빠져나와 바둑을 두다가 탄핵을 당할 만큼 기강이 해이했고, 새롭게 奴婢辨定都監이 설치되어 左·右政丞이 始事를 한 지 1개월밖에 안된 상태였다.[54] 이러한 가운데, 漢陽에 左政丞 趙浚만을 남기고 왕이 정치의 수뇌부들을 데리고 나와서 오랫동안 돌아다녔던 것이다.

다음으로 이 행차가 누구의 건의로 이루어졌을까 하는 점이다. 정확한 사정을 알 수 없으나, 아마도 환관의 유도가 큰 작용을 했을 것으로 추측된다. 얼마 전 閣門引進使 元庠의 딸을 後宮으로 받아들여서 이번에 男裝시켜 御駕를 뒤따르게 했다는 기이한 일[55]이 어떤 시사를 줄 수 있을런지 모른다. 이 행차에 대해 臺諫의 언급이 나타나지 않는 것은 그 만큼 言路가 막혀 있었던 때문이라고 여겨진다.

그리고, 이 행차가 왕이 視朝와 聽政을 게을리 하는 큰 문제점과 그대로 연결된다는 점에 유의할 필요가 있다. 태조는 오래 전부터 視朝와 聽政의 規式을 지키지 않았는데, 이번에 장기간 행차를 한 다음부터는 아예 그것을 폐지하다시피 함으로써 庶政에서 거의 손을 떼는 듯한 느낌을 준다. 이것은 환관에 대한 의존도가 높아지는 것과 함께 왕의 국정장악력을 약화시키는 결정적 계기가 되었다.

끝으로 이 행차 중에 논의된 節制使 예하 侍衛牌의 혁파 문제는 당시 종친·재상에게 가장 큰 현안의 문제였고, 그것이 왕자를 대상으로 실행에 옮겨졌기 때문에 큰 반발을 야기시켰다. 제 1차 王子亂 발생의 이면에 작용한 이해관계의 핵심내용은 바로 여기에 있었다. 그러므로 이 논의가 있었던 이번 행차는 또 다른 측면에서 태조정권 붕괴의 한 계기를 마련해 주었던 셈이다.

---

53) 『太祖實錄』13, 태조 7년 3월 丁卯.

54) 『太祖實錄』13, 태조 7년 1월 癸亥.

55) 『太祖實錄』13, 태조 7년 3월 壬寅, 丙午

(2) 王의 視事·聽政 기피와 國政掌握力 약화

王은 온천 행차를 끝낸 후 곧 政務에 복귀했다. 며칠이 지나 諫官 朴信은 왕의 視朝를 촉구하는 다음과 같은 上書를 올렸다.

> 옛날 帝王께서는 매일 朝會에 납시어 친히 萬機를 裁決하였습니다. 지금 國朝에서는 6衙日에 視朝하는 것도 오히려 廢朝한 지 여러 달이 되었습니다. 원컨대 이제부터는 매번 衙日을 맞아서는 正殿에 坐定하여 受朝하시고 萬機를 친히 裁決하소서.[56)]

그 동안 여러 달 동안 視朝를 廢했다는 것은 그 만큼 오래도록 왕이 정상적으로 신료를 만나고 정무처리를 하는 것을 기피했다는 뜻이다. 온천 행차가 시작되기 훨씬 전부터 이러한 상태가 지속된 셈인데, 이제부터 5일마다 衙日에 正殿에 나와 視朝하라는 요구였다. 왕은 微疾과 찬 날씨를 들어 변명하면서 일단 긍정적 답변을 하였다.

태조에게 視朝와 聽政을 요구하는 말은 전부터 있었다. 建國初 정무에 열심이던 그는 약 2년이 지난 다음부터 신료들로부터 聽政에 부지런하라는 요청을 받기 시작하였고, 그 스스로 자신이 「老病」 때문에 국정의 聽斷에 부지런할 수 없다는 호소를 하기도 했다.[57)] 그러나 그것은 격식대로 衙日마다 꼬박꼬박 視朝할 수 없다는 것이었을 뿐, 정면에서 거부하거나 일부러 기피하지는 않았다.

다만, 평생 武人으로 활약하다가 老境에 새로이 王朝를 개창하고 왕좌에 오른 太祖 李成桂에게 規式에 맞추어 視朝 聽政하면서 국가의 대소사를 꼼꼼이 처결하는 것은 답답하고 힘겨운 일이었을 런지도 모른다. 그러므로 그는 모든 일을 都評議使司와 宰相들에게 맡기는 대범한 자세를 취했고, 특히 三人體制에 대한 신뢰가 컸다. 이런 상황에서 趙浚이 首相으로서 庶政의 처결을 소화해 나갔다.

또한, 그는 군왕으로서 국정운영에서 君臣共治를 인정하되, 왕이 직접 상대할 대상은 功臣·宰相이지 일반 臣僚들과는 일일이 상대할 필요가 없다는 생각을 갖고 있었다. 그것은 오랫동안 大軍을 이끌어 온 장수의 입장에서 병졸과 같은 수많은 하급 신료들을 왕이 1대 1로 상대할 수 없다고 여긴 때문이었을 런지도 모른다. 그리하여 태조는 衙日마다 視朝를 하더라도 大臣과 國事를 講論하는 것으로 충분하지, 庶察, 즉 下級의 모든 臣僚들까지 面啓하게 할 필요는 없다고 주장한 바 있다.[58)] 요컨대 태조는 나름대로 자기는 재상을 상대하여 정치를 펼치겠다는 소신을 피력하면서 때때로 시조 청정을 거르기도 했지만, 커다란 테두리 안에서 어긋나지 않게 처신하는 가운데 위엄을 갖고 국정을 운영하였다.

---

56) 『太祖實錄』13, 태조 7년 4월 壬午.

57) 『太祖實錄』5, 태조 3년 4월 辛卯.

58) 『太祖實錄』8, 태조 4년 11월 戊子.

그런데 태조대 말엽으로 접어들어 사정이 달라졌다. 왕비의 와병·별세의 과정을 거치는 동안 국왕이 정무에 전념하기 어려운 여건이 마련되었고, 앞서 살핀대로 환관에 대한 의존이 커졌던 것인데, 이 무렵 왕의 시조 청정에 대한 소홀이 문제로 떠올랐다. 태조 6년 4월에 간관의 상서문 가운데 다음과 같은 내용이 보인다.

> 5일마다 한번 씩 視朝하는데, 헛되이 군신 사이의 朝謁의 儀禮만 있을 뿐, 聽政·啓事의 의례는 없습니다. 또 勤政殿은 실로 聽政·出治의 장소인데 매양 浮屠로 하여금 그 안에서 佛經을 誦讀하게 하니 殿閣의 이름한 뜻에 어긋납니다. 원컨대 지금부터는 朝會가 끝난 다음에는 百司에게 命하여 官品의 高下를 막론하고 入啓케하고 時宜에 맞는 것은 채택하여 聽納하소서. 59)

이것은 顯妃의 장례를 마친 지 3개월이 지난 시점에 올린 上書로서 조심스러운 표현을 쓰면서 주장을 개진하였는데, 그 내용은 5일마다 한 번씩으로 규정된 視朝도 제대로 이루어지지 않는데다가 그나마도 聽政으로 이어져 政事를 啓陳할 수 없는 문제점을 지적한 것이다. 視朝 聽政의 중심장소인 勤政殿이 佛經 誦讀의 장소로 되어버린 상황도 꼬집었다. 이 때의 諫官 상소를 왕은 흔쾌히 받아들였지만, 그로부터 즉 1년이 지난 뒤에는 앞에서 제시한 바와 같이 훨씬 사정이 안좋아져서 여러 달 동안 視朝를 廢하는 지경에 이르렀던 것이다.

태조는 계속 視朝 聽政을 기피하였다. 앞서 諫官 朴信과 약속한 지 10일 후에 視朝를 했다는 기록이 보이지만, 이 해 閏5월에 兩府의 고관들이 올린 上書 가운데 「早朝聽政」 즉 이른 새벽에 시조하고 뒤이어 청정하라는 것이 주요 요구사항으로 제시된 점으로 보아 사정을 짐작할 수 있다.60) 이때에도 왕은 질병 때문에 일찍 일어날 수 없는 때문이었다고 하면서 일단 앞으로는 힘써 시조하겠다고 밝혔지만, 오히려 감정적으로 대응하는 모습을 보였다. 즉 10일이 지난 후 두 번 연달아 視朝를 하였는데, 두 번째 경우는 동틀 무렵 勤政殿에서 視朝를 하고, 百官에게 사소한 것은 제쳐두고, 治國治民에 관련되는 주요 사항에 대해 각기 面啓토록 지시했다. 백관들이 어렵고 당혹스러워서 아무도 나가지 못하자 왕은, 「君臣들이 앞서 나에게 視朝를 하지 않는다고 책망하였는데 오늘은 어째서 面啓하는 사람이 하나도 없는가」라고 힐난하였던 것이다.61)

6월 1일 衙日을 맞아 백관들은 근정전에 나가 官位에 따라 정열하고 기다렸으나 왕은 시조하지 않은 채, 趙浚, 金士衡, 鄭道傳, 南誾을 西樓로 불러들였다.62) 그 자리에서 조준 등이 정책 건의를 했으나 왕은 받아들이지 않았다. 5일 후 다음 衙日 때 백관들이 역시 근정

59) 『太祖實錄』11, 태조 6년 4월 丁未.

60) 『太祖實錄』14, 태조 7년 閏5월 丙戌.

61) 『太祖實錄』14, 태조 7년 閏5월 辛丑.

62) 『太祖實錄』14, 태조 7년 6월 乙巳.

전에 정열해서 준비를 갖추고 있었지만, 이번에도 왕은 시조를 기피하고 顯妃의 貞陵을 수호하는 興天寺로 가서 舍利殿을 짓는 것을 살펴보았다.63) 그 후부터 태조정권이 붕괴하기까지 약 2개월 동안 시조 청정에 대한 기록은 나타나지 않는데, 아마도 전혀 이루어지지 않았을 것이다.

이와 같이 태조가 시조 청정을 기피 또는 거부하는 까닭은 무엇이었을까. 무엇보다도 이제 64세의 노인으로서 規式에 좇아 백관들을 상대하며 여러 종류의 크고 작은 현안을 따지고, 臺諫으로부터는 탄핵과 간쟁에 직접 접하는 것이 귀찮았을 것이다. 현비의 사망 이후 시조 청정에서 멀어지기 시작하여 앞서 말한 온천행차 이후로는 전혀 엄두를 내기 어렵게 되었던 셈인데, 이로써 태조의 국정장악력은 급격히 약화된다고 여겨진다. 국정의 구체적 내용에 어두워지고, 신료들을 제대로 파악할 수 없게 됨에 따라 그는 자연히 정치현실과 거리가 생기게 되었으며, 이것은 곧 국정장악력의 약화로 이어졌던 것이다.

(3) 遼東征伐論의 진전과 宗親勢力의 반발

태조 7년 5월에 이르러 表箋문제가 재연되었다. 지난 해 12월에 撰文者로 曺庶를 보냈던 것인데, 明은 그를 억류시키고 供述을 받아내 撰文에 함께 간여한 孔俯, 尹珪, 尹順 등 3인을 또다시 管送하라고 요구해 왔던 것이다.64) 이번에는 明의 처사에 반발하는 기운이 널리 일어나 韓尙敬 등 10여인 정면에서 반대의 뜻을 밝히기에 이르렀다. 특히 卞仲良 등은 3인을 보내지 말고 머물게 놔두고 狀啓를 갖추어 억울함을 변명하며 한결같이 自强之勢를 보이면, 구류된 사람도 빨리 돌아올 수 있을 것이라 주장하였다.65) 그러나 대세는 우선 그들을 明에 보내고 추이를 보자는 편이어서 결국 3인은 6월에 管送되고 말았다.66)

그러나 이번의 表箋문제 파동은 조선을 크게 자극시켰고, 그것은 그대로 遼東征伐論의 재연으로 이어졌다. 태조 7년 윤5월부터 陣法훈련이 다시 강화되었다.67) 鄭道傳이 역시 중심에 섰고, 南誾과 심효생이 적극적으로 협조하였다. 당시 요동정벌론은 공개적으로 말할 수 있는 것이 아니었고 그 贊反의 문제는 역시 정치성을 지니는 것이었다. 이번에는 태조 이성계는 지지하는 입장이 분명하여서68) 宦官을 지방으로 보내어 훈련상황을 살피게 하고, 陣法훈련 참석을 독려하기도 했다.69)

---

63) 『太祖實錄』14, 태조 7년 6월 庚戌.
64) 『太祖實錄』14, 태조 7년 5월 庚申.
65) 『太祖實錄』14, 태조 7년 閏5월 戊寅.
66) 『太祖實錄』14, 태조 7년 6월 丁未.
67) 『太祖實錄』14, 태조 7년 閏5월 癸卯.
68) 崔承熙, 『朝鮮初期政治史硏究』, 2002.
69) 『太祖實錄』14, 태조 7년 7월 戊戌.

태조 7년 8월에 접어들어 遼東征伐論이 고조되어 陣法훈련이 크게 강화되었을 때의 기록으로 다음의 것이 주목된다.

> 처음에 정도전과 남은이 임금을 날마다 뵈옵고 遼東을 공격하기를 권고한 까닭으로 《陣圖》를 익히게 한 것이 이같이 급하게 하였다. 이보다 먼저 좌정승 조준이 휴가를 청하여 집에 돌아가 있으니, 정도전과 남은이 조준의 집에 나아가서 말하였다. "遼東을 공격하는 일은 지금 이미 결정되었으니 公은 다시 말하지 마십시오." 조준이 말하였다. "내가 開國元勳의 班列에 있는데 어찌 殿下를 저버림이 있겠습니까? .... 또, 정도전에게 일렀다. "만일에 내가 閤下와 더불어 여러 道의 백성을 거느리고 요동을 정벌한다면, 그들이 우리를 흘겨본 지가 오래 되었는데 어찌 즐거이 명령에 따르겠습니까? 나는 자신이 망하고 나라가 패망되는 일이 遼東에 도착되기 전에 이르게 될까 염려됩니다....그 후에 조준이 힘써 諫하니, 임금이 그대로 따랐다.[70]

이것은 요동정벌론의 진행상황이 태조 이성계도 찬동의 뜻을 분명히 할 정도에 이르렀음을 알려주는 동시에 조준의 반대 입장은 분명하였다는 점도 보여준다. 다만, 조준의 말에 따라 왕이 반대쪽으로 선회했다는 것은 사실과 다르다고 여겨진다.

이처럼 요동정벌론이 왕의 찬동 아래 적극적으로 진전되었으나, 그것이 절대 다수의 지지를 받았던 것으로는 여겨지지 않는다. 趙浚과 같이 냉철하게 현실을 직시하고 明과의 무력대결을 반대하는 사람이 다수였을 것이다. 그러한 형편 아래 요동정벌을 내세워 陣法訓練을 강제하는 과정에서 많은 무리와 반발이 있었고, 이것은 정치적 부담으로 되돌아올 수 있었다. 특히 三人體制가 내면적으로 분열된 상태에서 국왕이 정도전과 밀착되어 형평을 잃을 경우, 문제는 더욱 심각해질 수 있었던 것이었다.

그런데, 종친세력들에게 요동정벌론의 진척은 큰 타격을 가하였다. 앞에서 언급한 바, 태조의 온천 행차 때 종친·재상의 군대관장을 문제 삼아 節制使 예하 侍衛牌 革罷의 방침을 정하였던 것인데, 요동정벌론이 국왕과 정도전의 적극적 지지 아래 크게 요동치는 느낌을 주는 태조 7년 8월 10일경에 우선 왕자를 대상으로 시위패를 혁파시켰던 것이다.[71] 당시 요동정벌론을 뒷받침하는 진법훈련이 義興三軍府 判事 鄭道傳의 지휘 아래 이루어지면서 모든 군대가 그의 소관 아래 배속되었다가 훈련의 집중도를 높인다는 명분을 세워 우선 왕자들의 侍衛牌를 국가에 소속시키기로 하고 軍籍(牌記)을 이관하여 왕자들과의 관계를 단절시켰던 것으로 추측된다. 물론 왕자를 중심으로 하는 종친세력을 견제한다는 뜻이 담겨 있을 것이다.

---

70) 『太祖實錄』14, 태조 7년 8월 壬子.

71) 제1차 王子亂을 설명하는 『太祖實錄』14, 태조 7년 8월 戊辰(25)條의 기사에, 「時 命罷諸王子所領侍衛牌 已十餘日矣」라 하여, 侍衛牌 革罷의 시기가 8월 10일경이었으리라는 계산이 나오는데, 실제로는 陣法訓練에 참가하지 않은 者들을 벌하라는 大司憲 成石龍의 上書가 올라온 8월 9일이었을 가능성이 크다 (『太祖實錄』14, 태조 7년 8월 壬子).

왕자들에게 侍衛牌의 革罷는 커다란 박탈감을 안겨 주었다. 그 동안 세자 책봉에서 탈락되고, 권력의 중심에서 멀어져 갔지만, 侍衛牌라는 군사력 장악이 큰 힘이 되었다. 侍衛牌는 종친세력과 世子之黨의 대립구도가 형성된 다음에는 그들의 세력 기반으로서 안전을 뒷받침해주는 존재였다. 그러나 이제 시위패의 혁파로 그들은 많은 것을 잃고 정치적으로 불안감을 지니게 되었다. 그들은 기득권 상실에 대해 큰 불만을 갖지 않을 수 없고, 그들과 대척적 위치에 있으면서 정치를 주도하고, 요동정벌론을 진전시켜 시위패의 혁파에 이르게 한 「世子之黨에」 대해 커다란 반발심과 적대감을 갖게 되었을 것이다.

태조정권의 붕괴는 실제로 방원의 쿠데타로 구현되었다. 宗親勢力의 중심을 이루는 방원이 擧事를 감행한 배경에는 侍衛牌 혁파로 인한 반발과 불안감이 개재하였다. 擧事 초반 芳遠의 초라한 陣容이 큰 세력으로 발전한 것은 兩侍中을 불러들일 수 있었기 때문인데, 그들은 三人體制가 분열된 상태에서 요동정벌론에 반대하는 입장에 서 있었다. 이 거사의 과정을 토해 芳遠에게 결정적 승리의 계기가 된 궁중의 內甲寺의 투항은 그것을 관장한 親軍衛 都鎭撫 趙溫의 處身에 따른 것으로, 태조 이성계는 30년간 휘하에서 활동해 온 趙溫을 잡을 수 없을 만큼 국정장악력이 약화되어 있었다. 이상과 같이 여러 가지 요인이 얽힌 가운데 조선 태조정권은 붕괴되었던 것이다.

5. 맺음말

朝鮮王朝가 성립된 지 약 6년이 지나 開國功臣으로 권력의 중심부에 있던 鄭道傳 一派와 世子가 비상수법에 의해 거세되고 뒤따라 太祖가 왕위에서 쫓겨나는 政變이 발생하였다. 이것을 太祖政權의 붕괴로 이해하여 그 배경과 추이를 검토한 결과 다음과 같은 점이 究明된 것으로 여겨진다.

太祖代는 建國後 새로운 정치체제와 권력구조를 정비하고 발전을 이룩하여 태조 4년에 가장 안정된 상태에 도달하였다. 그러나 태조 5년부터 이듬해에 걸쳐 對明관계에서 表箋문제가 발생하고, 王妃인 顯妃가 앓다가 사망함에 따라 정치환경이 바뀌었다. 그러한 가운데 여태껏 王妃를 보호막으로 하고 鄭道傳을 밑받침으로 하여 부동의 위치에 섰던 世子의 권위와 세력이 손상을 입었고 그에 따라 「世子黨」과 종친세력 사이의 대결구도가 서서히 형성되어 갔다.

태조정권 붕괴의 단초는 태조 7년 2월부터 약1개월간 계속된 온천 행차에서 찾을 수 있다. 이미 宦官에 대한 의존도가 커져서, 국정장악력이 떨어진 태조가 많은 국정현안을 방치한 채 무리한 장기간 행차를 감행함으로써 여러 가지 문제점을 노출시키고 무리한 정책

입안을 도모하게 되었다.

정권의 붕괴과정에서 주목되는 대목은 太祖의 視事·聽政에 대한 기피와 遼東征伐論의 진전이었다. 前者는 太祖가 末年에 들어와 臣僚들과 정기적으로 만나 國政의 大小事를 직접 面啓하도록 되어 있는 規式을 기피한 것으로 國政掌握力 弱化의 결정적 원인이 되었다. 後者는 明과의 表箋문제가 촉발시킨 것으로 鄭道傳 등이 앞장선 遼東征伐 주장인데 이것이 多數의 支持를 받지 못하는 가운데 강력히 추진됨으로써 특히 宗親세력의 반발을 샀다. 이 같은 宗親세력의 반발을 뜻하는 芳遠의 쿠데타를 太祖의 취약해진 국정장악력으로 감당할 수 없었기 때문에 결국 태조정권은 붕괴하였던 것이다.

이황과 임형수의 문학적 교유와 그 성격

우응순

1. 서론

우리나라를 대표하는 철학자로 溫柔敦厚한 인품으로 알려진 李滉(1501~1570), 그와 倜儻不羈한 기질의 소유자로 정치적 사건에 연루되어 사약까지 받았던 林亨秀(호: 錦湖, 1514~1547)! 13살이라는 나이 차도 크지만 기질적으로 너무나 상이한 이 두 사람의 교유는 쉽게 연상되지 않는다. 그러나 이들은 10여년간 서울에서 자주 만나 시회를 열고 깊은 우정을 쌓았다. 본고는 그들의 교유시를 통하여 상이한 기질의 두사람이 젊은 시절 독서당에서의 만남을 계기로 오랜 기간 유지시킨 우정의 과정을 살펴보려 한다. 현재 『퇴계집』에는 임형수에게 보낸 시가 18제 38수 있다. 결코 적은 양이 아닌 것이다.[1)]

양재역 벽서사건으로 사사된 임형수는 羅州에서 세거한 집안 출신으로 이황이 교유했던

1) 『退溪先生全書遺集外篇』,(『陶山全書』四, 정신문화연구원, 1980, 159쪽)에 있는 <七月初一日約林士遂湖堂當, 士遂不至, 以詩來謝, 是夜獨臥, 不寢, 次韻>을 포함시키면 19제 49수가 된다.
『금호유고』에는 이황에게 보낸 작품이 2제 3수만 남아있다. 칠언율시 <寄答退溪>와 <中秋有懷呈李舍人- 滉二首>이다. 이는 임형수의 시문이 정유재란의 와중에 대부분 산일되었고, 1冊 113張의 『금호유고』도 100여년이 지난 1677년 이후에 이민서의 서문(1677)과 송시열(1681), 김수항(1678)의 발문을 붙여 간행되었기 때문이다.
이 외에 1544년에 지은 <題退溪嶺南關東行錄後>가 『要存錄』(『퇴계학문헌전집』22, 245~246쪽)에 전하며, 『만남과 헤어짐의 미학- 조선시대 계회도와 전별시』(유홍준, 이태호 편, 학고재, 2000), 167쪽에 <奉寄退溪先生>이 전한다. 이 시는 오언율시로 그 내용으로 보아 제주목사 시절에 지어진 것이다.
『금호유고』에 남아있는 임형수의 110제 143수의 작품 상황에 대한 것은 김동준, <금호 임형수의 시세계>(한국한시작가연구 5, 2000)에 자세하다.

많은 인물 중에서 가장 특이한 존재라 할 수 있다. 風流가 豪逸하고, 무인적 성향이 강했던 임형수는 분명 기질적으로는 이황과 대척점에 있다. 『금호유고』에 발문을 쓴 송시열도 이 점에 주목하였다. 그는 1681년(숙종7)에 발문을 쓰면서 그 서두를 두 사람의 돈독한 우정과 판이한 기상에 대한 언급으로 시작했다.

> 나가 젊은 시절부터 금호 임공은 그 사람됨이 豪士였다는 말을 들었고, 또 퇴계 이 선생이 공과 酬唱한 글을 읽을 적마다 공은 평생에 諧謔을 좋아하여 선생의 기상과 같지 않았으나 서로 좋아함이 이러하였으니 이는 반드시 그 같지 않은 가운데에 같은 바가 있었던 것이라고 생각하였다. 그 뒤에 그 듣지 못하였던 것을 계속해서 들어 보면, 사람으로 하여금 공경하는 마음을 일으키게 할 만한 사적들이 많았다. 그 중에도 가장 두드러진 것은, 그 목숨을 마칠 때에 태연히 평지(平地)를 걷는듯 하였으니, 劉器之 (송의 劉安世)의 종소리를 들음도 혹 이에 지나지 못할 것이다.[2)]

이황과 임형수의 교유는 당대에는 물론이고 후대에도 奇事로 생각되어 두 사람의 사귐에 대한 이런 저런 일화가 『연려실기술』[3)], 『어우야담』등에 전한다. 특히 임형수가 죽임에 임해 보여준 의연한 자세와 당대 정치에 대한 강한 부정[4)]은 많은 이들의 기억에 강하게 각인되어 있었다. 송시열 역시 평지를 걷듯 태연히 죽음을 받아들인 그의 기개를 발문의 중심으로 삼고 있다.

송시열은 생래적 기상이 다른 두 사람이 어울릴 수 있었던 것은 같지 않은 가운데서 같은 바가 있었을 것이라 추정하였다. '不同之中'에서 '所同'을 찾고자 한 송시열은 소수(所守)의 바름(正)과 소양(所養)의 깊음(深)에서 그 단서를 찾는다. 임형수가 견지한 자유분방(笑傲戲劇)한 삶의 태도는 聖人之道의 잣대로 본다면 문제점이 있지만, 이황은 그의 지킨 바와 수양한 바- 내면의 깊이-를 인정하고 깊이 허여했다는 것이다.[5)] 생래적 기질, 기상이 이질적인 두 사람이 戲謔으로 어울린 데는 분명 동일한 지향, 공감대가 있을 것이라 예상하고, 그것을 어떤 외부의 상황에도 흔들리지 않는 정신적 견고함으로 본 것이다.[6)]

---

2) 『宋子大全』, 권148, <錦湖集跋>, "余自少, 則聞錦湖林公是偉人豪士. 每讀退溪李先生所與酬唱, 而以爲公平生善謔以戲, 與先生氣象不同, 而其相好若是. 是必於其不同之中, 有所同者存焉. 其後益聞其所未聞, 則令人起立者多有焉. 最其臨命之際, 坦然如履平地, 雖劉器之之聞鍾, 未或過是."

3) 권10, 명종조 고사본말- 을사년의 당적, <임형수조>

4) 임형수가 사약을 받을 때 형관을 조롱하며 약을 마시지 않고 목을 매었다는 기록(<答李彜仲> 別紙, 『송자대전』 권75)과 그가 '문자가 화를 초래한 것을 몹시 후회하여 자손들에게 유학에 종사하지 말라고 유언했기 때문에, 그의 아들 구(枸)는 일자무식이었다'는 『어우야담』의 기록은 그 사실 여부를 떠나 임형수의 당대 정치권에 대한 강한 부정의식을 보여준다.

5) 『宋子大全』, 권148, <錦湖集跋>. "況公之笑傲戲劇, 律之以聖人之道, 則誠有可論者, 而比之楊蘇諸人, 則豈不大相懸乎! 夫其所守所養如是, 李先生之好之也, 其不在是耶?"

6) 『금호유고』의 重刊序를 쓴 奇宇萬도 이런 입장을 취한다. 그는 '같은 것은 道義요, 같지 않은 것은 氣象이니 같은 것이 같으면 같지 않은 것은 많이 같지 않은 것이 아니다.'고 하였다. (『錦

그러나 두 사람이 유지한 10여 년간의 문학적 교유에서 확인되는 친애, 신뢰를 유가적 도에 대한 확신과 실천 의지만으로 해석하기에는 미진하다는 것이 본고의 입장이다. 이성적, 합리적 접근과 해석 그 이상의 관계를 생각해 볼 수 있다. 여기서 분명 이황과 임형수의 만남에 사림파로서 지녔을 정신적 지향과 아울러 음주와 작시, 해학이 넘쳐났던 당시 젊은 사림들의 분위기가 일정하게 작용했으리라 예견할 수 있다. 이들의 만남은 至治의 이상을 품은 젊은 관원의 교유이자, 상대방의 독특한 매력에 이끌렸던 자연인 이황, 임형수의 조우인 것이다.

우리는 일반적으로 동질적 성향의 사람끼리 어울리기 마련이지만 일생의 어느 한 때는 상반된 성향의 인물에게 더욱 깊이 매료되고 깊은 영향을 받는 경우도 있다. 특히 젊은 시절, 객지 생활에서는 더욱 그렇다. 이황과 임형수의 교유는 자신과는 많이 다른 상대방의 인간미에 대한 소박한 호기심에서 출발한 것으로 볼 수 있다. - 임형수는 이황의 단아한 군자의 형상에, 이황은 임형수의 호일한 풍류에 매력을 느꼈을 것이다.

2. 교유 환경- 독서당의 분위기: 음주 · 작시 · 해학

영남과 호남을 비롯한 전국 각지에서 모여든 인재들이 문학적 교류를 통해 우정을 쌓고, 서로를 발전시킨 주요 계기는 賜暇讀書制를 통해 이루어졌다. 6명 내외의 젊은 문신에게 1-3개월 간의 휴가를 주어 독서에 전념할 수 있게 하는 사가독서제는 1426년 (세종8) 12월에 처음 실시되었다. 세조 때에 중단되었다가 성종이 즉위하면서 부활되었던 이 제도는 갑자사화(1504) 이후 연산군에 의해 용산에 있던 독서당과 함께 폐지되었다.[7]

사가독서제를 가장 적극적으로 시행한 군주가 중종이었다. 중종은 1506년 11월에 이 제도를 다시 시행하고, 1515년(중종12) 봄에는 동호 월송암 서쪽에 독서당을 완공하였다.[8] 임형수는 중종 33년에 이황은 김인후와 함께 중종 36년(1541)에 선발되었다.[9] 이 시기 젊은

湖遺稿重刊序』) 이는 도의를 같지 하였기 때문에 기상의 차이가 문제되지 않았다는 견해이다.

7) 김상기, 독서당의 유래와 변천, 향토 서울 4, 서울시사편찬위원회, 1958.
김선우, 독서당의 유래와 그 위치에 관한 고증, 한양대 석사논문, 1988.
박은순, 16세기 독서당 계회도 연구, 미술사학연구 212, 1966.
이종묵, 사가독서제와 독서당에서의 문학 활동, 한국한시연구 8, 2000.

8) 현재 서울시 성동구 옥수동, 옛 豆毛浦(두뭇개) 뒷산 기슭에 있었음. 임진왜란으로 불탄 후 조대비의 생가가 되었다함.

9) <湖堂脩禊錄>, 『錦湖遺稿附錄』, 문집총간 32, 250쪽.
"芝山李滉景浩, 眞寶人, 生弘治辛酉, 辛丑春賜暇, 戊子司馬, 甲午乙科, 弘文館校理. 父進士埴.",
"錦湖林亨秀士遂, 平澤人, 生正德甲戌, 戊戌春賜暇, 辛卯司馬, 乙未丙科, 會寧判官. 父府使畯.",

사림들의 문학적 공감대는 기본적으로 동호 독서당의 경험에 기반하고 있다. 젊은 날, 일정 기간 같은 공간에서 생활하면서 공유하게 된 생활 체험, 감정이 이들의 결속력을 강하게 했으며, 문학적 감수성의 원천이 된 것이다. 특히 이황과 임형수, 김인후를 비롯한 사가독서하던 13명이 1541년(신축)에 修禊한 것을 기념하기 위해 <호당수계록>을 작성하고, <동호계회도>를 남긴 것은 후대에까지 회자되던 독서당의 盛事였다.[10)]

그럼 이황과 임형수의 첫 만남은 언제 이루어졌을까? 그들의 교유 시기를 밝혀주는 단서가 되는 작품은 『錦湖遺稿』에 있는 七言律詩, < 中秋有懷呈李舍人(滉)二首>[11)]이다. 이 작품에 의하면 이황이 상사(진사)였을 때 임형수를 만날을 가능성이 있는 시기는 1532년(임진년, 32세)에 문과 별시를 치르기 위해 9-10월 경에 상경했을 때와 1533년 5-6월에 성균관에 유학했을 때이다. 이를 근거로 <퇴계선생연표월일조록1>의 편자는 두 사람이 처음 만난 때를 임진년으로 조심스럽게 추정하였다.[12)] 이 경우 이황은 사마시에 합격한 후 문과를 준비 중이던 19세의 임형수를 서울에서 만난 것이 된다. 그런데 시의 내용을 보면, '隔年佳月又今宵, 萬古淸霜凍碧霄', '心事百年長耿耿, 爾來嬴得鬢蕭蕭', '遙想去年關外看, 塞鴻孤叫戍樓空' 등의 시구가 보인다. 이는 아무래도 임형수가 회령부 판관을 마치고 돌아온 1542년(이황 42세) 5월 5일 이후의 작품이 아닌다 생각된다.[13)] 더구나 이황은 1541년 5월에 성절사 洪春卿(1497-1548)의 咨文點馬官이 되어 의주에 갔다가 6월 중순에 서울로 돌아왔다.[14)]

현재 자료로는 이황과 임형수가 언제 처음 만났는지 알 수 없다.[15)] 다만 1542년 5월 5일 임기를 마치고 서울로 돌아 온 임형수를 만나 술을 마셨다는 기록[16)]으로 보아 그 이전부터 교유가 있었음은 확실하다. 이 시기 이들은 자주 어울려 술자리를 가졌으며[17)], 1542

"湛齋金麟厚厚之, 蔚山人. 生正德庚午, 辛丑春賜暇, 辛卯司馬, 庚子丙科, 承文院副正字. 父幼學齡."

10) 정석태 편저, <퇴계선생연표월일조록1>(퇴계학 연구원, 2001)에서는 여러 자료를 면밀히 고증하여 이 시기를 6월 26일부터 7월 10일 사이로 추정하였다. 233-237쪽 참조. 이황의 생애 사실과 작품 창작 연대에 대한 고증은 이 책에 힘입은 바 크다.

11) 『錦湖遺稿』, 230쪽. " 隔年佳月又今宵, 萬古淸霜凍碧霄. 地久天長娥亦老, 河流雲盡桂空飄. 戀貂未暇銀蟾憶, 擲杖難同羽客超. 心事百年長耿耿, 爾來嬴得鬢蕭蕭." "佳期天上中秋至, 淸賞人間此夕同. 萬古光輝空宇宙, 一尊消歇幾英雄. 形容歲暮生詩瘦, 襟抱天寒仗酒功. 遙想去年關外看, 塞鴻孤叫戍樓空."

12) 정석태, 앞의 책, 104--106쪽 참조.

13) 임형수는 1539년 7월에 회령부 판관으로 나갔다가 1542년 5월 5일에 서울로 돌아왔다. 다만 그 당시 이황은 홍문과 부교리었는데 임형수가 왜 사인이라고 했는지는 여전히 의문으로 남는다.

14) 이황은 이 기간에 지은 작품을 <關西行錄>으로 엮었는데, 현재 4題 22首가 전한다. 이중 義州雜題 十二節이 대표적이다. 정석태, 앞의 책, 232-234쪽 참조.

15) 두 사람의 연보에 의하면, 임형수는 1538년(25세)에 사가독서의 명을 받았고, 이황은 홍문관 교리였던 1541년(41세)에 사가독서했다.

16) 『退陶先生日記』, <壬寅五月>, "五日, 林士遂來, 鄭國卿家相邀, 就飮."

년 6월 무렵 있었던 유명한 <호당수계>에 같이 참여하였다.[18] 현재의 『퇴계집』에 임형수에게 준 작품을 중심으로 보면, 이황과 임형수가 서울에서 자주 만나 교유했던 기간은 1542년 5월부터 임형수가 1545년 7월, 제주목사로 나가기 전까지이다. 이들은 1545년 같이 製述官으로 선발되기도 하였다.[19] 이들의 교유는 1547년 9월 임형수가 사사될 때까지, 10여 년동안 지속되었다.

그럼 이들이 교유했던 시기, 독서당의 분위기는 어떠했을까.

> 동료들이 대부분 제멋대로 행동하고 검속함이 없었다. 이들은 매일 술 마시며 시를 짓고 농담을 주고받는 것이 일이었다. 선생만 홀로 단정히 앉아 신칙하고 습속을 따르지 않았다. 비록 때때로 여러 사람들과 놀고 즐겼으나 또한 지나치지는 않았다. 사람들이 또한 선생의 지조를 크게 존경하고 자신들과 다르다는 이유로 싫어하지 않았다.[20]

한마디로 당시 독서당 관료들의 생활은 飮酒, 詩作, 諧謔으로 요약할 수 있다. 독서당 관원은 관례상 다른 관직을 가진 채 선발되었기 때문에 독서당에 머물며 독서에 전념하기는 어려웠다. 자주 자리를 비웠으며, 독서당에 오더라도 수려한 동호의 경치에 긴장이 풀어지

---

17) 『退陶先生日記』, <壬寅五月>, "二十九日, 林士遂, 閔庭芳來, 會飮龍潭牖家柤."
<甲辰三月>, "十二日, 士遂, 應霖, 機仲來會."

18) 현재 『금호유고』의 부록에는 성세창이 1543년 기록한 것이 실려있다. 참고로 당시 참가한 사람과 그들에 대한 자료는 다음과 같다. 『錦湖遺稿附錄』, <湖堂脩稧錄- 嘉靖癸卯. 成公世昌所記>, 250-251쪽. "艮齋崔演演之, 江陵人. 生弘治癸亥, 庚寅夏賜暇, 乙酉司馬, 同年乙科, 司僕寺正. 父縣監世楗. / 十省堂嚴昕啓昭, 寧越人. 生正德戊辰, 庚寅夏賜暇. 乙酉司馬, 戊子甲科, 弘文館典翰. 父部將用和. / 秋坡宋麒壽台叟, 恩津人. 生正德丁卯, 甲午夏賜暇.辛卯司馬, 甲午丙科, 議政府舍人. 父郡守世忠. / 松齋羅世纘丕承, 羅州人. 生弘治戊午, 辛丑夏賜暇, 乙酉司馬, 戊子丙科, 戊戌擢英試甲科, 弘文館校理, 父生員彬. / 菊磵尹鉉子用. 坡平人. 生正德甲戌. 戊戌春賜暇. 辛卯司馬. 丁酉甲科. 司憲府持平. 父勵節校尉鶴齡. 生父縣監承弘. / 竹溪任說君遇. 豊川人. 生正德庚午. 丁酉秋賜暇. 辛卯司馬. 癸巳丙科. 丙申重試. 戊戌擢英試. 吏曹正郎. 父參奉明弼. / 芝山李滉景浩. 眞寶人. 生弘治辛酉. 辛丑春賜暇. 戊子司馬. 甲午乙科. 弘文館校理. 父進士埴. / 錦湖林亨秀士遂. 平澤人. 生正德甲戌. 戊戌春賜暇. 辛卯司馬. 乙未丙科. 會寧判官. 父府使畯. / 寓庵金澍應霖. 安東人. 生正德壬申. 辛丑春賜暇. 辛卯司馬. 己亥甲科. 吏曹佐郎. 父從仕郎公亮. / 尙德齋鄭惟吉吉元. 東萊人. 生正德乙亥. 辛丑春賜暇. 辛卯司馬. 戊戌甲科. 吏曹佐郎. 父郡守福謙. / 汲古齋李洪男士重. 廣州人. 生正德乙亥. 辛丑春賜暇. 辛卯司馬. 戊戌乙科. 弘文館副修撰. 父牧使若氷. / 好學齋閔箕景說. 驪州人. 生正德甲子. 辛丑春賜暇. 辛卯司馬. 己亥丙科. 弘文館著作. 父判官世瑠. / 湛齋金麟厚厚之. 蔚山人. 生正德庚午. 辛丑春賜暇. 辛卯司馬. 庚子丙科. 承文院副正字. 父幼學齡."

19) 이황은 병으로 면직되고 임형수만 南應龍, 李湛 같이 의주로 떠나게 된다. 이 때 전별하면서 준 작품이 <送林士遂以迎詔使從事赴義州. 三首. 乙巳>(『퇴계집』, 권1)과 <林士遂赴義州迎使從事. 索詩>(『퇴계집』, 별집 권1) 이다.

20) 『退溪先生年譜補遺』, 권1. "同僚多放曠無檢, 日以觴詠諧謔爲事, 先生獨端居檢飭, 不爲習俗所移. 雖時與諸人遊賞, 而亦不至流放, 人亦雅敬志操, 不以異己爲嫌."

기 마련이었다. 이 시기 독서당 관원에 대한 자료를 보면 '遊放自逸', '放達不羈' 등의 용어가 빈번히 보인다. 1542년 1월 독서당 관원으로 선발된 자는 해당 관사로 출근하지 말고 학문 연구에 전념하도록 조치가 취해졌으나,[21] 젊은 관원들의 유락적 분위기는 크게 바뀌지 않았다.

위의 언급에 의하면 이황이 독서당 관원들의 음주와 해학을 일삼는 분위기에 휩싸이지는 않았지만 그도 때때로 어울려 음주와 시작을 즐겼음을 알 수 있다. 이황과 임형수의 만남도 자연히 이런 일상생활 속에서 이루어졌다. 다음 작품은 술과 춤이 어울러진 이 시기 모임의 분위기를 적절히 보여주는 작품이다.

> 호수에 배를 띄우고 푸른 눈으로 ...(원문 두글자 빠짐)
> 보물을 받아 보니 새로 보니 자청궁에서 내리셨네
> 은을 불림은 하늘이 교묘한 솜씨를 내린 것 같고
> 복숭아는 현포에서 익었으니 세상에 드믄 영화일세
> 맑은 술 따르는 손은 곱고도 깨끗해라
> 구리기둥에서 받은 이슬은 밝디 밝아라
> 남다른 은총을 함께 받아 여기에 모였는데
> 노란 국화를 머리에 가득 꽂은 벼슬아치들 취하였구나
>
> 湖船青眼 缺..横　　錫寶新看下紫淸
> 冶就朱提天與巧　　桃成玄圃世稀榮
> 斟霞玉手娟娟淨　　挹露金莖的的明
> 共荷殊恩來作會　　滿簪黃菊醉華纓
>
> <讀書堂, 內賜仙桃銀杯. 與林士遂鄭吉元金應霖, 泛舟東湖. 以侈寵錫. 士遂有詩. 次韻示諸公>,『退溪先生續集』 권1

1542년 9월 경, 중종은 동호 독서당의 관원들에게 선도가 그려진 은잔을 하사한다. 이때 이황과임형수는 鄭惟吉(호:林塘, 1515-1588), 金澍(호: 寓庵, 1512-1565)와 함께 동호에 배를 띄우고 이를 기념하는 놀이를 하였다. 위의 시는 이황이 임형수의 시에 차운하여 여러 사람에게 보여준 것이다. 임금에게 받은 귀한 은잔으로 잔질을 하며 취해가는 젊은 관료들의 자유분방한 풍류를 느낄 수 있다.

그러면 이황에게 독서당이란 공간은 어떤 의미가 있었을까. 다음 작품은 새벽에 성을 나와 인적이 드문 산길을 이용하여 독서당에서 만나기로 약속한 친구들 - 김수와 임형수를 찾아가는 즐거움을 노래한 것이다.

---

21)『중종대왕실록』, 37년 임인 정월.

새벽에 일어나 세수를 마치고
문을 나서서 곧 말을 탔네
내 벗이 호당에 있어
서로 약속했으니 저버릴 수가 없네
수레끼리 부딪치는 길로 가는 게 싫어서
풀이 뒤덮은 들판 길을 찾아서 갔네
돌고 돌아서 골짜기 안으로 들어가고
구불구불 소나무 아래로 뚫고 나아가네
.....
다시금 고향 산속으로 돌아온 것 같아
마투리가 시냇가 이끼에 끌리네
지경이 떨어져 있어 속세와의 일과는 머니
마음이 즐거워 그윽한 생각을 쏟아보네
좁은 오솔길을 자주 엎어질 뻔하였지만
맑은 경치가 참으로 손에 잡힐 듯 했네
안장에 앉아 시를 읊으니 멀고 가까운지를 모르겠는데
갑자기 넓고 커다란 집이 보이네
문안에 들어서가 마치 절간 같아
소나무와 오동나무가 푸르고도 깨끗해라
서로 보면서 한번 밝게 웃으니
우리 무리가 본디 고상하였다네

晨興罷梳盥　　出門仍跨馬
我友在湖堂　　相期不可舍
厭從轂擊路　　行尋草沒野
繚繞入谷裏　　詰曲穿松下
......
還如故山中　　芒鞵澗苔惹
境絶塵事遠　　意愜幽襟寫
微蹊屢欲無　　淸景眞堪把
吟鞍迷遠邇　　忽見渠渠廈
入門似禪家　　松梧碧蕭灑
相看一笑粲　　我輩本高雅

<乘曉出城, 路由書堂後山谷, 閒抵書堂. 應霖獨在, 已而, 士遂亦至>, 『퇴계집』속집, 권1

이황에게 동호 독서당은 단지 음주와 희학을 일삼는 유흥의 공간이 아니었다. 그는 독서당을 성안의 塵事- 험악한 정치 현실-와는 격절되어 있는 고향 산속과 같은 곳으로 생각했다. 그에게 독서당은 淸景, 禪家와 같은 곳에서 깊은 심회(幽襟)를 토로하고 마음을 같이 하는 친구들과 결사를 맺을 수 있는(中藏小有洞. 窈窕堪結社) 귀중한 공간이었다.[22)]

사실 이황은 성균관에 유학하던 33세 부터(1533년) 유생들의 부박한 행동과 金安老(1481~1537) 일파의 전횡에 염증을 느껴 귀향의 뜻을 품은 바 있다. 문과 급제(34세) 후 예문관 검열에 임명되었을 때는 장인 權礩의 일[23]로 당일로 그만 두게 되었고, 이황을 추천한 예문관 관원들까지 모두 파직되는[24] 풍파를 겪은 바 있다. 벼슬살이의 시작부터 닥친 호된 시련과 의주, 강원도로 이어지는 분주한 관원의 삶[25]은 그를 지치게 하였고 자연히 고향을 그리워하게 한 것이다. 일상에 지친 이황에게 독서당은 휴식의 공간이었고, 그곳에서의 교유, 결사는 편하지 않은 서울 생활의 유일한 즐거움이었을 것이다. 심지어 고향에 있을 때 조차 "물가에는 날이 따뜻해 아지랑이 아른거리고, 독서당에는 꽃이 환해 세상의 번거로움 끊어지리(湖州日暖迷烟景, 仙館花明絶世煩)[26]"라 하며 그리워하고 있다. 이황에게 세상의 번뇌와 단절된 공간인 독서당은 仙館이었고, 그의 곁에는 항상 마음이 통하는 친구, 임형수가 있었다.

들국화 피었으니 생각도 하도 할사
술항아리 앞에서 작은 가지 꺾어놓고
술자리 벌이니 참으로 우연이라
노래와 퉁소를 준비할 틈 있었으리
먼 곳을 바라보니 가슴이 메어오네
높은 데 오르니 병든 다리 위태하고
흐뭇하게 한번 취해 보았으나
짧은 춤, 누굴 위한 것인가

野菊猶多思　　尊前小摘枝
杯盤眞偶設　　歌管豈曾隨
望遠愁腸斷　　登高病脚危
陶然成一醉　　短舞爲誰垂

<九日, 獨登書堂後翠微, 寄林士遂>, 『퇴계집』, 권1

---

22) 이황은 노경에도 서울에 머물 때마다 동호를 자주 찾아 지친 심신을 달랬다. 69세(1569)에 지은 <病暇, 許免遠接從事, 因此亦不往東湖, 杜門, 書懷>(『퇴계집』 별집, 권1)가 그 대표적 작품이다.

23) 장인 권질이 안처겸 옥사의 연루자 권진의 형이라는 이유였다.

24) 『중종실록』, 29년, 갑인 사월.

25) 이황은 1541년 咨文點馬로 의주에 갔고, 그 해 9월에는 경기도 災傷御使로 나갔으며, 1542년 3월에는 어사가 되어 충청도 흉년구제 상황을 조사하였고, 같은 해 8월에는 재상어사가 되어 강원도에 갔다.

26) <次韻, 答林士遂金應霖>, 『퇴계집』, 속집, 권1.

가을날 독서당 뒤 언덕에서 경치에 취해 자연스럽게 술을 마시게 된 상황을 알 수 있다. 이 작품에 보이는 이황은 학문에만 전념하는 도학자의 모습이 아니다. 아름다운 新月과 갓 위에 부는 長風을 즐기면서 국화를 꽂고 술에 취하여[27] 춤을 추고, 가득 찬 수심을 국화 앞에서 풀어 보기도[28]하는 새로운 면모를 발견하게 된다. 이러한 공간 인식과 정서는 시인 임형수와 정신적 교감을 가능케 한 요인이기도 하다.

3. 교유의 성격

3-1. 시인과 시인의 만남

현재 『금호유고』에는 이황에게 준 작품이 2제 3수 전한다. 七言律詩, <寄答退溪> 와 앞에서 언급한 <中秋有懷呈李舍人>이다. 이에 반해 『퇴계집』에는 18제 38수가 전한다.[29] 결코 적다고 할 수 없는 분량이다. 이 시기 이황이 교유했던 그 어떤 인물보다도 많을 작품을 남기고 있다.

독서당을 중심으로 한 이황과 임형수의 交遊, 詩作은 어떤 성격이였을까. 아마도 임형수는 이황이 부박하다고 경시했던 음주와 해학을 즐기는 관원의 모습에 가장 가까운 존재였을 것이다. 그런데도 기질적으로 판이했던 두 사람의 교유가 가능했던 이유는 무엇일까? 우리는 여기서 엄숙한 도학자, 엄격한 스승인 이황이 아니라 詩人, 騷人, 詞人을 자처하는 이황의 새로운 모습을 만나게 된다. 시인이 된 이황은 임형수를 '好朋'이라 칭하며 그와의 사귐을 '神交'라고 표현하기도 하였다.

> 게으른데다 병까지 핑계 삼고 지내는 데
> 빈 뜨락에는 푸른 풀이 새로 돋았네
> 문을 두드리자 잠자던 학이 놀라 깨어
> 자리로 맞아들이며 시인을 반기네
> 무릎을 흔들며 시를 읊는 운취 깨닫게 되었지만
> 짓기는 어려워 취해서 두건만 떨어졌네

27) <九日, 獨登書堂後翠微, 寄林士遂>, 『퇴계집』, 권1, 3수. "思君那得暫時寬, 醉把黃花誰共歡. 新月媚人還入手, 長風欺客且吹冠. 千重眉黛依依列, 一道冰紈湛湛寒. 景物隨緣易陳跡, 急須摹取與君看."

28) 같은 시, 4수. "今古茫茫似逝川, 登臨佳景故依然. 同牀不識寧非貴, 擧世相疵亦有傳. 語弃豈容罇俎裏, 愁城難著菊花前. 歸鴉落日都成畵, 臥看東湖玉鏡天."

29) 두 사람 사이에 서신 왕래도 빈번했으리라 추정되나, 현재 남아 있는 자료는 『퇴계집』에 전하는 <與林士遂亨秀>(권12) 뿐이다.

동호에서 가을에 만나자던 약속이 가까워졌기에
등불 아래 더욱 가까이 할 날이 기다려지네

疎懶病相因　　空庭碧草新
敲門驚睡鶴　　延榻喜詞人
自覺吟搖膝　　難成醉墮巾
東湖近秋約　　燈火佇深親

<季夏, 林士遂見訪>, 『퇴계집』 속집 권1

무료하던 늦여름, 임형수의 방문을 받고 술을 마시며 즐거운 마음으로 시를 주고받는 정경을 읊고 있다. 이황은 시인 임형수를 만나 무릎을 흔들며 시를 읊은 운취를 깨닫게 되었다지만 작시가 여의치 않아 두건만 떨어뜨리게 된다고 한다. 시인과 시인으로 만나 문학적 정감을 교유하는 두 사람의 모습이 선연한 작품이다. 다만 동호에서 만나자던 두 사람의 약속은 지켜지지 않은 듯하다. 1542년 7월 1일에 지어진 작품<七月初一日約林士遂湖堂當, 士遂不至, 以詩來謝, 是夜獨臥, 不寢, 次韻>[30]을 보면 임형수는 약속을 지키지 못한 미안한 마음을 시로 보내왔고, 이황은 한잔 술로 쓸쓸함을 달래고 있기 때문이다[31]

이황은 <中秋月, 寄士遂-用東坡韻>에서는 시 짓는 능력이 다한 것을 한탄하면서 "읊조리는 것 아직 습관으로 남아, 저녁이 다하도록 물고기처럼 입만 벌름거리네 (自歎詩力窮, 休嫌佳會愆 / 吟諷尙餘習, 竟夕如魚喁)"라 하기도 하였다. 임형수와의 교유에서 이황은 시작에 몰두하고 작시의 능력이 부족함을 한탄하는 시인의 전형적 형상을 보여준다. 이런 상황에서 지어진 작품은 언어적 수사, 묘사도 화려하여 담박한 정신세계를 지향하는 후기의 도학적 시세계와는 판이한 모습을 확인할 수 있다.

항아 높은 수레 타고 나오라고 명하니
달이 동해의 동쪽에서 나오네
바람 맞으며 사람을 향해 웃고
빛 쏟아져 봉래산을 비추네
봉래산 아득하니 그 어드메뇨?
향기로운 운무는 큰 창문에 싸늘하게 밀려오네
신선의 배, 옥 같은 개펄에 띄우니
맑은 강은 마치 비어있는 듯 고요해
빛나는구나! 그대들이여
노 두드리며 와서 서로 어울리세
전하여 낙비의 비단 버선을 부르고
굽어 하백의 궁궐 살피세

30) 『退溪先生全書遺集外篇』, 『陶山全書』四, 정신문화연구원, 1980, 159쪽.

31) 같은 시. "一盞燈花明四壁, 可堪有約不來人."

취한 붓은 창보다 굳세니
요사스런 두꺼비 찢을 수 있다네

素娥命高駕	出自東海東
臨風笑向人	瀉影蓬山中
蓬山杳何許	香霧凄房櫳
仙舟泛瑤浦	澄江靜如空
粲然二三子	叩枻來相從
傳呼洛妃襪	俯窺馮夷宮
醉筆健於槊	可磔妖蟆蟲

<中秋月, 寄士遂, 用東坡韻>, 『퇴계집』, 별집, 권1

위의 시에서 이황은 작품 전체를 고조된 흥취와 화려한 수사로 이어갔다. '瑤浦','洛妃襪, '馮夷宮' 같은 수사와 醉筆이 창보다 굳세다는 표현을 통해 자신의 詩力을 마음껏 발휘하고 있다. 文才가 탁월했던 임형수와의 교유에서 이황은 자신을 시인으로 자처하며 내재되어 있던 문학적 창조 역량을 최대한 발휘한 것이다.

이황은 임형수를 '好朋'이라 칭하며 그와의 사귐을 '神交'라고 표현하였다. 그만큼 詩作을 통해 시인과 시인으로 교유한 두 사람의 우정은 깊었다. 독서당에서 생활하면서 나눈 이황과 임형수의 다음 대화는 두 사람의 기질적 차이를 보여주는 재미있는 일화이자, 둘의 관계가 깊은 속내를 털어놓을 수 있는 격의없는 사이였음을 알게 한다.

> 일찍이 퇴계와 독서당에 같이 들어갔을 때, 임형수는 취하여 문득 노래를 부르고 시를 지었다. 그는 퇴계의 자를 부르며 말했다. "그대는 남자의 장쾌한 일을 알고 있소이까?
> 나는 그것을 알고 있소". 선생이 웃으며 말했다. " 차례대로 말씀해 보시게."
> " 산에 눈이 하얗게 쌓일 때, 검은 돈피 갖옷을 입고 흰깃이 달린 기다란 화살을 허리에 차고, 팔뚝에는 백 근짜리 센 활을 걸고, 철총마를 타도 채찍을 휘두루며 골짜기로 들어선다오. 이 때 긴 바람이 골짜기에서 일어나 초목이 진동하는데, 느닷없이 큰 멧돼지가 놀라서 길을 헤매고 있으면, 곧 활을 힘껏 잡아당겨 쏘아 죽이고, 말에서 내려 칼을 빼서 이 놈을 잡고, 고목을 베어 불을 놓고 기다란 꼬챙이에다 그 고기를 꿰어서 구워 먹을 것이오. 그러면 기름과 피가 지글지글 끓으면서 뚝뚝 떨어질 것이오. 걸상에 걸터앉아 저며 먹으며 큰 은 대접에 술을 가득 부어 통쾌하게 마시고, 얼큰히 취할 때에 하늘을 쳐다보면 골짜기의 구름이 눈이 되어 취한 얼굴 위를 비단처럼 펄펄 스친다오. 이런 맛을 그대는 아시오? 그대가 능한 것은 다만 글자를 다루는 작은 재주 뿐이지."
> 마침내 무릎을 치고 크게 웃었다. 선생이 매번 그 사람됨을 말할 때마다 반드시 이 이야기를 하였다.[32)]

32) 『금호유고』, <諸家雜記>, 243면. 이 기록은 『연려실기술』, 권10에도 나온다. "嘗與退溪同入書堂. 醉輒呼歌賦詩. 呼退溪字曰: '君亦知男子奇壯事乎! 我則知之矣.' 先生笑曰: '第言之.' 曰: '大雪滿山, 被黑貂裘, 腰帶白羽長箭, 臂掛百斤角弓, 乘鐵驄馬, 揮鞭馳入澗壑, 則長風生谷, 萬木震動,

『연려실기술』에도 전하는 위의 이야기는 임형수가 회령부 판관 시기에 지은 201구에 이르는 장편시 <鰲山歌>를 연상시킨다. 술에 취하여 노래하고 시를 지었다는 언급은 음주와 시작으로 자유로왔던 독서당의 분위기를 다시 한번 확인시켜준다. 임형수에게는 주위의 분위기에 흔들리지 않고 학문에 힘쓰는 이황을 내면부터 한번쯤 흔들고 싶은 심리가 있었을 것이다.[33]

『월정만필』에 의하면 임형수는 '주위의 사람들을 우습게 여겨 비록 선배란 하더라도 농담을 건네곤 하였는데, 유독 이황에 대해서는 존경하고 감히 그렇게 하지 못했다'[34]고 한다. 평소 대하기 어려웠던 이황에게 술기운을 빌어 자신의 경험과 포부를 펼친 것이다. 그가 남자의 奇壯事로 꼽은 것은 당시 지식인들의 尙文的 趣向과는 거리가 멀다. 갖옷을 입고 철총마를 타고 사냥을 하며 그 고기를 안주 삼아 큰 대접에 술을 부어 마시는 모습은 우리 문화사에서 낯선 인물 형상이기도 하다.

임형수가 묘사한 호쾌한 남성상은 이성적 판단보다는 감성적 사고와 즉흥적 행동이 앞서는 인물이다. 이는 '翰墨小技'에 골몰하는 이황에 대한 표현과 대조되어 더욱더 임형수의 거침없는 남성적 스케일을 웅장하게 만든다. 특히 취한 얼굴로 내리는 눈발을 맞으며 우뚝 서 있는 무인의 이미지는 '깊은 산에 천둥 울리더니 소낙비 갑자기 퍼붓고, 넓은 들판은 아득한데 저물녘 진눈깨비 내린다'[35]는 <오산가>의 구절과 부합되어 더욱 사실감을 높인다.

워낙 기질면에서 차이가 났던 두 사람의 우정에는 심각한 갈등의 과정도 있었다. 그 계기는 역시 시작을 주고받는 과정에서 일어났는데, 임형수의 거침없는 행동, 과장된 문사로 이황의 심기가 크게 불편해진 것이다. 두 사람 사이의 갈등의 단서를 엿볼 수 있는 자료는 『퇴계집』에 전하는 <與林士遂亨秀>(권12)이다.

忽有大豕驚起, 迷路而走, 輒拔矢引滿射殪, 下馬拔劍屠之. 仍斫老櫟焚之. 長串貫其肉煮之, 膏血點滴, 踞胡床切而嚼之, 以大銀椀滿酌快飮. 飮至醺然, 仰看蹔雲成雪, 片片如綿. 飄泊醉面, 此中之味, 君豈知之?. 君之所能者, 只是翰墨小技耳." 遂擊節大笑. 先生每稱其爲人, 必誦其言如此."

33) 『송자대전』, 권 75 <答李彝仲> 別紙에는 더 재미있는 일화가 전한다. 임형수는 이황과 호당에 있을 때, 심하게 장난과 해학을 했는데, 그럴 때마다 이황은 '그만두게'라고 했다는 것이다. 옆 사람이 "저 사람이 감당하지 못하는데 왜 그러느냐"고 하면 임형수는 "내가 이렇게 않으면 누가 감히 이런 짓을 하겠느냐. 그러나 나는 景浩(이황의 자)를 소동파가 이천에게 했듯이 간사하다고는 하지 않았으니 소동파보다야 낫지 않는가."라 하여 좌중 사람들을 박장대소하게 하였다 한다.
송시열은 이민서에게 이 기록과 임형수가 사약을 받지 않고 자진했다는 기록을 『금호유고』부록에 넣는가의 문제를 김수항과 의논해 볼 것을 권하였는데, 현재 『금호유고』 부록에는 모두 빠져있다. 아마 너무 지나치다 하여 생략한 듯하다.

34) 尹根壽, 『月汀漫筆』, '林錦湖侮儕漫輩, 雖先進, 皆以漫語加之, 獨於退溪, 則尊敬而不敢."

35) <오산가>, 『금호유고』, 234쪽. "窮山雷雨忽雱雱, 乾坤晝晦愁倀倀, 富野微茫暮雲霙, 鶴樓秋月搖光芒"

이번에 와서 주고 간 <행록후제시>를 받고 보니 나로서는 쌍금과 백붕의 선물도 이보다 더 좋을 수가 없다고 여겼는데, 이를 펼쳐서 내용을 읽고 난 다음에는 허탈감으로 부끄러움만 더해 가고 있으니, 내가 평소에 그대에게 기대했던 것과는 너무도 차이가 나는군요. 군자는 한 마디 말로 인하여 지혜롭게 될 수도 있고 지혜롭지 못하게 될 수도 있는 법인데, 그대는 어찌 하여 나를 실없이 여기고 놀림감으로 취급하며, 그대 스스로의 값어치를 아끼지 않고 경솔한 말을 하시었소.[36)]

문제가 된 시는 88구에 이르는 오언고시 <題退溪嶺南關東行錄後>로 현재 『要存錄』[37)]에 전한다. 여기서 임형수는 이황을 美玉과 같은 인물로 칭송하며 우러러 보아 감히 벗 삼을 수 없는데, 狂疎한 자신을 용납하여 구속하지 않는다고 하여 두 사람의 각별한 우의를 강조하면서 화려한 문체로 거침없이 시상을 전개하였다.

이황은 1542년(42세) 災傷御使로 강원도 영서 지역을 1달 간 다녀왔는데, 이 때 지은 시를 <관동행록>으로 묶었다. 다음 해에는 둘째 아들의 혼사와 장인 권질의 회갑연으로 단성과 안음 등지를 다녀온 후 그 여정에서 지은 시를 <영남행록>이라 하였다.[38)] 이 두 시집을 합하여 <영남관동행록>이라 했는데, 임형수가 이 시집에 붙인 제시의 내용이 문제된 것이다. 여기서 이황의 지적을 보면 두 사람의 기질적 차이, 당시 정치적 상황에 대한 대응방식의 차이를 엿볼 수 있다.

이황이 지적한 것은 우선 화려하고 과정된 단어로 연속된 수사이다. 『어우야담』에 의하면 임형수는 '글을 지을 때 붓을 잡으면 즉시 이루었으며 한 번에 수천 언을 지었다'[39)]고 했는데, 그 솜씨를 마음껏 발휘한 것이다. 이황은 '春苑之紅綠', '昆陽之貔虎', '九折之駿馬', '沖漢之鵠'과 같은 '褒揚之美'는 자신에게는 해당되지 않는다고 강하게 말하였다. 이는 오히려 임형수가 잘할 수 있는 일이니 '비록 그대 스스로를 위하여 진술한 것이라 하여도 좋을 것이다'[40)]라고 하여 편치 않은 마음을 피력하였다.

다음으로 이황의 현실 정치와 일정한 거리를 두려는 자세와 모습을'안기생처럼 초탈했다','만학에서 나오는 얼음처럼 차갑다','곡기를 끊은 것처럼 수척하다'는 식으로 표현한 것을 감당할 수 없다고 하였다.[41)] 그러나 다음의 글을 보면 이황이 자신의 작품을 대상으로

---

36) 『퇴계집』, 총간 29, 326쪽. " 惠來行錄後題詩,,得之. 自以爲雙金之贈, 百朋之錫, 無以過也. 及披而讀之, 茫然增愧赧, 與僕之所望於左右者異矣. 君子一言以爲智, 一言以爲不智, 何足下之欺我而玩我耶? 何足下不自惜而輕出語耶?"

37) 『퇴계학문헌전집』22, 245-246쪽.

38) 정석태, 앞의 책, 301-302쪽.

39) "林亨秀早年能文章, 爲時輩所推, 爲文操筆立成, 一揮數千言."

40) "詩人之辭, 固有因彼而著此. 爲人之作, 適足以自見者, 凡足下之引物連類, 極褒揚之美者, 以吾觀之, 可擬於僕者十無二三, 而可擬於足下者十居八九, 如春苑之紅綠, 昆陽之貔虎, 五陵之繡褥, 九折之駿馬, 駕海之帆, 沖漢之鵠, 酥也蘭也鵬也, 皆足下之能事, 雖謂之足下自述而陳之, 可也."

41) "至於崑玉之璀璨, 僕無其色, 而況其德乎! 安期之絶世, 僕有其願, 而迷其方也, 劍發豐城, 古則古

임형수가 과도한 수사와 칭찬을 한 것을 비난한 것은 단순한 詩作의 문제에 국한되지 않음을 알 수 있다.

> 그대는 참으로 병든 나를 어떤 사람으로 여겼으며 졸작인 나의 시를 어떠한 내용의 말로 여겼기에 그와 같이 극도로 과분하게 칭찬을 하였소. ..... 만약 마음속에 스스로 생각하기를, '누구는 이런 말을 할 수 없는 입장이므로 내가 그의 감회를 대신 펼쳐서 스스로 이를 해소시키려고 기묘함을 발휘하여 희롱해 본 것뿐이다' 라고 했다면 이는 그대가 나를 대접한 것이 너무 소원한 것이 아니겠소. 따지고 보면 그대가 나를 대접한 것이 그러할 뿐 아니라 사실은 그대 스스로의 처신에 있어서도 매우 소홀하게 한 것이 아니겠소. 옛 군자들은 그 스스로의 처신과 사람을 대접함에 있어 아마 그렇지가 않았을 것이오.[42]

이황은 임형수가 작품의 실상과는 무관하게 과분한 칭찬의 시를 쓴 것은 그의 뛰어난 재주, 특출한 문장력을 발휘하려는 과욕에서 나온 것으로 본다. 그런데 임형수가 이황의 조심스런 입장을 대변하려는 의도로 경솔하게 말을 내어 자신을 '欺我', '玩我'한 것이 아니냐는 질책에 이르면,[43] 이 편지가 단지 시의 내용만을 문제삼은 것이 아님을 알 수 있다.

이황이 지나치게 예민하게 반응한 데는 당시 한치 앞을 예견할 수 없었던 위태한 정치상황 때문이다. 乙巳士禍(1547)가 일어나기 전으로 비교적 안정된 정치상황이었다고 하나, 그 이면을 보면 大·小尹의 치열한 암투로 위기가 고조되던 때였다.[44] 신산한 서울의 관료생활에 회의를 느낀 이황은 이미 1533년(33세)에 경남의 함안. 진주, 곤양 등을 여행 한 후, 자신의 평생사로 정치를 떠나 학문에 전념할 것을 결심한 바 있다.[45] 특히 강원도로 가는 길에 춘천에서서는 <過淸平山有感 幷序>를 지어 고려말의 은자 李資玄의 삶을 통해 지식인의 은거 형태에 대해 심각하게 고민하였다. 귀거래하는 이현보를 濟川亭에서 보내며 선망하는 내용의 전별시를 지은 것도 이 시기이다. 장기간에 걸쳐 조심스럽게 서울 생활을 정리하던 이황에게 임형수의 거침없는 행동과 화려한 작품은 엄청난 부담이 되었을 것이다.

이황은 부끄러움과 두려움으로 몽롱한 상태에서 삼일 간을 지내면서 시를 돌려보낼 것

矣. 光燄則吾未也, 氷出萬壑, 寒則寒矣. 淸澈則吾未也. 瘦如絶粒, 哀如鵑哭, 淨如鷗泛, 僕固嘗辛苦而皆莫之近者, 執此而推之, 餘可知矣. 足下乃欲引而躋之, 推而與之, 不自有其美, 不恤之不及, 徒筆而混施之, 不亦異乎!"

42) "足下眞以病夫爲何如人? 拙詩爲何等語, 而稱道之盛, 至此極耶? ...... 於心自計曰, 某也固不足語此, 我但攄懷而自遣, 出奇以爲戲云爾, 則足下之所以待我者, 不亦遠乎! 非唯所以待我者爲然, 足下之自處, 亦甚疎矣. 古之君子, 其自處與待人, 恐不如是也."

43) "何足下之欺我而玩我耶? 何足下不自惜而輕出語耶?"

44) 1539년, 임형수가 26세에 회령부 판관이 되는 과정이 그 단적인 예이다. 문무를 겸비한 인물을 선발한다는 명목이었으나 그 이면에는 임형수의 후원자였던 蘇世讓의 대윤 세력이 윤원형, 진복창의 소윤에게 밀리는 정치 상황이 있었다. 이 때 임형수는 대제학 소세양의 건의로 체차되었다가 삼공의 아룀으로 재차 제수되는 과정을 겪는다.

45) 권오봉, <계사남행록이 갖는 퇴계 평생사적 의의>, 퇴계학연구 5, 단국대 퇴계학연구소, 1991.

을 고민하였다. 그러나 '그 뛰어난 내용과 빛나는 문장이 암송할수록 암송하고 싶고 씹을수록 씹을 맛이 생기기 때문에 앞뒤 가리지 않고 받아두기로'[46] 결정한다. 이황이 임형수의 文才를 깊이 인정하였고, 그의 작품경향을 이성으로는 질책하지만 감성으로는 수용하고 있었음을 짐작하게 하는 부분이다.

사실 이황이 임형수에게 준 시 중에서 가장 긴 작품인 오언율시 8편으로 된 <九日, 獨登山. 次瀛奎律髓九日詩. 寄士遂>(『退溪先生文集別集』, 권1)도 이 시기에 지어졌다. 이 중 7번째 작품에 '붉은 화장을 어찌 가을꽃에 비출 수 있으랴 (紅粧安用照秋花)'라는 구절이 있다. 그런데 이 구절은 『퇴계선생문집고증』에 의하면 이황이 애송하였던 임형수의 시 가운데 '花低玉女酣觴面, 山斷蒼虯飮海腰'의 뜻을 거꾸로 하여 놀린 것(反其意而戱之)이라 한다.[47] 비록 임형수의 화려한 수사와 과장되고 거침없는 표현을 지적하기는 했지만, 한편으로는 임형수의 그런 작품을 애송하고 인정했음을 알 수 있게 하는 재미있는 자료이다. 그리고 이들의 문학적 교유에는 그 바탕에 善戱의 감정이 있었던 것이다.

이들의 교유는 그 후에도 이어져 이황은 을사사화의 와중에 제주목사로 좌천된 임형수에게 시를 보내고 임형수 역시 답시를 남긴다.

> 그대의 높은 뜻, 나는 알 수 없는데
> 편지에 담긴 정성, 글 밖으로 넘치네
> 옥 바치려던 변씨가 월형을 당한 일, 본래 알고 있었지만
> 양장처럼 굽은 길이라도 수레가 반드시 전복되지는 않으리 했는데
> 바다를 떠도는 벼슬 심정, 이제는 괴롭기만 하니
> 산 사서 돌아 갈 계획 소홀한 것이 아니었데
> 강가의 매화꽃 피고 질 때 누구와 얘기하리?
> 만리 밖에서 헛되이 답장을 보낸다오.
>
> 高義吾君我不如　　書來誠款溢言餘
> 本知卞玉能成刖　　未必羊腸可覆車
> 浮海宦情今已苦　　買山歸計未應疏
> 江梅開落誰相問　　萬里空傳尺素書
>
> <寄答退溪>, 『금호유고』

이 작품은 『국조시산』, 『기아』, 『대동시선』에도 전한다. 1545년 9월 16일 제주목사로 좌천되었던 임형수는 그해 10월 13일 배사하고 귀향한다. 아마 이 작품은 그 사이에 이황의

46) "僕所以忸怩怔營, 如醉如醒, 三日而不瘳也. 第君子於其所不敢當者, 亦不敢須臾處, 卽當持而納之. 顧其卓卓之辭, 燁燁之華, 諷誦之不足, 咀嚼之不厭, 乃敢冒昧而留之. 噫! 亦癡之過也."

47) 이 시구는 허균의 『성수시화』에 의하면 인구에 회자되었던 유명한 작품이었다. "林錦湖亨秀, 風流豪逸, 其詩亦翩翩, '花低女酣觴面, 山斷蒼虯飮海腰', 至今膾炙人口, 退溪先生酷愛之. 晩年輒思之曰: '安得與林士遂相對乎!'"

작품을 받고 지은 것일 것이다. 임형수는 수레를 엎을 것 같은 험한 환로, 격랑처럼 밀어닥치는 위기에서 자신의 처지가 월형을 당한 변씨와 다름없음을 절감한다. 평소에 그는 뜻을 펼치려는 인재가 월형을 당하기도 하지만, 구절양장을 가더라도 수레가 모두 전복되지는 않는다고 굳게 믿었던 듯하다. 그는 현실정치를 통한 도의의 실천을 추구했던 실천적 지식인이었다. 이제 산을 사서 귀향 계획을 세우겠다는 언급에서 임형수는 관직 삭탈(1546년 8월), 遠方付處, 賜死(1547년 9월)로 이어지는 암담한 미래를 예견한 듯하다.

> 바다 건너 매화 피었다는 소식 부질없이 들었는데
> 남쪽지방에 그대의 붉은 얼굴 보이지 않네
> 동호에서 술 잔 돌리며 읊조리던 일 말하지 말게나
> 옛 친구 지금은 이미 황제의 마구간 그만뒀다네.
>
> 空聞渡海梅花信　　不見蠻烟紅玉顔
> 莫道東湖觴詠事　　故人今已罷天閑
>
> < 林士遂見寄詩二首, 次韻却寄, 士遂時爲濟州牧 >『퇴계집』별집, 권1

임형수가 제주목사로 있을 시기, 이황은 교서관 교리에 제수되었으나 부임하지 않고, 퇴계의 동쪽 바위에 養眞庵을 지었다. 10년 이상 계획하였던 귀향을 실천으로 옮기기 시작한 것이다. 이황의 마음은 이미 서울을 벗어나 있었다. 이황이 매화를 즐기며 어울렸던 서울 시절을 그리워하는 임형수에게 동호에서 술 마시고 시 짓던 일을 언급하지 말라고 하는 것은 더 이상 관료생활로 되돌아가지 않겠다는 굳은 의지의 표현이다.

그러나 두 사람의 우정은 변함이 없었다. 이황은 제주목사로 있던 임형수에게 申潛(호: 靈川子, 1491-1554)의 그림에 대한 제시를 구하고, 임형수는 <奉寄退溪先生>[48]의 끝부분에 완곡한 거절의 뜻을 전하고 있다.[49] 아마도 두사람은 임형수가 양재역 벽서사건으로 사사될 때까지 서신과 시를 주고받았을 것이다. 기록에 의하면 이황은 임형수를 酷愛하여 만년에 그를 생각할 때마다 "어찌 임사수만한 사람을 만날 수 있겠느냐"[50]라 하고, 그의 사람됨에 대하여 진실로 '奇男子'라 하면서 그의 억울한 죽음을 안타까워했다[51]고 한다. 비록

---

48) 이 시는 학고재의 기획전,『만남과 헤이짐의 미학- 조선시대 계회도와 전별시』(2000년 9월 9일 - 9월30일)를 통해 알려진 작품이다. 종이에 먹으로 크기는 23.0×37.0 cm이다. 글시체는 송설체이다.

49) 임형수는 시의 끝부분에 '병족에 제시하는 것은 본래 자신이 하던 일이 아니며 더욱이 영천자의 그림에는 할 수 없다(題詩屛簇, 本非吾事, 況靈川老筆, 尤不可犯)'는 뜻을 전하고 있다.(『만남과 헤어짐의 미학』, 167쪽)
그런데 과정은 알 수 없지만, 현재『월정만필』에 임형수의 칠언율시 <題申靈川畵竹>이 전한다. 이 시에서 임형수는 신잠이 그린 푸른 대나무에 걸맞는 시인은 淸癯한 퇴계일 것이라고 하였다.

50)『錦湖遺稿』附錄, 諸家雜記, 242쪽. "退溪先生酷愛之, 晩年輒思之曰, 安得與林士遂相對乎?"

교유한 시로만 남아있지만 두 사람이 오래도록 유지한 우정의 깊이를 알 수 있다.

3-2. 교유의 깊이 - 好朋 · 神交

좋은 친구와의 깊은 우정이란 어떤 것일까? 이황과 임형수의 만남은 시인과 시인으로의 교유였다. 일반적으로 학자, 사제간의 만남은 성숙한 것으로 생각하는 반면, 문인 사이의 교유는 유희적인 것으로 가볍게 여기는 경향이 있다. 이황과 임형수의 경우는 어떻게 봐야 할까?

> 김군이여! 풍류 지녀 봉황이 내리는 듯
> 임군이여 !장군의 재질이니 위풍이 당당하네
> 고향의 봄바람에 병든 손이 머무르고
> 마음 서로 통하여 서리문 밖 편지 왔네
> 산의 집이 반만 이루어지니 헤아림이 옹졸하고
> 호당의 매화 다지니 일이 너무 어긋났구나
> 내가 제목이 아님은 그대들이 가장 잘 아실테니
> 거향하려는 나를 부디 놓아주시게
>
> 金君韶奏鳳來儀　　林子兼將百步威
> 故國春風留病客　　神交書札到柴扉
> 半成山屋謀曾拙　　全落湖梅事太違
> 知我不材君最甚　　可無容得會稽歸 (時應霖爲銓郎. 故屬以外補)
> <次韻. 答金應霖，林士遂在東湖見寄>,『퇴계집』, 권1

1544년(44세), 이황은 고향에 내려왔다가 병으로 상경하지 못하여 파직된다. 위의 시는 이런 와중에 신임 예안 현감 任鼐臣 (1512-?) 편에 김수와 임형수가 보낸 편지와 시를 받아 본 후 답한 2편의 작품 중의 일부이다.[52] 서울의 친구들은 이황에게 어서 서울로 올라와서 호당의 매화를 즐기자고 권한 듯하다.[53]

여기서 이황과 서울 친구들의 神交를 연결해 주는 공간은 호당이고, 구체적 매개물은 호당의 매화이다.[54] 이황은 벗들의 서신으로 梅柳魂을 느낄 수 있게 되었다[55]고 하고 동호

---

51) 같은 글, 같은 곳. "退溪先生每歎林亨秀之爲人曰, 眞奇男子也, 死非其罪. 寃哉寃哉. 咄咄不已."

52) 속집의 <次韻. 答林士遂，金應霖> 2수도 이 때에 지어진 것인데. 4수된 한 작품이 2수는 내집에 2수는 속집에 흩어져 실린 것으로 추정하기도 한다. 정석태, 앞의 책, 368-369쪽 참조.

53) <次韻. 答林士遂，金應霖>,『퇴계집』, 속집, 권1. "愈病已同因檄手. 披肝何用更牋鬮"

54) 이황의 매화에 대한 심취는 워낙 유명하다. 이황은『매화시첩』에 62제 91수의 작품을 남겼다.『매화시첩』의 첫머리에 수록된 작품은 <玉堂懷梅>로 1542(42세)의 작품이다. 서울에서 지은 매화시의 주된 대상은 호당의 매화였는데, <湖堂梅花暮春始開用東坡韻二首>, <望湖堂尋梅>가

에서 매화를 즐기자는 약속(尋梅約)을 저버리게 된 것[56]을 가슴 아파 한다. 이 시기 이황은 매화에 심취하여 여러 편의 매화시를 지었는데, 임형수와의 교유에는 매화는 주요한 매개물이었던 것이다. 이런 까닭에 임형수가 제주목사 시절에 주고받은 시에서도 동호의 매화는 두 사람의 공유된 추억으로 거듭 언급된 것이다.

이황은 지난 가을 솜옷을 벗어주며 헤어질 때[57]를 생각하고 천리 밖에서 그리워하는 마음[58]을 전하고 있다. 임형수는 고향에서 병으로 누운 이황에게 한 장의 편지로 봄의 온기를 불러오고[59] 詩魂을 일으키는[60] 대단한 친구였다.

이황의 임형수에 대한 배려도 대단하였다. 1545년(32세) 임형수는 중종 승하로 명에서 오는 사신을 맞으러 의주로 갔다. 그러나 중도에 병이 나서 일행을 좇아가기 어려운 곤경에 처했다. 다음 시는 먼 길을 떠나 있는 친구의 안부를 걱정하는 진솔한 마음이 담겨있다.

만리에 사신 가니 촉나라의 험한 길
종기가 생겨 안장에 앉기도 어려우리
편지 써서 부치려하나 산천이 멀고도 멀어
어찌하면 날개 돋쳐 구름처럼 갈 수 있을지

萬里星奔蜀道難　　　柳生中道不能鞍
裁書欲寄關河阻　　　安得如雲生羽翰
<登狎鷗亭後岡. 憶應霖, 士遂, 吉元. 四首> 중 3.『퇴계집』, 권1

더구나 이황은 동행할 예정이었으나 병으로 면직되었기에 더욱 미안한 마음이었다.[61] 그는 임형수의 시재를 神匠으로 칭하며[62] 귀신과 같은 솜씨로 '만마 티끌 속을 한번 웃고 먼저 달릴 것'[63]이라는 내용의 전별시를 준 바 있다. 홀로 객지에서 병든 임형수에 대한 그리움은 날개를 달고 구름처럼 갈 수 있기를 바랄만큼 간절했던 것이다.

대표적이다.

55) <次韻. 答林士遂, 金應霖>,『퇴계집』, 속집, 권1. "故人書信逐春溫. 喚我窮村梅柳魂"

56) 같은 시, "湖邊苦負尋梅約, 何似楊州何遜歸"

57) <次韻. 答林士遂, 金應霖>,『퇴계집』, 속집, 권1. "脫卻綿裘贈別時, 慇懃相念折膠威"

58) 같은 시, "爲感二君多古義, 相思千里要同論"

59) 같은 시, "故人書信逐春溫, 喚我窮村梅柳魂"

60) <次韻. 答金應霖, 林士遂在東湖見寄>,『퇴계집』, 권1, "雪盡花開病臥村, 消磨未盡只詩魂"

61) <送林士遂以迎詔使從事赴義州. 三首. 乙巳>,『퇴계집』, 권1. "滉亦忝是行, 恩許病免"

62) 같은 시. " 爭看月斧揮神匠, 血指應難據一頭"

63) 같은 시. " 料知擒縱如神處, 一笑先衝萬馬塵"

병들어 몸 성치 못하니 찌는 더위 더욱 괴로워
좋은 술 세 사발도 단지 근심만 더할 뿐.
책상 모서리에 좋은 시편 있어 내 짝이 되고
자리에 누워 그대 생각하니 정말 좋은 친구라네
음률 상쾌하기가 골짜기가 피리 되어 읊조리는 듯하고
기세 씩씩하기는 북쪽 바다 대붕이 물결 까불며 걸터앉은 듯
다른 날 이 말을 엮어 넣지 말게나
함께 전해져 만세토록 사람들 입에 오를까 걱정된다네

抱病支離困鬱蒸　　瓊漿三椀只愁增
牀頭伴我有佳什　　座上憶君眞好朋
韻爽似聞吟壑籟　　氣雄如跨簸溟鵬
他時此語休編入　　郤怕同傳萬口騰
<臥病困暑. 有懷錦湖子. 林亨秀案上取鰲山錄讀之. 書其後. >,『퇴계집』 별집, 권1

이황은 시 속에서 임형수를 '故人', '好朋'이라 칭하는데, 위의 시는 두 사람 사이 우정의 깊이를 알 수 있는 작품이다. 병든 몸으로 더위에 지쳐 괴로워하다가 책상에 놓인 <오산록>을 읽은 감상을 적고 있다. 『고증』에서는 <오산록>을 <관서록>일 것으로 추정했다. (鰲山錄疑卽關西錄) 그러나 여기서 <오산록>은 바로 201구에 이르는 장편시 <오산가>일 것이다.

임형수의 <오산가>에 대해서는 신흠도 '그것을 읽으면 그 사람을 상상해 볼 수 있으니, 영웅스런 풍모와 시원한 기개가 참으로 일세를 덮을 만하다'[64] 한 바 있다. 그만큼 <오산가>는 임형수의 호방한 성격과 거침없는 詩才가 마음껏 발휘된 명품인 것이다. 이황은 장쾌한 <오산가>를 읽고, 壑籟를 울릴만한 음률과 溟鵬과 같은 거침없는 기세에 감탄한다. <오산가>에 견주어 보잘 것 없는 자신의 시가 같이 전해질까 걱정하는 구절은 겸사의 뜻이지만 임형수의 시재에 대한 부러움의 시선이 감지되기도 한다. 이황은 임형수의 거침없는 처세와 강인한 정신을 경계했지만 그 이면에는 무인적 기질을 지닌 좋은 친구를 진정으로 걱정하고 아끼는 깊은 애정이 있었던 것이다.

신이한 위엄으로 호표를 몰아치고
풍류로 담소하며 시서를 이야기 하네

指顧威靈驅虎豹　　風流談笑發詩書
<題林士遂關西行錄後二首>,『퇴계집』, 권1

64) 申欽, <書林錦湖鰲山歌後>

1543년(43세)에 쓴 시로 임형수의 <관서행록>은 전하지 않는다. 이황은 임형수의 탁월한 시재와 무인적 기질을 모두 높이 평가하였다. 그가 보기에 임형수는 文武를 겸비한 젊은 인재였다. 이 해 정월에 임형수는 都元帥 李芑의 종사관이 되어 관서 지방의 군사를 점고하느라 분주하였다.[65] 이 시기의 경험이 반영된 <관서행록>을 읽고 이황은 魚樵에서 늙어가는 자신[66]과 달리 국가의 간성으로 활동하는 名將 임형수에게 자신이 쉽게 얻은 功名을 돌리겠노라고 한다.

무인적 역량과 호기가 하늘을 찌르는 백수에 달하는 작품에 크게 감탄하면서, 妙句가 어찌 장수의 철석같은 마음에 방해가 되겠는가[67]는 언급에서 문무를 겸비한 인재에 대한 경탄이 느껴진다. 이황과 임형수의 교유는 서로의 다른 점에서 이질감을 느낀 것이 아니라 不同의 기질을 인정하고 존중했던 귀중한 만남이었다. 威靈과 風流! 이황은 임형수의 이러한 면모를 높이 평가했다.

> 십년 동안 아득하게 잘못 된 길을 달렸으니
> 고향으로 한가로이 물러나 지팡이를 짚고 거닐고자
>
> 十載茫茫走路岐　　故園閒郤一笻枝
> <士遂自書堂携印上人來, 請題詩卷>, 『퇴계집』, 속집, 권1
>
> 괴롭게 생각나네, 평온히 지내던 날
> 만사의 기틀을 잊고 지팡이 하나에 몸을 맡기던 일이
>
> 令人苦憶平居日.　　萬事忘機只一笻.
> <次韻士遂>, 『퇴계집』, 속집, 권1

앞의 시는 1544년 가을 임형수가 독서당으로 인상인(休靜)을 데려와 시권에 시를 지어달라고 청했을 때 지은 작품의 일부이다. 그는 귀향하고자 하는 의지를 밝히며 산승이 어찌하여 풍진에 관심을 가지는가 묻는다. 심지어 이황은 꿈속의 혼이 밤마다 푸른 등넝쿨에 얽혔다고 하면서 자신을 풍진 속에 사는 有髮僧으로 자처하기도 한다. 언제인가 그대와 함께 불상 앞에서 등불을 같이 밝히리라는 언급에서 서울을 떠나겠다는 강한 의지를 엿볼 수 있다.[68]

---

65) <送林士遂以迎詔使從事赴義州. 三首. 乙巳>, 『퇴계집』, 권1. 각주. "時, 國家將以朝命, 出兵助討胡. 士遂以元帥從事官, 點兵關西, 入薪島驅馬. 得病, 幾死乃甦. 還抵黃州, 遇大雷雨, 有詩極道其壯觀"
『중종실록』, 38년 정월 9일에 임형수가 북방에 파견된 기사가 있다.

66) 같은 시, "唾手功名歸燕頷, 太平容我老樵漁"

67) 같은 시, "先作干城䲔海疆, 絶域病攻天拂亂. 荒城雷鬪鬼驚忙, 豪吟百首凌雲氣. 妙句何妨鐵石腸"

뒤의 작품은 雲飛夕霽한 어느 가을날, 심회를 토로하는 두 사람의 만남이 연상된다. 이황은 愁懷를 풀려고 익은 술이 있는 임형수의 거처를 찾은 듯하다. 그는 시상이 제대로 펼쳐지지 않음(詩瘦)을 고민하면서 세월은 빠르게 지나가는데 書籍에 게으른 자신을 반성하고 있다.[69]

두 사람의 교유시에는 술로 수심을 풀고 勸勉하면서 시작에 몰입하는 정경이 묘사된 작품이 많다. 이런 작품에서 이황은 좋은 친구였던 임형수에게 여러 차례 귀향의 뜻을 밝혔다. 위태하고 번잡한 관직 생활에서 벗어나 고향의 일상적 생활(平居日)로 돌아가 지팡이 하나에 몸을 의지하고 싶은 갈망을 말하고 있다.

이 시기 이황이 지녔던 귀향의 의지에 대해 임형수가 어떤 반응을 보였는지는 알 수 없다. 다만 그의 무인적 기질과 성향으로 보아 현실정치권을 떠나려는 이황의 입장에 동조하지는 않았을 것이다. 타고난 성격이 호방하고 얽매임이 없는데다가 일찍 문과에 급제(22세)하여 조야의 주목을 받으며 화려한 벼슬을 지낸 임형수로서는 귀향을 심각하게 고민할 이유가 없었을 것이다. 거침없는 행동과 활달한 작품으로 이황에게 우정과 질책을 같이 얻었던 임형수는 제주목사로 좌천된 이후에야 귀향의 뜻을 관철한 이황의 처세를 현명한 것으로 받아들이고 수용한다.

집은 셋방으로 몸을 움크려야 하고
몸은 한가로이 삼읍으로 좇겨 왔네
남은 약은 낡은 봉지에 던져두고
어지러운 서책, 새 감실에 정리하네
마을 깊고 인적 드물어
텅빈 집에서 호접몽을 즐긴다네
나와 같은 병 앓는 그대를 그리니
어느 때에 함께 청담을 나눌 수 있을지

屋僦堪藏六　　身閑任黜三
藥殘抛舊裹　　書亂整新龕
深巷人蹤少　　虛簷蝶夢酣
憐君同我病　　何日共淸談
<奉寄退溪先生>[70]

68) <士遂自書堂携印上人來, 請題詩卷>, 『퇴계집』, 속집, 권1. "夢魂夜夜繞蒼藤, 塵裏依然有髮僧. 鶴錫何山堪住著, 他時同汝一龕燈"

69) <次韻士遂>, 『퇴계집』, 속집, 권1. "秋入西溪響玉春, 雲飛夕霽露天容. 那堪景物供詩瘦, 欲遣愁懷到酒濃. 化國光陰閒裏度, 道山書籍病來慵"

70) 『만남과 헤이짐의 미학- 조선시대 계회도와 전별시』, 167쪽.

윤원형의 소윤 세력과의 갈등으로 제주목사로 좌천된 임형수는 언제 삭탈관직을 당하고 죄인의 신세로 떨어질지 한치 앞도 예측할 수 없는 처지였다. 이 곳에서 그는 외로이 호접몽을 꾸면서 이황과 동병상린의 동질감을 절감한다. 이황의 高義를 이해할 수 없었던 임형수는 구절양장을 가는 수레가 모두 전복되는 것은 아니라고 믿었던 지난날을 후회한다. 거친 宦海는 선악과 잘잘못을 가리지 않고 모든 이들을 엎을 만큼 거칠었던 것이다. 그는 제주에서 자신의 처지가 월형을 당한 변씨와 다를 바 없음을 절감하고 산을 사서 귀향할 뜻을 갖게 된다.[71] 그러나 동호에서 매화를 즐기면서 청담을 나누기를 기약하던 두 사람은 다시 만나지 못하였다.

4. 결론

본고는 이황이 임형수에게 보낸 시들을 읽으면서 그들이 어떤 환경에서 만나서 시를 주고 받으며 10여 년간의 교유를 가졌는가 하는 관심에서 시작되었다. 생래적 기질과 삶의 여정이 상이했던 두 사람의 교유가 상대방에게 어떤 영향을 주었을까 하는 것도 궁금했다.

서울에서 관료 생활 중에 만난 두 사람은 시인과 시인으로 만났다. 이들의 교유는 주로 독서당을 배경으로 음주와 희학이 동반된 문학적 교유였다. 그러나 그들의 사귐은 결코 가벼운 소일거리거나 정도를 벗어난 유흥이 아니었다. 시를 통해 서울의 관료 생활에서 생긴 수심과 갈등을 해소하고 격려하면서 好朋의 神交를 맺었다.

이 시기 이황이 임형수에게 준 시들은 후기의 작품은 물론이고 당시의 다른 작품과 비교해도 스케일이 크고 수사가 화려하다. 일상 생활에서 야기되는 감정의 자유분방한 분출까지 확인된다. 이황 시의 일반적 특질로 알려진 선계에 대한 비상, 청정하고 탈속한 이상세계에 대한 추구와는 일정한 거리가 있는 것이다. 이는 분명 이질적인 성향의 임형수와의 우정이 이황의 정신, 문학에 미친 영향일 것이다. 아직까지 이황의 문학은 풍기군수 직을 떠나 귀향한 50세 이후의 작품이 주된 대상이었다. 앞으로는 그 범위를 넓혀 서울에서 지낸 30, 40대의 교유 인물과 그 문학 세계에 대한 연구가 필요하다.

이황과 임형수의 교유는 그 지평을 넓혀 생각해보면, 16세기에 형성된 영남과 호남 사림의 문학적 교류 양상 중의 한 사례라고 할 수 있다. 이황과 김인후, 주세붕과 송순 등을 비롯하여 이 시기 영호남의 사림들은 독서당에서의 만남을 계기로 지속적인 교유와 시작을 유지하였다. 이들은 정치적 곡절을 겪으며 세거지로 귀향하고, 지방관으로 부임한 이후에도 그들의 정치적 지향을 공감대로 유지하면서 활발히 교유했으며, 그 중심에 시가 있

71) <寄答退溪>,『금호유고』, "本知卞玉能成刖,未必羊腸可覆車. 浮海宦情今已苦. 買山歸計未應疏"

었다. 이 시기 사림파 문학의 형성과 발전 과정의 측면에서도 이황과 임형수의 교유와 그 성격은 주목할 필요가 있고 생각한다. 이는 이 시기 사림들의 교유가 우리가 예상하는 것 이상으로 풍부하고 다양한 문학적 지향과 성취를 지니고 있었음을 보여주기 때문이다.

성호 학파의 예학 이해와 그 성격

신항수

머리말

17세기의 특징 가운데 하나로 예학의 발달을 들 수 있다. 이 시기 성리학적 질서의 확산과 내면화는 『주자가례』의 보급으로 이해되어 왔으며, 그 결과 이 시기는 일부에서 예치의 시대로 정의하기도 한다.[1)]

17세기의 예학 발달은 두 방향으로 전개되었다고 평가할 수 있다. 하나는 앞서 지적한 『주자가례』의 확산이며, 다른 한 방향은 예를 둘러싸고 벌어진 정치적 공방일 것이다. 처음 왕실과 신료집단 사이의 갈등으로 시작된 논란은 두 차례의 예송으로 이어졌다.[2)] 이러한 갈등의 원인은 인조반정과 효종의 즉위 등에서 나타난 '비정상적' 왕위 계승이었다고 볼 수 있다. 예송의 결과로 각 붕당 사이의 갈등은 격화되었으며, 한편으로는 각 붕당의 정체성이 새롭게 형성되었다. 이러한 정치적 갈등은 여러 차례의 환국을 거쳐 18세기에 들어서는 왕위계승의 정당성이 쟁점이 되는 극단적인 형태까지 치닫게 되었다.

이 글에서 살펴볼 이익과 그의 문인들은 이러한 시대적 배경 속에서 학문활동을 전개한 인사들이다. 이들은 전시대의 학문적 전통과 정치적 입장을 계승하며 활동하였으며, 18세기의 분위기 속에서 다양한 지적 학문적 실험을 하며 분화했던

---

1) 정옥자, 1989, 「17세기 思想界의 再編과 禮論」, 『韓國文化』10.

2) 예송의 과정과 성격에 대해서는 다음의 글들을 참조할 수 있다. 崔完秀, 1980, 「秋史書波考」, 『澗松文化』19 ; 池斗煥, 1987, 「朝鮮後期 禮訟研究」, 『釜大史學』11 ; 정옥자, 위의 글 ; 이영춘, 1989, 「제1차 禮訟과 尹善道의 禮論」, 『淸溪史學』6 ; 이영춘, 1992, 「禮訟의 黨爭的 性格에 대한 再檢討」, 『朝鮮後期黨爭의 綜合的 檢討』, 韓國精神文化研究院.

학자들이다.[3] 이 글에서는 이들의 예학에 관련된 입장을 가례와 국가 전례 문제를 중심으로 살펴보고자 한다.[4] 통상 실학자로 알려진 이들의 예학은 이익과 그의 문인들이 일상에서의 실천을 어떻게 추구하였는지를 추론할 수 있는 하나의 근거가 될 수 있을 것이다. 아울러 당시 정치 상황을 어떻게 이해하였으며, 이들이 추구하는 정치상은 어떤 것인지도 확인할 수 있는 기회가 될 것을 기대한다. 한편 적지 않은 학자들의 예학 관련 자료를 모두 섭렵하지 못한 점은 이 글의 한계이며 이는 추후의 작업을 통해 보완할 수 있을 것이다.

1. 성호학파의 가례 이해

가. 이익의 『주자가례』 이해와 가례 연구

이익은 적지 않은 예학 관련 저술을 남겼고, 이러한 작업은 그의 후학들에게 많은 영향을 주었다.[5] 이익이 남긴 예학관련 저술의 대부분은 당시 시행되던 『주자가례』와 관련된 것이었다. 특히 그는 『주자가례』의 주석서인 『가례질서』를 저술하였다. 이익의 관점에서 예는 시의에 맞게 변용될 수 있다고 보았으므로 고례보다 중세의 예에 더 비중을 두었고, 자신이 사의 신분에 있었으므로 『주례』보다는 가례에 비중을 두었던 것으로 평가된다.[6]

이익은 그의 저작 여러 곳에서 기존의 예설의 모순점이나 이해하기 힘든 부분을 지적하고 대안을 제시하였다. 이익은 서인계열은 물론 자신의 학문적 연원으로 존숭하던 이황이나 정구 등 남인계열 인사의 예학에 대해서도 비판하였다. 이익은 안정복과의 첫 만남에서 다음과 같이 이야기했다.

---

3) 이익과 그의 문인들의 학문적 입장에 대해서는 다음의 글들을 참조할 수 있다. 李佑成, 1970, 「實學硏究序說」, 『實學硏究入門』; 李佑成, 1981, 「韓國儒學史上 退溪學派의 形成과 그 展開」, 『退溪學報』26 ; 강세구, 1999, 『성호학통연구』, 혜안 ; 원재린, 2003, 『朝鮮後期 星湖學派의 學風硏究』, 혜안 ; 신항수, 2004, 「18세기 후반 이익 문인의 분기와 ‘성호학’ 계승」, 『韓國實學硏究』8.

4) 이익의 예학에 대해서는 다음의 글들을 참조할 수 있다. 裵相賢, 1994, 「星湖李瀷의 禮學思想」, 『泰東古典硏究』10 ; 李迎春, 1999, 「星湖의 禮學과 己亥服制禮論」, 『韓國史硏究』105. 이익 문인들의 예학 이해에 대해서는 아직 별 연구가 없는 형편이다.

5) 이영춘에 따르면 이익의 예학 관련 저술은 『家禮疾書』 6권, 『禮式』 上下 2권, 『星湖先生禮說類編』6권 등으로 묶여 있으며, 이외에 『星湖全集』과 『星湖僿說』 등에 210여편의 예학 관련 편지, 잡문 등이 실려 있다.(이영춘, 1999, 「星湖의 禮學과 己亥服制 禮論」, 『한국사연구』121)

6) 이영춘, 1999, 「星湖의 禮學과 己亥服制 禮論」, 『한국사연구』121.

"오늘날에는 예학(禮學)이 점차 사라지고 있다. 서인(西人)은 사계 (沙溪)에서, 영남 사람은 퇴계(退溪)에서 그치고 말았다. 그대가 만일 예학을 하려면 먼저 삼례(三禮)를 읽어서 그 근원을 탐구해야 할 것이다."[7]

여기서 말하는 예학은 물론 가례를 의미한다. 이익은 기존의 예학이 김장생 단계와 이황 단계에서 답보하고 있다고 보았다. 직접 천명한 바는 없지만 그는 이렇게 정체된 예학을 삼례에 대한 연구를 통해 해결하고자 하였던 것이다. 이러한 문제의식에서 그는 '삼례'로 대표되는 고례를 연구하였고, 이를 바탕으로 주희의 『주자가례』를 주석했다고 볼 수 있다.

이러한 이익의 입장은 제자들에게까지 전승되었다. 서암강학기에서 보듯 이삼환과 정약용 등이 성호 학파의 결속력을 다지기 위해 한 작업은 『가례질서』의 교정이었다.[8] 그의 제자들 역시 이익 예학의 핵심은 『주자가례』에 대한 해석으로 평가하였던 것이다. 그래서 이익은 당시 행용되던 일부 예법 가운데 『주자가례』에 근거가 없는 부분에 대해서는 이를 근거로 속례로 비판하기도 했다.[9]

그러나 이익이 『주자가례』에 기반한 가례 체제에 관심을 가진 것은 사실이지만, 『주자가례』를 문자 그대로 수용한 것은 아니었다. 그는 먼저 『주자가례』의 문헌 성립 과정에 의문을 가졌다. 그는 주희가 죽으면서 『서의』와 『의례』를 참작하여 자신의 상례를 치를 것을 유언하였다는 점을 들어, 『주자가례』가 주희의 만년정론을 담고 있는 책이 아니라고 평가하였다. 주희가 축부인의 상을 맞아 거상하면서 만든 것으로 평소 실행하던 예법은 들어 있으나 중간에 분실하여 주희의 사망시에는 사용하지 못했다는 것이다.[10] 그가 보기에 『주자가례』는 주희가 거상하며 잠시 지은 책이므로 뒤에 수정되었어야 할 책이었다. 이익은 그래서 『주자가례』의 내용이 『어류』나 『주자대전』의 다른 글들과 충돌하는 부분이 나타난다고 보았다. 『주자가례』의 성립이 주희의 중년기이므로 충돌이 나타나는 경우 만년의 설을 따라야 한다는 것이다.[11]

아울러 이익은 『주자가례』의 몇몇 부분이 참람되었다고 보고 있었다. 가장 대표적인 것이 사대봉사이다. 그는 사대봉사가 제후의 예인데 벼슬이 없는 서인이 사대를 제사하는 현실을 개탄하였다. 이익은 주희가 사대봉사를 정한 것을 당시 종법이 시행되고 있지 않

---

7) 安鼎福, 『順菴集』16, 函丈錄
又曰 今世禮學漸亡 西人則止于沙溪 嶺人則止于退溪 君若爲禮學 則先讀三禮 以求其源

8) 정약용, 『茶山詩文集』22, 西巖講學記.

9) 이익, 『星湖僿說』8, 人事門, 支子主祭.
여기서 이익은 이황이 주장한 三年饋食, 練後無哭, 子死服中孫代受服 등의 예법을 상고하지 않은 말이라 하여 준행할 수 없다고 평가하였다.

10) 이익, 『星湖僿說』3, 人事門, 朱子末命.

11) 이익, 『星湖僿說』24, 經史門, 家禮.

았기 때문에 종법을 보급하기 위한 노력의 일환으로 보았다. 곧 사대부가 재상으로 봉해질 경우 제후와 동등해지니 마땅히 4대를 제사해야 하고, 대부와 사도 왕실의 신하로서 고조에게는 복이 있으니 동등하게 4대를 제사해야 했기 때문이었다. 그러나 이미 조선에서는 종법이 시행되고 있기 때문에 벼슬이 없는 자들의 사대봉사는 참례라는 것이다.[12)]

이익이 이러한 입장은 그가 예를 바라보는 관점과 관련이 있다. 안정복은 이익에게 다음과 같은 가르침을 받은 사실을 전하고 있다.

> 공자가 또 말하기를, '예는 사치하기보다는 차라리 검소해야 한다.' 하였으니, 검소하다는 것은 낮추어야 한다는 말이 아니겠는가. 예란 명분을 정하여 참위를 막는 것이니, 사람이 예를 행하는 때에 낮추어 검소하게 하는 뜻을 잃지 않는다면 거의 틀리지 않을 것이다.[13)]

여기서 주목할 부분은 명분을 정하여 참람함을 막는다는 말이다. 이익이 『주자가례』에 기반한 일부 예법에 문제를 제기하고 새로운 예법을 제시하는 근거는 바로 명분과 분수에 맞는 예의 실천에 있었다. 그가 대표적인 참례로 본 것이 당시 일반화된 사대봉사였다. 그에 따르면 『경국대전』이나 동월의 『조선부』 등에 나오는대로 경대부는 3대를 제사지내고 사서는 2대만을 지냈던 성종 연간의 상황을 국법이 제대로 시행되던 것으로 이해하였다.[14)] 『주자가례』가 시행되면서 사대봉사와 종법이 일반화되었는데, 이 과정에서 관직이 없는 사서인들까지 사대봉사를 시작하면서 참례가 퍼지기 시작했다는 것이다. 특히 종을 세우는 것이 허용된 데에 더하여 사대봉사를 하는 것은 실제 4대의 조상과 더불어 5묘가 되어 왕실과 같으니 더욱 참람되다고 이익은 평가하였다.[15)]

아울러 그는 사대봉사 내지는 종법과 모순되는 예법에 대해서도 비판하였다. 대표적인 사례로 이익이 지적한 것은 체천과 장방 관련 기사이다.[16)] 이익은 『주자가례』의 장방을 종법이 사라진 시기에 나타난 일시적 미봉책으로 보았다. 곧 주희 스스로도 종법을 세우고자했던 초년까지는 잘못으로 보았지만, 만년에 들어 종법이 정착되지 않은 시대적 배경 속에서 시의와 인정에 따라 만든 제도라는 것이다.[17)] 곧 체천이 시행된다면 이는 대종이

---

12) 이익, 『星湖僿說』10, 人事門, 庶人家禮.

13) 안정복, 『순암집』18, 星湖先生禮式序
孔子又曰 禮與其奢也 寧儉 儉非卑之說乎 禮所以定名分防僭僞 人之爲禮 不失卑儉之義 則庶乎其不差矣

14) 이익, 『星湖僿說』10, 人事門, 庶人家禮.

15) 이익, 『星湖僿說』13, 人事門, 四世木主.

16) 체천(遞遷)은 봉사손이 친진된 신주를 최장방(最長房:4대 이내의 항렬이 높은 사람)이 제사를 받들게 하기 위하여 그 집으로 옮기는 것을 말한다. 『주자가례』大祥에 나온다.

17) 이익,『성호전집』42-34, 長房不改題說
答語類問適孫主祭 若叔祖尙在則乃是祧其高曾祖 於心安乎 曰也只得如此 聖人立法 一定而不可易 兼當時人習慣 不以爲異也 其言截然嚴斷如此 其後揣人情之不已 量時宜而協義 遂創長房之說

파괴되는 것으로 종법과는 완전히 모순되는 것이었다.[18]

이상에서 보듯 이익은 『주자가례』에 나타나는 일부 논리의 모순과 참례의 가능성을 경계하고 있었다. 이에 그가 대안으로 내세운 것이 서인례의 제정이다. 사대봉사에서 나타나는 참례의 가능성과 경제적 폐단을 막기 위해 그는 6품 이상 대부는 3세를, 그리고 그 이하는 부모만을 제사할 것을 주장하였다.[19] 이러한 그의 주장은 한편으로 사와 대부를 구분하고 관직자와 무직자를 구분하면서 관직을 가지지 않은 사가 생산에 전념하여 정치적 갈등에 휘말리지 않도록 할 수 있는 붕당문제의 근본적 해결책으로 평가받기도 한다.

이러한 입장은 정약용에게도 이어졌다. 정약용 역시 『祭禮考定』에서 제후국의 대부의 제사는 3세를 넘을 수 없으며, 장방으로 체천하는 것은 예가 아니라고 정리하였다.[20]

한편 종법에 충실했던 이익의 입장은 고례와 행용되는 예법의 충돌을 야기하기도 했다. 이익은 『주자가례』가 보급되면서 자리잡은 입후 관행에 대해서 고례에 소종은 입후하는 예가 없다고 하여, 부정적으로 보았다. 대종은 친족을 거둬야 하기에 끊어지면 안 되므로 입후의 정당성이 입증되지만, 소종의 경우는 사대봉사만 하게 되어 있기 때문에 적손이 아닌 자가 친진할 때까지 제사하면 그만이라는 것이다.[21] 이러한 논리는 입후 이후에 친자가 탄생할 시 후사로 나간 자가 다시 환종할 수 있다는 것으로 이어졌다. 그런데 이러한 그의 논리가 단지 논리로 그친 것은 아니었다. 이재기에 의하면 을해옥사 과정에서 이잠의 수노가 논의되자 이익이 이병휴의 계후 사실을 숨기고자 했다가 주변으로부터 곤욕을 치른 사례를 소개하였다. 즉 이병휴가 이잠의 양자가 된 것을 숨겨서 화를 면하고자 했다는 것이다.[22] 이재기는 정약용 등의 남인 시파에 부정적인 입장을 가졌던 인물로 이를 기록한 목적은 이익의 윤리적 하자를 드러내어 남인 시파를 공격하려는 목적이었을 것으로 판단된다. 즉 이익이 계후를 숨겼다는 것이 사실인지 여부는 여기서 판단할 수 없다. 하지만 적어도 계후 사실을 숨길 수 있는 논리적 근거를 이익이 만들었던 것은 사실이었다. 뒷날 안정복 계열의 학자인 이남규가 이익의 논리를 비판하면서, 굳이 이병휴의 사례를 들어 이익의 집안에서 실행하지 않았으니 정론으로 세운 학설이 아니라고 주장한 것은

其語類所謂親盡則請出高祖　就伯叔位服未盡者祭之　家禮所謂遷奉最長房以下者　實不得已而僅許其祭之也　…　朱子初年見之亦將非之　而及其晩年　知人情之遏不得　因時而制宜　委曲而容其挽住也　然而遽削宗子之名　偃以己名替換　則於心安乎否乎

18) 이익, 『星湖全集』12-9, 答鄭汝逸家禮疾書問目 壬子
故有長房之遷則宗破　非如大宗之百世不易也　今五世六世之孫　雖曰宗嫡　旣有權以奉祀者　則恐不宜主此禮也

19) 이익의 서인례에 대해서는 이영춘, 앞의 글에 상세하게 정리되었다.

20) 정약용, 『茶山詩文集』16, 自撰墓地銘.

21) 李瀷, 『星湖全集』40-42, 書鄭聽泉疑禮考證. 이러한 이익의 논리를 이영춘은 형식보다 혈연을 중시하는 예관념으로 평가하였다.(이영춘, 앞의 글)

22) 이재기, 『訥菴記略』.

이러한 점을 의식한 탓으로 보인다.[23]

한편 이익의 가례 관련 연구에서 우리는 그가 살았던 시기를 전후한 정치적 상황과 맞물려 해석할 수 있는 부분도 찾을 수 있다. 대표적인 것이 三年饋食과 관련된 논의이다. 『주자가례』에는 졸곡 뒤에 궤식하는지에 대해 명확한 근거가 나타나지 않는다. 삼년궤식의 뚜렷한 문헌적 근거가 없었음에도 당시에는 예는 후한 쪽을 따른다하여 삼년상 내내 궤식하는 것이 일반적인 관행이었다. 그런데 박세당이 임종시에 고례에 따라 졸곡 이후의 궤식을 폐지할 것을 유언하고, 그의 자손과 문인들이 이를 따르자 궤식 폐지는 정치적인 문제로 비화되었다.[24] 이 사건은 정치적 공방 끝에 박세당의 아들 박태한이 처벌되는 것으로 종결되었다.[25] 이익은 삼년궤식을 다룬 글을 썼는데 직접적으로 박세당과 관련된 언급을 하지는 않았다. 하지만 박세당을 둘러싼 논란은 이익이 24세에서 30세 사이에 일어난 사건으로 그가 이러한 글을 쓰게 된 직접적인 원인이 되었을 것은 분명하다. 그는 삼년궤식을 朱熹의 한때 생각이며 속례로 보아 박세당의 논리를 지지하였다.[26] 박세당을 공격한 근거 가운데 하나가 이황 역시 삼년궤식을 주장하였다는 것이었는데, 이익은 이에 대해서도 이황의 말이라도 근거가 없으면 따를 필요가 없다고 정리하였다.[27] 사건의 시기나 이황까지 비판한 그의 입장에서 볼 때 당시의 정치적 상황을 염두에 둔 글로 판단된다.

이상과 같이 이익은 『주자가례』를 예법의 기본으로 보았으나, 참람되었거나 논리에 맞지 않는 부분에 대해서는 고례에 의거하여 새로운 예법을 만들 것을 주장하였다. 이러한 그의 성과는 정약용 등의 후학들에게 이어졌지만, 한편으로는 정치적 상황과 결부되어 시비를 야기하기도 하였다.

나. 안정복의 『주자가례』 인식

안정복의 경우에는 이익의 『가례질서』를 기본으로 『가례』를 이해하고자 하였다.[28] 그러나 그가 이익의 설을 모두 따른 것은 아니었다.

안정복도 『주자가례』가 불완전한 책이라는 생각을 가지고 있었다. 『주자가례』가 주희의 만년정론을 담은 책이라는 윤동규의 입장을 그는 주희의 상에서도 『주자가례』를 사용하지

---

23) 이남규, 『修堂集』4, 讀星湖禮說.

24) 『肅宗實錄』39, 30년 6월 戊戌.
박세당의 삼년궤식 폐지에 대한 분석으로는 '김용흠, 1995, 「朝鮮後期 老·少論 分黨의 思想基盤 - 朴世堂의 『思辨錄』是非를 中心으로」, 『學林』 17.'을 참조할 수 있다.

25) 『肅宗實錄』48, 36년 6월 병오.

26) 이익, 『星湖全集』43-8~11. 三年饋食辨

27) 이익, 『星湖僿說』8, 人事門, 支子主祭.

28) 안정복, 『順菴集』2, 答星湖先生書.

않았으며, 주희의 제자들 역시 『주자가례』의 초안을 분실했다는 증언을 남겼다는 점 등을 들어 반박하였다.[29] 주희조차도 임종시에 『의례』를 따르라고 했지 『주자가례』를 따르라고 하지 않았기에 윤동규의 주장은 고증을 하지 않은 결과라는 것이다.[30] 특히 그는 이익과 마찬가지로 『주자가례』의 장방 관련 기록에 대해서는 오류라고 인정하고 있었다.[31] 이러한 부분은 대원칙인 종법과 어긋나는 부분에 대해서는 그것이 『주자가례』의 언급이라 할지라도 부정하였던 것이다.

하지만 이러한 입장에도 불구하고 안정복의 입장은 기본적으로 『주자가례』를 따라야 한다는 것이었다. 세부 사항에서 일부 오류가 나타나기도 하고 시대와 환경이 달라 준용할 수 없는 사항이 있기는 하지만 『주자가례』의 틀은 따라야 한다는 것이다. 특히 고례에 근거하여 『주자가례』를 비판하는 일부의 움직임에 대해서 안정복은 다음과 같이 자신의 입장을 밝혔다.

> 제 생각에는 예가 고금에 다를 수 밖에 없습니다. 『의례(儀禮)』는 옛것이고 『가례』는 지금 것으로, 고례를 그대로 다 따를 수 없어서 『가례』를 만들었으니 그 이후의 예가(禮家)들의 유일한 기준은 가례일 수 밖에 없습니다., 중간 중간의 소소한 절목들이 비록 고례와 약간 틀린 점이 있더라도 그대로 따라서 나쁠 것이야 없지 않겠습니까? 그 두 문제에 관해 다시 회답 주시면 좋겠습니다.[32]

곧 안정복의 입장은 시세가 달라졌으므로 이미 『의례』로 상징되는 고례의 시행이 어렵다면 『주자가례』를 기준으로 삼는 것이 마땅하다는 것이었다.

안정복의 이러한 생각은 역시 『주자가례』를 중심으로 예학을 연구했던 이익과 미묘한 차이를 보인다. 안정복의 문집에서는 이익의 입장에 대해 일부 비판 내지는 반박을 하고 있는 내용들이 종종 나타난다. 이익이 비판하였던 김장생을 인용하는 경우가 여러 곳에서 확인되고 있다. 불천위의 제도를 설명하는 곳이나[33], 심의 제도를 설명하는 곳[34] 등에서는 김장생의 논리를 그대로 따르는 것이 예가 되겠다.

안정복의 이익설 비판은 대부분 잘못된 고증 등의 세세한 문제에 집중된 것으로 보이나 일부에서는 근본적인 입장의 차이가 나타나기도 한다. 가장 대표적인 경우가 이익의 서인

29) 안정복, 『順庵集』3, 與邵南尹丈書 庚寅.

30) 안정복, 『順庵集』4, 與李景協書 己丑.

31) 위의 글.

32) 안정복, 『順庵集』4, 答李景協書 丁亥
竊謂禮有古今之殊 儀禮古也 家禮今也 古禮既不可盡從而家禮作 則家禮實後來禮家之三尺 若是小小節目間 雖與古禮有違 從之何妨 此兩端 更賜示教幸甚

33) 안정복, 『順菴集』7, 與李利川書.

34) 答李侄問目.

례 제정 문제에 대한 입장이다. 앞서 살핀 바와 같이 이익의 서인례 제정의 핵심은 관직이 없는 선비가 사대봉사를 실시하는 것은 비용의 부담이 크고 『경국대전』이나 고례에서도 그렇게 규정하고 있지 않기 때문에 봉사하는 대수를 줄이자는 것이다.

안정복은 사대봉사 문제에 대해서 이익과 다른 생각을 가지고 있었다. 비록 『경국대전』이나 고례에서 지위에 따라 제사하는 대수를 규정하였다 하더라도, 『주자가례』에서 사대봉사를 천하의 통례로 규정하였기 때문에 이는 따라야 한다는 것이다. 그는 제물의 수에 대해서는 『주자가례』나 『어류』에서도 형편에 따라 가감할 수 있다고 하였으니 사대봉사는 유지하되 상황에 따라 제물을 줄여 제사를 지내면 된다고 반론하였다.[35] 그러면서 그는 자신도 묘제(墓祭)는 국전에 의거하여 한식과 추석에만 행하고, 기제의 제물도 중품과 하품을 사용한다고 밝혔다.[36] 곧 고례의 중요성은 인정하지만, 『주자가례』의 원칙은 지켜야 한다는 것이다. 아울러 그것을 따르지 못할 경우에도 『주자가례』에서 허용한 범위 안에서 나름대로 새로운 방식을 준용해야 한다는 논리였다.

『주자가례』의 변용에 대한 안정복의 생각은 권철신에 보낸 편지에서 더욱 상세하게 드러난다. 권철신의 원래 생각이 어떤 것이었는지는 자료가 남아 있지 않아 알 수 없다. 하지만 안정복이 윤동규에게 권철신이 예학에서 자득한 바가 크다고 칭찬한 부분이 나타나는 등, 안정복의 문집에 나타난 단편으로 판단할 때, 권철신 역시 예학에 대한 조예가 깊었던 것으로 판단된다.[37]

그러나 권철신이 고례 연구에 근거하여 『주자가례』의 기술을 비판하자, 안정복은 그를 격렬하게 책망하였다. 안정복이 권철신을 책망한 편지에 의한다면 그는 侑食이 三獻 뒤에 있고, 축문을 초헌 때 읽게 하는 『주자가례』의 규정이 고례와 맞지 않는다고 보았던 것 같다. 아울러 강신 술을 부으며 쑥불을 태우는 예를 천자나 제후의 예로 『주자가례』의 규정이 참람되었다고 판단하였다.[38] 이러한 권철신의 생각은 『주자가례』의 일부 규정이 참람되며 이를 고례를 근거로 수정해야 한다는 이익의 문제의식을 이어받은 것으로 보인다. 이에 대해 안정복은 『주자가례』가 고례를 기준으로 하되 시속을 참조한 것으로 전제하고, 권철신의 주장을 시동씨가 사라져서 어쩔 수 없이 그렇게 된 것이라고 반박하였다. 뒤이어 그는 권철신에게 고례를 좋아하는 뜻은 좋으나 정자와 주자가 행했던 예를 버릴 것이냐며 강하게 책망하였다. 그러면서 안정복은 앞으로는 서신 왕래에 안부나 묻고 정담이나

---

35) 안정복, 『順菴集』2, 上星湖先生書 丁丑.
而家禮奉四世之規 爲擧天下大同之禮 故大夫祭三代 雖見古禮 雖載國典 而東方之士 不遵此而遵彼者 盖以家禮爲重也 到此卒難變通 而至若祭物一節 則朱子於家禮曰貧則稱家之有無 於語類曰隨家豊約 如一飯一羹 可盡其誠 知此意則品味之多寡 不必一如家禮之式 而籩豆加減之數 要不失其義而已 易在萃則用大牲吉 當損則二簋用享 朱子之義 亦本於此矣

36) 안정복, 『順菴集』2, 上星湖先生書 丁丑.

37) 안정복, 『순암집』3, 與邵南尹丈書 庚寅.

38) 안정복, 『순암집』6, 答權旣明

나누지 예문이나 경전을 논하지 말자는 격한 말로 편지를 맺었다.[39]

이러한 안정복의 입장은 그의 학문적 경향과 일치한다. 안정복은 일반적으로 이익의 제자 가운데에서 성리학적 원칙에 충실했던 인사로 평가받는다.[40] 『주자가례』의 대원칙을 지키며 그 틀을 흔드는 논의에 대해 저항하였던 예학관은 주희에서 이황으로 이어지는 성리학의 계보를 충실히 따르고자 하였던 그의 학문적 입장과 일치한다고 볼 수 있다.

2. 성호학파의 국가전례 이해

가. 18세기의 정치 상황과 전례 문제

이익과 그의 문인들이 활동하던 18세기의 왕위 계승은 17세기와는 비교할 수 없을 정도로 복잡한 맥락 속에서 전개되었다. 경종에서 영조로 이어지는 왕위 계승 과정에서 신임옥사를 비롯한 격렬한 정치적 충돌이 일어났으며, 영조의 즉위 후에도 이 문제는 정통성에 대한 문제제기가 이어졌다. 정조의 즉위 역시 복잡한 우여곡절 끝에 이루어졌고, 재위 초반까지 왕위 자체를 위협하는 사건들이 계속되었다.

이러한 왕위 계승은 적장자 상속을 원칙으로 하는 종법의 논리와는 동떨어진 것으로 다양한 예법상의 문제제기가 가능한 상황이었다. 경종에서 영조로 이어지는 왕위 계승은 형망제급의 형태를 띠었으며, 영조와 정조의 왕위 계승은 조손간에 이루어진 것이었기 때문이다. 그러나 현실적으로 이러한 문제제기를 공개적으로 할 수는 없었다. 예법 상의 문제제기는 곧 군주와 주변 인물들의 지위에 대한 문제제기로 이어질 수밖에 없었으며, 이는 당시의 민감한 정치적 상황에서 왕위 계승 자체에 대한 시비가 될 수 있었기 때문이다.

이익의 글 가운데에서도 영조와 경종비의 관계에 대한 언급이 나오는데, 그는 嫂淑관계가 없어질 수 없다는 점을 강조하고 경종비와 영조의 관계를 모자관계와 유사하게 처리하려는 주장에 대해 경계하였다. 그는 이러한 입장이 오광운 등의 찬동을 얻었지만 다른 혐의를 받을 것을 우려하여 발설하지 못했다고 전한다.[41]

결국 국가 전례를 다루면서 시비에 말려들지 않기 위해서는 당시의 상황을 직접 언급하

39) 위의 글.

40) 李佑成, 1970, 「實學硏究序說」, 『實學硏究入門』 ; 李佑成 1981 「韓國儒學史上 退溪學派의 形成과 그 展開」, 『退溪學報』26.

41) 이익, 『星湖全集』15-12, 答洪亮卿
兄后之爲之也 旣已尊同 則嫂叔之名不可沒 退溪所以云爾也 今也轉輾差訛 或爲兄后被髮 一似子道 果有所據耶 往者吳參判永伯聞余說曰雖則然矣 有未允於時義 不可發

지 않고 경전을 해석하는 등의 방식을 사용해야 했다. 母以子貴와 관련된 이익의 글은 그 좋은 예이다. 자식으로 인해 어머니가 귀해지는 경우는 곧 경종과 희빈 장씨와의 관계로 유비될 수 있다. 죄인으로 죽은 희빈 장씨와 경종의 관계는 매우 미묘한 주제였다. 경종 원년 조중우는 어머니가 자식으로 인해 존귀하게 되는 것은 춘추의 의리라고 하면서 희빈 장씨의 복작을 주장했다.[42] 그의 주장은 당시 정국을 주장하던 노론에게 임금의 마음을 시험하여 화를 만들려는 시도로 받아들여졌다. 그는 결국 형장을 받은 뒤 유배지로 가는 도중 죽었다. 그해 11월에는 윤지술이 희빈 장씨의 죄악을 숙종의 묘지명에 기입해야 한다는 상소를 올렸다.[43] 경종의 즉위 초 정국을 주도하기 위한 노론과 소론의 치열한 대립이 희빈 장씨의 추증문제를 통해 폭발하고 있었던 것이다.

사실 경종이나 영조 모두 후궁의 소생이므로, 군주와 소생모의 관계는 이익 당대에는 어떤 형식으로든 정리될 수 있는 문제였다. 그는 이 문제를 왕가에서만 나타날 수 있는 특별한 문제로 보고, 소생모에 대해서는 복이 없다고 정리했다.[44] 즉 원칙적으로 정비와 후궁의 존비 관계를 명확하게 가리고 있다. 그런데 그에게 조중우가 제기한 의리는 이러한 원칙과 괴리되는 것이 아니었다. 장씨를 비로 추존하자는 것이 아니라 죽을 때의 작인 희빈을 돌려주자는 것이었다.

이익은 희빈 장씨의 복작 문제에 대한 입장을 시사하는 글을 남겼다. 『春秋』에는 후궁으로 노나라 애공을 낳은 사씨의 죽음을 서술하면서 부인이라고도 쓰지 않았고 薨이라고도 쓰지 않았다. 이익은 당시의 상황을 노나라 애공이 즉위한지 1년이 안되었고 삼가가 정권을 잡아 임금이 임금 노릇을 못하고 있었던 것으로 해석했다. 특히 삼가 중 季씨가 사씨를 미워했기 때문에 군주의 사친임에도 불구하고 추존하지 못했다는 것이다. 즉 『春秋』의 기사는 당연히 추증해야 하는 의리가 있음에도 신하가 제대로 신하 노릇을 못하고 있었다는 사실을 드러내기 위한 것으로 보았다.[45]

물론 그가 당대의 상황을 직접 내세우지는 않았다. 하지만 '임금이 즉위한 지 1년이 안된 상황', 그리고 '권신들이 왕의 소생모를 미워해서 추존할 수 없었던 상황'은 별다른 주의를 기울이지 않더라도 조중우와 윤지술의 상반된 주장을 놓고 격론이 벌어지던 경종대를 연상하게 한다. 그렇게 본다면 이익은 희빈 장씨의 복작을 당연한 의리로 보고, 이에 반대하고 그 죄악을 숙종의 지문에 밝혀야 한다고 주장한 노론을 춘추시대 노나라의 국정을 천단하던 季氏에 비견하여 신하 노릇을 하지 않는 자들이라고 비판한 것이다.

한편 왕위계승의 민감성이 어느 정도 완화된 정조 즉위 이후에는 왕실 전례에 대한 논의가 나오기 시작하였다. 먼저 다루어진 주제는 정순왕후와 정조의 관계였다. 이들은 혈연

42) 『景宗實錄』1, 원년 7월 丙戌.

43) 『景宗實錄』2, 卽位年 9월 辛未.

44) 『星湖全集』38-23 · 24, 儀禮經傳喪服之疑, 母以子貴.

45) 『星湖僿說』19, 經史門, 妾母.

상으로는 조손 간이었지만, 왕위 계승 관계로는 달리 해석될 수 있는 관계였다. 실제 정조는 비록 손자로 조부를 계승하게 되고 아우로 형을 계승하게 되더라도, 그 조부와 형은 마땅히 禰位가 되는 것이라 하여 왕대비로 정리하였다.46) 이러한 논리는 송덕상에게서 나온 것으로 보인다.47) 이에 안정복은 정순왕후와 정조의 관계를 규정할 근거로『통감강목』의 기사를 제시하고 정순왕후는 대왕대비로 칭해야 한다고 주장하였다. 그러면서 왕대비로 부르는 것은 倫序와 昭穆을 어지럽히는 것이라고 비판하였다.48) 이러한 관점은 명분보다 혈연을 강조한 이익의 입장에서 기인한 것으로 생각된다.

다음으로 안정복은 문효세자가 사망하였을 때 복제에 대해하여 논의하였다. 문효세자는 소용 성씨의 소생으로 기해예송에서 논의의 중심이 되었던『의례』의 사종설에 의하면 體而不正에 해당되는 경우였다. 이에 대해 안정복은 정궁에서 태어나지 않았으므로 체이부정에 해당되어 자최기년으로 해야 한다고 보았다.49) 이 경우는 기해예송과 달리 서자라는 신분이 명확하다는 점에서 별 시비의 여지는 없었으며, 국가에서 규정한 예법과도 일치하였다.

나. 기해복제 문제와 근기 남인의 학맥

당대의 국가 전례에 대한 논의가 제한되어 있는 당시의 상황에서 이익과 그의 문인들이 집중했던 것은 기해예송과 관련된 논의였다. 이익은 기해예송과 관련된 체계적인 글을 써서 그 의미를 다시 정리하였다. 그는 먼저 송시열에 대해 두 종통이 있을 수 없으니 두 번 참최복을 입을 수 없다는 논리와 次長子를 庶子로 단정한 내용 등 전반적인 내용에 대하여 비판하였다. 여기서 그는 송시열이 종통과 왕통을 둘로 나누어 어지럽혔다는 남인 종래의 주장을 이어나갔다.50) 그러면서 자신의 아버지 이하진의 행장에서 이하진의 송시

---

46)『正祖實錄』1권 즉위년 3월 辛巳.

47) 안정복,『順庵集』14, 慈殿稱號私議.
今上己亥 上以慈殿稱號未定 問於諸學者 宋德相以王大妃位空 此當稱王大妃獻議.
『실록』에 실린 정순왕후의 칭호 규정 관련 기사는 즉위년의 것이며, 안정복의 기록은 정조 3년의 것으로 서로 차이가 있다.『실록』에서 자전 칭호와 관련된 기사가 존호 이외에 더 나오지 않는 것으로 보아,『順庵集』간행 과정에서 착오가 있지 않았나 생각된다..

48) 안정복,『順庵集』14, 慈殿稱號私議.

49) 안정복,『順庵集』14, 世子服私議 丙午.

50) 李瀷은 雜著에 許穆, 尹善道, 尹鑴, 宋時烈의 예론에 대한 저술을 남겼다. 李瀷의 복제문제에 대한 인식에 대해서는 裵相賢, 1994,「星湖李瀷의 禮學思想」,『泰東古典硏究』10과 李迎春, 1999,「星湖의 禮學과 己亥服制禮論」,『韓國史硏究』105 등의 저술을 참조할 수 있다. 이들에 따르면 李瀷은 己亥服制를 논의하면서 許穆을 대체를 밝혔다 하여 따르되, 嫡長子 여부와는 무관하게 왕통을 강조하여 義服斬衰를 주장하였고, 여타의 주장은 許穆의 논리에 따라서 비판하였다.

열 고묘 주장을 전재하여 숙종 초년간에 제기된 宋時烈 誤禮 告廟論의 정당성을 주장하였다.[51] 아울러 윤휴의 참최삼년설에 대해서는 허목의 '子無臣母之義'라는 논리에 입각하여 비판하였다.[52] 그러면서 그는 허목의 예론에서 나타난 일부 오류를 바로잡았다.[53]

이러한 기해예송 해석은 한편으로 청남의 정체성 형성을 위한 작업이기도 했다. 곧 臣母說을 제기하였으며, 체부 복설이나 부파 등으로 문제가 있던 윤휴와 절연하고, 갑술환국에서 이인좌의 난까지 연루되었던 탁남과의 단절하여, 의리상 별 하자가 없던 허목 계열을 중심으로 근기 남인의 학맥과 정치적 입장을 재정립하고 새로운 정체성을 만들려는 시도였던 것이다. 이러한 작업의 결과로 현재까지 공인되고 있는 이황-허목-이익이라는 근기 남인의 학맥 규정이 형성되게 된다.[54] 이렇게 정리된 기해복제에 대한 이익의 생각은 그의 후학들에게 많은 영향을 주었다. 특히 뒷날 채제공에 의해 정리된 그의 학맥은 이익의 생각이 그대로 반영된 것이었다.

그런데 이익의 기해복제 규정에 대해서 후학들 사이에서 약간의 이견이 나타나기도 하였다. 안정복은 기해예송에서 논란이 되었던 송시열의 體而不正에 대해 다른 근거를 찾아냈다. 기해예송에서 쟁점이 되었던 것 가운데 하나가 『의례』 주소의 해석 문제이다. 송시열이 인용한 體而不正에 대해 허목은 妾子說이라 하여 비판하였고[55], 이 비판이 결국 숙종 초년에 송시열이 몰락하는 원인이 되었다. 그런데 안정복은 이병휴에게 보낸 편지에서 차장자가 서자가 아니라는 주희의 언급을 소개하였다.

> 기해년 예론 때 송씨가 말하기를, "차장자(次長)는 서자(庶子)가 아니라는 명문(明文)을 지금 꼭 찾아내야지만 허목의 말을 따를 수 있다."했었는데, 근래 『어류』를 보았더니, "적자가 없으면 서자를 세우고, 만약 세자가 죽었으면 세자의 친동생을 세우는데 그 역시 차적자이다."라는 기록이 있었습니다. 이 말이 그 때 꼭 필요했을 말인데, 송씨가 주자의 책에 능통하기 짝이 없었는데도 이 말이 있는 줄을 모르고 있었고 또 이 말을 상대를 공격하는 말로도 쓰지 않았는데, 형은 평소에 이를 알고 계셨습니까?[56]

---

51) 이익, 『星湖全集』67-15, 先考司憲府大司憲府君行狀
公曰宗廟之禮 有事則告 安有正國統而不告者 後議果行

52) 『星湖全集』46-26, 驪湖禮論.

53) 이익의 기해예송에 대한 관점은 李迎春, 1999, 「星湖의 禮學과 己亥服制禮論」, 『韓國史硏究』105에 상세하다..

54) 신항수, 2003, 「이익의 청남의리 해석과 성호 문인의 정치 참여」, 『정조사상연구』6.

55) 池斗煥, 1987, 「朝鮮後期 禮訟硏究」, 『釜大史學』11 ; 정옥자, 위의 글 ; 이영춘, 1989, 「제1차 禮訟과 尹善道의 禮論」, 『淸溪史學』6 ; 우경섭, 2005, 『宋時烈의 世道政治思想硏究』, 서울대학교 국사학과 박사학위논문.

56) 안정복, 『順庵集』, 권 5 答李景協 乙未.
己亥禮論時 宋氏曰 今必得次長不爲庶子之明文然後 許某之說 可從也 近得語類 有云無適子則立庶子 若世子死 則立世子之親弟 亦是次適也 是爲當日準備語也 宋氏於朱書 爛熟無餘 而不知有此說 又不以此說爲對攻之語 兄或平日看破否。

안정복의 지적은 문맥상으로 두 가지 해석이 가능하다. 일차적으로는 송시열에 대한 비판으로 받아들일 수 있다. 우선 주희의 적통을 자부하였던 송시열이 자신과 붕당의 존망이 걸린 문제에서 주희의 글에서 근거를 찾지 못한 것에 대한 야유로 해석이 가능하다. 다른 한편으로는 허목의 송시열 비판이 근거가 없었다는 생각을 반영한 것으로도 해석할 수 있다. 사실 이익이 허목의 예설을 보완하면서 집중하였던 문제 중 하나가 次長子를 庶子로 볼 수 없다는 근거를 보충하는 것이었음을 고려한다면 안정복의 발견은 새로운 문제를 야기할 수 있었다. 물론 안정복이 기해예송에 대해 별 후속작업을 하지는 않아서 그의 생각이 정확하게 어떤 것이었는지 확언하기는 어렵다. 다만 이러한 관점이 이후 이익의 후학들이 내세운 기해예송에 대한 새로운 해석의 단초를 열었을 가능성은 있다.

기해예송에 대한 새로운 관점은 권철신과 정약용에서 극명히 드러난다. 먼저 권철신은 이익의 계보를 이황과 윤휴를 잇는다고 정리하여 일반적인 인식과는 다른 입장을 보였다.[57] 정약용은 권철신의 입장을 젊은 시절 한 때의 생각으로 자신이 직접 들은 것은 아니라고 전하였지만, 곧 이어 권철신이 기해예송에서는 윤휴의 설이 옳다고 주장한 것을 소개하였다.[58] 곧 권철신은 이익이 구축한 근기 남인 청남 계열의 계보를 새롭게 정리하였던 것이다.

정약용이 이러한 일화를 소개한 것은 그 역시 윤휴나 권철신과 비슷한 입장이었기 때문인 것으로 보인다. 정약용은 천자와 제후의 상에는 모후도 참최를 해야 한다고 주장하였다. 그에 따르면 천자와 제후의 상에 오속의 친척은 모두 참을 해야 하며, 아버지가 장자를 위해 참최를 입는다해도 아버지를 신하로 삼았다고 하지 못하는 것에서 볼 때 신모설은 근거가 없었다.[59] 정약용은 이러한 입장을 자찬묘지명에까지 실어 자신의 대표적인 업적으로 자평하였다.[60] 더 나아가 그는 8명의 왕자가 모두 왕위에 올랐다면 모후는 그들에 대해 모두 3년복을 입는 것이 합당하다고 주장하면서 윤휴에 대한 송시열의 비판을 반박하였다. 세자로서 죽었다면 2자부터는 중자의 예에 따라야하지만, 군주로 즉위한 이상에는 3년복을 입어야 한다는 것이다. 신모설을 비판하였다는 점에서 볼 때 윤휴의 설을 그대로 따른 것은 아니나 허목과 이익이 구축한 청남의 정체성 규정과는 다른 해석을 보인 점이 특이하다.

하지만 이러한 차이점에도 불구하고 이들의 입장에서 일정한 공통 분모를 찾을 수 있다. 이들은 예에 있어서 왕가의 특수성을 인정하는 기해예송 당시 남인 계열의 입장을 존중하고 있었던 것이다. 비록 세부적으로는 차이가 있었지만, 기해예송 자체를 자기 학파 내지는 정파의 정체성을 규정하는 계기로 보는 것도 공통점이라고 할 수 있다.

57) 丁若鏞, 『與猶堂全書』, 詩文集, 鹿菴墓地銘.

58) 같은 곳.

59) 정약용, 『茶山詩文集』12, 己亥邦禮辨.

60) 정약용, 『茶山詩文集』16, 自撰墓地銘.

맺음말

이상과 같이 근기 남인 예학의 특징을 성호 계열의 학자들을 중심으로 살펴보았다. 이들은 일차적으로 『주자가례』를 기본으로 일상적인 예를 실천하고 있었다. 한편으로는 『주자가례』의 문제점을 지적하기도 했지만, 이들은 근본적으로 주희가 제정한 예법의 틀을 따르고 있었던 것이다. 그의 예학 관련 저술 대부분이 『주자가례』를 기본으로 하고 있다는 점은 주목받아야 한다. 하지만 종법의 원리나 명분에 맞지 않는 부분에 대해서는 『주자가례』의 서술을 과감히 수정하기도 하였으며, 일부에서는 입후 관련 저술에서 보듯, 당시의 관행에서 벗어나려는 움직임을 보이기도 했다.

그의 문인들은 자신의 입장에 따라 이익의 설을 선별적으로 수용한 것으로 보인다. 안정복은 이익의 서인례 논의에 대해 절용하면 사대봉사가 어렵지 않다며 『주자가례』의 틀을 유지하고자 했다. 아울러 고례를 근거로 새로운 예법을 시행하고자 하는 권철신 등을 비판하였다. 반면 권철신 등은 이익의 고례 인식을 바탕으로 고례의 시행을 시도하였다.

국가 전례에 대해서 이익은 기해예송에서 허목의 설을 따르면서 이를 바탕으로 근기 남인의 정체성을 만들었다. 이익의 당대에 나타난 왕실 전례 문제는 군주의 정통성과 연결되는 매우 민감한 문제였으므로, 어떤 의견을 내세울 수 없는 상황이었지만 희빈 장씨의 지위에 대해서는 일부 언급을 남기기도 하였다. 안정복 역시 근기 남인의 국가 전례 이해 틀을 수용하였다. 그의 경우 정조 연간 왕세자가 죽자 적서의 구별 없이 정체로 보아야한다는 의견을 제시하여 왕실례의 특수성을 인정하는 전통을 따랐다. 이들의 후배인 권철신이나 정약용 등도 왕실례의 특수성을 인정하는 기본 입장에는 변함이 없었다. 단 이들은 기해예송을 바라보면서 허목보다는 윤휴의 논리에 동조하는 입장을 보였다.

이상과 같은 이익과 그의 문인들의 예학에 대한 입장은 서로 출입은 있지만 기본적으로 명분을 강조하며, 그에 따라 왕실례의 특수성을 인정하는 것으로 요약될 수 있다. 하지만 한편으로는 『주자가례』의 원칙에 찬동하면서도 명분에 맞는 새로운 예법을 제정하려던 이익과, 당시 행용되던 『주자가례』의 틀을 깨지 않으려는 안정복, 고례에 근거하여 새로운 예법을 추구하던 권철신, 정약용 등의 입장차이는 뚜렷하게 드러난다고 할 수 있다.

성호학파 천문 · 역법론의 추이와 성격

김문용

1. 머리말

조선후기 학문 · 사상의 변화를 추동한 요인은 대체로 조선 사회 내부의 정치 · 경제 · 문화적 변화와 외부로부터의 지적 충격 두 가지로 대별할 수 있다. 전자는 학문 · 사상이 특정한 사회 환경 속에서 형성되고 변화하는 것임을 의미하고, 후자는 그것이 상호 이질적인 것 사이의 교류와 혼합을 통해 발전하는 것임을 의미한다. 이 가운데 후자는 많은 경우에 지식과 정보의 확장을 야기함으로써 학문 · 사상의 발전을 추동하는 좀더 직접적인 요인이라는 측면에서 특별히 주목을 받곤 한다. 이 점은 조선후기 학문 · 사상사 연구에서도 마찬가지이다.

조선후기 지식인들에게서 새로운 지식 · 정보의 원천으로 중요했던 것은 무엇보다도 서학이다. 서학이 중요했던 이유는 그 안의 지식 · 정보가 유교 경전의 범위를 벗어나는 것이었고, 동아시아적 세계 너머의 이해와 전망을 제공하는 것이었다는 데 있다. 이러한 측면에서 볼 때 서학의 핵심은 역시 과학 · 기술, 그중에서도 천문 · 지리 분야이다. 서학의 기독교 사상에도 새로운 지식 · 정보의 성격이 없었던 것은 아니지만, 그것은 변화를 추동하는 측면 이상으로 반발과 고착을 야기하는 측면이 강하였다. 따라서 조선후기 학문 · 사상의 변화를 이해하기 위해서는 천문 · 지리 등의 분야에서 서학이 당시인들의 지식 · 정보를 어떻게 변화시키고, 그 지식 · 정보가 학술 · 사상 전체 속에서 어떻게 작용했는지를 우선 추적해 볼 필요가 있다.

이 연구는 이러한 관점을 성호학파의 천문 · 역법론에 투영하여, 그 변화의 추이와 성격을 살펴보는 데 목표를 둔다. 성호학파는 18세기 전반부터 19세기 전반에 이르기까지 한국 사상·문화사의 흐름을 주도했던 유파의 하나이다. 그들은 종장인 이익(李瀷, 1681-1763)이 서학에 대해 종교와 과학·기술을 구분하는 논법을 확립하고, 그 후학의 일부가 서학 수용에 적극적인 태도를 추구하여 기독교를 신앙하는 데까지 이르는가 하면, 다른 한편에서는 여전히 강력한 경학 전통을 유지하기도 했던 사람들이다. 이러한 점은, 우리의 관심을 과학·기술 분야로 돌릴 때, 그들의 지식과 관점이 어떠한 변화 과정을 거치고 결국 어떻게 귀결되었는지에 대해 특별히 의문을 갖게 한다. 여기에서는 성호학파 중에서도 이익과 그 이후 이병휴(李秉休, 1711-1777), 이가환(李家煥, 1742-1801), 정약용(丁若鏞, 1762-1836) 등 이른바 좌파 학자들을 주요 대상 인물로 삼는다. 이들이야말로 새로운 과학·기술 지식에 적극적이고, 과거 학문·사상으로부터의 변화 폭 역시 큰 인물들일 것이기 때문이다.

천문·역법론은 하늘[天]을 탐구 대상으로 삼는 것으로서 전통 학문에서 형이상학과 긴밀히 결합되어 있었고, 그 때문에 과학·기술의 다른 어떤 분야보다도 중시되어 왔다. 이 점에서는 공교롭게도 서학 역시 마찬가지였고, 성호학파 인물들에게서는 더 말할 나위가 없었다. 초창기의 연구에서 이미 언급되었듯이 이익이 한문서학서에서 가장 관심을 쏟은 부분은 바로 천문·역법, 그 가운데서도 '우주구성'과 '천체운행'에 관한 것이었다.[1] 이러한 선이해를 바탕으로 여기에서는 지동설 문제, 다중천 문제, 세차설 문제를 선택하여 집중 검토하고자 한다. 앞의 두 문제는 우주구조론에 해당하고 마지막 세차설은 역법론에 해당하는 것으로서, 비록 충분하지는 않더라도 그들의 천문·역법론의 대강을 이해하는 데에는 부족함이 없을 것으로 판단된다.[2]

2. 천동인가 지동인가?

이용범 교수는 이익의 자연관에 관한 선구적인 한 연구에서 그를 지동론자로 규정하고 소개하였다. 비록 홍대용의 지동론(지전설)에 비해 소박하고 일정한 범위 안에 제한된 추론에 불과했지만, 이익의 지동론은 주자학에 함축된 지동설의 맹아와 서학의 영향이 결합

1) 이원순, 「星湖 李瀷의 西學世界」, 『교회사연구』 1집, 한국교회사연구소, 1977.

2) 이 연구에서 누락된 주제로는 우주구조론 가운데 地球說과 分野說 등을 들 수 있다. 지구설은 이익과 정약용의 경우에 여전히 중요하게 취급되고 있음을 볼 수 있지만, 그것은 당시에 이미 상식화하여 그들의 천문·역법론의 동향을 파악하는 데 큰 의미를 갖지 못한다고 할 수 있다. 그리고 분야설은 다음의 선행 연구가 있어 중복을 피하였다. 임종태, 「17·8세기 서양과학의 유입과 분야설의 변화-『星湖僿說』「分野」의 사상사적 위치를 중심으로」, 『한국사상사학』 21집, 한국사상사학회, 2003.

하여 이루어진 성과라는 것이 그의 주장이었다.[3] 이는 한편에서 참신한 발견으로 주목을 받았다. 그러나 그것은 이후에 연구자들 사이에 지속적으로 관심을 끌지는 못한 편이고, 그것이 조선후기 과학사상사에서 차지하는 위상과 역할 등 그것에 관한 추가적인 논의도 별로 이루어지지 않았다. 이러한 점은 이익이 지동론자라는 평가가 재검토의 여지를 가지고 있는 것이 아닌가 하는 생각을 갖게 한다. 다음의 인용문은 지동설 주장의 주요 논거인 『성호사설』 「천행건(天行健)」의 글이다.

> 하늘도 또한 물체인데, 하루 사이에 한 바퀴를 돌아 제자리로 올 도리는 없을 듯하다. 장주(莊周)가, "하늘이 운행하는 것인가, 땅이 그 자리에 있는 것인가?"라고 했으니, 또한 의심이 여기에 미친 것이다. "하늘이 과연 운행하는 것인가? 땅이 과연 그 자리에 있는 것인가?"라고 묻는다면, 어찌 하늘이 제자리에 있고 땅이 운행하는 것이 아님을 아는가! 땅이 안에서 운행하면 해·달·별이 선회함이 마치 배에 타고 배가 돌면 오직 언덕이 돌아감을 볼 뿐으로 자기 몸이 돌아감을 깨닫지 못하는 것과 같다. 주자가, "또 어찌 하늘이 밖에서 운행하고 땅이 그것을 따라 돌지 않음을 알겠는가! 지금 땅에 앉아 있어서 땅이 움직이지 않는다고 알 뿐이다."라고 하였다. 이 말도 또한 생각해 볼만하다. 그러나 건괘(乾卦)의 상(象)에 "하늘의 운행이 굳건하다."고 하였다. 성인은 알지 못하는 것이 없으니, 이 한 구절이 믿고 따를 수 있는 것이다.[4]

이익은 여기에서 『장자』의 구절을 인용하여 땅은 정지해 있고 하늘이 움직인다[天動地靜]는 전통적인 사고에 의문을 제기한다. 비록 땅이 움직인다고 명확하게 주장하는 것은 아니지만, 그는 하늘이 아니라 땅이 운동하는 상태를 추론해 내고 이에 대해 긍정적인 태도를 드러내 보인다. 이 점을 중시해 보자면, 그가 마지막에 '하늘의 운행이 굳건하다.'는 『주역』의 구절에 기대어 앞의 추론을 부인하고 전통적인 천동론으로 되돌아 간 것은 새로운 주장의 충격을 완화하기 위한 장치 정도로만 읽힐 수 있게 된다.

그러면 이익을 지동론자라고 규정하는 데는 진정 아무런 문제가 없는가? 그는 『장자』 이외에 『주자어류』의 구절을 인용하여 지동론의 논거를 보강하고자 하였다. 그러나 이 구절은 지금 우리가 말하는 지동론의 직접적인 근거가 되기는 어렵다. 하늘과 땅 양쪽의 운동을 모두 인정한다는 점에서도 그렇지만, 여기에서 땅의 운동이라고 하는 것이 보통 땅이 사방으로 떠다닌다는 사유설(四遊說)을 지칭하는 것으로 이해된다는 점에서도 그렇다. 그의 논의는 마지막의 『주역』 구절을 제외한다고 하더라도 충분히 일관된 것은 아닌 셈이다.

『성호사설』에는 위에 인용한 「천행건」 이외에 「천문천대(天問天對)」와 「천수지전(天隨地轉)」 두 편의 글에서도 비슷한 논의를 진행하고 있어 주목된다. 두 글은 다루는 주제와 논

---

3) 이용범, 「李瀷의 地動論과 그 論據」, 『진단학보』 34집, 진단학회.

4) 李瀷, 「天行健」, 『星湖僿說』 권3.

의 전개 방식에서 모두 「천행건」과 유사하지만 주장의 핵심을 이루는 부분에서 일정한 차이를 드러내 보이는데, 이들을 상호 비교해 볼 필요가 있다.

(1) ……그러므로 땅이 만약 하루에 오른쪽으로(동쪽으로) 한 바퀴 돈다면 대지의 한 쪽에 위치한 사람이 땅을 따라 동쪽으로 가면서 다만 하늘이 운행함을 볼 뿐 땅이 돌아감을 깨닫지 못한다. 해와 달이 하늘에 걸려 있는데 사람들은 해가 빠르고 달이 늦다고 말하지만, 두 가지가 모두 오른쪽으로(서쪽으로) 도는 것이 아니며 도리어 (동쪽으로 움직이면서) 달이 빠르고 해가 늦은 것인지 어찌 알겠는가? '정(靜)'은 '동(動)'의 근본이니, 오직 '정'한 연후에야 그 '동'을 맡아서 주관하고 제어할 수 있는 것이요, '동'으로써 '동'을 제어해서는 차질이 생기지 않을 수는 없는 것이다. 아무 하는 일 없이 이를 운행하게 하는 자는 그 누구인가? '닫아걸음[機緘]'은 '정'에 속하고 '끊임없음(不已)'는 '동'에 속하므로 하늘과 땅, 해와 달의 운행은 스스로 그칠 수 없는 것이다.5)

(2) 혹자는 하늘은 항상 움직이지 않고 땅이 안에서 돈다고 의심하는데, 여기에서 안천설(安天說)이 나오게 되었다. 그러나 땅이 하늘의 중심[天心]에 있어도 아래로 떨어지지 않는 것은 하늘이 운행하기 때문인데, 이로 말미암아 『주역』의 건괘(乾卦) 상사(象辭)에 "하늘의 운행이 굳건하다."고 하였다. 또 만약 하늘과 땅이 모두 돈다면 땅은 마침내 아래로 떨어지고 말 것이다. 이 때문에 『장자』 「천운(天運)」편의 설을 주자가 허여하였는데 이것이 서력(西曆)의 '영원히 고요하여 움직이지 않는 하늘[永靜不動天]'과 합치한다. 그런데 이 영정부동천은 도대체 어느 곳에 의지하는가?6)

(1)의 인용문 첫 문장에 따르면 이익은 지동론자가 분명한 것처럼 보인다. 그러나 인용문 전체로 보자면 그가 천동을 부정하고 지동을 옹호한 것이라고 보기는 아직 이르다. 둘째 문장에서 그는, 비록 좌·우 용어 사용의 혼동이 있기는 하지만,7) 내용으로 볼 때 좌선

5) 『星湖僿說』 권3, 天地門, 「天問天對」.

6) 『星湖僿說』 권3, 天地門, 「天隨地轉」. 글의 내용으로 볼 때 이 글의 제목은 「天隨地轉」이 아니라 「地隨天轉」이라고 해야 옳다. 『朱子語類』 권86 '沈僩錄'에도 '地隨天轉'이라는 표현이 보인다.

7) 천체들의 운행 방향을 좌우로 표현하는 데는 그 좌·우가 순서대로 서·동을 의미하기도 하고 동·서를 의미하기도 하는 등 혼선이 있어왔다. 그러나 『晋書·天文志』에서 하늘이 하루에 서쪽으로 일주하고 일·월이 하루에 1도 혹은 13도여를 동쪽으로 이동하는 것을 '左旋(轉)右行'이라 표현한 이후 좌는 서쪽, 우는 동쪽을 지칭하는 것이 통상적인 예라고 할 수 있다. 이것은 운동의 관찰자가 아니라 운동의 주체를 기준으로, 즉 땅을 굽어보며 운동하는 천체를 기준으로 좌우를 말하는 것으로서 좌우의 일반적인 용법에도 부합한다. 위의 인용문에서 "모두 오른쪽으로 도는 것이 아니며 도리어 달이 빠르고 해가 늦은 것인지"에서 '오른쪽으로'는 내용상 '서쪽으로'에 해당하므로 통상적인 용법에 따르자면 '왼쪽으로'라고 바꾸는 것이 옳다.
흥미로운 것은 이러한 혼선이 다음에 보듯이 정약용에게도 이어지고 있다는 점이다. 그런 반면, 이병휴는 이 문제를 의식하고 다음과 같은 언급을 남기기도 하였다. "『어류』 가운데 '天道左旋'이 서쪽으로부터 동쪽으로 가는 것이라는 한 조목은 과연 의심할 만하다. 만약 서쪽으로부터 동쪽으로 가는 것을 좌선이라 한다면 결코 옳지 않다. 여기에는 반드시 오자가 있거나, 아니면 문인의 억설을 주자가 가려주지 않은 것일 뿐이다."(李秉休, 「答韓汝寬書」, 『貞山雜著』 2책.)

설(左旋說)을 대신하여 좌선우행설(左旋右行說, 일명 右旋說)을 제안하고 있다. 좌선설이란 해와 달이 항성과 마찬가지로 매일 한 차례 서쪽으로(천체가 땅을 바라보고 왼쪽으로) 회전하되, 항성이 한 바퀴 도는 동안 해는 그보다 1도 못 미치고 달은 13도 여를 못 미치는 것으로 보는 견해이다. 좌선우행설은 해와 달이 항성천에 붙어서 서쪽으로 회전 운동을 하되, 그것과 별도로 해는 하루에 1도 달은 하루에 13도 여씩 동쪽으로(즉 오른쪽으로) 자리 이동을 하는 것으로 보는 견해이다.

전통적으로 역법가들이 좌선우행설을 지지해 왔던 반면에 주희가 장재(張載)의 좌선설을 지지한 이후 유학자들은 대체로 좌선설을 표명해 왔다.[8] 그러나 다른 한편에서는 이 양자의 차이가 사실 인식의 차이라고 하기보다는 관점의 차이라는 인식이 이루어져 오기도 하였다. 이익은 『장자』의 상대주의적 논법을 원용하여 바로 이러한 관점의 전환을 제안해 보였다. 되짚어 보자면, 지동이냐 천동이냐의 문제 역시 한편에서는 관점의 문제에 속한다. 그는 이 문제와 관련하여서도 관점의 전환을 시도하고 제안해 보인 셈이고, 이 점에서 충분히 주목할 가치가 있다. 그러나 그는 결코 천동론자가 아니라는 의미의 지동론자라고 할 수는 없다. 인용문의 마지막 문장에서 하늘·땅·해·달이 모두 그침 없이 운동한다고 첨언하고 있음을 볼 때 분명히 그러하다. 그는 지동·천동의 문제와 관련하여 동태적인 현상 속에서 정태적인 본질을 포착하고 정태적인 본질로부터 동태적인 현상을 추론해 가는 『장자』 식의 논법을 활용해 보인 사상가였다.[9]

반면에 (2)의 인용문은 비교적 분명하게 지동설 대신 천동설의 관점을 드러내 보여 주목을 받는다. 그의 천동설 입론은 세 방향에서 진행되는데, 첫째는 지동설에 대한 부정을 통한 것이다. 그는 전통적인 천론(天論) 가운데 하나인 안천설을 일종의 지동설로 이해하고,[10] 그것에 따를 때 땅은 하늘의 중심에 머물지 못하고 추락할 것이라고 판단한다. 둘째

8) 이에 대해서는 다음을 참조할 것. 구만옥, 「朝鮮後期 天體運行論의 변화」, 『實學思想硏究』 17·18집, 무악실학회, 2000.

9) 이러한 논법은 『莊子』 「天道」 편의 "虛則靜, 靜則動, 動則得矣."과 같은 구절에서 잘 드러난다.

10) 안천설에 대한 이익의 이해를 좀더 자세히 보여주는 것으로 다음의 글이 있다.
"安天 또한 생각으로 미루어 볼 수 있다.(安天者, 亦可意推.) 무릇 천지 사이에 가장 빠른 것은 총탄인데, 지구의 주위가 9만 리이니 총탄의 속도로도 7일여가 걸려야 한 바퀴를 돌 수 있다. 하늘의 둘레는 지구의 둘레에 비해 몇 천 배가 되는지 알 수도 없으니, 아마도 하루에 한 바퀴를 돌지는 못할 것이다. 그러므로 혹자는 하늘은 실제로 움직이지 않고 땅이 오른쪽으로 하루에 한 바퀴 도는 것이라고 생각한다."(『星湖僿說』 권3, 天地門, 談天.)
그런데 안천설에 대한 이익의 이러한 이해는 통상적인 이해와 다르다. 그의 이해는 '安天'의 글자에 착안하여 말 그대로 '생각으로' 추측해 낸 것일 가능성이 있다. 『晋書』 「天文志」의 다음 설명과 비교해 볼 수 있다.
"成帝咸康中, 會稽虞喜因宣夜之說作安天論, 以爲天高窮于無窮, 地深測于不測, 天確乎在上, 有常安之形, 地魄焉在下, 有居靜之體, 當相覆冒, 方則俱方, 員則俱員, 無方員不同之義也. 其光曜布列, 各自運行, 猶江海之有潮汐, 萬品之有行藏也."(陳遵嬀, 『中國天文學史』 第6, 中國 明文書局, 1846

는 하늘과 땅이 모두 회전하는 경우를 상정하고, 이 때 역시 땅은 추락하고 말 것이라고 비판한다. 마지막으로 그는 천정설(天靜說)에 의문을 제기함으로써 간접적으로 천동설을 옹호하는 모습을 보인다. 그는 『장자』 「천운」편과 『주자어류』에서 보여준 천동설에 대한 회의가 서양의 12중천설에서 영정부동천을 맨 가장자리의 하늘로 상정한 것과 통하는 것임을 말하고, 이 경우 움직이지 않는 하늘은 무엇에 의존하여 제 자리에 머물러 있을 수 있겠는가를 문제 삼는다.

여기에서 중요한 점은 위의 세 경우에 대한 부정적 판단의 기준으로서 우주의 구조에 대한 특정한 이해가 그에게 전제되어 있다는 점이다. 그것은 하늘이 밖에서 빠르게 회전함으로써 그 안에 처해 있는 땅이 밑으로 추락하지 않을 수 있다는 생각이다. 아쉽게도 이에 관한 추가적인 설명은 더 이상 발견되지 않는다. 그러나 이러한 생각은 "한 점의 지심(地心)에는 상하·사방이 모두 안으로 향하여 있어서 큰 지구가 중앙에 달려 있음을 볼 수 있으니 그것이 조금도 움직이지 않음을 추측해 알 수 있다."[11]라거나 "지구는 하늘의 중심에 있고…… 땅의 중심은 곧 하늘의 중심이다."[12]라고 하는 등의 우주구조론적 관점과 긴밀히 결합되어 있는 것으로서 중요한 의미를 갖는 것이었다.

결국 천동인가 지동인가의 문제와 관련한 이익의 논의는 지동의 관점을 제기해 보였다는 데 특징이 있다. 이것은 향후 지동설의 정식화로 이어질 가능성을 가지고 있는 것이라는 점에서 적극적으로 평가될 여지가 있다. 그러나 정작 그가 천동론자와 지동론자 둘 중의 어느 쪽에 속하는가를 문제 삼는다면, 우리는 그가 후자보다는 전자에 좀더 가깝다고 해야 할 것이다. 이 점은 그에게서 지구설과 연계된 부대 논의가 더이상 발견되지 않는다는 점, 그 이후에 성호학파 내부에서 지동설 문제가 중요한 논제로 다시 부각되지 않았다는 점으로도 간접적으로나마 확인된다. 학계에 보고된 것으로는 정약전·정약용 형제가 유배시 주고받은 편지에 이 문제가 잠시 등장할 뿐이다. 정약전은 혜성의 존재가 지동설의 근거가 된다고 주장하였고, 정약용은 이에 대한 답장에서 오히려 그것으로 볼 때 "명백히 별이 운행하는 것이지 땅이 운행하는 것은 아니다."라고 주장하였다.[13] 그들은 지구설 문제를 의식하고 있기는 하되, 그것을 본격적으로 입론하지는 못하고 있었다고 할 수 있다.

쪽에서 재인용)

11) 李瀷, 「地球」, 『星湖僿說』 卷2.

12) 李瀷, 「天圓地方」, 『星湖僿說類選』 上.

13) 丁若鏞, 「上仲氏辛未冬」, 『與猶堂全書』 詩文集 卷20.

3. 중천설의 수용과 폐기

지동설 문제와 더불어, 서학의 전래로부터 비롯된 우주구조론의 중요한 문제 가운데 하나가 중천설(重天說) 문제이다. 프톨레마이오스의 수정천구설에서 유래한 서양의 중천설은 『천문략(天問略)』을 포함한 초창기 한문서학서를 통하여 12중천설, 9중천설 등으로 소개되었다. 이익은 「십이중천」과 「구중천」이라는 글에서 자신의 견해를 곁들이며 이를 소개하였다. 전자는 『성호사설유선(星湖僿說類選)』에만 실려 있고, 후자는 한 단락 정도의 짧은 글로서 『성호사설』과 『유선』 모두에 실려 있지만 내용에 조금 차이가 있다. 이용범 교수는 이에 대한 분석을 통하여 이익이 동서세차천과 남북세차천을 모두 인정하는 어조를 남겼고, 영정부동천의 존재도 의심하지 않았다고 평하였다.[14] 결국 그가 12중천설을 온전하게 수용했다고 평가한 것이다.

본래 중천설의 기본 발상은 달 · 수성 · 금성 · 태양 · 화성 · 목성 · 토성 · 경성(항성)의 서로 다른 운동 궤도를 각각 별도의 하늘로 상정하는 데 있다. 개천설 · 혼천설 · 선야설 등으로 대표되는 전통적인 천론에 비출 때 이러한 발상은 동양인들에게 거의 새로운 것이었다. 굴원(屈原)의 「천문(天問)」과 그것에 대한 주희의 주석에서 9중천을 언급한 사실이 있기는 하지만, 그것은 아홉 겹 하늘에 대한 구체적인 설명을 담고 있지도 않았고 그 외의 어떠한 천문 · 역법론적 사실들과 긴밀히 결합되어 논의되지도 않았다. 서양의 중천설이 소개된 이후 동양인들은 굴원과 주희를 매개로 삼아 그것을 쉽게 수용할 수 있었지만, 실상 그것은 천론의 전개 과정에서 새로운 흐름의 형성을 의미를 갖는 것이었다.

중천설 속에는 하늘이 과연 각질의 형태로 존재하는 일종의 실체인가 아닌가를 포함한 많은 문제들이 함축되어 있었다.[15] 그러나 중천설이 함축한 문제 가운데 무엇보다도 중요한 것은 항성천 바깥에 설정한 하늘, 특히 제9중천인 종동천(宗動天)과 제12중천인 영동부동천(永靜不動天)의 존재를 인정하는가 마는가 하는 것이었다. 종동천은 그 아래 여덟 겹 하늘의 운동을 이끌어가는 최초의 운동자에 해당하고, 영정부동천은 그 최초의 운동을 가능하게 하는 부동자로서 신이 거주하는 천당으로 상정된다.

이렇게 볼 때 이익이 12중천설, 그중에서도 영정부동천을 '인정했다'거나 '의심하지 않았

---

14) 이용범, 「李瀷의 地動論과 그 論據」, 『진단학보』 34집, 진단학회.

15) 전통적인 천론의 핵심을 이루어 온 개천설과 혼천설에 따르자면 하늘은 원칙적으로 땅을 덮거나 감싸고 있는 각질의 실체여야 했다. 각질천을 부정하는 선야설이 알려지고, 송대 장재(張載)의 기철학적 우주론이 널리 확산되었음에도 불구하고 이 문제에 대한 논의는 그다지 활성화되지 않았고, 따라서 각질천 관념은 잠재되어 있었다고 할 수 있다. 반면에 중천설을 주장하는 한문서학서들은 오히려 천구가 실체가 아님을 적극 주장하는 경향을 보여 이채를 띠었다.

다'는 앞서의 평가는 새로운 우주구조론을 수용했다는 의미를 넘어, 기독교적 세계관의 영향을 인정하는 데로 확장될 여지를 갖기도 한다. 그러나 주지하듯이, 그는 서학과 관련한 태도에서 서양의 과학·기술과 종교를 엄격히 구별하여 전자는 수용하고 후자는 배척함으로써 훗날 동도서기론적 사고방식의 선하를 이루었다고 평가되는 인물이다. 이렇게 되면 그에게서 12중천설 수용과 기독교적 세계관 배척 사이의 간극에 대한 설명이 추가로 필요하게 된다.

이러한 맥락에서 이익이 영정부동천을 인정한 것이 아니라 부정하였다고 단정하는 근래의 새로운 연구가 주목되기도 한다.[16] 이 연구에서 영정부동천 부정의 직접적인 논거가 된 것은 앞의 인용문 말미에서 언급한 "이 영정부동천은 도대체 어느 곳에 의지하는가?"라는 구절이다. 이 구절을 영정부동천 부정의 근거로 삼기에는 미흡한 면이 있는 것이 사실이다. 그러나 그것은 최소한 이익이 서양의 12중천설에서 설명하는 그대로 영정부동천의 존재를 순순히 인정한 것이 아님을 보여준다고는 할 수 있다. 우리는 그의 「십이중천설」을 통하여 이상의 논란을 다시 검토해 볼 필요가 있다.

> 옛날부터 하늘에 아홉 겹이 있다는 것은 칠위(七緯, 일·월과 5행성), 경성(經星, 곧 항성) 및 종동(宗動)을 의미하였다. 종동은 북신천(北辰天)인 듯싶다. 무릇 만물이 움직이는 데는 반드시 그 종(宗)이 있다. 그 움직임이 가장 빨라서 뭇 하늘을 거느리는데, 가까운 것은 빠르고 먼 것은 느리니, 그것이 이끌어 움직이게 하지(帶動) 않는 것이 없다. 이것은 어리석은 자도 모두 안다. 마테오 리치가 12중을 말하여 영정천과 동서세차·남북세차를 첨가하였다. 영정은 움직임이란 것이 반드시 고요함에 근거하는 데 따른 것이다. 그러므로 『장자』의 「천운』에 "누가 이를 주장하는가! 누가 아무 하는 일 없이 이것을 미루어 행하는가!"라고 하였다. …… 영정과 종동은 이치로 미루어 밝힌 것이지 측후가 있는 것은 아니다. 동서세차는 中曆의 세차와 다른 뜻이 없는 듯싶고… 남북세차는 마테오 리치가 그 까닭을 말하지 않았는데, 생각하건대… 분명히 남북의 차이가 있다.[17]

여기에서 그는 분명히 영정부동천에 대해 부정적으로 언급하지 않았다. 오히려 그는 앞에서도 보인 바 있는 『장자』 식의 동(動)·정(靜) 논법에 의거하여 영정부동천을 이해하고자 하였다. 그러나 그것은 말 그대로, 이해하고자 하는 시도일 뿐이다. 『성호사설』에서는 중천설을 소개하는 것과 별도로 「혼개(渾蓋)」라는 항목에서 종래의 천설을 두루 소개하고, 특별히 개천설을 긍정적으로 평가하기도 하였다. 엄밀히 보자면 영정부동천과 개천설은 서로 모순되지만, 이렇듯 서로 모순되는 견해의 존재는 『성호사설』에서 드문 일이 아니다.

---

16) 안영상, 「星湖·茶山의 우주 천문설과 상제관」, 『민족문화연구』 34호, 고려대 민족문화연구원, 2001. 이 논문은 이익이 영정부동천을 부정했다는 데서 더 나아가, 그가 天과 上帝의 영역을 분리하였고, 그의 상제 개념 속에는 창조주의 성격이 없다고 함으로써 이익과 서학 사이의 차별성을 강조하고자 하였다.

17) 李瀷, 「十二重天」, 『星湖僿說類選』 上.

결국 영정부동천에 대한 일견 긍정적인 태도는, 자신의 견해를 엄밀하게 정립해 보이는 쪽보다는 정리하여 소개하는 데 치중하는 『성호사설』 특유의 기술 방식에 기인하는 점이 많다고 보아야 한다. 이렇게 볼 때 그가 영정부동천의 존재를 의심하지 않았다는 평가는, 그가 영정부동천 이론을 수용했다는 것으로 오해될 여지가 있는 한 재고되어야 할 필요가 있다. 이러한 점은 동서세차천과 남북세차천에 대해서도 대동소이하다. 그가 동서세차와 남북세차 현상을 인정했음은 분명하지만, 그 두 현상을 각각 관장하는 하늘을 별도로 설정하는 것에 대해 동의했는지는 분명하지 않다고 할 수 있다.

그러나 종동천의 경우는 사정이 다르다. 그는 첫 문장에서 칠위·경성과 함께 종동천이 9중천을 구성한다고 보고, 그 종동천에 대해 나름의 추론을 전개해 간다. 이때 주목할 만한 것은 종동천을 북신천으로 추정해 보는 대목이다. 과연 북신천이란 무엇을 지칭하는 것인가? 이에 대해서는 「구중천(九重天)」이라는 글에 단서가 보인다. 그는 이 글에서 "옛날에는 북극에 가장 가까운 별이 하루 낮과 밤을 돌아 제자리로 돌아오는데 그 지름이 1도밖에 안 되었지만 지금은 3도에 이른다."고 하였다. 그리고 그것으로 보아 북극성 바깥에 다른 하늘이 하나 더 있음을 알 수 있다고 하고, 그것이 바로 종동천이라고 주장하였다.[18]

이 설명은 다음과 같이 부연할 수 있다. 북극성은 북극과 정확히 일치하는 것이 아니라 북극 주위를 회전하는 별인데, 그 회전 궤도의 폭이 일정하지 않고 변화한다. 이렇듯 북극성의 궤도가 변화한다는 것은, 마치 매년 조금씩 변화하는 태양이나 5행성의 궤도 너머에 경성천이 존재하듯이, 북극성이 속한 하늘 너머에 다른 하늘 즉 종동천이 존재함을 의미한다는 것이다. 이렇게 보자면 종동천의 다른 이름인 '북신천'은 '북극성의 하늘'이 아니라 '북극점의 하늘'이 되는 셈이다.[19]

요컨대 이익은 영정부동천에 대해 애매한 태도를 보인 것과는 달리, 종동천에 대해서는 적극적으로 해석하고 인정하는 태도를 보였다. 여기에는 서학의 과학·기술 부문이 전반적으로 설득력을 얻어가는 상황에서 기독교적 세계관에의 습염을 꺼려한 그의 입장이 투영되었다고 할 수 있다. 그리고 한편으로는 『천문략(天問略)』이나 『오위역지(五緯曆指)』와 같은 천문학 계통의 한문서학서에서도 9중천에 대한 설명이 자세하고 제10중천 이상에 대해서는 설명이 소략했다는 점도 무관하지 않았을 것으로 생각된다. 이렇게 하여 형성된 그의 태도와 관점은 이후 그의 후학들을 통하여 전승되고 극복되는 과정을 겪었다.

중천설과 관련한 후학들의 논의에서 주목할 것 가운데 하나는 안정복의 견해이다. 그는 『잡동산이(雜同散異)』에서 중천이라는 것이 실제로 다수의 하늘이 있음을 의미하는 것이

18) 李瀷, 「九重天」, 『星湖僿說』 卷1 天地門. 여기에 인용한 부분이 『星湖僿說』의 「九重天」에만 있고 『類選』의 「九重天」에는 없는 부분이다.

19) 李瀷은 「北辰」(『星湖僿說』 권1)에서 다음과 같이 설명하였다. "北極이라는 것은 極星의 머리 쪽에 움직이지 않는 곳이니 이른바 北辰이다…… 極星이라는 것은 하늘 가득한 經星들과 같은 하늘이다."

아니라 천체들의 궤도가 상이함을 뜻하는 것이라고 전제하면서 12중천설을 소개하였다. 여기에는 영정부동천에 대한 소개도 당연히 포함되는데, 그것에 대한 설명은 "뭇 천체들의 운동은 반드시 지극히 고요하여 움직이지 않는 것을 준거로 삼는다."는 것이다.[20] 이로써 『성호사설』과 『유선』의 편집을 주도하기도 했던 그가 중천설과 관련하여 대체로 이익의 지식과 관점을 계승하고 있었음을 알 수 있다.

또 하나는 『금대전책(錦帶殿策)』에 나타나는 이가환의 견해이다. 중천설과 관련한 국왕 정조의 책문은 9중천을 전제로 한 후 그것이 주희의 견해와 상응하는지, 역산가들이 말하는 천체들의 엄식(掩食)과 운행속도 관련 사실들이 그것에 부합하는지를 묻는 것이었다. 그런 만큼 이가환의 대책 역시 본래부터 9중천설에, 그것도 긍정적인 관점에 제한되기 쉬운 것이었다. 그렇기는 하지만 9중천설에 대한 그의 적극적이고 분명한 태도는 특별히 주목을 필요로 한다. 그는 굴원이나 주희가 중천설의 선구라는 점에 대해 회의적인 시선을 가지고 있었다. 그에 따르면, 굴원은 하늘을 직접 관찰하여 그 아홉 겹을 말한 것이 아니라 이전부터 전승이 있었을 것이며, 그나마 '적료(寂寥)하다'는 한마디밖에 남긴 것이 없다. 그리고 주희는 "하늘에 9처가 있는 것이 아니라 그 회전에 아홉이 있는 것이며, 아래쪽은 비교적 탁하고 위쪽은 지극히 맑다."고 했을 뿐이다. 그러므로 그들은 중천에 대해 알고 있던 것이 아니라고 하였다.

그러면서 그는 천체들의 상호 엄식과 운행속도를 9중천의 존재를 증험해주는 요소로 들어 설명하였다. 그에 따르자면, 달로부터 항성에 이르기까지 항상 아래에 있는 것이 위에 있는 것을 가리는 현상이 나타나는 것으로 보아 9중천의 순서를 알 수 있다. 종동천이 모든 천체들을 이끌어 매일 서쪽으로 한 바퀴씩 회전하게 하고 있는데, 종동천으로부터 멀리 떨어질수록 그 영향력이 떨어져 동쪽으로 위치를 옮겨가는 속도가 빨라진다. 가장 위의 항성은 2만 5천년에 일주를 하고, 가장 밑의 달은 27일만에 일주를 하는 것 등이 모두 그 때문이다. 이러한 설명 끝에 그는 "하늘에 각각의 겹이 있음을 어찌 불신하겠는가!"라고 하여 중천설에 대한 강한 신념을 표명하였다.[21]

중천설에 대한 이가환의 강한 신념은 그가 왕성하게 활동하던 시기 조정의 관료 지식인들 사이에 서양 천문·역법에 대한 이해가 한층 강화되고 있었다는 사실과 무관하지 않을 듯하다. 그러나 이러한 사실에도 불구하고 당시 지식인들이 일률적으로 서양적 우주구조론으로 경도되어 가고 있었다고 단정할 수 있는 것은 아니다. 정약용은 그러한 사례의 대표적인 인물 가운데 하나이다. 그는 「종동천변(宗動天辨)」이라는 단편을 지어 자신의 우주구조론을 드러내 보였는데, 그 요점은 종동천의 존재를 부정하는 데 있다. 그 판단의 근거와 의미는 어디에 있는가?

---

20) 安鼎福, 「象緯考略·天地」, 『雜同散異』 1.

21) 李家煥, 「錦帶殿策」, 『近畿實學淵源諸賢集』 2.

내가 보건대, 개미가 바야흐로 동쪽으로 가는데도 서쪽으로 회전하는 것은 개미에게 앞발과 뒷발이 있기 때문이다. 앞발이 바닥에서 떨어져도 뒷발은 붙어 있고, 뒷발이 바야흐로 바닥에서 떨어져도 앞발은 붙어 있다. 그것이 떨어질 때는 스스로 움직여(自動) 동으로 가고, 그것이 붙어 있을 때에는 바닥을 따라 움직여(帶動) 서쪽으로 간다. 개미가 스스로 움직이면서도 따라 움직일 수 있는 것은 한쪽 발이 떨어짐과 동시에 한쪽 발은 붙어 있기 때문이다. 사람이 배 안에 있을 때에도 이와 같으니, 바로 사람에게 왼발과 오른발이 있기 때문이다. 칠요(七曜)의 하늘도 모두 개미처럼 앞발과 뒷발이 있고 사람처럼 왼발과 오른발이 있어서 한쪽이 떠나면 다른 한쪽이 붙어 있을 수 있는 것인지, 어찌 스스로 움직여 좌선(左旋)할 수 있고 또 따라 움직여 우선(右旋)할 수 있는지를 나는 알 수가 없다.[22]

이 인용문은 「종동천변」에서 종동천 부정의 핵심적인 논거를 이루는 부분이다. 여기에서 비판적 검토의 대상으로 삼고 있는 것은 이른바 '맷돌 위 개미'의 비유와 '배에 탄 사람'의 비유이다. 전자는 왕충(王充)의 『논형(論衡)』「설일(說日)」편에서 비롯한 것으로서 좌선우행설을 설명하는 데 사용되어 왔던 것이고, 후자는 『상서위(尙書緯)』「고령요(考靈曜)」와 갈릴레오에서 유래한 '배가 가는가 해안이 가는가'의 비유와 비슷하지만 차이가 있다. 양자는 모두 개체의 작은 운동이 그것이 속한 전체의 큰 운동에 묻혀 보인다는 뜻을 담고 있다. 정약용은 종동천설 역시 이와 같은 좌선우행설의 원리를 공유하는 것으로 파악하고 그것을 비판적으로 검토한다.

비판의 핵심은 맷돌 위 개미와 배에 탄 사람의 경우 걸음걸이의 원리 때문에 물리적으로 그럴 만한 이치가 존재하지만, 그것을 천체의 운동에는 적용하기 어렵다는 것이다. 그는 이 인용문에 이어 축이 헐겁게 물려있는 물레를 다시 비유로 들어 좀더 직접적으로 종동천설을 비판해 간다. 천체들이 각기 다른 속도로나마 모두 서쪽으로 회전하는 것이 종동천의 운동 때문이라면, 하늘의 축이 종동천에 물렸다 떨어졌다 하기라도 한단 말인가? 그러한 하늘의 축이 남북극을 관통하고 있다는 말을 들어보기라도 했는가? 그는 이렇게 힐난하면서 "종동천이란 없으며, 칠요의 하늘은 본래 모두 우선(右旋)하는 것"이라고 결론지었다.

그러면 그는 우주의 구조를 어떻게 상정하는가? 칠요의 하늘이 '우선한다'는 그의 말은 글의 내용을 감안할 때 칠요가 '동에서 서로 회전한다'는 의미이다. 그는 이익과 마찬가지로 좌우 용어를 통상적인 용법과 반대로 사용하고 있지만, 이익과는 달리 장재와 주희가 주장했던 좌선설을 채택하고 있는 것이다. 이 점은 그의 우주구조론을 이해하는 데 시사를 준다. 그는 위 인용문에 앞서 심괄(沈括)과 주희가 "칠요의 운동은 태허를 주(主)를 삼는다."고 했음을 상기시키며, 태허가 곧 종동천이라고 언급하였다. 이 말은 서학에서 말하는 종동천을 부정하고 그 지위를 종래의 태허에 되돌리는 것이었다. 그리하여, "그렇게 되면 교식(交食)의 전차(躔次)가 모두 맞지 않을 것이니, 어찌해야 하는가?"라는 질문에 직면

22) 丁若鏞, 「宗動天辨」, 『茶山詩文集』 卷12.

한다. 그러나 그는 이 질문에 대해, "천지의 이치에는 두루 알지 못할 것이 있으니, 망언하는 자를 망신하지 말라."라는 답변으로 글을 마무리하였다. 우리는 여기에서 우주구조론의 여하를 넘어서 그의 학문 태도까지 읽어 볼 수 있다.

4. 세차설의 이해와 그 한계

이익은 역법 혹은 역상학과 관련하여 중국과 서양을 비교한 짤막한 글을 남겼다. 여기에서 그는 중국은 서양의 역법을 거의 따라갈 수 없다고 하면서 서양 역법의 주요 특징으로 주천도수 3백 60도를 사용하는 것과 육갑(六甲)·윤월(閏月)이 없고 윤일(閏日)만 있는 것 등을 들었다.[23] 따지고 보면 역법뿐 아니라 그 인접 분야인 우주론에서도 서양의 새로운 지식과 관점이 동양의 전통적인 것들을 대체해 갔음은 마찬가지이고, 반대로 보자면 역법 분야에서도 서양이 동양을 대체해 가는 과정에서 오랜 동·서 갈등 과정을 겪었음이 분명하다. 그럼에도 불구하고 서양 역법의 우위가 특별히 두드러져 보인 이유 가운데 하나는 그동안 역법이 일부 전문가를 제외한 일반 유학자들에게서는 전통적인 지식 범위를 많이 벗어나 있었던 데 기인하는 것이 아닐까 한다.

시헌력과 그 외 역법 관련 서학서의 도입은 유학자들에게 역법에 대한 관심을 불러일으키는 데 크게 기여했을 것으로 보인다. 『고금도서집성(古今圖書集成)』의 도입 등을 통하여 한문서학서가 대량 유입되는 정조 연간 초년을 전후하여 역법에 대한 관심이 극대화되었을 것으로 추측되는데, 이 시기는 성호학파 내부로 보자면 이익의 초전 및 재전 제자들의 활동 시기에 해당한다. 그 가운데 한 사람인 이병휴는 스승인 이익에게 치윤법(置閏法)과 일·월식의 원리에 관한 장문의 품목을 올리고,[24] 「개평방술(開平方術)」·「개입방술(開立方術)」 등의 저술을 남기는 등 당시 성호학파 내부의 역법에 대한 높은 관심을 대변해 보였다. 그는 「논고금역법(論古今曆法)」이라는 글을 통하여 서양 역법의 우수성을 논했던 이익의 관점을 다시 확인해 보이기도 하였다. 이때 그가 서양 역법의 우수성의 근거로 들었던 것은 그 일·월식 추산법과 세차설(歲差說), 그중에서도 특히 세차설이다.

세차란 동지에 남중하던 별의 위치가 매년 조금씩 동쪽으로 이동해 가는 현상, 또는 매년 춘분점이 황도를 따라 서쪽으로 이동해 가는 현상을 말한다. 이는 달·태양·행성 등의 인력으로 인하여 지구 자전축의 방향이 변화하고, 이 때문에 적극(赤極)이 황극(黃極)을 대략 2만 6천 년을 주기로 일주하는 데서 발생한다.[25] 동양에서는 그 현상이 이미 동진(東

---

23) 李瀷, 「中西曆三元」, 『星湖僿說』 卷1.

24) 李秉休, 「上季父稟目」, 『貞山集』 2冊(『近畿實學淵源諸賢集』 2, 성대 대동문화연구원).

晉)의 후희(虞喜)에 의해서 발견되고, 몇 차례에 걸쳐 세차의 크기에 대한 수치 보정이 이루어지는 등 논의에 진전이 없지 않았다. 그러나 그 변화의 미세함 때문에 관측과 이치의 해명이 용이하지 않았고, 그에 대한 논의 역시 서양의 천문·역법이 도입되기 전까지 그다지 활발했다고 보기 어렵다.

성호학파의 세차설은 이익의 『성호사설』에서부터 나타난다. 그는 「세차」라는 제목의 글을 통해 『서경』 '기상백(朞三百)'장 집전(集傳)의 세차설에 대한 비평을 시도하였다.[26] 그러나 이 글은 분량이 한 단락 정도로 매우 짧을 뿐 아니라, 그다지 조리도 없고 주목할 만한 표현을 담고 있지도 않다. 성호학파에서 본격적인 세차설로는 이병휴의 논의가 최초이자 대표적이라고 할 만하다. 그는 「논고금역법」의 서두에서 중국의 역법을 간단하게 개괄한 후, "옛날부터 역가(曆家)들이 가장 어렵게 여긴 것은 세차에 정설[準]이 없었던 점"이라고 단언하였다. 그리고 고금의 역법, 즉 동·서양 역법에 관한 논의를 세차설을 중심으로 이끌어 간다.

세차에 대한 설명을 이끌어 가는 이병휴의 방식은 고금 또는 동서의 세차설을 대비하는 것이기보다는 양자를 조화롭게 배치하는 것이다. 그는 우선 세차에 관한 개괄적인 설명을 전통적인 설명법에 따라 진행하는데, 그 내용은 『서경』 '기삼백'장 집주의 틀을 크게 벗어나지 않는다. 그런 가운데 주목할 만한 것의 하나는 세차를 '해[歲]와 하늘[天]의 어긋남'이라고 규정하는 점이다. 이 규정은 우희에게서 비롯되고 '기삼백' 집주에도 인용된 '하늘은 하늘이고 해는 해[以天爲天, 以歲爲歲]'라는 논법을 변형한 것으로 볼 수 있다.

또 다른 하나는 세차 현상에 대한 설명의 하나로 "하늘은 점차 어긋나 서쪽으로 가고, 해는 점차 어긋나 동쪽으로 간다.(天漸差而西, 歲漸差而東)"고 하는 '기삼백' 집주의 문장을 그대로 인용하고 있는 점이다. 그러나 주천도수는 365와 1/4도를 조금 넘고 1년의 길이는 365와 1/4일에서 조금 모자란다는 전통적인 설명으로도 알 수 있듯이, 세차란 이 구절에서 말하는 방향과는 반대로 '하늘' 즉 항성천은 동쪽으로, '해' 길이의 기준 가운데 하나인 춘분점은 서쪽으로 서로 벌어져 감으로써 발생하는 것이라고 봐야 옳다. 따라서 그 문장은 "하늘은 점차 어긋나 동쪽으로 가고, 해는 점차 어긋나 서쪽으로 간다."로 바로잡아야 한다. 이병휴 역시 안정복에게 보내는 편지에서는 이 점을 인정하고 '기삼백' 집주의 오류가 그것을 지은 채침(蔡沈)의 잘못이라고 단정하여 주목을 받는다.[27]

이병휴의 세차설에서 좀더 주목을 받는 요소는 역시 서양 역법으로부터 유래한 새로운 요소들이다. 그는 「논고금역법」의 말미에서 이렇게 결론지었다. "서력(西曆)이 나오고 나서…… 하늘과 태양이 서로 어긋나는 이치가 환히 밝혀졌는데, 이는 중국에 없던 것이다.

25) 陳遵媯, 『中國天文學史』 第4, 174쪽.

26) 李瀷, 「歲差」, 『星湖僿說』 卷1·卷3. 『성호사설』에는 권1에 있는 「歲差」가 한 문장이 첨가되어 권3에 다시 실려 있다.

27) 李秉休, 「答安百順」, 『貞山雜著』 11冊(『近畿實學淵源集』 3, 성대 대동문화연구원).

비록 성인이 다시 살아나더라도 그 말을 바꾸지 않을 것이다." 그러나 이러한 결론에 비하자면 정작 본문에서 언급한 서양 역법의 세차 이론은 상대적으로 빈약한 편이다. 다음의 두 단락이 그 주요 부분을 망라한다.

> 만력 41년 남경(南京)의 태복소경(太僕少卿) 이지조(李之藻)가 서양국에서 온 신하 판토하(Pantoja, 龐迪峨), 롱고바르디(Longobardi, 龍化民), 웅삼발(Ursis, 熊三拔), 디아즈(Diaz, 陽瑪諾) 등이 저술한 역법 14가지를 올렸다. 각기 정리(定理)가 있고 지극히 오묘한데, 그 세차술을 논한 것은 더욱 잘 갖춰있다. 그 다섯 번째에서 말하기를 "열수(列宿)는 하늘에서 별도로 진행하여 2만 7천여 년만에 일주하는데, 이는 고금의 중성이 서로 같지 않은 까닭이다. 열수천(列宿天)을 주야일주(晝夜一周)의 하늘이라고 여겨서는 안 된다."고 하였다. 이로써 보건대 열수천과 주야일주의 하늘은 같은 것이 아닌데도 예나 지금이나 깨닫지 못하고 있는 것이다. 거기에서 열수천이 2만 7천여 년만에 일주한다는 것은 내가 이른바 "요 때의 중성이 다시 돌아오는 것이 필연적인 이치"라고 하는 것이다.
>
> 그 일곱 번째에서 말하길, "세차의 분초 다과는 고금이 같지 않은데, 대개 열수천 밖에 두 겹의 하늘이 운동하는 것이 다르다. 그 하나는 동서차로서 2도 24분을 출입하고, 다른 하나는 남북차로서 14분을 출입한다. 각기 정산(定算)이 있고 그 차이가 매우 미세한데 예부터 이를 깨닫지 못한다."고 하였다. 내가 생각하기에는, 세차천이 열수천 밖에서 열수보다 좀더 빠르게 움직이므로 태양과 만나서 1년을 이루고, 열수천은 그러고도 조금 못 미치니 그것이 쌓여서 세차를 이루는 것이다. 그러므로 세실(歲實)은 좀더 빠른 하늘에 관련된 것이지, 열수천에 관련된 것이 아니다.[28]

첫째 단락의 요점은 항성천(열수천)과 주야일주의 하늘 즉 태양이 속한 일천(日天)이 같지 않다는 것이다. 물론 항성천과 일천은 매일 매일의 일주 운동에서도 주기가 다르지만, 여기에서 말하는 양자 사이의 차이란 매년 특정한 시점(예를 들면 동지점)에서 양자 사이의 조응점이 변화함을 의미한다. 세차에 대한 이러한 설명은 '하늘은 하늘이고 해[歲]는 해'라고 했던 우희 이래의 전통적인 논법과도 상통하는 면이 있어 보인다. 좀더 서양적 특색을 갖는 설명은 중천설을 원용하는 둘째 단락의 설명이다. 중천설에 따르자면 일천과 항성천, (동서·남북)세차천을 포함한 여러 겹의 하늘은 종동천을 따라 매일 동에서 서로 회전한다. 각각의 회전속도는 종동천에 가까울수록 빠르므로 일천보다는 항성천이 빠르고, 항성천보다 세차천이 더 빠르다. 일천의 태양을 추월한 세차천(의 특정한 지점)은 매일 태양으로부터 멀어지고 드디어 한 바퀴를 돌아와 다시 태양의 위치를 추월하는 시점에 이르게 되는데, 이때 같이 출발했던 항성천(의 특정한 지점)은 아직 세차천에 못 미친 채 뒤따라오는 중이다. 세차천이 태양을 추월하는 시점으로부터 다음 추월 시점까지의 기간이 1년이 되고, 세차천이 뒤처진 항성천과의 거리를 벌여 그것을 다시 추월하기까지 걸리는 기간이 바로 2만 7천여 년이 되는 것이다.

---

28) 李秉休, 「論古今曆法」, 『貞山雜著』 2冊(『近畿實學淵源集』 3, 성대 대동문화연구원).

이상의 설명법은 비록 서양의 중천설을 활용한 것이라 하더라도 한문서학서에서 주로 활용해 오던 것은 아니었다. 한문서학서에 주로 나타나는 세차설은 이른바 항성동행설(恒星東行說)이다. 이것은 항성천이 매년 동쪽으로 51초씩 이동하기 때문에 세차가 발생한다는 것으로서, 중천설의 세차천 개념을 사용한 설명법보다 훨씬 간편하다. 이 설명법은 처음부터 동양의 전통적인 황도서퇴설(黃道西退說)과 대비적으로 소개되었다. 황도서퇴설은 당대(唐代) 일행(一行)이 주장한 것으로서, 그에 따르면 세차는 황도가 매년 서쪽으로 36/3040도씩 후퇴함으로써 발생하는 것이다. 18세기 후반에 이르러 세차설 논의가 활발해지면서 부각된 주요 문제는 바로 황도서퇴설과 항성동행설 가운데 어느 쪽을 선택하는가였다.[29] 1789년 이가환이 참여한 천문책에서 제기된 세차설 관련 문항도 이 문제를 중심으로 한 것이었다. 이 문제에 대해 이가환은 다음을 핵심으로 하는 대책을 내놓았다.

> 세차는 황도가 서쪽으로 이동하기[西移]보다는 항성이 동쪽으로 움직이는[東行] 것이다. 황도가 서쪽으로 이동하면 항성의 황도 경위도가 매년 다르고 적도의 경위도가 영원히 불변하게 된다. 지금 항성의 황도 경도가 매년 동행하고 위도가 불변하며, 적도에서는 경위도가 모두 해마다 다르며, 심지어 황도 大距(미상) 이내의 별은 남북의 위치가 바뀌게 된다. 이것으로 볼 때 '항성의 동행'이 옳다.[30]

이가환은 여기에서 분명한 태도로 서학의 항성동행설을 채택한다. 그가 드는 근거는 항성동행설의 경우 항성들의 황도 경도가 변화하지 않아 간편하다는 것이다. 항성이 동행한다는 것은 황도를 따라 동행하는 것이지 적도를 따라 동행하는 것이 아니다. 따라서 적도를 기준으로 좌표를 설정할 때는 매년 그 경도와 위도가 모두 바뀌지만, 황도를 기준으로 좌표를 설정할 때는 위도는 바뀌지 않고 경도만 바뀐다. 이에 따를 때 위 셋째 문장의 설명은 적절하다. 그러나 이 점을 근거로 '황도의 서이'가 틀리고 '항성의 동행'이 옳다고 하는 것은 옳지 않다. 왜냐하면 항성이 동행한다고 할 때 실제로는 그것이 황도를 따라 동남방으로 움직이는 것임을 의미하듯이, 황도가 서쪽으로 이동한다고 할 때도 실제로는 황도가 서북방으로 이동함을 말하는 것이어야 하기 때문이다. 결국 '황도의 서이'가 옳은가 '항성의 동행'이 옳은가의 문제는 지동과 천동의 문제와 마찬가지로 관점의 문제이고 계산상의 편리성 문제이지, 사실의 문제는 아니다. 결국 서양 역법의 항성동이설이 갖는 장점은 황도라는 좌표를 변경시키지 않고도 간편하게 세차 현상을 설명할 수 있다는 점에서 찾아야 하는 것이었다.

이가환은 천문·역법 지식에 관한 한 성호학파에서 정점에 섰던 것으로 평가되는 인물이다. 비록 충분한 이해와 설명을 동반한 것은 아니었다고 하더라도, 그가 세차설에서 서

29) 恒星東行說과 黃道西退說에 대해서는 다음을 참조할 것. 구만옥, 「方便子 柳僖(1773-1837)의 天文曆法論」, 『韓國史研究』 113호, 한국사연구회, 2001.

30) 李家煥, 「錦帶殿策」, 『近畿實學淵源諸賢集』 2冊.

양의 항성동행설을 견지했다는 사실은 천문·역법에 대한 그의 조예를 잘 표현해 준다. 실로 그것은 이익과 이병휴를 거치면서 전개되어 온 성호학파 천문·역법론의 흐름이 18세기 말의 새로운 지식과 문제의식을 접하여 형성된 것이라 할 만하다. 이러한 맥락에서 볼 때 주목할 것 가운데 하나는 이른바 성호좌파의 최후 거장이자 실학의 집대성자로 일컬어지는 정약용에 이르러 천문·역법에 대한 관심이 현저히 약화된다는 사실이다. 그에게서는 세차설에 대한 언급이 발견되지 않는다. 이러한 점은 정약용 개인의 학문 성격과 아울러 당시 성호학파 또는 실학파 학문 동향의 일단을 잘 보여준다고 할 수 있다.

5. 맺음말

성호학파 천문·역법론의 변화 추이는 문제별로 다음과 같이 정리할 수 있다.

우선 천동인가 지동인가의 문제는 전적으로 이익에 의해 제기되고 논의되었다는 특징이 있다. 그는 명시적으로 지동론을 주장하는 사람이 거의 없는 상황에서 지동론자로 읽힐 만한 표현을 남겼다. 그것은 『장자』의 상대주의적 논법 등을 원용하여 관점 전환의 가능성을 열어 보인 것으로서, 그 문제가 원칙적으로 사실의 문제가 아니라 관점의 문제일 수 있다는 데서 출발하는 것이었다. 그러나 그러한 표현 몇몇을 바탕으로 그를 지동론자로 규정하기는 어려워 보인다. 다른 한편에서 명백한 천동론이 나타나기도 하려니와, 『장자』식 논법 이외에 지동론의 다른 논거나 부대 논의가 수반되지도 않았기 때문이다.

중천설의 문제는 성호학파에게서 수용으로부터 폐기에 이르기까지 전 과정이 나타났다. 중천설의 수용은 이익에게서부터 비롯하였는데, 그는 12중천설과 9중천설에 걸쳐 두루 언급을 남겼다. 그러나 만약 그의 우주구조론을 지금 재구성하고자 한다면, 우리는 그가 종동천은 인정하되 영정부정천의 수용은 유보한 9중천론자라고 봐야 한다. 이러한 관점은 이가환을 통해 계승·강화되지만, 정약용에 이르러 획기적인 전환을 맞이한다. 정약용은 종동천을 부정하고 종래의 태허 개념을 복원하였는데, 이때 그가 종동천 비판의 근거이자 기준으로 삼은 것은 경험 세계의 물리적 원리라고 부를 만한 것이었다.

마지막으로 세차설 문제는 기본적으로 원리를 얼마나 이해하느냐의 문제였다. 이익에게서부터 세차설에 대한 언급이 나타나기는 하지만, 세차설을 중시하고 그것에 대한 일정 수준의 이해를 드러내 보이기 시작한 사람은 이병휴였다. 그는 중천설에 입각하여 세차를 설명하였으며, 그의 뒤를 이은 이가환은 전통적인 황도서퇴설을 부정하고 서양의 항성동이설을 지지하는 언급을 남겼다. 이는 그가 세차설에서 당시 최고의 논의 수준에 올라와 있었음을 의미하지만, 오늘날의 관점에서 보자면 그의 이해도 충분한 것이라고 보기는 어렵다. 그나마 정약용에게서는 세차설에 대한 언급이 거의 발견되지 않는데, 이는 그에게 이르러 역법에 대한 관심이 약화되었음을 보여준다.

이상의 추이 속에서 우리는 성호학파 천문·역법론의 성격을 다음과 같이 추론해 볼 수 있다.

첫째, 성호학파 천문·역법론의 동향은 서양적인 것으로의 추향과 그 반동으로 요약할 수 있다.

조선후기 천문·역법론의 동향을 결정지은 최고의 요소로 서학의 영향을 드는 데는 이견이 있기 어렵다. 당시 조선에서는 극히 일부를 제외하고 자체의 관찰이나 실험을 천문·역법 발전의 통로로 활용하지 못했고, 최한기가 출현하기까지 뚜렷하게 독창적인 이론 확립의 경험을 갖고 있지도 못하였다. 따라서 천문·역법의 발전 정도는 얼마나 새롭고 얼마나 많은 서양 천문·역법을 수용하느냐에 따라 결정되는 편이었다. 성호학파 내부에서 천문·역법론의 최고 수준에 도달했다고 평가되는 이가환의 경우, 그의 천문·역법론에서 드러나는 중요한 특징의 하나는 바로 신법 즉 서양적인 것 중심이었다는 데 있었다.[31] 중천설이나 세차설의 추이 속에서 확인할 수 있듯이, 이익으로부터 이병휴를 거쳐 이가환으로 이어지면서 그들의 천문·역법론은 서양적인 것으로의 추향이 진행된 것이다.

그러나 이러한 추향은 정약용에 이르러 중단된다. 학문·사상의 전체적인 규모나 성격에 비할 때, 그는 의외로 천문·역법에 대한 관심과 성과가 적은 편이다. 그는 지동설 문제를 본격적으로 검토해 본 흔적이 없고 세차설에 대해서도 견해를 남기지 않았다. 중천설 문제와 관련하여서는 주목할 만한 견해를 제기하였는데, 그것은 서양의 종동천설을 부정함으로써 전통적인 태허설로 회귀해 가는 것이었다. 그러나 우리의 시야를 과학·기술 전반으로 확대해 보자면, 그의 관심과 성취가 결코 적었던 것은 아니다. 「지구도설(地球圖說)」·「해조론(海潮論)」·「애체출화도설(靉靆出火圖說)」·「기중도설(起重圖說)」 등에 보이는 그의 논의는 당시까지 그 누구의 것보다도 치밀하며 합리적인 것이었다. 그는 서양적인 것으로의 추향으로부터 벗어나 일종의 경험적 합리성을 향한 새로운 도정을 찾아가기 시작했다고 할 수 있다.

둘째, 성호학파의 천문·역법론은 탈수리역적(脫數理易的) 도수지학을 지향하였다.

천문학과 역법은 기본적으로 천체 변화의 주기성을 바탕으로 한다. 이러한 의미에서 그것은 전통적으로 도수지학(度數之學)이라고도 불려왔다. 따라서 서학의 전래와 더불어 천

31) 근래의 연구에 따르자면, 이가환이 의존하던 서양의 천문·역법 지식은 『乾坤體義』·『渾蓋通憲圖說』·『遠鏡說』·『靈臺儀象志』 등 개설서적이거나 초창기적인 텍스트가 중심이었다. 이로써 볼 때, 그의 천문·역법 지식은 『曆象考成』이나 『曆象考成後編』 같은 전문적인 텍스트에 의존했던 소론 출신의 徐浩修에 미칠 수 없었다. 참조: 문중양, 「18세기 말 천문역산 전문가의 과학활동과 담론의 역사적 성격-徐浩修와 李家煥을 중심으로」, 『동방학지』 121호, 연세대 국학연구원, 2003.

문・역법에 대한 관심이 증대하면서 수리 또는 수학에 대한 관심이 증대하는 것은 자연스러운 일이었다. 이러한 점은 성호학파에게서도 두루 확인된다. 이익은 '수'를 천한 기술로 여기는 세태를 한탄하고,[32] '실용'의 핵심을 성력주수(星曆籌數)의 법을 취하는 데서 찾았다.[33] 이병휴는 「개평방술(開平方術)」・「개입방술(開立方術)」이라는 수리서를 남기고, 이가환은 천문역상학의 핵심을 도수지학이라 파악하고 수리에 밝은 인재의 양성을 주장하였으며, 정약용 역시 이용감(利用監)을 설치하여 수리에 밝은 관리의 등용을 주장하였다.

그런데 여기에서 좀더 중요한 점은 그들이 한결같이 수리역적(數理易的) 관점으로부터 벗어나 있었다는 점이다. 서양 천문・역법이 전래된 이후 김석문(金錫文)・서명응(徐命膺) 등을 중심으로 일련의 천문・역법론자들 사이에서는 수리역에 의존하여 천체 변화의 주기성을 해명하고자 하는 경향이 형성되었다. 그러나 이익을 비롯하여 성호학파 인물들은 도수지학에 역학적 수리 관념을 도입하지 않았고, 드디어 정약용에 이르러 역학(易學)의 수리와 수학자[數理家]의 추산법이 다름을 천명하게 되었다.[34] 이는 그들이 역학을 등한시했음을 의미하지는 않는다. 오히려 우리는 이익・이병휴・정약용이 모두 방대한 규모의 역학 저작을 남기고 있음을 볼 수 있다. 중요한 점은, 정약용에게서 잘 나타나듯이, 그들이 역학과 자연학의 분리를 지향해 갔다는 데 있다.[35] 정약용의 기록에 따르면, 이가환은 그의 역학 공부를 만류하면서 "역학은 반드시 우둔한 사람[濁者]이 하기 마련인데, 그대는 분명한 사람[分明人]이다."라고 하였다.[36] 여기에서 '분명한 사람'이란 말 속에는 이익으로부터 전승되고 이가환과 정약용 두 사람이 자인했던 특정한 사유방식, 즉 역학적 수리관과 다른 형태의 새로운 수리관과 그에 기반하는 새로운 사유방식에 대한 전망이 담겨있다고 볼 수 있을 것이다.

---

32) 李瀷, 「算學」, 『星湖僿說類選』.

33) 愼後聃, 「記聞篇」, 『河濱集』 卷2 內篇.

34) 丁若鏞, 「上仲氏辛未冬」, 『與猶堂全書』 詩文集 권20.

35) 황병기, 「자연학과 역(易)의 상관성에 대한 다산(茶山)의 해체와 인문역학」, 『철학연구』 28집, 고려대 철학연구소, 2004.

36) 丁若鏞, 「貞軒墓誌銘」, 『與猶堂全書』 詩文集 卷15.

耳溪 洪良浩의 文學論에 대한 일고찰

정우봉

1. 문제 제기

본고는 耳溪 洪良浩(1724-1802)의 문학론의 특징적 국면을 파악하고 나아가 이를 중심으로 하여 載道論과 天機論에 대한 기존의 이분법적 이해의 편향성을 바로잡고자 작성되었다. 그동안 조선 시대의 문학 이론을 설명하는 틀로서 재도론과 천기론은 각기 조선 전기와 후기의 문학 의식을 각각 대표하는 것으로 인식되어 왔다. 이같은 이해의 구도는 일단 조선 시대 문학론의 커다란 흐름을 특징짓는 유용한 설명 방식이라고 할 수 있지만, 재도론과 천기론이 단일한 특징만으로 설명될 수 있는 것이 아니라 각 시기마다의 상이한 요구에 따라 다양한 변화와 굴절, 더 나아가 상호 소통의 과정을 거쳤던 관계로 복잡한 변이 양상을 보이고 있다. 이 점을 고려하지 않고 재도론과 천기론을 단순화, 평면화시켜 이해할 때 문학 이론의 풍부하고 다양한 발전 과정의 양상은 사상될 위험을 갖게 된다. 따라서 우리는 흔히 재도론과 천기론이라고 불리는 조선 전후기의 대표적인 문학론이 특정한 시기마다 각기 어떠한 특징과 성격을 지니고 있으며, 그 둘이 상호 교섭, 상호 공존하며 발전되어 왔던 과정을 보다 면밀하게 이해하게 될 것이다.

이러한 문제 의식에 기반하여 본고는 지금까지의 연구에서 상호 배타적이며, 이질적인 것으로 간주해 왔던 載道論과 天機論이 洪良浩의 문학론에 공존하고 있는 점에 유의하면서 논의를 진행하기로 한다.[1)]

1) 洪良浩의 문학론을 다룬 성과로는 다음을 들 수 있다. 최신호, 「이계 홍양호의 문학론에 있어서의 道氣의 문제」, 한국한문학연구 12, 한국한문학회, 1989 ; 성범중, 「이계 홍양호의 문학관과 문학활동」, 한국문화연구 2집, 1985; ; 박태성, 「耳溪 洪良浩의 天機論과 詩的 特性 研究」, 연세

2. 문학의 본원과 특징 : '經緯錯綜, 自然成章'

홍양호가 생각했던 문학의 근원적인 문제, 곧 문학의 기원과 형성의 문제를 검토하기로 한다.

> 대저 文이라는 것은 氣의 정수이며 道의 정화이다. 하늘에서는 象을 이루고, 땅에서는 형체를 이루며 사람에게 있어서는 禮樂, 言語, 威儀를 이루어, 천지 사이에서 가득 충만하고 활발하게 움직이며 뒤섞이고 변화한다. 다종다양하며 기기묘묘한 만물은 모두 다 저절로 그러한 文이 있으니, 그것은 道의 정화가 밖으로 드러난 것이다. 道가 깃든 곳에 文이 있지 않음이 없다.[2)]

> 아! 文을 어찌 쉽게 말하겠는가? 文이라는 말은 經緯를 말한다. 經은 道요, 緯는 氣이다. 經緯가 착종하여 자연스럽게 문채를 이루니, 그것이 이른바 文이다. 그 지극한 경지를 말한다면 夏殷周 시대에 성인이 지은 글이 해당될 수 있으며, 그 아래로는 秦漢, 唐宋의 제가들의 문장이 성인의 남긴 바를 각기 얻었으니, 그 온전함은 아니지만 모두 道로써 經을 삼고 氣로써 緯를 삼지 않음이 없다. 道에는 치우치고 바른 것이 있으며 氣에는 성한 것과 쇠한 것이 있어 문이 이에 따라 高下大小가 생긴다.[3)]

위의 글에서 文은 道와 氣의 상호 교착을 통해 나온 산물로서, 天象, 地形 등 天文과 地文 뿐만이 아니라 문학을 포괄한 人文을 총괄적으로 지칭한다. 홍양호는 文을 '실을 짠다'라는 의미로 해석하였는 데[4)] 天文과 地文 등의 우주 만물의 다양한 현상은 '道'와 '氣'가 자연스럽게 짜여져서 산출되는 것이다. 이 점은 인간의 능동적인 자연 개조를 통해 이룩

대 박사학위논문, 1997 ; 진재교, 「이계 홍양호의 문학론」, 고전문학연구 14, 고전문학회, 1999. 최근에는 홍양호의 예술론이나 산문세계를 다룬 논문들이 제출되어 관심의 영역을 확장시켰다. 김현미, 「耳溪 洪良浩의 六書經緯에 관한 硏究」, 성균관대 석사학위논문, 1998 ; 신영주, 「18,9세기 홍양호가의 예술 향유와 서예비평」, 민족문학사연구 18, 민족문학사학회, 2001 ; 장지훈, 「耳溪 洪良浩의 書藝觀 硏究」, 성균관대 석사학위논문, 2002 ; 정우봉, 「耳溪 洪良浩 문학의 한 국면 : '觀物取象'의 이해를 중심으로」, 『진단학보』 100, 진단학회, 2005.

2) 洪良浩, 「贈尹侍郎孺文赴燕序」, 『耳溪洪良浩全書』(영인본 : 民族文化社, 1982), 213면. 앞으로 『耳溪洪良浩全書』에서 인용할 때에는 「贈尹侍郎孺文赴燕序」, 『全書』, 213면으로 약기함. "夫文者, 氣之精, 道之華也. 在天成象, 在地成形, 在人爲禮爲樂爲言語爲威儀, 充滿動盪, 錯綜變化. 凡物之棼棼穰穰奇奇詭詭者, 皆有自然之文. 是道之英華, 發揚于外也. 道之所寓, 文無乎不在."

3) 「答申都事文初序」, 『全書』, 320면. "噫! 文豈易言哉? 文之爲言, 經緯之謂也. 經者道也; 緯者氣也. 經緯錯綜, 自然成章, 則所謂文章也. 語其至, 則禹夏商周聖人之書, 可以當之. 下此而秦漢唐宋諸子之文, 各得聖人之緖餘, 非其全也, 而皆莫不以道爲經, 以氣爲緯. 道有偏正, 氣有衰盛, 而文以之高下大小焉."

4) 이와 유사한 것으로 『左傳』 昭公 8년의 기사(經緯天地曰文)가 있다. 그리고 『周易』 「系辭下」에는 "物相雜, 故曰文"이라는 말이 보인다.

한 '人文'의 경우도 예외는 아니다. 결국 天文, 地文, 人文 등 모든 자연 현상과 사회 현상은 道와 氣을 통해 외화된 산물이다. 이 때 도가 외화되어 문으로 나타나는 과정은 자연스럽고 필연적인 것(經緯者, 自然之文也)[5]이라는 점에 유의할 필요가 있다. 따라서 도가 깃들어 있는 곳에 문이 있지 않음이 없는 것이다.

天文, 地文, 人文에 대한 이러한 관점은 周易의 三才說에 그 사상적 연원을 두는 것으로, 조선 초기의 載道論에서도 보인다. 그런데 주목할 점은 문의 근원을 설명함에 있어 道氣의 자연스러운 착종 변화를 강조하고 있는 것이다. 다시 말해 우주 만물의 자연 현상과 인류 사회의 모든 현상은 道와 氣의 착종된 변화 과정을 통해 자연스럽게 산출되는 것이다.(經緯錯綜, 自然成章)

여기서 '自然'이라는 개념에 주목할 필요가 있다. '자연'은 자연계의 자연이 아니라 저절로 그러한 것, 타고난 본성에 합치하는 것을 가리키는 말로서, 노장의 학설에서 빌어 온 개념으로 보인다. 그는 다른 자료에서 '自然'을 '無爲'와 연결시키면서, 無爲의 의미를 유가적 사상에 부합되게 해석하기도 하였으며, 만물의 종극적 근원으로서 '太虛'의 문제를 재해석하기도 하였다.[6]

이처럼 그는 '自然' 과 '太虛'의 개념을 비판적으로 흡수함으로써 道와 文에 관련된 자신의 유가적 논리 체계를 보완하고자 하였다. 그는 老莊 사상의 '自然'과 '無爲'의 개념을 사용하여 유가적 사상을 보완함으로써 '道'와 '文'의 관계를 새로이 정립하고자 하였으며, 아울러 道의 외화 과정을 자연스럽고 필연적인 과정으로 인식함으로써 道와 文이 분리되어 성률과 자구의 조탁에 힘을 쏟았던 당대의 작위적이며 가식적인 文風을 비판할 이론적 근거로 삼았다.[7] 그는 문학의 근원을 설명함에 있어 전통적인 재도론의 입장과 달리 '道'와 '氣'의 개념을 함께 사용하고 있으며, '自然'의 개념을 끌어들여 설명하고 있다. 그리고 이 문제는 문학의 창작과 연결되어 성률과 자구의 수식에 치중하였던 창작 풍토에 대한 반성적 시각에서 古體詩의 창작을 활성화하고자 하였던 것과 관련된다.[8]

---

5) 「六書經緯序」, 『全書』, 220면.

6) 「答宋德文論書書」, 『全書』, 325면. "來諭曰 : 詩道貴於性情; 性情妙於無爲. 無爲者, 無爲而無不爲也. 請以詩道移之筆道.』深哉, 言乎! 可以盡書之妙矣. 然無爲者, 孔與老, 俱言之, 誠難言也. 僕嘗謂老氏之無爲, 藏機而獨運; 孔氏之無爲, 循理而無情. 寔有公與私之分焉. 故余嘗反其言曰 : 老氏無爲, 而無不爲; 聖人無不爲, 而無爲. 聖人之應萬事也, 一循自然之理, 無意於爲而自無不爲, 無所不爲而未嘗有爲也. 其於書, 亦然. 書者, 何? 造化之迹也. 始起於象形, 亦循其自然之理耳. 然所謂理者, 非塊然一圈物而已. 盖有條理文理之燦然者, 行乎陰陽形氣之中." 「太虛樓重修記」, 『全書』, 261면. "余應之曰 : 子知夫太虛乎? 萬物皆出於虛, 而入於虛. 虛者, 實之根, 物之終始. 老氏以虛爲無; 佛氏以虛爲滅. 皆非知虛之妙者也. 天虛而雲行焉; 谷虛而風生焉; 淵虛而水湊焉; 地虛而樓興焉; 樓虛而人遊焉. 虛以受之; 實以形之, 一虛一實, 變化生焉."

7) 「旅菴集序」, 『全書』, 225면. "下至春秋, 異端始起, 九流幷騖, 而各以其學文焉, 未嘗爲無實之空言也. 自夫楚之辭漢之賦興, 而夸大靡曼, 不根於理, 文與道遂二."

8) 「與宋德文論詩書」, 『全書』, 325면. "及夫近體興, 而雕花鏤月, 排紅比白, 較錙銖於聲病, 鬪巧拙於

道는 비록 날줄이지만 氣로 씨줄을 삼지 않는다면 무늬를 이룰 수 없고, 무늬를 이루지 못하면 道를 실을 수 없다. 그러므로 공자가 말하기를 "말이 문채나지 않으면 가도 멀리 가지 못한다"고 하였다.9)

그러므로 문장을 잘 하는 사람은 먼저 道를 밝히어 근본을 세우고 다음으로는 氣를 배양하여 힘을 기른 다음에 무궁하게 발출하고 움직여도 어긋나지 않아 한번 씨줄과 날줄을 섞으매 변화가 생겨난다.10)

文의 근원이 되는 道와 氣에 있어 道가 우선적인 지위를 갖고 있지만, 氣의 작용에 의해 道가 외부적으로 실현된다는 점에서 그 둘은 상호 의존적인 관계를 형성하고 있다. 이처럼 氣가 道를 文이라는 형태로 매개하는 작용 내지 동력으로서 이해하고 문으로 외화되는 과정을 자연적이며 필연적인 것으로 파악할 때 도의 배타적 절대화로 인한 폐단 - 도의 내향 편중, 규범성, 보편 지향성 - 은 제거되게 되며, 상대적으로 문의 자율적 가치와 특징을 존중하게 된다.

이 점은 道文一致觀의 한층 강화된 형태인 '道本文末觀'을 주창하였던 16세기 사림파와 구별된다. 李珥로 대표되는 16세기 사림파의 도문일치론 역시 형식주의적 문풍에 대한 반성으로 道와 文의 관계를 새로이 제기하였는 데, 그들의 경우 道本文末觀에 입각하여 道의 절대적 우위를 강조하였으며, 文은 내면적 덕성의 함양이라는 목적에 종속되는 부차적 지위에 머물렀다. 이러한 道에 대한 배타적 절대화가 17세기 이후 한층 강화되면서 문학은 개인적 내면 수양을 표현하는 하나의 수단으로 전락하여 갔으며, 인간 감정의 다양한 속성과 질적 차이를 사상시키는 결과를 초래하였다.

이것에 대한 반성으로서 문학의 고유한 특징과 성격에 대한 논의가 17세기 이후 본격적으로 진행되어 왔으며, 개인적 정감의 진실성을 중시하는 새로운 경향이 점차 발전하게 되었다. 홍양호는 바로 이러한 조선 후기에 등장하는 새로운 문학 의식의 성장, 발전을 흡수하면서 道와 文의 관계를 새로이 수립하고자 하였던 것으로 보인다.11) 앞서도 언급했듯

態色, 適足以忒人心敗世教, 詩之道, 於是亡矣. 近體之詩, 始於六朝之末, 盛於李唐, 而嗣後作者, 猶知沿流而溯源. 獨我東俗, 專尙近體, 稍知操觚, 已習騈偶, 開口綴辭, 便學律絶, 不知古風長句之爲何狀."

9) 「再答申文初書」, 『全書』, 321면. "盖道雖爲經, 而非氣以緯之, 不能成章, 不成乎章, 無以載是道矣. 故孔子曰 : 言之不文, 行之不遠."

10) 「答申都事文初書」, 『全書』, 320면. "故善爲文者, 先明乎道, 以立其基, 次養其氣, 以培其力, 然後出之無窮, 動而不括, 一經一緯, 變化生焉. 然所謂道者, 不外乎吾心, 聖人言之備矣. 所謂氣者, 莫詳於孟子. 其言曰 : '我善養浩然之氣. 其爲氣也, 配義與道, 無是餒也.' 孟子之文章, 實本於此. 善學孟子者, 莫如韓子, 而其言曰 : '氣, 水也, 言, 浮物也. 水大而物之大小畢浮, 氣盛則言之長短皆宜.' 蘇子瞻亦曰 : '昌其詩, 不如昌其氣.' 此盖古人相傳之訣也.'"

11) 물론 이 경우에 있어서도 정조의 문체반정으로 대표되는 당시 유가적 통치질서의 위기에 대한 대응으로서 道와 文의 재정립이라는 측면 역시 고려되어야 한다.

이 道와 氣의 자연스러운 착종, 변화의 과정을 중시하게 될 때 문학은 단순하게 개인적 덕성의 함양을 보족하는 수준에 그치지 않고 그 자체의 특성과 가치를 지닌 것으로 파악하게 된다. 문의 필요성과 가치를 입증하기 위해 공자의 말을 빌린 것 역시 이와 관련된다.[12] 요컨대 홍양호는 '氣'와 '自然'의 개념을 원용하여 문학 고유의 가치와 특성의 관점에서 '道'와 '文'의 관계를 재정립하고자 하였다.

그러나 이러한 재해석의 시도는 유가적 사상 체계의 테두리 내에서 진행되었으며, 그 역시 유가 학파에서 성인으로 존숭되는 성인의 道에 한정한 채 道에 대한 더 이상의 논의를 진전시키고 있지 못하다. 그가 天機論的 시의식을 계승, 발전시키면서도 도덕적 수양에 의한 교화론적 관점을 절충하고자 한 것 역시 이와 관련된다.

그리고 보다 주목되는 것은 道와 文의 문제로만 국한시켰던 전통적인 道文一致論의 관점과는 달리 氣의 문제를 道와 긴밀하게 결합시키고 있다는 사실이다. 위의 자료에서 그는 맹자의 '養氣說' 및 그것에 연원을 둔 한유와 소식의 언급을 인용하면서 기의 후천적인 함양 가능성 내지 변개성을 중시하였다. 인용된 세 사람의 기에 대한 해석은 서로 다르지만, 홍양호가 취하고자 하였던 것은 창작 주체의 주관적인 수양의 과정을 통해 선천적으로 품수받은 기를 변개, 함양시킬 수 있다는 점이었다.

> 글을 잘 짓는 사람은 우러러 하늘을 살피고, 굽어 땅을 살피어 가까이로는 자신에게서 취하고 멀리로는 사물에서 취하니 글은 이루 다 쓸 수 없다.[13]

> 하늘이 만들어낸 것과 땅이 기르는 것은 환하게 빛나 해와 달이 되고, 높이 솟아 산악이 되고, 깊이 갈라져 강과 바다가 되고, 떨치고 펼쳐져 바람과 천둥과 비와 눈이 되고, 흩어져 금수, 초목, 물고기, 벌레가 된다. 모두 천지의 氣를 받아 끝없이 생성 변화하니, 무리를 달리하여 서로 비슷한 것이 하나도 없다. 지금 文이라고 하는 것은 천지의 造化를 드러내고 사물의 변화를 남김없이 표현하는 것이다. ---- 이로 말미암아 보건대, 학술의 치우침과 바름, 문장의 장단은 모두 이것은 남겨두고 저것은 없앨 수 있는 것이 아니다.[14]

---

12) 공자의 말을 원용하는 경우에 있어서도, 지나친 추측일 수 있지만, 개인의 내면적 심성 수양의 측면에 중점을 둘 때에는 "有德者, 必有言"을 주로 인용하는 데 반하여, 홍양호에서처럼 상대적으로 문학의 자율적 특징을 강조하게 될 때에는 "言之無文, 行之不遠"을 인용하는 차이점을 보인다. 그리고 홍양호는 공자가 제자를 가르칠 때 '文'을 우선적인 것으로 두었다고 하여 자신의 논리를 적극적으로 내세우고 있다. 「旅菴集序」, 『全書』, 225면. "圖書出, 而天地之象形; 書契作, 而人之文肇. 文生於象; 理顯於文. 故孔門敎人, 文居其先, 爰有文學之科."

13) 「贈尹侍郞儒文赴燕序」, 『全書』, 213면. "善爲文者, 仰以觀乎天; 俯以察乎地, 近取諸身; 遠取諸物, 而文不可勝用矣."

14) 「四部選要序」, 『全書』, 235면. "夫天之所生, 地之所養, 光而爲日月, 崇而爲山嶽, 深而爲河海, 奮之爲風雷雨雪, 散之爲鳥獸草木魚鱉蟲豸, 皆得天地之氣, 生化不窮, 而分群異類, 莫能相似也. 今夫文者, 所以形造化而盡物變者也. --- 由是觀之, 學術之偏正, 文章之長短, 皆不可存此而廢彼也."

위의 자료 역시 문학을 포괄한 인문적 현상을 天文, 地文과 관련지어 설명하면서 그 핵심적 개념으로서 氣를 사용하고 있다. 여기서 주목할 점은 홍양호의 문학론에 있어 재도론과 천기론이 서로 만나는 지점을 살펴 볼 수 있다는 사실이다. 기는 천지 사이에 객관적으로 존재하는 물질적 원소이며, 천지 자연의 모든 현상(天文과 地文)은 이러한 기의 부단한 운동에 의해 생성, 변화하는 것이다.[15] 다시 말해 氣는 만물을 구성하는 생명력의 근원으로서, 객관적으로 존재하는 물질적 요소이다.

이러한 氣의 운동에 의해서 풍부하고 다채로운 만물(天文, 地文)을 구성하게 되는 것이다. 이 때 氣의 상이한 작용으로 말미암아 모든 만물은 서로 다른 개성적 차별상을 노정하게 된다. 봉황과 참새, 기린과 시랑은 서로 다른 성질을 가지고 있지만, '天地之氣'에 의해 결정되는 제각기의 타고난 특성을 지니고 있다는 점에서는 동일하다고 할 수 있다. 여기서 天機는 '天地之氣'에 의해 우주 만물을 생성, 변화케 하는 '조화의 신묘함'을 의미한다. 이 말은 문학 창작과 관련하여 '人工'과 대립되는 '天眞', '自然' 등의 개념으로 사용되거나, 영감과 유사한 창작상의 우연적인 계기로 쓰이기도 한다. 이 점에 대해서는 후술하기로 한다.

'天地之氣'의 부단한 운동을 통해 상대적 차별상을 지닌, 풍부하고 다채로운 자연 현상을 창출한다는 사실은 문학을 포함한 人文에도 적용된다. 인간 역시 '天地之氣'를 품수받고 태어난 존재로서, 기의 부단한 운동 과정을 통해 생성, 발전하는 천지 자연의 다양한 변화와 그 속에 깃들어 있는 이치를 밖으로 드러내는 '인문'을 창출하게 되는 것이다.(今夫文者, 所以形造化而盡物變者也) 즉 좁은 범위에서의 '문'(人文)은 자연 현상의 다양한 변화를 관찰함으로써 얻어진 산물이다. 홍양호는 그러한 인문적 활동의 모범적 선례를 유가 사상에서 성인으로 존숭되는 복희씨, 우임금, 문왕, 공자의 저작으로 보았다. 하지만 그들의 저작은 동일한 내용을 반복, 답습한 것이 아니라 제각기의 특성과 가치를 지니고 있는 것이다.

이러한 관점은 문학 창작과 연관지을 때 다음 두 가지의 특징을 보여 준다. 첫째는 '貴古賤今觀'에 대한 비판이며, 둘째는 개성적 독창성(自得)의 중시이다.[16]

---

15) 홍양호에게 있어 우주 만물의 종국적인 근원에 대한 언급을 체계적으로 않았다. '天地之氣'가 미분화된 상태로 존재하였던 '混元' '太虛' 등의 개념과 관련하여 그의 사상적, 철학적 기반에 대한 검토가 진행될 필요가 있다.

16) 몇 가지 실례를 들어본다. 「再答申文初書」, 『全書』, 321면. "夫天地, 一天地也; 山河, 一山河也. 日月以照之, 雨露以養之, 風雷以震탕之, 人物之生乎其間者, 亘萬世而不變, 何嘗豊於古而薄於今乎?" ; 「與宋德文論詩書」, 『全書』, 325면. "噫! 生乎千載之後, 欲追古人之音, 不亦迂且狂乎? 然人心之靈, 天機之妙, 亘萬世而不息不變, 惟在自得之耳." ; 「旅菴集序」, 『全書』, 226면. "世之學者, 直取古人之糟粕, 皮膚而影像焉, 罕有能自得而成家者."

3. 시 창작의 핵심 : '神與機合, 應律成章'

우리는 앞서 문학을 포함한 인문적 활동의 특징이 '天地之氣'의 부단한 운동 과정을 통해 생성, 변화하는 천지 자연의 다양한 현상과 그 내면에 숨어 있는 이치를 표현하는 것임을 살펴 보았다. 그러면 그러한 문학의 본질적 특징은 창작의 과정에서 어떻게 드러나는 것일까? 그리고 그의 창작론은 조선 후기 천기론의 발전 과정에서 어떠한 특징을 보이고 있는가?

洪良浩는 "시(詩)는 시(時)다"라고 하여 시에 대한 전통적인 훈고의 방법과는 다른 입장에서 시 창작의 본질적 문제를 규명하고자 하였다. 먼저 시에 대한 훈고적 정의의 기존 이해를 들어 본다.

① 詩言志, 歌永言. 歌永言, 聲依永. (『今文尙書』「舜典」)
② 詩者, 志之所之也. 在心爲志, 發言爲詩. (「毛詩大序」)
③ 詩負之 (鄭玄注) 詩之言承也. (『禮記』「內則」)
④ 正義曰 : "詩含神霧云, 詩者持也. 以手維持, 則承奉之義, 謂以手承下而抱負之云." (『禮記』「內則」孔穎達疏)

동양에서 시에 대한 정의의 고전적 설명은 '詩言志'이다. 위에서 보듯이 詩에 대한 훈고적 정의는 크게 세가지가 있었는데, 그 중에서 '志'로 풀이하는 것이 일반적이었다. 『毛詩』「大序」의 "시는 뜻이 가는 바이다. 마음에 있는 것이 志인데, 그것이 말로 드러나면 시가 된다.(詩者, 志之所之也. 在心爲志, 發言爲詩)"라거나, 『尙書』「舜典」의 "시는 志를 말한 것이며, 노래는 말을 길게 늘이는 것이다(詩言志, 歌永言)"에서처럼 '志'로 풀이하는 것이 일반적이었다. 여기서 志는 작가의 사상 감정을 포괄한다.

한편 『禮記』「內則」의 "詩負之"에 대한 鄭玄의 注에 "詩之言承也"라는 말이 있고, 『尙書』「舜典」의 "詩言志, 歌永言"이 있으며, 『詩緯』「含神霧」에는 "詩者持也"라는 풀이가 있다. 이들 세 정의는 鄭玄의 말처럼 시가 창작의 교화적 작용을 강조하는 측면에서는 동일한 내용을 가진다. 이러한 정의 방식을 더욱 발전시켜 체계적으로 이론화하여 설명한 사람이 바로 劉勰이다.

> 詩란 志이다. 즉 단정함을 지켜나간다는 뜻이다. 다시 말해 생각을 바르게 함으로써 인간의 性情을 바르게 하려는 것이 詩이다. 詩經 삼백편은 일언폐지하여 사악함이 없는 데로 귀결된다. 단정함을 지켜나간다는 것으로 훈고하는 것도 이와 완전히 부합된다.[17]

---

17) 劉勰, 「明詩」, 『文心雕龍』 "詩者, 持也. 持人情性, 三百之蔽, 義歸無邪, 持之爲訓, 有符焉爾."

중국의 대표적 문예 이론가였던 유협은 『文心雕龍』 「明詩」 편에서 '詩言志'와 '詩者持也'의 두 정의를 동시에 취하면서 美刺의 관점에서 시문 창작의 효용적 가치(詩教說)를 강조하는 한편, 개인적 정감의 발현이라는 관점에서 전대의 緣情說을 계승, 발전시켰다. 이러한 그의 입장에 바탕하여 시를 '단정함을 지켜 나간다'는 뜻으로 풀이하게 하였던 것이다. 단정함을 지켜 사악함이 없도록 하는 것, 생각을 바르게 하여 인간의 성정을 바르게 하는 것이 곧 시가 지향해야 할 목표이다.

> 시에 대한 풀이는 세 가지 있는데, '이어받다''지니다''뜻'이 그것이다. 글을 짓는 사람은 임금이 펼치는 정사의 선악을 이어받아 자신의 뜻을 기술하여 시를 짓는다. 시를 짓는 것은 사람의 행실을 단정하게 지켜나감으로써 잃지 않도록 하였다. 그러므로 시라는 이름은 한 가지이지만 풀이는 셋인 것이다.[18]

『毛詩正義』의 「詩譜序」의 疏에 기록되어 있듯이, 시에 대한 훈고에는 크게 세가지가 있었다. 그런데 이 세가지 훈고는 실질적으로는 한가지였다. 작자는 정사의 선악을 이어받아 자기의 뜻을 기술하여 시를 지으며, 시를 짓는 것은 사람의 행실을 단정하게 지켜나감으로써 그릇된 곳으로 빠지지 않도록 해야 한다. 공영달이 볼 때 시는 작가와 독자의 창작 및 감상의 과정에 관여하면서 세 가지 풀이로 해석되는 것이다.

물론 '志'에 대한 해석 여하에 따라 각기 상이한 시의식으로 변화, 발전되어 왔지만, 홍양호의 경우에서처럼 '時'로 훈고하는 방법은 매우 특이하다고 할 수 있다. 이 때 '時'는 '때에 맞다'는 의미로서, 창작상의 우연적인 계기에 촉발되어 음율에 맞게 표현된 것이 바로 詩인 것이다. 이 점을 구체적으로 보여주는 자료가 「詩解」이다.

홍양호는 「詩解」라는 같은 제목하에 시와 산문으로 두 작품을 썼다. 그리고 박유칙에게 보내는 편지글에 의하면 「시해」를 짓게 된 동기, 과정을 기술해 놓았다. 이를 통해 홍양호의 시론을 이해함에 있어 「시해」라는 자료의 중요성을 짐작할 수 있다.

> 사람 마음의 신령함이 소리로 나타나며, 소리는 몸 안에 숨어 있다가 우연한 계기[機]에 촉발되어 터져 나온다. 정신이 우연한 계기와 융합하여 운율에 맞춰 문장을 이루게 된다. 하늘이 시인에게 가탁하여 소리가 울려 나오니 마치 여름 날에 천둥이 치고 가을 밤에 벌레가 우는 것 같아 누군가 시켜서 하는 것처럼 멈출 줄을 모른다. 그러므로 시라는 말은 때[時]에 맞는다는 의미이고, 시인이 시를 짓는 것은 하늘과 더불어 진행된다.[19]

> 詩는 때에 맞춘 연후에 말한다.[20]

---

18) 孔穎達, 「詩譜序」, 『毛詩正義』. "詩有三訓, 承也, 持也, 志也. 作者, 承君政之善惡, 述其志以作詩, 爲詩所以持人之行, 使不失隊. 故一名而三訓也."

19) 「詩解」, 『全書』, 385면. "人心之靈, 發而爲聲. 聲藏於肉, 機觸而生. 神與機合, 應律成章. 天假之風, 人, 其鳴鏗鏘. 比如雷奮於夏, 蟲吟於秋. 若或命之, 不可得而休焉. 故詩之爲言, 以時而名; 人之爲詩, 與天偕行."

시 창작 과정 상의 핵심은 '神與機合, 應律成章'이다. 시인의 神이 창작상의 어떤 계기를 잘 포착하여 운율에 맞게 표현한 것이 시이다. 여기서 神의 개념, 함의를 살펴 볼 필요가 있다. 神은 시인의 주관적 정신인데, 더 구체적으로 말하면 객관 사물의 미묘한 변화상을 예민하게 포착, 감수하는 고도의 정신적 능력이다.

洪良浩는 시인의 정신과 창작상의 계기가 서로 합치하는 점에 주목하였다. (神與機合, 應律成章) 시인의 주관적인 정신이 창작상의 계기에 의해 촉발되어 운율에 맞게 표현되는 것은 '도'와 '기'의 상호 결합에 의해 '文'이 자연스럽게 현현하는 것과 상통한다.(經緯錯綜, 自然成章) 다시 말해서 '經緯錯綜, 自然成章'은 天文, 地文, 人文을 총칭하는 광의의 '文'이 산출되는 과정을, '神與機合, 應律成章'은 협의의 '文' 가운데 詩가 창작되는 과정을 가리킨다. 그 둘의 과정에서 공통되는 특징은 '自然'이며, 이 '自然'을 매개로 하여 載道論과 天機論이 통합되는 논리가 도출되는 것이다.

시인의 정신이 '機'의 촉발에 의해 밖으로 표현되는 과정은 마치 여름날에 우뢰가 치고 가을에 벌레가 우는 것이 누군가에 의해 명령을 받은 것처럼 그칠래야 그칠 수 없는 것과 같다. 그같은 자연 현상은 어떤 자연스러운 계기에 촉발되어 일어나는 조화의 신묘한 작용이다. 그것이 바로 '天機之妙'라고 할 수 있다.

여기서 '機'는 주역에 연원을 둔 개념으로, 사물의 은미한 맹아 상태를 뜻한다. 이러한 상태는 有無와 動靜 사이에 있어 일반 사람들은 관찰하기 어려우며 신묘한 지혜를 갖춘 군자만이 알 수 있다. 달리 말해 어떤 사물이 현재화되기 이전의 조짐, 계기이다. 이를 시 창작론에 적용해보면, 객관 경물과 접촉하는 과정에서 작가에게 순간적으로 촉발, 발현되는 시 창작상의 우연적 계기에 해당된다. 따라서 시인에게 요구되는 것은 그같은 사물의 변화를 예민하게 감수하는 능력이라고 할 수 있다.

이런 점에서 '神'은 작가의 정신 일반이라기 보다 그같은 사물의 미묘한 변화와 조짐을 순간적으로 예민하게 포착하고 감수하는 고도의 능력을 의미한다. 이 점은 다음 자료에서 보다 분명하게 나타난다.

詩句를 탐하는 데 벽이 있지는 않으나	性癖非耽句
기이함을 싫어하지 않는다네	文章不厭奇
때에 맞으면 흥을 일으켜	有時聊遣興
입에서 나오는대로 시가 된다네	開口便成詩
경물이 이르매 神이 도와주고	境到神應助
정감이 이르매 붓이 절로 따른다	情來筆自隨
자기를 알아주는 이 아득하니	峨洋人已遠
묘처는 마음으로만 알 뿐이라네	妙處只心知[21]

20) 「六書經緯, 近取篇」, 『全書』, 1117면. "詩者, 時然後言."

21) 「詩解」, 『全書』, 52면.

그러나 사람 마음의 신령함과 천기의 오묘함은 만세토록 쉬임이 없고 변함이 없어 스스로 얻을 뿐이다. 맹자가 말하길, "즐기면 인의의 마음이 생기고, 인의의 마음이 생기면 어찌 그만둘 수 있을 것인가? 그만둘 수 없으면 손과 발을 놀리며 춤을 출 것이다."고 하였다. 이것은 천기가 사람 마음 속에서 움직인 것이다. 시를 배우는 도 또한 여기에 다 있다.[22)]

> 우는 새는 무엇 때문에 지저귀는 것이겠는가?
> 나 또한 흥에 따라 시를 짓는다네
> 天機는 그만둘 수 없는 법
> 어디에서나 그치지를 않는다네
> 鳴鳥爲何語, 吾詩亦漫成.
> 天機不得已, 無處不生生.[23)]

위의 자료에서 '天機'는 천지 만물을 생성, 변화케 하는 신묘한 조화의 계기 혹은 動因이다. 그것은 어떤 인위적인 목적과 의도에 의해 수행되는 것이 아니라 자연 그대로의 상태로 존재한다는 점에서 '自然'과도 상통한다. 그러한 천기의 자연스러운 계기를 인간이 포착할 수 있는 것은 인간만이 '人心之靈'을 가지고 있기 때문이다.[24)] 인간이 창출한 '人文' 활동의 하나인 문학은 바로 그러한 천기의 자발적이며, 자연스러운 계기를 예민하게 포착함으로써 이루어진 결과이다.

문학과 관련지어 天機는 인용된 맹자의 언급에서도 알 수 있듯이 시인의 억제할 수 없는 내발적 충동을 가리킨다. 그것은 마치 달걀을 품은 닭이나 허물을 벗는 매미처럼(如伏卵鷄, 如蛻殼蟬)[25)] 시인이 억지로 만들 수 있는 것이 아니라 자연스러운 상태에서 이루어진다.(釋智忘形, 乃隣自然)[26)] 따라서 작위적인 노력과 형적에의 집착 - 예를 들어 자구나 성률의 조탁 - 은 배격되어야 하는 것이며, 모방이나 답습이 아닌 '自得'을 통해 이루어져야 한다. 그리고 창작상의 강렬한 욕망이 고조될 때 비로소 풍부하고 생동하는 형상이 도래하게 되는 것이다.(天機不得已, 無處不生生) 그러므로 우수한 시 작품을 산출하기 위해서는 창작상의 충동과 욕구가 분출되는 계기를 포착하는 것이 무엇보다도 중요하다. 이 점에서 詩는 '時'로 정의될 수 있는 것이다.

---

22) 「與宋德文論詩書」, 『全書』, 325면. "然人心之靈, 天機之妙, 亘萬世而不息不變, 有在自得之耳. 孟子曰 : 『樂則生, 生則烏可已也, 烏可已, 則不知手之舞之足之蹈之.』 此天機之動於人心者也. 學詩之道, 盡於是矣."

23) 「雨中獨坐」, 『全書』, 54면.

24) 「書李聖直行錄後」, 『全書』, 340면. "心者, 神靈之物也. 遠而萬里之外, 百世之久, 可坐而燭也. 幽而鬼神之情狀, 陰陽之變化, 可默而測也."

25) 「詩解」, 『全書』, 385면.

26) 「詩解」, 『全書』, 385면.

선배들이 전하는 바를 들으니, 공께서는 興이 이르러 상상력이 발동할 때 문득 문을 닫고 손님을 물리친 채 옷을 풀어헤치고 책상다리를 하고 앉아 온 정신을 집중하다가 흔연히 종이를 펴고 패연히 붓을 휘두르니 손이 미처 멈추기도 전에 한 편이 이미 이루어졌다고 하였다. 대개 지극한 솜씨와 자득의 경지에는 신이 돕는 것이 있어 배워서 능히 할 수 있는 것이 아니다.[27]

시인묵객들이 산수를 사랑하는 것은 단지 눈과 귀를 즐겁게 하기 위함이 아니다. 아름다운 산수는 천지의 빼어난 기를 타고 났으며 천지조화의 정수를 모아놓은 것이다. 그런데 속되고 어리석은 무리들은 아름다운 산수를 보고 들어도 그 오묘함과 정취를 알지 못한다. 오직 시인묵객들이 정경이 융합되었을 때 흡족하게 자득하여 언어로 형용할 수 없는 것이 있게 된다. 이에 시와 노래로 표현하여 산수의 오묘함을 드러내고 그들의 감정을 토로한다. 그러나 때로는 외형을 모사하는 데로 국한되어 솜씨있게 묘사하기는 하지만 천기의 진실함을 얻지 못하면 말단에 불과하다.[28]

의도하는 바가 있어서는 안되니 (의도하는 바가 있으면) 참에서 떨어지게 되고, 의도하는 바가 없어서도 안되니 (의도하는 바가 없으면) 정신을 잃을까 두렵다. 있는 것 같기도 하고 없는 것 같기도 하는 그 사이에 신묘함이 있으니, 현묘하고도 미묘하여 말로 전할 수가 없다네. 작품의 핵심 내용[旨]은 문사의 밖[辭表]에 존재하며, 작가의 상상 속의 형상[象]은 외부 경물보다 앞서 있나. 마치 날샅을 품고 있는 닭과 같이, 허물을 벗는 매미와 같이 지혜를 비리고 형체를 잊어 자연스러움을 가까이 해야 한다. 감정과 경물이 들러붙게 되면 인위적인 것이지 자연스러운 것이 아니다. 허공의 울림[虛中之籟], 달빛[月中之光], 옥돌의 광채[良玉有輝], 꽃의 향기[名花生香]. 뉘 알겠는가? 그것들이 어디로부터 오는지를. 뉘 알겠는가? 그것들을 주재하는 것을. 나에게 묻는다면 무예(無倪)의 옹이라고 하겠다.[29]

'興到神會之時'는 창작 주체의 감정 상태가 고도로 흥분된 상태로서, 창작 과정에서 나타나는 일종의 靈感에 해당된다. 영감이 도래할 때 창작 구상이 용솟음치어 막혔던 文思가 용솟음치고 창작력이 십분 왕성해져서 창작이 진전될 때의 정신 상태이다. 강렬한 감정의 격동이 일어날 때 시인은 억제할 수 없는 창작 욕구를 체험하게 된다. 이러한 영감의 도래는 학습의 과정을 통해 획득될 수 있는 것이 아니라 시인 개인의 자득적인 체험 속에서 이루어진다. 그러면 이같은 정감의 고조, 폭발은 어떻게 이루어지는가?

---

27) 「五山集跋」, 『全書』, 356면. "竊聞先輩相傳, 公於興到神會之時, 輒閉戶却客, 解衣盤薄, 專精注思, 已而欣然伸紙, 沛然縱筆, 手未停而篇已就云. 蓋其獨至之藝, 自得之境, 殆有神助, 非可學而能也."

28) 「題芝溪屛樵赤裳詩軸後」, 『全集』, 359면. "凡騷人韻士之愛山水者, 非直供耳目之玩也. 盖佳山好水, 得天地之秀氣, 種造化之精英, 而俗士愚夫, 見之而不知其妙, 聽之而不知其趣. 惟騷人韻士, 境與神會, 怡然自得, 有非言語之所可形者, 則於是發之歌詩, 于以抉其奥而攄我情. 然或局於摸象, 巧於刻畫, 而不得天機之眞, 則末矣."

29) 「詩解」, 『全書』, 385면. "不可有意, 則離於眞. 不可無意, 恐喪其神. 若有若無, 妙在其間. 玄乎微哉, 言不能傳. 旨在辭表, 象寓境先. 如伏卵鷄, 如蛻殼蟬. 釋智忘形, 乃隣自然. 情與物膠, 人也非天. 虛中之籟, 月中之光. 良玉有輝, 名花生香. 孰知其自, 孰宰其功. 爲我問之, 無倪之翁."

이 점에 대해 홍양호는 '解衣盤礴'과 '專精注思'로 설명하고 있다. 전자는 『莊子』의 「田子方」에 나오는 말로, 어디에 구속됨이 없이 자유분방하고 솔직한 심미적 태도를 가리킨다. 이같은 거리낌없는 심미적 태도에 더하여 객관 사물에 대한 정신의 고도의 집중을 통해 객관사물과의 일치를 이루게 된다.

후자는 예술 대상 이외의 모든 것을 잊고서 온 신경을 그 대상에다 집중하는 것을 뜻한다. 마음을 통일시켜 잡념을 떨쳐 버리는 것으로, 심리적 주체를 철저하게 배제하게 된다. 정신을 대상물에 집중시켜 응집된 상태의 내면세계는 사물 깊숙이 파고들어 그 정신과 서로 만남으로써 관조자와 대상 사이의 거리감이 해소되고 구획이 없어져 하나가 되는 物化의 意境을 창출하게 된다. 주객체의 분별이 소멸되어 한 몸으로 동화된 주객합일의 경지에 이르게 된다. 이 점에 대해 세 번째 인용문은 보다 구체적으로 설명해주고 있다. "달걀을 품고 있는 닭과 같이, 허물을 벗는 매미와 같이 지혜를 버리고 형체를 잊어 자연스러움을 가까이 해야 한다(釋智忘形, 乃隣自然. 如伏卵鷄, 如蛻殼蟬)"는 언급은 이 점을 잘 보여준다. 욕망과 잡념으로부터 벗어나 마음을 고요하게 침참할 때 일어나는 미적 관조의 상태에 이르게 된다.

이와 같은 영감의 자연스러운 유출에 의해 시인의 주관적인 정신과 객관적인 경물이 합치되는 경지(境與神會)에 도달할 수 있는 것이다. 창작 대상과 창작 주체의 완전한 융합의 경지는 언어로 형용할 수 없는, 예술 창작의 최고의 단계로서, 模象과 刻畵과 같은 '人工'의 흔적이 제거된 상태(天機之眞)이다. 이에 바탕하여 홍양호는 近體詩 창작의 폐단을 지적하고, 古體詩 창작을 적극적으로 주창하였던 것이다.[30]

4. 마무리

이상에서 耳溪 洪良浩의 문학론의 특징적 면모를 검토하였다. 특히 시를 포함한 문학의 본원적 특징에 대한 홍양호의 문학론에 대한 검토를 통해, 우리는 載道論과 天機論이 단순히 대립적, 이질적 성격의 문학론이 아님을 확인할 수 있었다. 재도론과 천기론은 단일한 특징만으로 설명될 수 있는 것이 아니라, 각 시기마다의 상이한 요구에 따라 다양한 변화와 굴절, 더 나아가 상호 소통의 과정을 거쳤던 관계로 복잡한 변이 양상을 보이고 있었으며, 그 점을 우리는 18세기 후반기의 문인이었던 홍양호의 예를 통해 확인하였다. 흔히

30) 「與宋德文論詩書」, 『全書』, 325면. "及夫近體興, 而雕花鏤月, 排紅比白, 較錙銖於聲病, 鬪巧拙於態色, 適足以忒人心敗世敎, 詩之道, 於是亡矣. 近體之詩, 始於六朝之末, 盛於李唐, 而嗣後作者, 猶知沿流而溯源. 獨我東俗, 專尙近體, 稍知操觚, 已習騈偶, 開口綴辭, 便學律絶, 不知古風長句之爲何狀."

재도론과 천기론이라고 불리는 조선 전후기의 대표적인 문학론이 특정한 시기마다 각기 어떠한 특징과 성격을 지니고 있으며, 그 둘이 상호 교섭, 상호 공존하며 발전되어 왔던 과정에 대해 앞으로 보다 면밀한 검토가 필요하다.

朝鮮後期 天主敎 信心의 對象에 관한 연구

조 광

1. 머리말

조선후기 사상사의 연구에 있어서 중요한 점은 특정 사상의 핵심에 대한 이해의 정도를 올바로 파악하고, 그 사상의 사회적 기능 내지는 의미를 규명하는 작업이다. 이와 같은 관점에서 본다면, 조선후기 천주교사도 사상사적 관점에서 분석될 때 그 이해의 폭이 넓혀질 수 있다. 따라서 기존의 연구자들은 천주교의 신학과 철학에 대한 조선후기 사회의 반응에 주목하여 이를 천착한 바 있었다.[1)]

그러나 기존의 연구는 천주교 신앙에 대한 당대의 비판적 입장을 정리하는 작업에 치중되어 있었다. 반면에 천주교 신앙을 실천했던 사람들이 천주교신앙을 어떻게 이해하고 있었는지에 관해서는 그 연구가 상당히 미흡한 편이었다. 이와 같은 상황으로 인해서, 조선후기 사회와 천주교사의 특성에 대한 충분한 이해에 지장이 초래되어 왔다고 생각된다.

조선의 경우, 18세기 말엽에 이르러 본격적으로 실천되기 시작했던 천주교 신앙은 조선인이 경험하지 못했던 새로운 사상이었다. 이 천주교 신앙의 핵심은 唯一神 天主에 대한 신앙과 救世主 예수에 대한 고백에 있었다. 그리고 18세기 후반기 이래 천주교 신앙의 실천과정에서 예수의 '降生救贖'과 관련하여 聖母 마리아의 특별한 역할에 대한 인정도 중요한 요소를 차지하고 있었다. 또한 聖人에 대한 천주교의 교리들이 조선에서도 적용되고 있

1) 朴鍾鴻, 1969.「西歐思想의 導入 批判과 攝取」『亞細亞硏究』35, 서울 : 高麗大學校 亞細亞問題硏究所.
琴章泰, 1984.『東西交涉과 近代韓國思想』, 서울 : 成均館大學校 出版部.
崔東熙, 1988.『西學에 대한 朝鮮實學의 反應』, 서울 : 高麗大學校 民族文化硏究所.

었다. 당시 천주교 신앙의 이와 같은 요소들은 일반 조선인들이 가지고 있던 기존의 神觀과는 상당한 차이가 있었다.

그런데 조선에 천주교가 세워진 18세기 말엽을 전후하여 천주교 신앙을 통해 조선인들은 天主, 예수, 聖母 마리아 등에 대해 이해하기 시작했다. 여기에서 제시된 천주, 예수는 그들 信仰 내지는 信心의 對象임과 동시에 源泉이었다. 성모 마리아, 聖人 등도 그들의 신심을 강화시켜주는 기능을 하고 있었다. 원래, 종교 신앙에서 나타나는 '信心'(devotio, pietas)이라는 단어의 개념은 "신앙의 대상에 관한 인식을 기반으로 하여 나타나는 종교적 실천행위"라고 규정될 수 있다.

조선후기 사회에서 각종 천주교 서적들은 새로운 신앙 내지 신심의 기반을 제공해 주었다. 이러한 천주교 서적들은 당시 사회에 널리 전파되어 적지 않은 독자층을 확보하고 있었다.[2] 이 천주교 서적에서는 天主의 존재를 비롯한 천주교의 정통적 教義들을 충분히 서술해 주었다. 신도들의 천주교 입교는 이 교의에 대한 동의를 뜻하는 일이기도 했다.

따라서 당시의 천주교사에 대한 종합적 이해를 위해서는 그들이 이해했던 教義의 특성도 밝혀져야 한다. 그러나 본고는 당시의 西學書에 서술되어 있는 내용에 관한 教義史的 접근을 시도하지는 않고자 한다. 반면에 본고에서는 당시의 신도들이 가지고 있던 신앙 내지는 신심의 대상에 대한 이해의 특성만을 파악해 보고자 한다.

이를 위해서 본고에서는『邪學懲義』,『辛酉 邪學罪人推案』등 천주교 신도들의 신문기록 및『承政院日記』,『日省錄』등과 같은 조선왕조의 각종 연대기 자료와 달레(Dallet)의 『조선천주교회사』를 비롯한 교회측 자료들을 함께 검토하겠다. 그리하여 본고에서는 이러한 기록을 통해서 산견되고 있는 신앙 내지는 신심의 대상에 대한 신도들의 언급들을 주된 자료로 활용하여 그 신심의 대상에 대한 이해의 특성을 밝혀보고자 한다. 물론 이상의 자료들에서는 일정한 한계를 발견해 낼 수 있다. 즉, 즉, 신도들에 대해 언급하고 있는 정부측 사료들은 모범적 천주교 신도들에 대한 체포와 신문 과정에서 형성되었다. 그리고 교회측 사료는 護教的 목적의식에서 신도들의 신심을 특히 강조할 수도 있었다. 그러므로 당시의 사료가 천주교 신도 일반의 특성을 그대로 드러내 주고 있다고 보기에는 어려운 점이 있다. 그러나 이러한 사료에서 전하고 있는 내용들은 당대 교회의 신도들이 가지고 있던 신심의 존재에 대해서 이해하는 데에 충분히 활용될 수 있을 것이다.

그러므로 우리는 이와 같은 작업을 통해서 당시 조선의 신도들이 가지고 있던 천주교에 대한 인식의 수준과 이해의 특성을 가늠해 볼 수 있을 것이다. 또한 이를 통해서 우리는 그들의 종교 신앙이 개인적 차원에서 벗어나 사회적 기능을 발휘하게 되는 근본원인을 올바로 이해할 수 있을 것이다. 또한 본고는 조선후기 사상사 가운데 서학사상에 관한 이해의 폭을 넓히는 데에 활용될 수 있을 것이다.

---

2) 趙珖, 2006.「朝鮮後期 西學書의 受容과 普及」『民族文化硏究』44, 서울 : 高麗大學校 民族文化硏究所.

그러나 주로 박해의 과정에서 제시된 그들의 증언은 교리적 체계에 관한 논리적 토론의 형식이 아니라 신문 과정에서 제시된 것들이다. 이와 같은 사료의 한계로 말미암아 본고에서는 조선후기 신도들이 가지고 있던 천주, 예수, 聖母 및 聖人 등에 대한 인식을 총체적으로 밝히지는 못했다는 한계점을 가지고 있다. 또한 본고는 당시 교회사에서 드러나고 있던 다양한 신심의 전모를 밝히는 데에도 이르지 못했다. 그러나 본고가 이와 같은 한계를 가지고 있지만, 우리는 신심의 대상에 대한 당시의 부분적이며 단편적 언급을 통해서라도 그들이 가지고 있던 정통 교의에 대한 인식의 특성 및 그 신앙의 强度를 어느 정도까지는 추정할 수 있을 것이다.

2. 天主에 대한 인식

조선 18세기 말엽 내지 19세기 전반기에 있어서 천주교 신앙은 西學, 西敎, 天學, 天主學, 天主敎, 耶蘇學, 耶蘇敎 등 여러 명칭으로 불리고 있었다. 물론 이를 탄압하던 정부 당국이나 사대부들은 가톨릭신앙을 '邪學'으로 지칭해 왔다. 이러한 여러 명칭 가운데 天主敎 혹은 天主學이란 단어가 비교적 대표성을 띄면서 사용되었다. 이 명칭에서 볼 수 있는 바와 같이 천주교의 신앙 대상은 天主였다. 그리고 천주교의 유일신인 三位一體的 天主觀은 동양사회에서의 이해를 위해서 補儒論 형태로 제시되고 있었다.[3] 이러한 천주관은 조선후기에 통용되던 각종 천주교 서적에서 완벽하게 표현되어 있었다.[4]

조선의 지식층은 중국철학의 영향으로 유교의 경전에 등장하는 上帝에 대한 인식을 가기고 있었다. 그러나 당시 일반 지성계의 上帝觀은 천주교의 삼위일체론적 神觀과는 거리가 먼 내용이었다. 한편, 19세기 전반기 조선에 입국했던 서양인 선교사들은 조선의 전통적 신관에 대해서 알아보고자 노력한 바 있었다. 그러나 이러한 그들의 노력은 신관에 대한 조선인의 무관심 내지는 무지를 확인하는 데에 그치고 있었다. 또한 선교사들은 한자문명권에서 사용되는 '上帝'의 개념에 대해서 조선의 식자층에게 문의한 바 있었지만, 그들은 이에 대해서도 일관된 대답을 들을 수 없었다.[5] 이러한 상황에서 조선후기 사회에서

3) 利瑪竇, 『天主實義』; 趙珖 等共譯. 『천주실의』, 1999. 서울 : 서울대학교 출판부, 제1편 및 제2편 참조..

4) cf. 丁若鍾, 『쥬교요지』 上卷에서는 천주의 존재 증명에 이어서, "천주가 오직 하나이고, 아니 계신 곳이 없으며, 무궁히 능하시고, 온전히 알으시고, 무궁히 아름다우시고, 세 위가 계시며, 푸른 하늘과는 구별되는" 존재라는 등 천주의 存在와 屬性에 대해서 자세히 설명하고 있다.

5) Dallet, *L'Histoire de L'Église de Corée,* tome. I, 1874, or Pamè ; 달레著, 安應烈 · 崔奭祐 譯註, 1980. 韓國天主敎會史, 上, 서울 : 韓國敎會史硏究所, 210쪽. "선교사들은 유식한 조선 사람들에게 상제라는 말이 어떠한 뜻이 있는지를 물어보았으나 한번도 명백하고 정확한 대답을 얻

제시된 천주교의 天主觀은, 엄격히 말하자면, 조선의 사상적 전통과는 관련성이 희박한 새로운 개념이었다.

그런데, 마테오 리치를 비롯한 일단의 선교사들은 그리스도교 신앙과 중국문화와의 관계를 규정하면서 補儒易佛의 원칙을 제시했고, 補儒論的 차원에서 천주교의 천주는 곧 儒學의 上帝로 설명되었다. 그리고 천주를 상제로 보는 이와 같은 천주의 개념에 대해서 조선의 지식인들은 信敎 여부를 떠나서 대체로 동의하고 있었다. 천주를 儒家의 上帝와 동일하게 이해했던 인물들에 관해서는 다음의 자료를 통해서 확인할 수 있다.

> a-1. 그 학은 오로지 天主만을 받드는데 그 天主란 곧 儒家의 上帝다. 그러나 천주를 공경하여 섬기고 두려워하여 신봉하는 것은 불교에서 釋迦를 그렇게 하는 것과 같다.[6]
> a-2. 그는 천주라는 말을 우리 儒家의 이른바 上帝에 맞추고 있다.[7]
> a-3. 그는 천주가 있다고 말한다. 천주는 곧 上帝다. 詩書가 상제를 말하고 聖人이 天을 말한다. 분명히 그 글이 있다면 어찌 그 사실이 없는데 핑계로 말하겠는가[8]
> a-4. 이른바 그들이 아비로 섬기는 것이 셋이 있는데, 그 중에 上帝를 높여 첫째가는 아비로 삼는 것은 그나마 西銘의 '하늘을 아버지라 부른다.' 는 뜻에 속하지만, 造化翁을 두 번째 아비로 삼고, 낳아 준 아비를 세 번째 아비로 삼는 점에 있어서는 윤리가 없고 의리에 어긋나는 설입니다.[9]

이상의 자료에서 볼 수 있는 바와 같이, 星湖 李瀷이나 河賓 愼後聃 그리고 順菴 安鼎福, 樊巖 蔡濟恭과 같은 남인계 인사들은 천주교의 천주가 유가의 상제와 동일하다는 사실을 인정하고 있었다. 또 18세기 말엽 당시 '天主'라는 용어가 閭巷間에 통용되고 있기도 했다. 그래서 洪秀輔와 같은 조정의 대신은 常參時에 邪學을 비판하는 자리에서 이 천주라는 단어를 사용한 바도 있었다.[10] 그러나 천주교의 천주라는 용어 자체가 잘못되었다는 주장이 제기되기도 했다. 이러한 생각을 가지고 있었던 인물로는 국왕 正祖가 있다. 이에 국왕 正祖는 천주라는 단어의 부당함을 지적하여 이 단어를 사용한 左參贊 洪秀輔를 추고한 바도

지 못하였다. 어떤 사람들은 그 말로 우주의 창조자이며 관리자인 하느님을 가키고, 또 어떤 사람은 그 것을 곡식을 생산하고 보존하고 익게 하며, 병을 물리치는 섭리적인 힘을 가졌다고 간주되는 단순한 天이라고 주장하고, 대부분은 알지도 못하고 별로 개의치도 않는다고 고백한다. 祈雨祭나 祈晴祭 또는 厲祭를 지낼 때 그 祈願은 그 祭式을 맡은 수령이 지은 기도문에 따라 혹은 하느님에게 혹은 하늘에 바쳐진다"

6) 李瀷, 『星湖先生全集』 卷5, 「跋天主實義」.

7) 愼後聃, 『河賓先生文集』 「西學辨」 靈魂蠡勺 第3篇.

8) 安鼎福, 『順菴先生文集』 卷6 「與權旣明書甲辰」.

9) 『承政院日記』 90卷 57쪽, 正祖 15年 10月 25日 丙寅條 蔡濟恭筵奏. (珍山 事件 처리 논의).

10) 『承政院日記』 92卷 218쪽, 正祖 18年 10月 29日 癸未條. "左參贊 洪秀輔曰 天主仁愛 降之以水旱風災 上曰 天主云云 語涉如何 人之於天 固當極其尊敬者 卿之言天主者 未有以主字稱之 今此天主云云 無乃如何耶"

있었다.[11] 정조는 나아가서 상소문 가운데 천주교의 설을 직접 인용하여 반박한 사람에게까지 죄를 묻고 있었다.[12] 즉 李基慶은 천주교를 邪教로 매도하면서 천주교 서적에서 "더구나 그의 상소 가운데 '세상 사람들은 단지 부모가 길러주는 것만 알 뿐 天主가 돌보아주는 것이 부모보다 더 큰 것은 모르고, 단지 임금의 다스림만 알 뿐 천주의 主宰가 임금보다 더 크다는 것은 모른다.' 는 부분을 직접 인용하여 이를 비판한 바 있었다. 이에 국왕 정조는 "귀로 듣기만 하고 입으로 말해서는 안 될 부당한 말"을 상소문에 사용했다하여 그를 문초했다. 즉 , 당시 조선에서는 천주라는 말마디 자체를 거부하고 '天主'가 아닌 '天'이란 단어만을 써야 된다고 생각하는 경향도 있었다.

반면에 천주교를 신봉했던 사람들은 대체로 유가의 상제나 원초유학에서 제시하고 있는 천의 개념이 천주교의 천주와 동일한 존재임을 역설했고, 보유론의 이론에 따라서 자신의 신앙을 변호하고자 했다. 이러한 예는 18세기 말엽 천주교 신도들이 천주교의 宗旨를 이해하고 있던 과정에서도 다음과 같이 드러난다.

> b-1. 나는 일찍이 이 學의 宗旨가 〔上帝를〕 존경하고, 우러러 모신다 〔對越〕 는 뜻과 동일하다고 생각했다. 오늘날 세상에서 이 (天主)學을 '그릇된 학문'(邪學)이라고 하는 것은 〔상제를〕 존경하는 도리에 어긋나는 듯하다. 그러므로 이 (天主)學은 '그릇된 학문'[邪學]이 아니라고 생각한다.[13]
>
> b-2. 그 학을 邪라고 이르는 것은 불가하다. 그 學은 대저 敬天畏天을 主로 삼았으니 어찌 邪라고 이를 수 있겠는가?"[14]
>
> b-3. 天地는 곧 大父母이니, 대부모를 섬기지 않는다면 이는 부모를 부모라고 하지 않는 것이다. 그러므로 이전 공초에서 '邪라고 여기지 않는다'고 일렀던 것은 즉 이것이다..... 道의 大源은 하늘에서 나온다. 또한 天命을 性이라고 이른다. 또한 皇上帝가 下民에게 降衷한다고 했다. 敬天의 뜻은 이와 동일하게 나왔으니 어찌 邪學이라고 이르겠는가?[15]

즉, 초기 교회에 속했던 洪教萬이나 柳觀儉과 같은 지식층 신도들은 천주를 설명할 때에

---

11) 『日省錄』21冊 269쪽, 正祖 18年 11月 1日 乙酉條. "上曰 向自 洪秀輔 以社稷油遮日事 語到雨下 乃用俚語 故推考矣 昔在先朝 筵臣有曰 風惡云云者 至伏承責教矣 語次之間 亦當敬愼 而日前常叅 重臣以懲羹之義 語天 輒曰 天主云 主字聞甚可駭也 濟恭曰 閭巷之間 或用此等說矣"

12) 『日省錄』17策 488-489쪽 正祖 15年 11月 13日 甲申 , 李基慶 慶源府 流配..

13) 『各司謄錄』78, 「推鞫日記」 8, 263쪽; 「辛酉鞫案」 嘉慶 6年 2月 20日 洪教萬供述, 19쪽. "矣身嘗以此學宗旨 與尊敬對越之意同矣 今世以此爲邪學者 恐違於尊敬之道 故以爲非邪學矣"

14) 「辛酉邪學罪人李家煥等推案」 嘉慶 6年 2月 14日 洪教萬 訊問記錄. "其學謂之邪則不可也 其學大抵以敬天畏天爲主 豈可謂之邪也 此外無他可達之辭"

15) 「辛酉邪學罪人李家煥等推案」 嘉慶 6年 2月 15日 洪教萬 訊問記錄. "天地(sic.恐地則主之誤也)卽大父母 而不以大父母事之 則是以父母謂非父母 故前招所爲不以爲邪者卽此也.....道之大原 出於天 又天命之謂性 又惟皇上帝降衷于下民 同出敬天之意 豈可謂之邪學乎"

는 유교 경전에 언급된 天 혹은 上帝의 개념을 가지고 설명했다. 그리하여 홍교만은 朱熹의 저서나 李滉의 『聖學十圖』와 같은 데에서 언급된 바와 동일한 '對越上帝'란 개념을 가지고 상제를 이해했다. 그리고 先秦時代의 원초유학에서 논하던 '敬天畏天'이란 가르침을 천주교가 실천하는 것으로 인식했다. 이와 함께 그들은 이 천주학이 가지고 있던 또 다른 宗旨에 대해서도 확실하게 인식하고 있었다.

> c-1. 그 學의 宗旨는 천주를 공경하고 사람을 사랑하라는 것이다. 이를 배우기가 매우 쉬웠고 그 〔진리에 이르는〕 길이 지름길이었다.[16]
> c-2. 邪學의 宗旨는 다른 사람을 사랑하기를 자신과 같이 하는 데에 있다. 그러므로 다른 사람을 권면하여 입교시키는 것은 하늘나라에 오를 만한 큰 공이다. 어리석은 사람이나 지혜로운 사람, 귀한 사람이나 천한 사람 등을 가리지 않고 힘써 모두 권유하여 바라는 바는 하늘에 오르는 것이다.[17]
> c-3. 예수가 강생했다는 설은 그 學의 종지이다.[18]

즉, 유관검은 천주교이 宗旨가 "천주를 공경하고 사람을 사랑하는 데"에 있음을 말했고, "다른 사람을 자신과 같이 사랑하는 일이 천주교의 종지"라고도 했다. 그리고 사람을 사랑하기 때문에 賢愚尊卑를 가리지 않고 평등하게 천주교 신앙을 권유하는 것이라고 말했다. 그리고 金伯淳과 같은 사람은 천주교의 종지가 예수의 강생구속에 대한 인정에 있음을 말하기도 했다. 그러면서 당시의 천주교 신도들은 자신의 종교가 결코 邪學이 아니라 正學이며 올바른 가르침임을 확신하고 있었다.[19]

천주교 신도들은 正學이라고 확신하고 있었던 자신의 신앙은 천주의 存在에 대한 承認에서 출발하고 있었다. 그리고 그 천주의 屬性에 대해서는 당시의 천주교 서적에서 언급되고 있는 내용들을 적극적으로 수용하고 있었다. 조선후기 신도들이 천주의 속성 가운데 가장 즐겨 인정했던 부분은 만물을 창조한 존재라는 창조주 천주의 개념이었다. 그리고 이 천주는 인간사에 구체적으로 개입하여 인간을 돌보아 주며, 상선벌악을 행하는 주체로 인식되었다. 여기에서 우리는 다음의 자료를 통해서 우선 창조주 천주에 대해 그들이 인식했던 상황을 파악할 수 있다.

> d-1. 하늘과 땅과 천신과 사람을 창조하신 위대하신 천주를 섬기지 않을 수 없다.[20]

---

16) 『邪學懲義』 上, 10쪽 ; 조광,『역주 사학징의』, 74쪽. 柳觀儉訊問記錄. "其學以尊天主愛人物爲宗旨 學之甚易 路逕且捷 "

17) 『邪學懲義』 上, 14쪽; 조광 역주본, 80쪽. 柳觀儉訊問記錄. "邪學宗旨 在於愛人如己 故勸人入道是爲昇天之大功是如乎 不分愚智貴賤 務盡勸諭 所希者 在於昇天"

18) 「辛酉鞫案」 嘉慶 6年 2月 26日 金伯淳 訊問記錄. "耶蘇降生之說 爲邪學宗旨"

19) 『辛酉推案』 25. 「邪學罪人李基讓等推案」 203쪽. 辛酉 3月15日 周文謨 訊問記錄. "邪學非邪學乃是正學 故爲之而 以邦禁至嚴 自然聞之 其在人臣之道 以至自首矣"

d-2. 천주는 가장 높으신 아버지시오, 하늘과 땅과 천신과 사람과 만물의 창조주인데, 그를 섬기는 것을 미신이라고 할 수 있겠는가?[21)]

d-3 天主實義와 七克이라는 책을 대충 읽으니, 천주는 우리 공동의 아버지시오, 하늘과 땅가 천신과 사람과 만물을 창조하시 분임을 어렴풋이 알게 되었다. 이 분을 중국에서는 상제라고 부르는 분이다. 하늘과 깡 사이에서 사람이 태어났는데, 비록 살과 피는 부모에게서 받으나, 사실인즉 천주께서 그들에게 주시는 것이다. 한 영혼이 육신과 결합하는데, 그것을 결합시키는 이도 천주이다.[22)]

d-4. 저는 무식하여 선비들의 몫으로 되어 있는 孔孟之道는 알지 못하며, 불도는 중들에게만 관계되는 것입니다. 그러나 천주교는 모든 사람을 위하여 만들어진 것입니다....처음에는 천주 한 분만 계셨습니다. 지금 있는 모든 것을 창조하신 것은 그분입니다. 창조 후에는 부부와 가족이 있게 되었고, 그 다음에는 임금과 신하들이 있게 되었습니다. 부처, 공자, 맹자, 임금과 신하 등은 천지 창조 후에 생긴 것입니다.

d-5. 천주란 무엇이냐. 천주는 온 세상의 가장 높으신 임금이요 아버지이십니다. 홀로 천주께서 하늘과 땅과 천신과 사람과 그 외의 모든 것을 창조하셨습니다. 그것을 어떻게 아느냐. 한편으로는 우리 몸을 살펴보고, 또 한편으로는 이 세상 만물을 볼 적에 이 만물을 창조하신 분이 안 계시다고 할 수 있겠는가, ...안 보고서는 믿을 수가 없습니까. 사또께서는 감영을 지은 일꾼을 보았습니까. 우리가 오관이라고 부르는 것으로는 소리와 빛깔과 냄새와 맛 같은 밖에는 짐작할 수 없고 원리나 이치나 비물질적인 것은 모두 정신으로 구별할 수 있게 되는 것입니다.[23)]

d-6. 천주는 모든 사람의 아버지이고 모든 피조물의 주인이다.[24)]

이 자료에서 볼 수 있는 바와 같이 1801년의 박해를 전후해서 천주교 신도들이 가장 즐겨 주장했던 天主의 屬性으로는 '創造主 天主'라는 개념이었다. d-1에서 權日身은 천주가 천지를 창조한 위대한 분으로 주장했다. d-2와 d-3에서 尹持忠은 1791년 천주교를 미신으로 규정하는 진산군수의 신문에 맞서서 천주교는 창조주를 천주를 공경하므로 결코 미신이 될 수 없음을 말하고 있었다. d-4에서 李道起는 천주교 신앙이 모든 사람에게 개방된 종교임을 말하면서 천주는 우주의 삼라만상과 인간사의 모든 제도를 만든 존재임을 강조하고 있었다. d-5의 李道起 및 d-6에서 趙淑의 아내였던 권데레사는 천주가 창조주임을 역시 강조했다. 그리고 崔必恭과 같은 사람은 삼라만상의 창조는 천주의 은혜라는 생각을 가지고 있었다.[25)]

20) 달레, 위의 책, 상, 357쪽.
21) 달레, 위의 책, 상, 341쪽.
22) 달레, 위의 책, 상, 402쪽.
23) 달레, 위의 책, 중, 147쪽.
24) 달레, 위의 책, 중, 93쪽.
25) 달레, 위의 책, 상, 427쪽. "하늘과 땅과 사람과 만물이 천주의 은혜에 의해야만 생겨났고, 보존되는 것도 또 다른 은혜, 즉 지극히 높으시고 지극히 위대하시며 우주의 어버이시며 주재자인 그 천주의 강생구속으로만 이루어지는 것입니다."

창조주 천주에 이어서 초기 교회의 신도들이 강하게 인식했던 천주의 속성은 '主宰者 天主'의 개념이었다. 그들이 생각하던 천주는 만물을 창조하는 데에 그치지 않고 창조된 만물을 주재하는 존재였다. 예를 들면 洪樂敏은 "천주는 하늘과 땅과 천신과 사람과 만물의 주재자이다."[26]라고 선언했다. 충청도 홍주 출신의 朴取得도 천주가 만물의 주재자임을 말하면서 그에 대한 신앙을 고백하고 있었다.[27] 또한 당시의 신도들은 천주가 만물의 주재자라는 판단 아래 천주는 인간의 구체적 행동에 적극적으로 개입하는 존재라고 인식되기에 이르렀다.

그리하여 천주는 언제나 사람의 마음속까지를 살피며 인간을 평가하여 상선벌악을 행하는 존재로 인식되고 있었다.[28] 1831년 順興에서 病死한 신도 金浩然은 천주가 상선벌악의 주체임을 강조한 바 있었다.[29] 그들은 천주를 상선벌악의 주체로 인식하고 있었기 때문에 천주 앞에서 항상 근신해야 하는 인간의 존재를 확인할 수 있었다. 그리고 천주는 현세에 있어서도 그에게 의탁하는 자들을 버려두지 않고,[30] 인간에게 福祿을 내려주는 존재로 이해되고 있었다.[31]

한편, 忠孝는 조선후기 사회에 있어서 가장 중요시되던 사회윤리로 인정되고 있었다. 따라서 천주교의 경우에도 자신의 신앙과 충효의 관계를 설정해야 했다. 이는 곧 종교와 국

---

26) 달레, 위의 책, 상, 450쪽.

27) 달레, 위의 책, 상, 412쪽

28) 『邪學懲義』, 下, 252쪽, 尹錚 刑推招. "천주는 사람들의 첫째 아버지이시고 만물의 최고 주재자시니 저는 죽을 지라도 그를 배반치 않겠습니다.... 네가 말하는 그 천주가 무엇이며, 어디 있으며, 무엇을 하느냐...천주는 하늘에 계시며, 거기서 당신의 명령을 알려 주십니다. 그것을 지키면 당시 곁에 불러올리실 것이고, 대항하면 지옥에 떨어뜨릴 것입니다.""제가 우매한 소치로 邪學이 極律인지 몰랐습니다. 그런데 제 아들 尹有一의 말을 들으니 '천주가 위에서 굽어보며 사람들의 선악을 살핀다' 하기에 제가 과연 좋은 줄로만 여겨 아들놈이 배우도록 내버려 두고 금지하지 않았습니다. 죄인 최창현과 서로 알았던 것은 40년 전에 女息의 병으로 인해 상경하여 최창현의 族人으로 이름을 모르는 崔哥의 약국에서 약을 지었는데 약값이 매우 싸기에 제가 그 연유를 물어보았더니, 그가 말하기를, '天主가 하늘에서 사람의 마음 속 선악을 살피고 있으니, 따라서 아무리 약값이라 할지라도 어찌 함부로 받을 수 있겠는가.' 하였습니다.

29) 달레, 위의 책, 중, 192쪽. "천주는 온 우주의 가장 높으신 임금이시고 모든 사람의 아버지로 착한 일을 상주고 악한 일을 벌주시니, 우리는 어떤 일이 있더라도 천주께 복종해야 한다."

30) 달레, 위의 책, 하, 163쪽. "바르바라가 말하기를....주께서는 당신께 의탁하는 자들을 버리지 않는다고 했다."

31) 『邪學懲義』, 下, 309쪽. 孫敬郁 捕廳招, ""'저는 慕華館 살면서 약국을 업으로 삼고 있었습니다. 신해년에 崔必恭이 종용하는 말을 믿어 듣고 제 형과 함께 사학 서적을 배웠는데, 黃嗣永이 뜻밖에 약국으로 저를 찾아왔기 때문에 서로 친하게 지내면서 찾아가곤 하였습니다. 하루는 황사영이 저에게 이르기를, '聖教를 부지런히 배우면 天主가 福祿을 내리고 만사가 자연히 형통한다.' 하기에 제가 그 말을 달게 듣고 미혹되어 그 책을 학습하였습니다"

가 사회와의 관계에 관한 규정이기도 했다. 그런데 당시의 천주교 신도들은 천주에 대한 신앙이 충효의 근본임을 역설하고 있었다. 이는 천주가 만사를 주재하는 존재라고 규정되고 있었던 당시의 기본 신앙에서 파생된 당연한 주장이었다고 판단된다. 천주교 신앙이 충효의 근본임을 주장하는 자료는 다음과 같다.

e-1. 임금께 대한 충효의 근본도 천주의 명령이요, 부모께 대한 효도의 근본도 역시 천주의 명령입니다. 이 모든 것을 중국의 경서에 실린 상제를 마음과 정성을 다하여 섬기라는 계율과 비교해 본 결과 거기에는 같은 점이 많다고 믿게 되었습니다.[32)]

e-2. 천주는 하늘과 땅의 참 임금이시고, 만물을 주재하시고 보존하시는 분이시며 부모께 대한 효도와 임금께 대한 충성의 참 근원이십니다.[33)]

e-3. 그 천주학[其學]도 또한 '임금 섬기는데 정성을 다한다'[事君盡誠]라는 것을 중요시했습니다. 그것은 이 세상을 태평성대에 이르도록 하고자 한 것이니, 이것이 임금을 섬기는 도리입니다. 그러니 어찌 그 사이에 털끝만큼이라도 다른 뜻이 있었겠습니까?[34)]

e-4. 바야흐로 천주교를 받드는 여러 사람들과[奉教人] 함께 날마다 정성스럽게[誠功] 천주교[西教]를 위해 기도하고[祈求], 나라가 평안하고 무사하며, 농사가[五穀] 풍작을 이루고, 온 세계가[四方] 평화롭기를[寧靜] 바랬습니다.[35)]

이 자료에서 e-1은 1791년 珍山에서 체포된 尹持忠의 말이다. 그는 조상제사문제로 인해서 체포되어 심문을 받았다. 그는 종국에는 不忠不孝한 인물로 매도되어 사형을 당했다. 그러나 그는 충효도 천주의 명령이고 그 근본이 천주에 있음을 말했다. e-2는 '무식한' 民人 李道起의 말이었다. 그는 忠孝의 근원도 천주에 있음을 선언했다. 자료 e-3는 全州의 양반출신 신도였던 유관검의 말이었다. 유관검은 천주교 신앙이 事君盡誠하는 가르침으로 이해하고 있었다. 그리고 e-5에서 周文謨 신부는 천주교에서 나라의 平安無事를 위해 기도드리고 있음을 말함으로써 자신들이 실천적으로 충성을 실천하고 있음을 말하고자 했다.

조선후기의 신도들에게 있어서 천주는 이와 같이 창조주이며 주재자였고, 모든 윤리와 도덕의 기준으로 인식되고 있었다. 그러므로 이들은 이러한 천주가 현세의 君父보다 월등히 높은 大君大父라고 선언했다. 즉, 李步玄은 천주가 大君大父임을 분명히 말고 있었고,[36)] 조용삼의 경우에도 천주를 대군대부로 불렀다.[37)] 1839년에 순교한 朴宗源의 경우에도 천주

32) 달레, 위의 책, 상, 346쪽.

33) 달레, 위의 책, 상, 402쪽.

34) 『辛酉推案』 25. 「辛酉推案」 525쪽. 辛酉 3月28日 柳觀儉 訊問記錄.

35) 『辛酉推案』 25. 「辛酉推案」 416쪽. 辛酉 4月2日 周文謨 訊問記錄.

36) 달레, 위의 책, 상, 424쪽. "사람의 기원이 태초에 그들을 창조하신 천주시라며 어떻게 우리의 대군대부인 천주를 공경하지 않겠습니까?"

37) 달레, 위의 책, 상, 461쪽. "네 아비가 네 목숨을 보전하려고 하는데 너는 죽기를 원하니 그것은 효도를 어기는 것이 아니냐? ...그분들보다 먼저, 또 그분들 위에 '천하 만물의 대왕이시며 공통된 아버지' 大君大父이신 분이 계시니, 그분이 제 부모에게 생명을 주셨고 그분이 제게도

는 대군대부였다.[38] 그리고 그는 이 대군대부인 천주를 섬기는 것은 모든 사람들의 의무로 주장했다.[39] 그리고 李道起는 이를 천주를 섬기는 태도를 다음과 같이 제시해 준 바 있었다.

> 利瑪竇가 중국과 다른 데서 전파한 도리는 그의 것이 아니라 천지대군의 도리입니다. 이 세상의 임금들의 명령을 지극히 조심하여 반포하고 따라야 하거든, 하물며 이 세상의 임금들의 명령보다 더 무섭고 더 두려우면서도 더 사랑스러운 천주의 명령이겠습니까? 천주는 전능하시고 지존하시며 모든 왕들보다 만 배나 더 훌륭한 분이십니다.[40]

그에 있어서 大君大父인 천주의 명령은 이 세상의 군주들이 내리는 명령보다 월등히 두렵고 사랑스러운 명령이었다. 여기에서 그는 세속의 君父에게 드리는 忠孝보다도 월등히 강한 大忠大孝를 드려야 할 대상으로 천주를 상정하고 있었음을 알 수 있다. 물론 그들이 제시했던 대군대부론은 당시의 지배층에서 천주교 신앙에 대해 적용시켜 주장하던 無父無君論에 대한 對抗論理로서의 측면도 있었다고 생각된다. 그러나 여기에서 우리는 조선후기의 천주교도들이 천주교 신앙을 수용하던 과정에서 당시 조선후기 사회에서 가장 존중받던 충효라는 가치를 기반으로 하여 이를 수용하고 실천하고 설명하려 했음을 확인할 수 있게 된다.

그렇다 하더라도 당시의 정부 당국자들은 결코 천주교를 인정할 수 없었다. 그들은 천주교 신도들이 敬天을 주장하고 있는데 반대하며, 천주교 신앙을 '慢天誣天'의 행위로 단정했고,[41] 천주교가 "도리어 경전을 가지고 이를 겉꾸미니 그 그릇된 정상이 더욱 교활하고 악하다"고 평가했다.[42] 그들에게 있어서 천주교는 여전히 '아비도 임금도 안중에 없으며' 〔無父無君〕 '인간의 윤리를 깨뜨려 없애는' 〔亂倫敗常〕 집단에 불과한 것으로 규정되었다.[43] 그들에게 천주교는 '荒誕怪異之說'이었고,[44] 일종의 妖術로 인식되었다.[45]

생명을 주셨습니다." 佛語 원문에서는 '大君大父'를 보통 "le grand Roi et Père commun de toutes les créatures du ciel et de la terre." 즉, '천지 모든 창조물의 대군과 공통된 아버지'라고 의역하고 있다.

38) 달레, 위의 책, 중, 401쪽.

39) 달레, 위의 책, 중, 402쪽. "저희는 邪學을 하는 것이 아닙니다. 모든 피조물의 창조주이며 아버지이신 천주를 공경하고 섬기는 것은 모든 사람의 의무입니다."

40) 달레, 위의 책, 상, 407쪽.

41) 『辛酉推案』 25. 「邪學罪人李家煥等推案」 113쪽. 辛酉 2月15日 金伯淳 訊問記錄. "問曰 矣身之學 非敬天畏天 卽慢天誣天 從今以後 虛誕邪妄之學 更不爲之乎"

42) 「辛酉邪學罪人李家煥等推案」 嘉慶 6年 2月 15日 "洪敎萬 終不以邪學爲邪學 敢以經傳文飾 其邪情狀去益狡惡"

43) 『邪學懲義』 上, 73쪽. 柳觀儉訊問記錄. "신주를 세우는 것은 곧 '조상을 사모하여, 근본을 잊지 않고 은혜를 갚으며,' 〔追遠報本〕, '죽은 이를 섬기기를 산 사람처럼 한다' 〔事死如生〕 는 뜻

그리고 당시 집권층에 있어서 천주교는 노자나 불교와 비슷한 이단으로 인식되거나,[46] 혹은 정감록 秘訣類의 讖緯說과 유사한 사상이라고 주장되기도 했다.[47] 이러한 천주교 신앙은 이단 가운데 가장 심한 것으로 규정되었다.[48] 그리하여 천주교 신앙은 "천주의 설은 미쳐서 본성을 상실한 사람이 아니라면 결코 보통 사람이 배우고자 할 수는 없을 것이다" 라는 판단에 이르게 되었다.[49] 이제 천주교도는 인간의 본성을 失性한 사람으로 평가되기 시작했다. 그러나 천주교에 대한 평가는 이에 그치지 않고 '사람을 해롭게 하고 나라를 망하게 하는〔害人喪國〕' 위험천만한 사상으로 판단되기에 이르렀다.[50]

이와 같은 상황에서 황사영백서 사건이 일어났다. 황사영은 신문과정에서 천주교 신앙이 백성과 나라〔民國〕에 피해를 주지 않고,[51] 도움을 주는 가르침임을 역설했지만, 그의 주장은 언행이 다른 强辯으로 인식되고 있었다. 이와 같은 상황에서 천주교의 천주는 당시의 정부 당국에나 집권층에게 결코 인정받을 수는 없었다. 그러나 천주교 신도들은 이에 맞서서 자신의 천주에 대한 신앙을 관철시키고자 했다.

그들에 있어서 유일신 천주에 대한 신앙은 단순한 개인의 신심이라는 영역에 그쳤던 것은 아니었다. 상선벌악의 주재자인 천주는 그들의 사회생활에 있어서 善惡을 분별해야 할 강력한 원인을 제공해 주고 있었다. 또한 柳觀儉의 사례에서 볼 수 있는 바와 같이[52] 천주에 대한 인식은 인간의 평등에 대한 인식으로 연결되고 있었다. 즉, 유관검은 인간을 우매한 사람과 지식이 있는 사람, 천한 사람과 귀한 사람 등으로 구별하기를 거부하고, 유일신 천주를 위해서 그들의 존엄한 영혼을 구하기 위해서 노력한다고 했다. 그리고 李景彦은 천

이다. 이렇게 신주를 파손하면, 人道가 아주 없어진다. 너는 그 사람의 동생으로서, 망극한 변고를 눈으로 보고서도 일찍이 이를 바로잡게 하려는 한 마디 말도 없었으니 마음보가 같음을 알 수 있겠다. 저 邪學은 '아비도 임금도 안중에 없으며'〔無父無君〕 '인간의 윤리를 깨뜨려 없애니'〔亂倫敗常〕, 하늘과 땅이 용납하지 않는 바이며, 귀신과 사람이 함께 벌하고자 한다."

44) 『邪學懲義』 下, 378쪽, 秋官志乙巳秋曹甘結.

45) 『承政院日記』 86卷 786쪽, 正祖 11年 4月 27日 甲子條. 李師濂의 天主教 禁斷要請 上疏.

46) 『承政院日記』 87卷 660쪽, 正祖 12年 8月 6日 乙未條, 備邊司의 李景溟 上疏 覆奏.

47) 『承政院日記』 87卷 77쪽, 正祖 11年 9月 2日 丙寅條, 金鍾秀의 左道 禁止 要請.

48) 『承政院日記』 90卷 39쪽, 正祖 15年 10月 16日 丁巳 / 具翼 等의 天主學 禁止 要請.

49) 『承政院日記』 90卷 78쪽, 正祖 15年 11月 6日 丁丑, 成均館 儒生의 邪學 嚴禁 要請. 「今此天主之說 苟非狂易喪性之人 決非常人之所可欲學而蠱好之者也 然而今聞搢紳簪纓之徒 閭里婦孺之輩 千百傳襲 擧相慕效 不令而從之 雖罪而習之」

50) 『承政院日記』 90卷 789쪽, 正祖 15年 11月 6日 丁丑, 成均館 儒生의 邪學 嚴禁 要請. 「異端之說 從古有之 楊墨佛老是已 楊墨猶學仁義 佛學猶近理 此世俗之所易惑 而其流之害 終必至於無父無君 敗天常禍人國」

51) 『辛酉推案』 25. 「邪學罪人黃嗣永等推案」 733쪽. 辛酉 10月9日 黃嗣永訊問記錄.

52) 本 論文의 脚註 17參照.

주의 가르침에 따라서 "의리에 있어서는 상하의 구별도 班常도 잘나거나 못난 얼굴의 구별도 없고 다만 영혼만이 구별될 수 있다."고 말했다.[53] 이처럼 그들의 천주 신앙은 그들이 살던 현재를 규정해주고 설명하며 새로운 방향으로 바꾸어나가고 있었다.

요컨대, 조선후기 천주교 신앙은 천주에 대한 새로운 인식을 당시의 사회에 제공해 주었다. 일반 식자층에서는 천주교의 천주가 儒家의 上帝와 동일한 존재로 인식하고 있었다. 이는 중국에서 간행된 한문서학서적들이 補儒論的 입장에서 천주를 설명한 내용을 수용한 결과이기도 했다. 그러나 천주교도들이 인식했던 천주는 주로 창조주 천주로서의 관념이 강조되었다. 그리고 인간만사를 주재하는 존재로서 천주를 파악했고, 여기에서 천주는 충효의 근본이며, 상선벌악의 주체가 된다고까지 설명했다. 이와 같은 천주교도들의 주장에 당시 정부당국자들은 결코 동의할 수 없었기에 그들은 이에 대한 탄압을 강행했다. 그렇다 하더라도 천주교도들은 자신들이 새롭게 터득한 天主觀에 따라서 인간 존재의 평등성을 인식하고 있었으며, 이를 현실사회에서 실천해 갔다. 여기에서 우리는 18세기 후반에서 19세기 전반기 조선왕조 사회에서 가지고 있던 천주교 신앙의 사회적 기능을 확인하게 된다.

3. 예수에 대한 인식

조선후기의 天主觀에 대한 인식은 당시 천주교에서 제시하고 있던 보유론적 神論의 특성을 드러내고 있었다. 그러나 당시의 천주교는 基督論을 통해서 동양의 기존 사상과는 근본적으로 다른 교리를 제시하고 있었다. 따라서 당시의 천주교는 삼위일체적 天主 聖子인 예수 그리스도에 관한 논의를 통해서 자신의 정체성을 명확히 할 수 있었다. 따라서 우리는 本節을 통해서 18세기 말엽 및 19세기 전반기 천주교 신도들이 가지고 있었던 耶蘇基督 즉 예수 그리스도에 대한 관념의 전개과정을 검토해 보고자 한다. 이를 위해서 여기에서는 자신이 가지고 있는 신앙의 정체가 耶穌教(耶蘇教, 예수교)나 耶穌學(耶蘇學, 예수학)임을 표방했던 사례들을 검토해 보고자 한다. 그리고 이에 이어서 예수의 '降生救贖'과 '受難復活'에 대한 당시 신도들과 정부 당국자들의 견해를 살펴보고자 한다.

우선, 18세기 말엽 교회창설 초기 조선교회에서는 자신의 신앙이 예수교 혹은 예수학으로 지칭했던 사례들을 찾아 볼 수 있다. 박해시대 초기의 교리서 가운데 가장 주목되는 책자는 순교자 정약종이 지은 『쥬교요지』(主教要旨, 상·하 2권)이다. 이 책의 상권에서는 천주의 존재와 그 특성을 깨우쳐주고 있다. 그리고 최후심판과 상선벌악의 가르침을 말한

53) 달레, 상게서, 중, 148쪽.

다. 이에 이어서 『주교요지』의 하권에서는 천지창조, 그리고 아담(Adam)과 에와(Eva)의 탄생과 타락을 먼저 서술하고 있다. 이 부분의 서술은 하느님의 아들 예수 그리스도가 세상에 태어나 사람들을 구원해야 했던 과정을 설명하기 위해서 제시되어 있다. 그리고 예수의 강생과 수난을 설명하고 부활과 승천에 관한 사실을 전해주고 있다. 정약종은 『주교요지』 하권을 통해 자신의 예수에 대한 신앙을 고백했고, 예수에 대한 체험을 정리해주었다.[54] 그의 이 글은 자신의 새로운 깨달음에 대한 환희와 그 진리에의 확신에 대한 고백이었다. 그리고 이 책을 통해서 18세기 말엽의 조선인 신도들은 당시 동양사회에서 가장 완벽한 그리스도론〔基督論〕을 접할 수 있게 되었다.

정약종의 『주교요지』를 통해서 18세기 말엽 조선교회에서 이해했던 기독론의 내용을 구체적으로 알 수 있다. 또한 동시에 당시의 교회나 정부 당국자들이 새로운 신앙의 정체를 예수교〔耶穌教〕또는 예수학〔耶穌學〕으로 파악하고 있었던 사례들을 다수 확인할 수 있다. 이러한 용어를 통해서 우리는 당시 신도들의 중심에 예수〔耶穌〕가 자리 잡고 있었다는 사실을 확인하게 된다.

f-1. 주문모가 글을 써서 김건순에게 제시하기를, 네가 이미 나를 배신하고, 또 예수[耶穌]를 배신했으니, 내가 무슨 말을 하겠느냐? 내가 죽는 것은 분명히 예수교[耶穌之教]를 전도했기 때문이다.[55]

f-2. 주문모가 진술하기를, "마침 홍익만이 함께 자리했는데, 말하기를 '姜彝天은 경박한 사람이기 때문에 그와 함께 이 천주교의 일을 논하기에는 적절하지 않다. 당연히 경계해야 한다'라고 하자, 金建淳이 말하기를 '그렇다 하더라도, 그는 이미 예수교[耶穌教]에 종사하기를 원했으며, 이미 길흉을 점치는 六壬 관계의 책들도 불살라버렸다.'라고 했습니다. 이후로 金建淳은 저와 헤어져 고향으로 돌아갔습니다.[56]

f-3 주문모가 진술하기를. "예수학은 邪學이 아니다.", "사람과 나라에 해를 끼친다는 말에 이르러서는 곧 예수교의 십계에서 엄하게 금지하는 바이다. 나도 이를 감히 하지 못할 뿐만 아니라 다른 奉教人들도 결코 없을 것이다."[57]

f-4. 주문모가 진술하기를, "예수님[耶穌]께 제사를 봉헌할 때, 여신도는 뒷자리에 참석하곤 합니다. 따라서 남녀 간에 서로 구별이 됩니다. 예수교[耶穌教]에서 가장 중시하는 사항은 貞潔입니다. 때문에 예수교를 신봉하는 나라에서는 남녀가 길을 달리하기도 합니다."라고 했다.[58]

---

54) 趙珖, 2002.「丁若鍾과 初期 天主教會」『韓國思想研究』, 서울 : 韓國思想史學會, 21-22쪽.

55) 『辛酉推案』25.「邪學罪人 李基讓等推案」242-3쪽. 辛酉 3月 17日 周文謨 訊問記錄. "周文謨書示金建淳曰 爾旣背我竝背耶穌矣 我將何言 我死分爾由於傳耶穌之教 故國禁 欲殺之耳我 不敢怨"

56) 『辛酉推案』25.「邪學罪人 李基讓等推案」218쪽. 辛酉 3月 15日 周文謨 訊問記錄. "洪翼萬亦在座同 言姜則澆薄人 不足與之論此教事 宜謹防之 而金建淳云 雖然彼已願從事耶穌教 且已燒六壬冊云"

57) 『辛酉推案』25.「邪學罪人姜彝天等推案」443, 444쪽. 辛酉 4月17日. 周文謨 訊問記錄 "耶穌之學非邪學矣".... "至於害人國之事 乃耶穌教十誡 所嚴禁 非但矣身不敢 卽他奉教之人 亦萬萬無之矣"

이상의 자료는 周文謨(1760-1801)의 신문기록에서 나온 부분이다. 주문모는 1794년 12월에 조선교회를 지도하고 있던 청국인 신부 주문모는 신문을 받으면서 天主學, 天主敎라는 용어도 사용하고 있었지만, 이와 동시에 耶穌學, 耶穌敎라는 단어도 즐겨 구사했다. 그는 자신이 선교하고자 하는 바가 예수학 〔耶穌學〕 임을 분명히 했다. 그는 신앙공동체의 명칭을 예수교 〔耶穌敎〕 라고 불렀다. 이는 그가 자신의 신앙을 그리스도 중심적으로 이해했고, 예수에 대해 가지고 있던 깊은 신앙을 접적으로 드러낸다.[59]

그는 北京敎區의 정규적 신학교에서 神學敎育을 받고, 제1회로 졸업하여 神品聖事를 받은 인물이었다.[60] 이러한 그의 학문적 배경을 감암할 때 그는 신학교육을 통해서 基督論에 대한 정통적 지식을 전수받았고, 여기에서 자신의 신앙이 예수교 혹은 예수학이라는 말을 할 수 있었으리라 생각된다. 한편, 17세기 이래 조선사회에 전래된 한문교리서에서는 天主의 존재나 그 屬性 그리고 천주와 동양전통의 신들과의 구별 등을 시도하고 있었다.[61] 그리고 교회의 초기 신도들은 보유론적 천주교 서적을 통해서 천주교 신앙을 이해했다.[62]

천주교 신앙을 이해하게 된 이러한 배경의 차이로 인해서 조선교회 초기의 지도층 신도들은 예수에 대한 이해와 함께, 천주의 존재와 속성에 대한 논증에도 주문모보다는 상대적으로 깊은 관심을 가지고 있었다. 그들은 조선의 사상적 전통에서 中保者의 개념을 이해하기가 어렵다는 점을 알고 있었다. 그러므로 그들은 천주교 신앙을 선교하고자 할 때나, 신앙의 반대자들에게 護敎論을 전개하던 과정에서는 삼위일체의 천주로서 '聖子'인 예수에 대해 논하기보다는 '聖父'를 주로 설명해 왔다고 생각된다. 따라서 박해시대 신문기록이나 신앙을 반대하던 사람들을 향한 호교론에서 예수에 대한 논의는 상대적으로 약하게 나타난다.

반면에 초기교회의 교리서 및 신도들 사이에서는 예수에 대한 충분한 설명과 신앙고백이 이어져 내려왔다. 그러나 주문모가 조선에서 선교할 당시 주문모를 접하고 있었던 사람들은 주문모와 함께 예수학 〔耶穌學〕 또는 예수교라는 칭호를 즐겨 사용하기도 했다. 아마도 그들이 예수교를 일반명사로 사용하고자 했던 배경에는 주문모의 일정한 영향력이 있었기 때문으로 볼 수 있다. 1801년을 전후한 시점에서 예수교 등의 용어를 사용한 신도들의 사례는 다음이 자료를 통해서 드러난다.

---

58) 『辛酉推案』 25. 「邪學罪人李基讓等推案」 213쪽. 辛酉 3月15日 周文謨 訊問記錄. "若於祭獻耶穌之時 或女敎中人 在後參聽 則亦男女相別也 耶穌敎首重之事 在於貞潔 故奉敎之國 男女異路 而入洋人所居堂 瞻禮時 雖在同堂 亦各有處 所不相混雜也"

59) 趙珖, 1995. 「周文謨의 朝鮮入國과 그 活動」 『敎會史硏究』 10, 88쪽 參照.

60) 趙珖, 1995. 위의 논문, 59쪽.

61) 利瑪竇, 『天主實義』 ; 趙珖 等譯註, 1999. 『천주실의』, 서울 : 서울대학교 출판부 참조. 특히 이 책의 上卷 제1편 및 제2편에서 이를 집중적으로 논하고 있다.

62) 趙珖, 2006. 「조선후기 서학서의 수용과 보급」 『민족문화연구』 44, 199-235쪽 참조.

g-1. 洪教萬이 진술하기를, "저는 예수학[耶穌學]을 바른 학문[正學]이라고 여깁니다. 지금 만약 예수[耶穌]를 '사악하다'고 (말하라고)한다면, 저는 (더 이상) 감히 진술할[納招] 수 없습니다. 이것으로 최후자백진술[遲晩]로 삼겠습니다.[63)]

g-2. 洪樂敏에게 질문하기를, "네가 만일 예수학[耶穌學]을 그릇된 학술[邪學]이라 말한다면 당연히 사형까지는[伏法] 당하지 않을 것이다. 그러니 그것이 그릇된 학술[邪學]임을 분명히 말하라."하니, 진술하기를, "이미 천주교[叛教]를 배반하지도 않았고, 이제 당연히 죽을 처지인데 어찌 감히 예수[耶穌]를 꾸짖고 욕하겠습니까?"했다. 잘 살펴 처리해 주십시오"라고 했다.[64)]

g-3. 이희영이 진술하기를, "주문모의 이야기 중에는 '세속적인 일에 힘쓸 필요는 없다. 가정 형편이 넉넉하다면 예수학[耶穌學]에 힘을 기울이는 것이 좋겠다'라고 했습니다.[65)] 라고했다.

이상의 자료에서 볼 수 있는 바와 같이 1801년에 순교한 洪教萬이나 洪樂敏의 경우에는 자신의 신앙이 '예수교'이며 이는 邪學이 아닌 正學이라는 사실을 주장하고 있었다. 그리고 홍낙민을 신문하던 신문관들의 경우에도 耶穌學이라는 용어를 사용하고 있었다. 신문을 당하던 신도나 신문관이 모두 耶穌學이란 용어를 사용하고 있음을 보면, 이 단어는 당시 사회에서 天主學, 邪學 등의 단어와 함께 공통적으로 사용되고 있었음을 미루어 알 수 있다.

한편, 조선후기 사회에서 예수 그리스도를 믿는다는 신앙고백이 분명히 등장하고 있었다.[66)] 그리고 천주교도들은 자신들을 '그리스당'으로 불렀다.[67)] 이는 오늘날 프랑스어 단어 '크리스띠앙' 혹은 영어 '크리스천'(christian)의 어원인 라틴어 단어 '크리스티아노'(christiano, 그리스도人, 基督人)의 조선식 발음이었다. 이 '그리스당'이라고 하던 칭호에서 볼 수 있듯이 조선후기의 신도들은 자신을 그리스도人으로 규정하고 있었다. 이는 당시의 신도들이 예수 그리스도를 중심으로 하여 자신들의 칭호를 정해서 불렀던 사례 가운데 하나로 평가할 수 있다. 그리고 이 '그리스당'이라는 칭호에서도 그리스도에 대한 그 이해의 한 측면을 확인하게 된다.

---

63) 『辛酉鞫案』 嘉慶 6年 2月 20日 洪教萬供述, 19쪽. "供曰 矣身以耶蘇之學爲正學 今若以耶蘇爲邪 則矣身不敢納招 以此遲晩矣 至於諺札往復之事 則矣身歲前上京 故未知其間之曲折矣"

64) 『各司謄錄』 78, 「推鞫日記」 8, 271쪽. 辛酉 2月26日 洪樂敏 訊問記錄. "問曰耶蘇之學 反以爲是 迷不知改 當伏邦憲 若能革心 則宜有生路 指一以告 供曰矣身心知此學之爲是 而强以爲非者 以其或有生路而然矣 今旣重刑而將死 則何必以是爲非而叛教乎 問曰矣身若以耶蘇之學爲邪學 則當不至於伏法 明言其爲邪學也 供曰旣不叛教 今此當死之地 豈敢詬罵耶蘇乎 相考處置教事"

65) 『辛酉推案』 25. 「邪學罪人李基讓等推案」 249쪽. 辛酉 3月 17日 李喜英訊問記錄. "供曰 周文謨之言內 世俗之事 不必爲之 家計饒足 則着力於耶穌之學 好云"

66) 달레, 위의 책, 상, 553쪽. "저는 우리의 인자하신 구세주 예수 그리스도를 믿습니다."

67) 『텬쥬셩교공과』(1862年 木版本) 뎨일권 24쪽 「셩모덕셔도문」. "그리스당의 도음이여, 우리를 긍련이 넉이쇼셔"의 경우에서처럼 신도들은 주로 기도문에서 '그리스당'이란 용어를 사용하고 있다. 이 단어는 '그리스도의 당(黨)'이란 말로 감지될 수도 있었으리라 생각된다.

그런데, 예수 그리스도에 대한 이해의 중심은 降生救贖과 受難復活의 교리가 있었다. 이 가운데에서 19세기 전반기 조선은 영광스런 부활보다는 고통에 찬 예수의 수난을 강조하던 신학 사조가 성행하고 있었다. 당시 교회의 지도자들은 예수의 수난과 그 공로를 신자들에게 역설했고, 수난의 고통에 동참해야 함을 말했다. 물론 신자들도 예수의 생애에서 가장 극적인 요소가 그의 수난에 있다고 판단했다. 그러므로 그들은 그리스도의 부활에 동참하기에 앞서 수난을 묵상하고 박해받는 자신들의 처지를 위로하고자 했다고 생각된다. 예수 수난에 대한 인식은 18세기 말엽 교회창설 초기부터 신자들에게 뚜렷이 각인되고 있었다. 그들은 우리나라에 전래되었던 각종의 한문 교리서를 통해서 예수 수난에 대한 가르침을 터득하고 있었다. 예수 수난에 관한 사실은 『성경직해』의 '예수수난첨례 성경' 등을 통해서 정확히 전달되고 있었다.[68] 그리고 『천주성교공과』와 같은 일반 기도서[69] 및 『성교요리문답』 등의 교리서를 통해서 설명되었다.[70] 또한 『묵상지장』(默想指掌)을 비롯한 묵상서와 성인전 등을 통해서도 예수의 수난은 자세히 설명되었다.

예수 수난에 관한 가르침은 1801년의 박해 당시에도 널리 퍼져 있었다. 당시 조선 정부에서 압수했던 천주교 서적의 명단에는 『'수난시말』'(受難始末)과 같은 한문 서학서와 함께 그 한글 번역본이 들어 있다. 그리고 수난의 각 장면을 서술하면서 묵상을 유도하는 '예수수난도문'이 이미 번역되어 한 권의 책자로 엮여졌다.[71] 19세기의 60년대에 출판되었던 각종의 천주교서적에서도 수난에 대한 언급이 가장 중요한 부분을 이루고 있었다.

이는 극심한 박해에 시달리던 신자들을 격려하고, 그 박해의 고통이 무의미한 일이 아님을 역설하기 위한 방법이기도 했다. 1866년의 박해에서 순교한 베르뇌(Berneux, 張敬一, 1814-1866) 주교는 박해를 받고 있던 신자들에게 "환난을 위로하는 말이라"라는 사목서한을 보냈다. 그는 이 서한에서도 그리스도의 수난을 묵상하도록 다음과 같이 신자들을 권면하고 있다.

> 천주께서 사람을 내심은 천당에서 영원한 복을 누리게 하심이라...그러므로 천주께서 강생하시어 천주의 공의를 보완하시고, 우리 인류를 구원 속죄하시려고 만고만난(萬苦萬難)을 받아 십자가 위에서 죽으셨다. 또 우리 주 예수께서 세상에 계실 때에 이르시기를 "장래에 천국을 얻기 원하는 사람은 반드시 고난과 능욕을 받아야 한다. 그러지 아니하면 길이 구원을 얻지 못할 것이요, 지옥의 괴로움을 면할 길이 없으리라고 하셨다.[72]

68) 『셩경직해』 권ᄉ「예수슈난첨례셩경」 24-76쪽.

69) 『텬쥬셩교공과』(1862年 木版本) 데이권 60쪽, 「고난쥬일」

70) 『셩교요리문답』「령세문답」 "문. 예수ㅣ 엇더케 뭇사룸의 죄를 구쇽ᄒᆞ시뇨 답. 수난을 즐겨밧으샤십ᄌᆞ가에 못박혀 죽으심으로 하시니라" 등등.

71) 『邪學懲義』, 卷2, 383쪽. '슈란시말 一' '녀슈순안도문 二'

72) 張敬一, 「환난을 위로하는 말이라」 『순교자와 증거자들』, 서울 : 한국교회사연구소, 253쪽.

교회의 지도적 신자들도 예수의 수난에 대한 묵상을 깊이 했다. 1801년의 박해 때에 순교한 이들은 자신의 고통과 예수의 수난을 비교하기도 했다. 1839년의 박해 때에 서울 당고개에서 순교한 李文祐(1809-1840)는 '옥중제성'(獄中提醒)이란 천주가사(天主歌辭)를 지었다. 이 가사는 그 첫 구절에서부터 예수의 수난과 박해시대의 고통을 대비하여 설명하면서, "예수 고상(苦像) 성교 도리, 많이 많이 생각하라"고 말했다. 그는 박해를 하나의 좋은 기회로 파악하여 "보배 세월 허송 말고, 좋은 기회 잃지 말게. 수고 없이 복을 받나, 예수 고상 본을 받소"라고 하며 교도들과 자신을 격려했다.[73)]

한편,1839년의 박해 때에 포도청 옥에서 순교한 閔극가(1788-1840)는 천당과 지당(地堂)과 현세를 노래한 '삼대대의'(三世大意)를 지은 바 있다. 그는 이 천주가사에서 수난 장면을 50개의 詩句를 통해서 자세히 묘사하며 문학적 감수성과 종교적 경건성을 최대한으로 표현해 주었다.[74)] 반면에 그는 이 가사에서 예수가 무덤에서 부활하는 장면은 24개의 구절에 걸쳐 묘사했다. 이렇게 그의 명상과 詩心은 한 편의 종교시를 탄생시켰고, 오늘의 우리는 이를 통해서 당시인들이 생각했던 예수의 수난과 부활에 대해 알 수 있게 되었다.

한편, 당시 신도들은 그들의 생활이나 신문과정에서 예수에 대한 이해들을 드러내 주었다. 당시 신도들이 읽었던 정약종의 『쥬교요지』나 그 밖의 한글판 교회서적에서는 그리스도와 관계되는 이와 같은 내용들을 충분히 설명해 주고 있었다. 인류의 구원을 위한 예수의 강생과 수난에 대해서는 19세기 전반기의 신문과정에서 언급된 다음의 자료를 주목할 수 있다.

h-1. (1801년 洪敎萬에게)질문하기를, "이른바 '예수[耶蘇]가 降生했다'는 이야기를, 너는 어떻게 그리 정확히 알고 있으며 이처럼 확실하게 믿느냐?" 하니, 진술하기를, "'예수[耶蘇]가 강생했다는 설은 예전 중국의 聖賢들도 이야기하지 못했던 내용입니다. 그런데 저는 이 책을 자세히 보았기 때문에 그 이야기를 굳게 믿습니다. 그 지극한 이치의 소

73) 이문우, 『옥즁뎨셩』.

74) 민극가, 『삼셰대의』. 이 가사는 민극가의 순교에 대한 조사작업이 진행되던 1885년에 채록되었다. 이 가사의 첫머리 부분은 다음과 같이 시작되고 있다. "수난기약 다다르니 산원으로 피신할제 / 십이종도 추종하여 전후좌우 호위하니 / 성체대례 세우신후 중도 중에 효유하며 / 피땀으로 몸을 씻고 밤들도록 기다리니 / 불쌍하다 유다스는 삼십은전 중히 알아 / 오주 예수 팔려 하고 악당으로 벗을 삼아 / 앞서거니 뒷서거니 정 밤중에 달려들어 / 무죄하온 오주 예수 노끈으로 결박하여 / 빰을 치고 발로차며 무수 즐욕 하온 후에 / 비라도의 아문으로 족불이디 들어가니 / 일위관장 높이 앉아 포갈하여 호령하며 / 죽을 죄로 정한 후에 돌기둥에 동여 달고 / 곤장소리 진동하여 강한 군사 책찍질하여 / 오천여수 넘어가니 영혼있는 주검이요 / 성한몸이 전혀 없어 모든 몸이 피빗이라 / 불쌍하다 오주예수 어느 뉘가 위로할꼬 / 애닯을손 종도들은 어이 그리 무정한고 / 곤룡포는 무엇이며 가시관은 어인일고 / 받는 것이 형벌이오 보는 것이 능욕이라 / 밤새도록 매를 맞아 기력없이 지친 몸에 / 크고 중한 십자가를 친히지고 가시다가 / 업더지며 곱더질제 성모 길에 오시다가 / 피차 서로 만났으니 모자정리 어떠할꼬"

재를 말하자면, 詩經・ 書經, 易經의 이야기가 모두 이것과 들어맞으니 邪學이라고 할 수 있겠습니까?" 했다....또한, ".저는 이 學을 수십 년 동안 전념으로 공부해서 비로소 깨달았습니다. 그러니 지금 어찌 단순한 한마디 말[片言單辭]로 억지로 '뉘우친다'고 말할 수 있겠습니까? 저는 降生한 예수[耶蘇]를 알게 되었습니다. 따라서 지금 갑자기 '예수[耶蘇]는 사악하다[邪]'라고 뉘우치기는 어렵습니다."라고 했다.[75]

h-2. (1815년 경상도 지역의 박해에서) 金時佑는 감사가 "네가 예수를 흠숭한다고 하는데, 그 예수란 자는 저를 십자가에 못 박은 자들의 매에 죽은 사람이 아니고 무엇이냐, 그러면 다른 사람들에게 맞아 죽을 사람을 흠숭할 이유가 무엇이며, 그의 죽음을 어때서 그리 훌륭하다는 말인가" 김시우가 대답하였다. "우리 주 예수 그리스도는 세계만방의 모든 삶들의 영혼을 구하시려고 고난을 당하시고 죽으셨습니다. 이렇게 은혜를 베푸신 이를 섬기지 않는 자가 사람이라고 할 수 있겠습니까.[76]

h-3. (1791년 홍주에서 체포되었던 박취득(朴取得)은) 예수 그리스도의 강생과 그 수난 공로, 그의 부활과 승천, 재림에 대하여 몇 마디를 덧붙였다. 그로 인하여 그는 다리에 매를 여러 대 맞게 되었다.[77]

여기에서 볼 수 있는 바와 같이 h-1의 홍교만은 예수의 강생에 관한 사실까지도 詩經 등 先秦時代의 경전에 근거하여 이해하려 했고, 예수의 강생을 믿으며, 따라서 그의 救贖事業을 인정한다는 입장을 분명히 밝혀주었다. 1815년에 순교한 金時佑의 경우에도 예수가 세계만방의 모든 사람들의 영혼을 구하기 위해서 강생하여 수난 당했음을 설명하고 있었다. 또한 朴取得의 경우에는 예수의 강생과 구속, 그리고 부활과 승천 및 재림에 대해서 자신을 신문하던 관장에게 설명해주었다.

예수의 강생과 수난을 인정했던 당연한 결과로 신도들은 구세주인 예수와 자신과의 관계를 성찰하고, 그리스도를 본받고자 하는 노력을 전개하기도 했다. 그들은 예수의 생애와 자신의 辛苦에 찬 삶을 직접 비교하면서 자신의 걷고 있는 삶의 가치에 특별한 의미를 부여하고자 했다. 이에 관해서는 19세기 전반 순교자와 관련하여 상당수의 사례들이 다음가 같이 등장하고 있다.

i-1. (1815년 이 경언이 말하기를) 예수 그리스도는 십자가를 지고 길을 가셨는데, 내가 왜 이 길을 걷기를 두려워한단 말인가. 나는 예수를 한발 한발 따라 가겠다."(밤에 전주 감영에 도착하여 나졸들이 관솔불을 밝히고 있자) 이 광경을 보니 우리 주 예수께서 올리봐 동산에서 붙잡히시던 일이 생각났다. (고문을 받은 후 감옥에 돌아온 그에게 간수장과 동료 교우들이 사지를 주물러주고 상처를 처매주니) "아아, 나보다 더 신체가

75) 『辛酉鞫案』 19쪽, 嘉慶 6年 2月 20日 洪敎萬訊問記錄. "問曰所謂耶蘇降生之說 矣身何以的知而如是篤信乎 供曰耶蘇降生之說 自古中國聖賢之所未及言 而矣身熟看此書 故篤信其說矣 語其至理所在 則詩書易之說 皆與此合 可謂之邪學乎.....今豈可以片言半辭 强曰悔悟乎 矣身旣知降生之耶蘇 則今難猝悔以耶蘇以謂邪矣"

76) 달레, 위의 책, 중, 57쪽.

77) 달레, 위의 책, 상, 411쪽.

튼튼치 못하셨을 예수께서 올리봐 동산에서 피땀을 흘리셨다. 예수께서는 매를 맞으시고 십자가를 지고 높은 산꼭대기까지 천 걸음이나 더 되는 곳을 걸어갔다. 아무도 그를 동정의 눈길로 바라보는 사람이 없었고, 그를 도와주는 교우 하나도 없었다. 그런데 나 같은 대죄인에게 이렇게 동정과 구원의 손길을 뻗쳐 주고 정신을 들게 하느라고 애들을 쓰니 얼마나 감사를 드려야 옳단 말인가[78]

i-2. (1827년 金大權은 전라도 高山에서 체포되어 신문을 받은 과정에서) 주의 이름을 끊임없이 부르며 "예수 그리스도 수난의 은혜를 다만 머리털 한 가닥만큼이라도 갚으려면 어떻게 해야 한단 말인가"라고 했다.[79]

i-3. (1839년 朴宗源이 말하기를) 우리 주 예수께서 나를 사랑하셨으니, 불쌍한 죄인인 나도 그분을 사랑하는 것은 마땅하다. 예수께서 우리를 위해 죽으셨으니, 나도 그분을 위해 괴로움을 받고 죽는 것이 마땅하다.[80]

위의 자료에서 i-1은 1815년에 순교한 李景彦의 사례이다. 1801년에 순교했던 李順伊의 오라버니였던 그는 매우 종교적 인물이었다. 그는 감옥에서 당한 자신의 고통을 예수의 수난 과정과 직결시키면서, 자신이 예수를 본받고 있다는 데에 스스로 위안을 얻고자 했다. 또한 1827년 전라도 孤山에서 체포되어 신문을 받았던 I-2의 金大權은 자신의 고통을 예수 수난에 대한 일종의 보은으로 생각했다. 그리고 1839년에 순교했던 i-3 朴宗源의 경우에도 구세주 예수를 위한 죽음은 당연한 것으로 생각했다.

이와 같은 상황은 18세기 말엽 이래 천주교에서 전개했던 교육이 소기의 목적을 이루고 있었음을 말해준다. 그리고 당시 간행되었던 천주교 서적들이 효과를 발휘한 측면이 있었다고 볼 수도 있다. 19세기 전반기 자신의 신앙으로 인해 죽음을 당했던 사람들의 기록을 보면 천주 내지는 예수를 공경하고 본받는 것이 가장 중요한 신도의 의무임을 강조해 왔음을 알 수 있다. 즉, 1801년에 죽은 주문모 신부는 이 점에 대해서 "예수를 공경하고 자기 영혼을 구하는 것이 산 사람의 본분이라"[81]고 단언적으로 언급한 바 있었다. 그리고 당시의 『셩교요리문답』(聖教要理問答)의 첫 조목도 "천주를 공경하고 자기 영혼을 구하는 일"이 가장 중요함을 강조하고 있었다.[82]

이와 같은 분위기에서 교회의 전통적 가르침을 따르고자 했던 신도들은 신앙을 실천하던 일상생활 속에서도 예수를 본받고자 했다.[83] 예를 들자면, 1839년에 죽은 崔京煥은 예

78) 달레, 위의 책, 중, 52쪽.

79) 달레, 위의 책, 중, 122쪽.

80) 달레, 위의 책, 중, 488쪽.

81) 『辛酉推案』 25. 「邪學罪人 李基讓等推案」 214쪽. 辛酉 3月 15日 周文謨 訊問記錄. "恭敬耶穌救自己靈魂 人生之本分也"

82) 『셩교요리문답』(1862. 木版本), "문. 너ㅣ 무어술 위ᄒᆞ야 셩교에 나아ᄋᆞ뇨. 답. 텬쥬를 공경ᄒᆞ고 ᄌᆞ긔 령혼을구홈을 위홈이니라"

83) 달레, 위의 책, 상, 406, 408쪽. "내 영혼과 내 영생을 위하고 또 예수 그리스도의 고난과 공로

수의 명을 따르고 그를 본받기 위해 산골로 들어가 살았던 기록이 있다.[84] 박해가 시작되면 예수의 수난에 대해 특별한 묵상을 하면서 체포에 대비해 갔다.[85] 체포된 이후에도 그들의 자신의 고통을 예수의 행적과 대비시키며 이해하고자 했다.[86] 예수는 순교자의 위로였고 최후의 依託處였다.[87] 尹持忠과 權尙然은 순교의 형장에서까지 예수 그리스도를 설교했다.[88] 신도들은 병으로 죽을 때에도 예수를 찾게 되었다.[89] 또한 예수는 최후의 심판을 주관하는 존재로 인식되고 있었다.[90]

한편, 예수에 대한 인식은 1860년대 신도 상호간에 사용되던 인사어업인 '찬미예수'라는 말을 통해서도 확인된다. 이 인사말을 제정하게 된 경위에 대해서 프랑스 선교사 칼레는 다음과 같이 말하고 있다.

> 우리는 우리 선교지방에서 아름답고 좋은 또 하나의 실천 규범도 세웠습니다. 그것은 바로 저희 신부들이 교우를 만났을 때나 또는 기도실에서나 성무로 그들을 접견하게 되었을 때는 물론, 교우들 끼리 만났을 때도 서로 '찬미예수'(조선어로 '예수 그리스도를 찬미합시다'라는 말입니다), '아멘'이라고 인사하는 것입니다. 우리 신자들은 이렇게 하여 700일 限大赦를 수월히 얻을 수 있게 됩니다. 습관적으로 교우들은 외교인들에게도 이렇게 말합니다. 그렇지만 저들은 귀는 있지만 듣지를 못하고, 혀는 갖고 있기는 하나 대답을 못하지요, 저는 비단 저의 관할구역뿐만 아니라 전체 지역에서 신자들이 좋은 실천의 문턱에 있는 것을 보면서 이 첫

를 잊지 않도록 하기 위해 기도한다면, 그들에게 끊임없이 기도드리도록 부탁해 주시오....만일 주께서 나를 버리시면 아무리 작은 고통이라도 견디지 못할 것이고, 만일 내가 나약한 대로 버려진다면 굳세게 있을 수가 없겠지만, 예수 마리아께서 나를 붙들어 주시니 아무것도 무섭지 않다"

84) 달레, 위의 책, 중, 430쪽.

85) 달레, 위의 책, 상, 423쪽. "李步玄은 박해가 시작되자 날마다 예수의 수난을 이야기하며, 그들에게 신앙을 고백하고 천국을 얻을 수 있는 좋은 기회를 놓지 말라고 격려했다."

86) 달레, 위의 책, 상, 546쪽. "(관비로 充定되어 벽동으로 향하다가) 네 동네를 지나갔는데, 저는 예수께서 갈바리아에 가실 때 지나가신 네 동네를 생각하며, 이것은 천주께서 구세주를 좀 닮으라는 말이 아닐까?라고 혼자 중얼거렸다."

87) 달레, 위의 책, 중, 475쪽. "崔海成은 옥중에서 불평하지 않고 예수마리아의 도움만 빌었다." ; 달레, 위의 책, 중, 82쪽. "(1815년의 박해 때에 李時壬은) "예수 마리아께서 우리를 부르시고 그들과 같이 천국으로 올라가자 하시는데 어떻게 우리가 배교할 수 있겠는가"

88) 달레, 위의 책, 상, 354쪽. "두 증거자는 감옥에서 끌려 나와 형장으로 갈 때 權尙然은 이따금씩 예수 마리아의 이름만 부르고 있었다....尹持忠은 죽음을 향하여 나아가며..의젓하게 예수 그리스도를 설교하였든지 천주교인들뿐만 아니라 외교인들까지도 감탄하였다."

89) 달레, 위의 책, 중, 167쪽. "1850년 9월23일 18세의 나이로 병사한 동정녀 바르바라에게 임종을 돕는 사람들이 "우리 주 예수 그리스도의 거룩한 상처를 생각하고 이걸 모두 참아 받으시오." 라고 했다."

90) 달레, 위의 책, 상 413쪽. "최후심판 때 착한 사람은 주 예수와 그의 성인들과 함께 천당에 올라간다."

번째 성직에 만족하고 있습니다.[91)]

즉, 조선의 선교사들은 즉, 1862년 10월 이전 어느 날 새로운 人事語法을 개발하여 조선교회에 통용시켜 나갔다. 이 인사어법을 통해서도 신도들은 자신들의 생활에 있어서 예수의 존재를 자주 기억하도록 되었다. 이처럼 19세기 전반기 조선천주교 신도들의 경우에는 예수 그리스도에 대한 신앙을 풍부히 표현해 주고 있었다.

한편, 이와 함께 천주교를 탄압하던 과정에 있어서도 예수에 대한 거부의 의시를 직접적으로 확인했다.[92)] 그리고 예수의 강생에 대한 거부의 의사를 분명히 밝혀야 했다.[93)] 그러므로 權哲身은 자신의 신앙을 부정하면서 "耶蘇學 은 곧 요사스럽고 부정한 고로 사람의 마음을 허물어뜨리는 말이다"라고 말해야 했다.[94)] 그리하여 자신의 신앙을 포기하는 사람들은 예수에 대해서 적극적인 비난의 말을 남기게 되었다.[95)] 崔昌顯도 한때 "이른바 '天主'와 '耶蘇'라는 것은 분명 원수로 여겨야 마땅하고 오랑캐나 짐승[夷狄禽獸]의 짓거리로[道]로 여기겠다."고 말하며 배교했던 적이 있었다.[96)] 그러나 그는 곧 "이제 천주·예수 그리스도[天主耶蘇基利斯督]를 위해, 전날 천주교를 배반했던 것을 깊이 뉘우치며 죽고자 할 따름이나."고 말히며,[97)] 자신의 배교를 철회했다. 즉, 예수는 신앙 고백에 있어서 뿐 아니라

91) AME Vol. 649, f. 625. Calais 서한 제3신, 미리내에서 리브와 신부에게 1862년 10월 31일자 서한.

92) 『各司謄錄』 78, 「推鞫日記」 8, 262쪽. 辛酉 2月20日 趙東暹 訊問記錄. "邪書所謂耶蘇者 矣身以爲何如人乎 供曰人謂耶蘇以妖惡怪惡 則矣身亦云云矣"

93) 『各司謄錄』 78, 「推鞫日記」 8, 264쪽. 辛酉 2月 20日 金伯淳 訊問記錄. "問曰從今以後 矣身終不可革心乎 供曰邦禁如此 則從此當不見其書 亦不從事於其學 而矣身初聞其學 以敬天爲宗旨 故信而見之矣 今乃深思則耶蘇降生之說 乃是九萬里外 荒誕之言 自今以後 當覺其前日之非 而悔悟矣.....問曰矣身旣曰 悔悟則邪學之絶悖極凶 邪術之至妖極憯 一一直陳 供曰降生之說 旣知其虛謊則其所以慢誣 有不可勝言 旣知如此 則豈可更爲邪學乎 此外無可達之辭 相考處置敎事"

94) 『日省錄』 17冊 484쪽 正祖 15年 11月 11日 壬午, 邪學 關聯者 處理 및 邪書 燒却.

95) 『承政院日記』 90卷 89-90쪽 , 正祖 15年 11月 11日 壬午條, (崔仁喆) "지금 관청에 와서 야소의 학술은 요사하고 부정하여 감히 다시는 않겠다는 뜻으로 뒤늦게나마 자복한다." ; (鄭麟爀)" 耶蘇의 고기를 먹고 교주의 간을 마디마디 자르고 싶은 심정이다." ; 『承政院日記』 90卷 107쪽 正祖 15年 11月 23日 甲午條, (鄭道凝)"사학의 교주는 실로 돼지, 개, 짐승과 같으며, 耶蘇는 冒頓이나 夷狄과 다름없다." ; 『承政院日記』 90卷 128쪽, 正祖 15年 12月 7日 丁未條, (崔必恭) "耶蘇와 邪學을 원수같이 생각하며 오랑캐같이 바라볼 것이다." ; 『邪學懲義』 上, 235쪽, 張德裕 訊問記錄, "이른바 耶蘇를 돼지나 개라고 부르겠으며, 맹세의 말을 하여 지금부터 전향 귀순하겠다." ; 달레, 위의 책, 중, 387쪽, "(김베드로는) 신앙을 배반했을 뿐만 아니라 천주와 삼위일체의 각위와 특히 지극히 거룩하신 동정 성모께 대하여 아주 더럽고 말할 수 없이 추악한 저주의 말을 뇌었다."

96) 『辛酉推案』 25. 「邪學罪人李家煥等推案」 29쪽. 辛酉 2月 11日 崔昌顯 訊問記錄. "矣身二十年迷惑邪學 到今追悔莫及 所謂天主耶蘇 決當讐視 視以夷狄禽獸之道 從此可以供養所生父母 願作平民矣"

배교와 배교의 철회에 있어서도 반드시 짚고 넘어가야 할 존재로 인식되고 있었다.

요컨대, 조선후기 천주교 신앙에서 예수에 대한 언급은 그 초창기의 자료에서부터도 활발히 나타나고 있다. 이는 당시 조선에 전래된 한문 천주교서적의 영향이었으며, 조선인 신도들도 『쥬교요지』와 같은 저서를 통해서 기독론을 제시해주었다. 그들의 예수에 대한 이해는 「천주가사」를 통해서도 나타났다. 19세기 전반기 천주교 신도들이 드러내고 있었던 예수에 대한 인식은 '강생구속과 수난부활'이라는 그의 지상 생활 전반에 대해 이루어지고 있었다. 그러나 당시의 신도들은 그의 '수난'이라는 장면을 가장 중요시했다. 신도들은 그를 모범으로 삼고 본받고자 노력한 바 있으며, 박해의 고통 가운데에서도 예수의 고통을 본받아 박해의 어려움을 극복하고자 했다. 이와 같은 데에서 19세기 전반 신도들이 이해했던 기독론의 특성을 살펴볼 수 있을 것이다. 그들은 당대 사회에서 결코 용납할 수 없었던 기독론을 수용함으로써 당시의 사회와 자신을 구별했다. 그리고 '구세주 예수'를 위한 자신의 삶과 행동에 의미를 부여했다. 당시 기독론이라는 이질적 사상의 수용과 실천은 성리학 중심의 사유형태에 대한 정면 도전으로서의 성격을 가장 선명하게 드러내는 사건이었다.

4. 聖母 마리아와 聖人들에 대한 인식

조선후기 19세기 전반기 천주교 신도들은 천주와 예수에 대한 신심을 가진 외에도 당시의 교회에서 제시하고 있던 聖母 마리아와 聖人들에 대한 인식을 가지고 있었다. 성모와 성인에 대한 신심은 三位一體인 天主나 예수 그리스도에 대한 신심과 분명히 차이를 드러내고 있었다. 당시의 신도들은 천주나 예수를 위해 자신의 목숨을 걸었고, 성모나 성인에 대한 신심과는 차원을 달리하고 있었다. 그러나 성모와 성인에 대한 신심은 당시 천주교 신앙에서 강조하던 바였고, 18세기 말엽 이래 19세기 전반기의 조선 신도들도 이와 같은 전통에 충실하고 있었다.

조선 19세기 전반기 천주교 신도들은 『성교요리문답』과 같은 교리학습서를 통해서 예수 그리스도의 강생구속에 관해 배우면서 마리아에 대한 교회의 정통적 가르침을 전수받았다. 당시의 교리서에서는 구세주 예수 그리스도가 동정녀 마리아에게서 잉태되어 탄생하였음을 믿을 교리로 제시해 주었다. 그리고 마리아는 하느님의 어머니요 평생 동정임을 강조해서 가르쳤다. 당시의 교회에서도 세례를 주기 위한 교리공부의 과정에서 천주의 존재와

97) 『辛酉推案』 25. 「邪學罪人李家煥等推案」 66쪽. 辛酉 2月 13日 崔昌顯 訊問記錄. "今爲天主耶穌基利斯督 痛悔前日叛教就死而已"

강생구속을 논함과 아울러 그리스도가 동정녀에게서 탄생했음을 제시해 주었다.[98]

또한 신도들은 세례를 받고 입교한 다음에는 여러 기도서 실려 있는 성모 마리아에 관한 기도문들을 통해서 마리아에 대한 신심을 키워나갔다. 당시의 사람들도 '죵도신경'(宗徒信經)에서의 고백 내지 선언한 내용을 전적으로 수용함으로써 신자가 될 수 있었다. 이 사도신경에도 그리스도가 동정녀 마리아에게서 탄생했음을 믿는다고 밝혔다.[99] 또한 박해시대 당시에 필수적으로 암기해야 했던 가장 기초적인 기도 '여섯끝'(六端) 안에는 '셩모경'(聖母經)이 포함되어 있었다.[100] 그 후 이 여섯끝의 기도문이 열두끝(十二端)으로 확대되었을 때도 성모경은 당연히 포함되어 있었다. 그리고 이 성모경을 중심으로 하여 제정된 '묵주의 기도'는 당시 신도들이 가장 즐겨 바치던 기도의 형식이었다.

한편, 박해시대의 대표적 기도서인 『천주성교공과』에는 '성모를 찬송하는 경'[101] '성모께 자기를 바치는 경' '성모를 찬송하는 경' '성모통고 도문' '성모통고사'가 실려 있었다.[102] 그리고 성모 마리아에 관한 모든 축일에 드리는 경문으로 '성모성심도문' '성모첨례찬미경' '성모의 보호하심을 구하는 경' '성모께 바라는 경' 등이 제시되어 있었다. 이밖에도 당시의 전례력에 따라 봉행되던 각종의 성모 축일에는 별도의 찬미경들이 마련되어 봉송되었다.[103] 즉, '성모 시잉모태 찬미경,' '성모취결례 찬미경', '성모영보 찬미경', '성모왕고 찬미경', '성모찬천주가', '성모승천 찬미경', '성모성탄 찬미경', '성모자헌 찬미경' 등과 같은 기도문은 성모 마리아의 일생에 대한 이해와 성모 마리아에 대한 신심을 키워주었다.

성모 신심은 19세기 전반기의 교리서와 기도서에서 뿐만 아니라 신도들의 일상적이 신앙고백과 생활을 통해서도 드러나고 있다. 예를 들면 19세기 중엽 박해시대 때 신자들 사

---

98) 『셩교요리문답』(목파본), 4쪽. 제26조목-제28조목. : (문) 예수의 모친은 뉘시뇨 / (답) 성모 마리아이시니라 / (문) 마리아이 동정녀이시냐 / (답) 종신토록 참 동정녀이시니라 / (문) 동정녀이 어떻게 예수를 낳았느뇨 / (답) 천주 성신의 전능을 인하여 섬오의 조찰한 피로써 태를 일움이니 성모의 몸은 전과 같이 아해의 몸이니라. ;
『셩교요리셔』(필사본) 「텬쥬강생」, 14쪽 : (문) 여인의 인성을 의론하면 뉘 아들이시뇨 (답) 동정이신 마리아의 아들이니라 / (문) 이 동정녀는 뉘시뇨 / (답) 지극히 거룩하고 지극히 조찰한 동정녀이시니 온전히 죄에 물듦이 없고 거룩히 성총을 입으신 자이라. 천주이 특별히 빠 모친을 삼으시니라. / (문) 천주의 아들과 마리아의 아들이 둘이냐 (답) 그렇지 아니하니 홀로 하나이시니라

99) 「죵도신경」 『진교절요』(1883년판) 2쪽. "나 천지를 조성하신 전능하신 천주 성부를 믿으며 그 외아들 우리 주 예수 그리스도를 믿으며 저이 성신을 인하여 강잉하사 마리아 동신께 나심을 믿으며"

100) 「셩교의 요긴한 경문 여숫끗치라 ; 뎨삼은 성모경」 『진교절요』(1883년판), 2쪽.

101) 『텬쥬셩교공과』(1906년 활판본) 뎨일권,11쪽.

102) 『텬쥬셩교공과』 뎨이권, 11, 13, 52. 59쪽. 이곳에 수록된 '셩모를 찬숑하는 경'은 제일권과는 달리 모두 5종의 성모 찬미경과 축문이 수록되어 있다.

103) 『텬쥬셩교공과』 뎨삼권, 11, 18-24, 33, 39, 53, 56, 69, 70, 71, 73,76 90쪽.

이에 구송되었던 '천주가사'의 하나인 '사향가'(思鄕歌)에서는 그리스도의 동정녀 탄생에 관해서 말하면서 천주의 전능을 이해하면 동정녀 탄생에 대해서도 인정하게 된다고 말했다. 즉, 성모 마리아에 대한 신심의 근원은 구세주 그리스도의 탄생에 대한 승인을 전제해야 함을 그렇게 말했다.[104)]

그때의 신도들은 성모 마리아는 사람들을 도와 혼미한 일들을 깨우치고 기묘한 일들을 깨닫도록 해 주는 존재로 인식했다. 편, 성모 마리아는 인간과 천주를 연결시켜주는 일종의 중계자였다. 그러기에 1815년 경상도 지방에서 순교한 김종한(金宗漢)은 "성교회의 머리는 천주님이요, 목은 동정 성모 마리아이시며, 우리들은 모두 그 지체가 되는 것입니다."[105)]라고 말한 바 있다. 그는 성모마리아를 인간이 천주에게로 나아가는 통로가 된다고 생각했었다. 또한 1833년 서울에서 체포되어 옥사한 黃石之는 감옥에 갇혀 8개월을 지내는 동안 "천주께서 자기의 희생을 받아드리려 하지 않으시는 것처럼 생각되자 이를 불안히 여겨서 끊임없이 동정 성모 마리아께 의탁하였다."[106)] 그에게 있어서 성모는 천주께로 향하는 자신의 마음을 천주께 전달시켜주는 분으로 인식되고 있었다.

일부 신자들의 경우에는 성모 마리아가 자신에게 고통을 당하도록 허락했기 때문에 이를 감수해야 한다고까지 생각하기도 했다. 즉 1797년 6월 9일 충청도 정산고을에서 체포된 李道起는 "자주 굶주림을 당했고, 옷이 해져 추위가 그의 고통을 더했다. 그의 아내는 돈을 약간 모아 술과 고기를 그에게 사다 주었다. 李道起는 처음에는 그것을 거절하며 말하였다. '성모님이 나를 십자가 위에 두셨으니 내가 그것을 먹으면 부당하오. 나는 예수께서 십자가 위에서 고통밖에는 받지 않으셨다는 말을 들었지만, 맛있는 음식을 조금이라도 잡수셨다는 것을 보지 못했소. 나도 십자가 위에 있으니 예수님과 같이 해야 하오'라고 말했다"[107)] 그의 이 말은 정통적 마리아 신심에는 맞지 않는 말일 수도 있다. 그러나 이 언급은 교회창설 직후 천주교 신앙을 실천했던 그가 가지게 된 뿌리 깊은 성모 마리아에 대한 신심을 확인시켜 준다.

성모 마리아는 사람들에게 특별한 지혜를 깨우쳐 줄 수 있는 존재로 인식되고 있었다. 그러기에 1827년 경상도 지역에서 체포되어 감영의 옥에 수감되었던 朴甫祿은 감사가 불교의 승려와 토론을 주선하자 이에 임하면서, "나와 같이 무식한 사람이 내 힘만 가지고서야 그 스님을 어떻게 당해 낼 수가 있겠습니까. 그렇지만 천주와 성모의 도우심만 믿으

104) 金眞召, 1981.「天主歌辭의 硏究」『敎會史硏究』제3집. 297쪽. 천주가사 사향가. "上帝降生 무삼일고 童貞生子 하단말가 / 말끝마다 虛誕하고 들을수록 奇怪하다..../ 天主全能 모르거든 降生童身 어찌 알며 / 天主降生 모드거든 復活昇天 어찌알며... / 천주교에 나아와서 昏迷한일 많이알고 奇妙한일 들어보니 / 天主聖佑 그아니며 聖母恩補 이나니냐

105) 달레, 위의 책, 중, 80쪽

106) 달레, 위의 책, 중, 200쪽

107) 달레, 앞의 책, 상, 405쪽.

면 두려울 것이 무엇이며 무엇 때문에 걱정을 하십니까"[108]라고 말하며, 토론에 임하고 있음을 볼 수 있다.

19세기 전반기 조선 천주교에서는 성모 마리아를 어려움에 처한 신자들에게 도움을 주는 존재로 확신하고 있었다. 우리는 이러한 예를 金大建의 행적을 통해서 확인할 수 있다. 그는 1842년 12월 29일 邊門을 통과할 때에 "천주의 자비와 당신에게 도움을 청하는 사람들을 일찍이 저버린 적이 없으신 복되신 동정 마리아의 보호에 의지하여 성문을 향해 나아갔다."고 했다.[109] 그 후 그는 1845년 4월 30일 난바다를 항해했던 경험이 거의 없던 신자들과 함께 쪽배를 타고 제물포를 출발하여 바다를 해맨지 29일 만인 5월 28일 중국 상하이(上海) 입구에 있던 우쑹(吳淞)에 도착했다. 그는 이 항해 중 폭풍을 만나 신자들이 모든 희망을 잃었을 때 성모 마리아를 최종의 보호자로 삼아 의지했다. 이 당시의 상황을 그는 자신의 편지에서 다음과 같이 적었다.

j-1. 교우들은 사흘동안 먹지 못하여 극도로 쇠약해졌고 또 삶에 대해 절망하여 슬퍼져서 울며 말하기를 "이제는 그만이다. 살아날 수 없을 것이다."고들 했습니다. 저는 그들에게 하느님 다음으로 우리의 유일한 희망이신 성모님의 기적의 상본을 보이면서 "겁내지 마십시오. 우리를 도우시는 성모님이 여기에 우리와 함께 계시지 않습니까."하고 말했습니다. 그리고 이와 비슷한 말로 될 수 있는 한 그들을 위로하고 그들에게 용기를 주었습니다.[110]

j-2. 폭풍가운데 배의 키가 부러져 나갔다. 그러자 배가 바람과 파도의 충격으로 대양으로 밀려 나갔다. 그래서 돛들을 묶어 가지고 그것을 바다에 던지고 단단히 붙잡고 있었다. 그러나 줄들이 끊어지면서 돛들이 떠내려갔다. 이어 나무토막들을 함께 멍석에 묶어서 파도를 향해 던졌으나 다시 떠내려가고 말았다. 이제 우리는 모든 인간적인 도움을 잊고 오직 하느님과 복되신 동정마리아께 기대를 걸고 잠을 자기 시작했다. 잠에서 깨어나 보니 비도 그치고 바람도 약해져 있었다."[111]

김대건 일행은 항해 중 폭풍을 만나서 이렇듯 "돛대도 돛도 키도 종선도 없는 배를 타고" 가면서도 성모 마리아의 도움에서 희망을 구하고자 했다. 한편, 박해시대 신도들에게 있어서 마리아는 임종의 순간에 사람을 도와서 구원에 이르게 하는 존재로 이해되었다. 당시의 '선종가'(善終歌)에서는 세상을 떠나는 일이 천주와 성모 대전에 나가는 일이라고 설명하고 있었다.[112] 또한 성모 마리아는 죽은 직후에 받게 되는 私審判과 세상 종말 때의

108) 달레, 위의 책, 중, 179쪽

109) 달레, 위의 책, 하, 67쪽

110) 김대건,「열세 번째 서한, 1845.6.4.」『성김대건 안드레아 신부의 서한』, 1996. 한국교회사연구소, 203쪽

111) 김대건, 『성김 대건 안드레와 신부의 서한』, 1996. 한국교회사연구소, 203쪽

112) 金眞召, 1981.「天主歌辭의 硏究」『敎會史硏究』 제3집. 317쪽. 천주가사 선종가. "十誡四規 熱

公審判 때에도 신자들에게 도움을 주는 존재였다.[113)]

그러므로 그들은 운명의 순간뿐만 아니라 일상생활에 있어서도 항상 성모 마리아와 같은 삶을 살고자 노력했다. 박해시대 독신생활을 실천하고자 했던 여러 사람들은 독신생활의 모범을 성모 마리아에게서 찾고자 했다. 예를 들면 1850년 최양업 신부가 보고한 내용에서 나타나는 童貞女 바르바라의 경우를 들 수 있다.[114)] 바르바라는 동정녀 마리아에 대한 돈독한 신심을 가지고 있었다. 그는 동정을 지키기 위해 집을 떠나며 어머니에게 자신을 '동정 마리아의 딸'로 생각해 주기를 요청했다. 그리고 병으로 인해 최후의 임종을 맞이할 때에도 "지금 이 시간에 내가 풍부히 받는 여러 은혜를 천주와 성모께 마땅한 감사를 드릴 수 없는 것 말고는 다른 괴로움이 없다"고 했다.

성모께 의지하고 감사드리며 살던 박해시대 신자들의 생활은 여러 자료를 통해서 거듭 확인된다. 즉, 1801년에 순교한 李順伊는 살아남은 두 언니에게 보낸 그의 遺書와 같은 편지에서 "성모께 의지하여 마음을 놓으시고 吾主의 御座가 되기를 힘쓰셔요"[115)]라고 말했다. 그들의 삶은 성모께 의지하는 삶이어야 했다. 1801년 청주에서 순교한 김사집의 경우에도 자기 아이들에게 이러한 편지를 써서 "천주와 성모의 도우심에 의지하여 신도답게 살아가도록 힘써라"고 마지막 당부를 했다.[116)]

성모 마리아는 위험 가운데 놓여 있는 이들이 보호자였다. 1850년 최양업 신부는 公所 방문 중 자신이 머물던 집을 외교인들이 포위했을 때, "저희들은 복되신 동정 마리아의 보호 아래로 달아들고 천주의 뜻에 온전히 몸을 맡기고 그곳에 그대로 머무르면서 외교인들의 고함에 조금도 주의를 기울이지 않는 채했고" 그들의 공격을 피할 수 있었다.[117)] 그리고 신도들은 성모 마리아의 특별한 도움에 대해서 항상 감사를 드렸다. 예를 들면, 1834년 조선교구장이 새롭게 임명되어 입국하게 되었다는 소식을 듣자 조선의 신도들은 "이렇게 큰 은혜를 천주와 동정성모와 천국의 모든 성인성녀께 깊이 감사드린다."고 말했다.[118)]

心守誡 天主誡命 지킨고로 / 世上獄을 벗어나서 主母臺前 즐거울사.."

113) 金眞召, 1981.「天主歌辭의 硏究」『敎會史硏究』제3집. 327, 337쪽. 천주가사 사심판가. "公義하신 天主臺前 死罪定法 永罰이라 / 罪범한자 말이없고 逃亡할길 永遠이라 / 聖母天神 聖人에게 矜憐함을 懇求할고 / 本名聖人 主保님께 哀恤함을 기다리나" ; 천주가사 공심판가. "끝날을 생각하면 무삼罪에 걸릴손가 / 世上苦를 모두받고 主母臺前 어서가서 / 天神이 主命을 받아..... / 全身이 입이라도 어떻게 謝禮할꼬 / 聖母를 찬송하고 護守天神 감사하며 / 모든聖人 喜樂慶賀 一萬붓이 기록할까../ 吾主예수 昇天時에 聖母곁에 한가지로 / 天神들은 奏樂하고 모든聖人 한가지로 天堂에 오르시니 永遠無窮 眞樂이라"

114) 달레, 위의 책, 하, 167-8쪽

115) 달레, 위의 책, 상, 549쪽

116) 달레, 위의 책, 상, 608쪽

117) 달레, 위의 책, 하, 157쪽

118) 달레, 위의 책, 중, 302쪽 ; 劉進吉, 趙信喆, 金方濟 聯名의 1834.12.23.자 서한 ; AME, Vol. 577, f. 287.

박해시대 신도들은 체포되어 고문을 당할 때에도 “예수 마리아”를 부르며 고통을 이겨나갔다.119)

성모 마리아 신심은 박해시대 당시 교회에서 유력한 신심이었다. 이와 같은 경향은 이미 교회창설 직후부터 드러나고 있었다. 이와 관련된 대표적 기사는 1801년에 순교한 尹占惠가 체험했던 성모 발현에 관한 기사이다. 달레의 교회사에서는 1790년대 윤점혜가 가지고 있던 성모 신심과 성모 발현의 체험 상황을 다음과 같이 전해주고 있다.

> 윤점혜 아가다는 그의 어머니가 성사를 받지 못하고 돌아가셔서 그것을 몹시 한탄했다. 그런데 하루는 그의 어머니가 동정 성모와 함께 있는 것이 보였다. 꿈이나 마귀 요술이 아닐까 염려하여 윤점혜 아가다는 그 발현 이야기를 선교사에게 하였더니, 신부는 그것을 좋게 해석하여 그의 마음에 평화를 돌려주었다. 또 한번은 성모 마리아의 발현을 보았다. 성신이 하늘의 모후 위에 내려와 그 성심 위에 앉는 것같이 보였다. 지극한 겸손으로 윤점혜 아가다는 이러한 하느님의 은혜가 실제적인 것이라고 감히 믿지 못했고, 만약 신부가 그가 보았던 것과 똑같은 상본을 보여 주며 그의 걱정을 가라앉혀 주지 않았더라면 그것을 물리쳤을 것이다.120)

성모 마리아 신심은 조선포교를 담당하는 프랑스 파리외방선교회 선교사들에 의해서 강력히 전파될 소지가 있었다. 당시 선교사들이 가지고 있었던 신심의 예는 브뤼기에르(Bruguière, 蘇) 주교를 통해서 먼저 확인된다. 그는 1831년 조선교구가 창설된 직후 제1대 조선교구장에 임명되었다. 그는 조선에 입국하기 직전에 병사했다. 그러나 그는 생존시 날마다 보통 묵주신공(默珠神功)과 칠고(七苦)의 묵주신공 및 성모께 드리는 기도 여럿을 드렸던 신심 깊은 인물이었다.121) 그는 조선입국을 목전에 두고 내몽고에서 사망했지만 그의 뒤를 이은 선교사들도 성모 신심을 강하게 가지고 있었다. 부뤼기에르의 뒤를 이어 프랑스 파리 외방선교회 선교사들은 1836년 이후 조선에 입국하여 본격적인 선교활동을 전개했다. 이때 조선에 입국했던 모방(Maubant) 신부는 동료 선교사들에게 “동정 성모께서 우리와 사랑하는 조선 교우들을 어머니다운 보호로 덮어 거두어 주시기”를 기원하는 서원미사를 요청했었다.

프랑스 파리외방선교회 선교사들이 조선에 입국한 이후 더욱 심화되어 갔다. 이 신심은 외방선교회 선교사들의 전유물만은 아니었다. 19세기 당시 중국이나 조선에 파견된 프랑스인 선교사들의 경우에는 소속 수도회를 불문하고 돈독한 성모신심을 가지고 있었다. 이 가운데 성모 신심과 관련된 대표적 인물로는 라자리스트 선교사 물리(J. Martial Mouly, 孟

119) 달레, 위의 책, 하, 440쪽. “형벌을 가하던 좌수 중에 하나가 吳바오로에게 형벌 중에 부르던 예수 마리아라는 말이 무슨 뜻이냐고 물었다. ‘그것은 우리 식으로 천주의 도우심을 청하는 것이요’하고 吳바오로가 대답했다.” 吳바오로는 청주포교에게 1866년 3월 10-11일 체포되었고 1866년 3월 26-7에 교수형을 받았다.

120) 달레, 위의 책, 상, 511쪽.

121) 달레, 위의 책, 하, 326쪽

振生)을 들 수 있다. 그는 1859년 북경에서 목판본으로 『성모성월』(聖母聖月)이란 책자를 간행하여 중국신도들에게 성모신심을 보급하는 데에 앞장섰던 사람이다.

그런데, 조선교구의 제2대 교구장인 앵베르(Imbert, 范世亨) 주교는 1837년 조선의 입국을 만주에서 대기하고 있다가 특별히 12월 8일 성모무염시태(聖母無染始胎) 축일을 택하여 조선으로 가는 마지막 여행일정을 시작했다.[122] 이는 성모 마리아의 轉求를 통해서 조선에 무사히 입국할 수 있는 은혜를 기원했기 때문이었다. 앵베르 주교와 모방 신부는 조선에 입국을 준비하면서 당시 내몽고 지방 시만즈(西灣子)에서 전교하고 있던 몰리 신부에게 잠시 머문 바가 있었다. 몰리는 1834년 라자리스트 선교사로 중국에 도착하여 내몽고 지방에서 선교했다. 1840년 몽고대목구가 북경교구에서 불리 설정됨과 동시에 그 초대 감목대리 구장로 임명되었다. 그후 1854년 이를 사임하고 상해로 건너갔다가 다시 북경에 와서 대목구장이 되었고, 『성모성월』을 저술해서 간행하게 된 듯하다.[123] 파리외방선교회의 첫 선교사들이 조선입국을 준비하던 1836년 경 내몽고에서 라자리스트 선교사 몰리와 성모 신심에 관해 의견을 주고받았을 가능성이 충분히 있었으리라 생각된다.

한편, 조선교회는 오랫동안 북경교구의 관할 아래에 놓여 있었다. 그리하여 북경교구의 주보였던 성요셉은 조선 교회에서도 주보로 공경되었다. 그런데 1831년 조선교구가 설정되고 1836년 프랑스 파리외방선교회 선교사들이 조선에 입국한 이후 파리외방선교회 선교사들은 조선교구의 주보를 새롭게 정하고자 했다. 그리하여 조선교구장 앵베르 주교는 1838년 12월 1일자로 教皇廳의 布教省 장관에게 보낸 서한에서 지금까지 조선포교지가 북경교구에 예속되어 있던 관계로 북경교구의 주보인 성 요셉을 또한 조선교회의 주보로 모셔왔으나 이제 조선교구의 새로운 주보로 성모무염시잉모태를 정하여 줄 것을 청했다. 교황 그레고리오 16세는 1841년 8월 22일 조선의 주보로 이를 허락하되, 성요셉 축일도 계속해서 주보로 받든다는 조건이 있었다.[124]

조선교구의 주보로 '태어날 때부터 원죄에 물들지 않은 성모 마리아'를 받들게 된 이후 성모 신심은 더욱 체계적으로 발전되어 갔다. 여기에서 성모성심신심과 같은 새로운 신심 유형이 조선에 전파될 수 있었다. 성모 성심 신심은 하느님과 인간을 향한 성모 마리아의 순결한 사랑에 대한 신심을 말한다. 성모 성심회는 마리아의 마음을 정성으로 공경하고 성모의 전구로 하느님께 죄인들의 회개를 청하는 데에 목적이 있었다. 원래 성모 성심에 대한 신심은 1805년에 이르러서야 교황청에서 공식적으로 허용되었다. 그리고 성모 성심회는 1836년에 프랑스 파리에서 결성된 신심단체였다.

프랑스에서 성모성심회가 발족된지 10여년이 지나서 조선에도 1846년 11월 2일 충남 공

122) 달레, 위의 책, 중, 375쪽.

123) Louis Wei Tsing-Sing, *"La Politique Missionnaire de la France en Chine 1842-1857"*, pp.517,523 ; 『성 김대건 안드레아 신부의 서한』, 109 각주 참조.

124) 달레, 위의 책, 하, 136쪽

주군 신풍면 봉갑리 수리치골에 있는 "열심한 신입교우 한 가족이 사는 조그마한 오두막살이 집에서...성모 마리아와 결합을 튼튼히 하는 것을 기뻐하는 몇몇 신자 앞에서' 성모성심회가 창설되었다. 성모성심회 회원들은 전세계에 퍼져 있는 회원들과 뜻을 모아 죄인의 회개를 위하여 매일 성모송 1회와 짤막한 기도를 바치기로 되어 있었다. 나중에 다블뤼 신부는 이런 말을 썼다. '주일날 성모성심회 회원들이 조선말로 기도문을 외우는 것을 들을 때의 내 감격은 참으로 깊습니다. 나는 모든 국민의 이 협력, 성모 마리아를 찬양하고 죄인들의 회개를 빌기 위하여 모든 나라말로 부르는 이 노래를 생각합니다. 착하신 어머님이 그렇게도 많은 나라에 널리 내려주신 수없는 은혜를 우리에게도 나누어 주시기를 바랍니다.'"[125)]

성모성심회의 창설은 그리스도교의 선교활동과 성모신심이 연결되는 구체적 계기가 될 수 있었다. 이로써 조선교회에서는 세계 교회와 호흡을 같이 하며, 성모 마리아에 관한 최신의 신심운동을 수용하여 실천하게 되었다. 그리고 조선의 신자들은 전 세계의 신자들과 구체적인 하나의 지향을 가지고 함께 기도할 수 있는 체험을 새롭게 하게 되었다.[126)]

조선교구의 선교사들은 이 이후에도 성모 신심을 조선교회에 刻印시키기 위해서 노력했다. 이 노력의 일환으로 그들은 조선교구 안에 있는 사목구역에 성모 마리아의 생애와 관련된 일련의 명칭을 부여했다. 이 작업은 1861년 10월 조선교구의 베르뇌(Berneux, 張敬一) 주교에 의해서 진행되었다.[127)]

즉, 베르뇌 주교는 조선교구의 주보가 '원죄없이 잉태되신 마리아'라면, 이렇게 잉태된 마리아의 탄생을 기념하여 충청도의 상부 내포(內浦) 지방인 홍주(洪州) 즉 오늘날의 홍성 일대를 '성모 성탄 구역'으로 명명했다. 이 지역은 다블뤼(Daveluy, 安敦伊) 신부가 사목하던 지역이었다. 다블뤼 신부는 베르뇌 주교가 자신의 후계자로 생각하던 인물이었으므로 그가 사목하던 지역에 성모 마리아의 일생에서 첫 번째 사건에 해당되는 '탄생'이라는 명칭을 부여해 주었다.

이때 리델(Ridel, 李福明) 신부는 충청도 진밭 [현재 공주군 사곡면 신영리] 에서 선교하고 있었다. 리델 신부가 선교하던 지역은 '성모 자헌구역'으로 명명되었다. '성모 자헌'(自獻)은 마리아의 부모가 당시 유대교의 풍습에 따라 세 살된 성모 마리아를 성전에 봉헌했

---

125) 달레, 위의 책, 하, 137쪽

126) 한편, 19세기 당시 유럽의 교회에서는 낭만주의 사조의 성행과 함께 성모신심에 대한 특별한 관심이 고조되고 있었다. 이와 같은 분위기에서 교황 비오 9세(1846-1878)는 헌장 Inefabilis Deus를 통해서 1854년 12월 8일 '복되신 성모 마리아의 원죄 없으신 잉태' 교리를 선포했다. 이 이후 유럽사회에서 마리아에 대한 공경은 절정에 달했다. 이와 같은 과정에서 당시 그리스도교 국가들 간에 널리 전해져있었던 성모성월을 조선에서도 실천될 수 있는 토양이 마련되었다.

127) 달레, 위의 책, 하, 321쪽.

음을 기념하던 것이었다. 당시 조안노(Joanno, 吳) 신부도 충청도 공주와 그 인근 지역의 선교를 맡고 있었다. 그의 사목구는 '성모영보구역'으로 부르게 되었다. 성모 영보(領報)는 동정녀 마리아가 구세주의 어머니가 되리라는 사실을 하느님이 가브리엘 천사를 시켜 계시한 사실을 말한다. 랑드르(Landre, 洪) 신부는 둠벙이 [공주군 신하면 조평리] 에서 사목하고 있는데 그가 맡은 구역은 '성모 왕고 구역'으로 불렀다. 성모 왕고(往顧)는 마리아가 세례자 요안의 모친 엘리사벳을 '마나피캇'을 노래했던 사실을 말한다.

한편, 깔레(Calais, 姜) 신부는 경상도 서부지역을 맡고 있었다. 이 지역에는 '성모 취결례 구역'이란 명칭이 부여되었다. 성모 취결례(取潔禮)는 마리아가 모세의 율법에 따라 성전에서 정결(淨潔) 의식을 행하고 아기 예수를 성전에 봉헌했던 일을 말한다. 그리고 페롱(Féron, 權) 신부가 선교했던 경상도 서북부 지방은 '성모 승천 구역'으로 명명되었다. 이는 성모 마리아가 지상 생활을 마친 후 그 영혼과 육신을 지닌 채 하늘의 영광으로 영입되었다는 신심의 표현이었다.

베르뇌 주교는 당시 조선에 입국했던 선교사들의 서열을 감안하면서 성모 마리아의 일생과 관련되는 축일명을 사목구의 이름으로 부여해 준듯하다. 즉, 1845년 조선에 입국했던 다블뤼 신부는 당시 선교사 가운데 제1위의 서열에 있었다. 그리고 1857년에 입국한 페롱 신부가 조선교구 선교사 서열 제2위였다. 이들의 사목구에 각각 '성모 성탄과 '성모 승천' 이라는 성모 마리아의 생애에서 중요한 두 축일의 명칭이 부여되었다. 그리고 나머지 선교사들은 1861년 같은 날에 입국했으므로 성모 마리아의 생애와 관련된 그 밖의 사건들에서 그 사목구의 이름을 취하게 되었다 생각된다.[128]

조선에서 聖母聖月이 처음으로 시작되기는 1862년이었다. 이에 관해서는 칼레 신부의 서한에서 나타나는 다음과 같은 사료들을 통해서 확인할 수 있다.

> k-1. 우리는 조선에서 처음으로 성모성월을 검소한 주교관에서 지낼 수 있게 되었습니다. 밤이 되자 문과 모든 출구를 닫고는 우리가 최대한 정성을 들여 꾸며놓은 제단위에 여러 촛불을 밝혔습니다. 그리고 집안사람들이 모두 함께 모였습니다. 주교님께서는 저희에게 좋으신 어머니 성모님에 대하여 언급하셨고, 이어서 우리는 기도를 암송했습니다. 그러나 매우 낮은 목소리로 말입니다. 할 수 있는 한 가장 낮은 소리로 비밀스럽게 말입니다. 우리는 이렇게 성모성월을 지낼 수 있었습니다.[129]

> k-2. 이렇게 함으로써 저는 갑(베르뇌)사 주교님 곁에서 약 서너 달을 지낼 수 있었습니다. 이 동안에 우리는 함께 조선에서는 처음으로 성모성월을 지냈습니다. 우리는 조선을 위해 화려하게 장식된 제단을 만들었습니다. 주교님께서는 매일 저녁 낮은 목소리로 초라한 주교관에 모인 이들 모두를 대상으로 강론하셨습니다. 이 순간은 모든 주의를 기울여 모든 창문과 출입문을 닫아 걸었습니다.[130]

---

128) 달레, 위의 책, 하, 323쪽

129) AME Vol. 579, f. 625. 깔레서한 제2신. 미리내에서 교장신부에게 1862년 10월자 서한.

이 사료에서 볼 수 있는 바와 같이 조선교회는 1862년부터 성모성월을 제정하여 한달간에 걸친 특별 기도를 통해서 성모 마리아에 대한 신심을 표현하고 강화시켜 나갔다. 성모성월의 보급과 정착에는『성모성월』류의 책자의 보급이 많은 영향을 주었다. 그런데 칼레 신부가 지은 베르뇌 주교의 약전을 보면 다음과 같은 구절이 나온다.

> 주교님께서 주교관에 계실 때면 매년 성모 성월을 지내셨으며 당신이 8월의 어머니의 제단을 가장 매우 정성스럽게 준비하셨음은 말할 필요가 없겠지요. 주교관에 있는 모든 청중들이 모였습니다. 그리고 함께 공동기도를 몇 대 올리고, 이어서 하늘의 여왕님의 덕에 대하여 참가자들과 말씀을 나누셨습니다. 당신 자신이 성모성월을 만족하기위해서만 아니라, 그분은 교우들에게 이달을 성모마리아의 영예를 위하여 기념하기를 주문하셨으며 또 주문하도록 하게 시켰습니다. 바로 이러한 이유로 마지막 몇 년간에는 그분은 달력에 축제들을 표시하시며 성모성월이 시작하는 날과 끝나는 날들을 함께 표시해 놓으셨습니다.[131]

즉, 베르뇌 주교는 "성모성월을 지냈고, 8월의 어머니의 제단을 정성스럽게 준비했다"고 한다. 이 자료를 보면 1862년 당시 성모성월을 8월에 지냈을 가능성도 있다고 생각된다. 그러나 우리 교회에서 성모성월을 오늘날처럼 5월로 확정하는 데에는 라자로회의 북경대목구장 물리(Mouly 孟振生) 주교가 목판본으로 간행한『성모성월』의 영향으로 추정된다. 이『성모성월』은 아마도 1877년경에 조선에 전래되었을 것으로 추정된다. 그리고 이 책이 1887년 로베르 신부에 의해서 한글로 번역되어 활판본으로 간행된 이후 성모성월은 5월로 확정되고 널리 보급되어 갔다.[132]

한편, 박해시대 조선에서 활동하던 선교사들도 성모 마리아에 대한 돈독한 신심을 가지고 있었다. 조선교구의 초대 교구장이었던 브뤼기에르 주교는 '조선교 우에게 보낸 편지'에서 "여러분들을 천주의 보호에 맡기고 성모님과 천신과 성인들의 도우심을 구하십시오"[133]라고 말함으로써 자신의 성모 신심을 간접적으로 드러낸 바 있었다. 1836년 1월 12일 모방 신부가 변문을 떠나 조선 신도 5명과 함께 조선에의 밀입국을 시도할 때에도, "저는 ...세관을 지날 때에 어떻게 해야 된다는 것을 배웠습니다만, 제가 믿는 것은 그런 방법

---

130) AME Vol. 649, f. 625. 깔레서한 제3신 미리내에서 리브와 신부에게 1862년 10월 31일자 서한.

131) AME Vol. 579, f. 1097. Quand Mgr. était chez lui il faisait chaque année le mois de Marie et inutile de dire qu'il s'appliquait avec le plus grand soin à orner l'autel de l'auguste Mère,

132) 한편, 이때 어느 달을 성모성월로 제정했는지는 확실하지 않다. 비잔틴 전례에서는 이미 13세기부터 8월을 성모마리아의 달로 봉헌했다. 그러나 서방교회에서 17세기 말엽에 이르러 5월을 성모성월로 기념하는 사례가 나타나고 있다. 이때 나폴리의 성 글라라 성당에서는 5월 한달 동안 매일저녁 성모에게 찬미가를 바치고 성체강복을 하였다. 그리고 성모성월 신심행사는 18세기 이탈리아에서 좀더 본격적으로 시작되었고, 이 과정에서 1862년 당시 오늘날의 교회에서와 같이 이를 5월로 제정했다고 단정하기는 어렵다.

133) 달레, 위의 책, 중, 305쪽

이 아니었습니다. 저는 천주와 동정 성모께 의지하였습니다."라고[134] 말하면서 자신의 굳건한 성모신심을 고백했다.

이들의 뒤를 이어서 프랑스 파리외방선교회의 선교사들이 계속해서 입국했다. 이들에 의해서도 성모 신심은 더욱 구체적으로 실천되어 갔다. 이들은 성모 마리아를 조선교회의 주보로 모셨으며, 성모성심회를 창설했고, 성모의 축일 명칭을 따서 자신들의 사목구역을 이름지었다. 그리고 성모를 향한 기도와 의탁이 계속되었다. 즉, 1852년 다블뤼 신부와 메스트르 신부는 "교구장 페레올 주교의 병이 낫는 은혜를 얻기 위하여 원죄 없이 모태에 배이신 동정녀께 9일기도를 드렸다."[135] 다블뤼 신부도 돈독한 성모신심을 가지고 있었다.[136] 다블뤼 신부는 격무 중에도 묵주신공을 지속적으로 바치고 있었다.[137] 또한 베르뇌 주교도 성모 마리아를 '몹시 슬퍼하는 사람들의 위로자'로 표현한 바 있었다.[138] 그리고 그는 1866년 대원군과의 면담을 기다리며 "우리 주님과 착하신 성모님께 이 중대한 상황에서 나를 도와주기"를 기도했다.[139]

성모에 대한 신심과 함께 교회 창설 직후의 신도들은 성모에 대한 신심 이외에 聖人들에 대한 신심도 실천하고 있었다. 그들은 한문 서학서를 통해서 성인들의 생애에 접할 수 있었다. 예를 들면, 이승훈이 북경에서 세례를 받고 귀국할 때에도 '聖人들의 傳記'를 가져다가 이벽에게 전해주었다.[140] 신생 조선교회의 지도자들은 이를 한글로 번역해 내었다. 최창현이 번역한 책자들 가운데에는 '성인들의 전기'가 포함되어 있었다.[141] 그리고 1801년 박해 당시에는 한문본 성 안드레아(聖安德肋) 전기가 전래되어 읽히고 있었고, 성녀 칸디다, 성녀 아가타, 성녀 빅토리아의 전기가 한글로 번역되어 있었음을 확인할 수 있다.[142]

이렇게 聖人들의 傳記가 마련되어 있었으므로 교회는 신자들에게 성인전을 읽고 성인을 법받기를 권장했다. 박해시대 교회에서 널리 읽혀지던 『聖經廣益』 머리말에서는 "사람마다

---

134) 달레, 위의 책, 중, 331쪽

135) 달레, 위의 책, 하, 195쪽.

136) 달레, 위의 책, 하, 77쪽. "그에게서 특히 주목할 수 있는 것은 동정성모에 대한 그의 효성이었다......그 가족의 어떤 친구가 면회실로 그를 찾아 달라고 왔었는데 문지기가 그를 찾아내지 못하자 이렇게 변명했다고 한다. '어디 가서 찾아야 할 지 모르겠군요. 지나가다가 아마 어떤 성모의 성화를 만나서 거기 무릎을 뚫고 기도를 드리고 있겠지요.'라고."

137) 달레, 위의 책, 하, 94쪽. "(공소에 도착하면) 모든 것이 끝나면 경본을 읽고 거기에다 우리 착하신 성모 마리아를 공경하기 위하여 묵주신공을 덧붙입니다. 성모님은 이때에 여러 번 졸던 것을 용서하시기 바랍니다."

138) 달레, 위의 책, 하, 278쪽 ; 베르뇌 주교의 편지(1858. 8. 14.)

139) 달레, 위의 책, 하, 390쪽

140) 달레, 위의 책, 상, 307쪽.

141) 달레, 위의 책, 상, 315쪽.

142) 『邪學懲義』「妖畵邪書燒火記」, 387-384쪽.

성인들의 행적을 보고, 그 덕을 본받아 힘써 실천하면 성인과 같이 될 수 있다."고 씌어 있었다.[143] 이와 같은 가르침에 따라서 신도들은 성인들의 행적을 따라 배우고자 노력했다. 예를 들면, 교회 창설 초기의 신자들 가운데 하나였던 崔海斗는 평생에 聖人傳 보기를 좋아했고, 성인의 삶을 본받고자 했다.[144]

그들은 교회의 관행에 따라 세례명을 부여받았다. 李承薰은 북경에서 베드로라는 이름으로 세례를 받았다. 당시 한글로 번역되었던 한글 천주교 서적은 베드로가 '넓은 돌'이란 뜻이라고 풀어주었다. 그리스도가 반석 위에 자신의 교회를 세웠듯이, 북경의 선교사들은 새롭게 세례를 받은 이승훈이 조선교회의 반석이 되기를 소망한 결과였다.[145]

그리고 "북경에서 세례를 받은 받고 귀국한 이후 이승훈 베드로는 李檗과 權日身에게 세례성사를 주었다. 本名 선택을 되는 데로 하지는 않았다....이벽은 조선의 개종사업을 시작하며 구세주가 오시는 길을 준비하였으므로 본명을 요한 세자로 했다. 권일신은 복음전파에 헌신하기로 결심하고 동양의 사도 프란치스코 사베리오 聖人을 主保 즉 '主된 守護聖人'으로 하여 그를 모범으로 삼고 그를 보호자로 모시기로 했다."[146]

또한 丁若鍾은 "천주교가 조선에 전파되자 그것을 곧 배웠다. 그러나 그는 즉시 따르지는 않았다. 그는 이벽이 참된 길에서 빗나간다고 자주 되뇌이다가, 4-5년 뒤에야 비로소 은총의 권유에 순종했다. 그리고 자기가 그렇게 주저한 데에서 아우구스티노(Augustin) 聖人의 망설임과 비슷한 점을 발견하고서 영세할 때에 이 성인을 主保로 삼고자 했다. 교우가 되자 그는 다시는 뒤돌아보지 않고 어떤 찬사도 미칠 수 없는 열심과 항구심으로 천주교를 봉행했다."[147] 이처럼 당시의 신도들은 자신이 평생의 사표로 삼을 수 있는 성인들의 이름을 가려 뽑아 자신의 세례명을 택했다.

성인에 대한 공경의 출발점은 主保聖人에 대한 특별한 신심이었다. 중세 교회가 남겨준 유산 가운데 하나인 주보성인에 대한 신심은 1801년의 순교자 周文謨 신부도 자신의 신도들에게 강조한 바 있었다. 그리하여 尹點惠 아가타는 자기의 주보 성녀를 특별히 공경하며 같은 열심을 주위의 사람들에게 일으키기 위해 힘썼다. 윤점혜는 "나도 아가타(Agatha) 성녀처럼 순교한다면 얼마나 좋을까 하고 자주 말했는데 그의 소원이 이루어 졌다."[148] 또한 1839년 5월26일(양력) 참수된 朴士儀 안드레아(48세), 李在行 안드레아(64세), 金思健 안드레아(46세)는 "그렇게도 오랫동안 그들의 주보성인의 발자취를 따르는 데에 충실하여 신자들에게서 깊고 특별한 공경을 받았던" 인물들이었다.[149]

143) 『셩년광익』(1865.木版本),

144) 최해두, 「자책」『순교자와 증거자들』, 96쪽.

145) 달레, 상, 위의 책, 305쪽.

146) 달레, 위의 책, 상, 312쪽.

147) 달레, 위의 책, 상, 441쪽.

148) 달레, 위의 책, 상, 510쪽.

한편, 主保聖人 이외의 일반 성인에 대한 恭敬도 18세기 말엽부터 이미 나타나고 있었다. 예를 들면, 李順伊는 아가타 성녀를 특히 좋아했다.[150] 이는 그가 자신의 주보성인 이외에 다른 성인의 전기를 읽고 그를 따르려 했음을 뜻한다. 박해시대의 여성들 가운데 특히 선호했던 성녀는 로마 시대의 동정 순교자들이었다.[151] 그들은 아가타나 빅토리아 또는 골롬바 등의 동정 순교행적에 감동했다. 이러면서 그들은 정결을 소중히 여기던 당시 양반 사회의 풍습과 정결의 덕을 높이 평가하는 교회의 교리가 자연스럽게 연결되어 나갔다.

요컨대, 18세기 말엽에서 19세기 전반기 조선의 신자들은 성모 마리아에 대한 굳은 신심을 가지고 있었다. 우리의 고전을 살펴 볼 때, 조선인들은 모성적 존재에 대한 풍부한 감성을 가지고 있었다. 이러한 정서적 배경 아래서 조선인들은 성모 마리아 공경의 의미를 누구보다도 정확히 이해했다. 따라서 성모 신심은 조선인들에 의해 이 땅에서 자신의 고유한 신심으로 재창조되어 갔다. 그들은 성모신심을 통해서도 하느님을 체험하게 되었다. 한편, 초창기 한국교회에서 성모 신심이 강했던 이유 가운데 하나로는 여성의 역할에 대한 인식의 새로운 강화현상과 관련되는 측면도 있을 것이다. 그러나 무엇보다도 박해시대 조선인 신도들은 성모 마리아를 자신의 어머니로 받들었고, 보호자요 언제나 든든한 배경으로 생각하고 있었다. 그 결과로 조선인 마음속에 성모신심은 더욱 널리 자리잡게 되었다. 우리는 당시 신도들이 가지고 있었던 이 감정을 그때의 해묵은 기도문을 통해서 확인할 수 있다. 또한 당시에는 성모에 대한 신심과 더불어 성인에 대한 신심도 성행하고 있었다. 이로써 당시의 교회는 서양에서 성행했던 천주교 신앙을 自己化해가고 있었다.

5. 맺음말

조선왕조 18세기 말엽 이래 천주교도들이 가지고 있던 신심의 특성은 천주에 대한 인식, 예수에 대한 인식, 성모 마리아에 대한 인식을 통해서 드러나고 있다. 우선 그들은 보유론적 입장에서 천주에 대한 인식의 단초를 가지고 있었다. 그러나 그들이 인식했던 천주는 儒家의 上帝와는 달리 유일신임과 동시에 삼위일체적 존재로 설명되고 있었다. 그리고 천주의 창조능력에 대한 전폭적 수용이 이루어지고 있었다. 그러나 이러한 그들의 인식에 대해서 조선의 지식층 대부분은 일단 천주교의 천주가 유가의 상제와 같은 존재라는 데에는 동의하면서도, 천주가 만물을 창조했다는 주장에 대해서는 반대의 입장을 분명히

149) 달레, 위의 책, 중, 170쪽.

150) 달레, 위의 책, 사, 532쪽.

151) 趙珖, 1989. 『朝鮮後期 天主敎史 硏究』, 96쪽.

하고 있었다. 그리고 천주가 天堂地獄說의 원인으로 작용한다는 것을 부정했다. 그들은 삼위일체론과 같은 내용은 이성적 차원에서 수용되기 어려운 요소로 규정하고 있었다. 그러나 신도들은 천주에 대한 인식을 통해서 평등한 인간존재에 이해에 도달할 수 있었다.

한편, 예수에 대한 인식에 있어서도 신도들은 교회에서 가르치는 降生救贖하고 受難復活한 구세주로서 분명히 인식하고 신앙을 고백했다. 그리하여 초기 교회에서는 천주교라는 명칭 대신에 예수학 혹은 예수교로 자칭하기도 했다. 예수에 관한 이와 같은 인식은 천주가사와 같은 문학을 통해서도 형상화되어 갔고, "찬미예수"라는 신자 상호간의 인사말이 고안되어 통용되기에 이르렀다. 사실 예수에 대한 인식은 조선의 문화에서 일찍이 접한 바 없었던 독특한 관념이었다. 조선의 지적 전통에는 삼위일체론적 입장에서 전개되는 예수에 대한 인식이나, 중보자의 개념에 대한 인식의 철학적 기반이 없었지만, 조선후기의 천주교 신도들은 이를 신앙으로 받아들였고, 예수는 자신들의 생활에 있어서 새로운 典範이 되었다.

조선후기 신도들의 행태를 살펴보면, 성모 마리아에 대한 인식에 있어서도 여러 특성이 드러나고 있다. 당시 교회는 성모에 대한 합당하고 올바른 신심이 그리스도인의 삶을 풍요롭게 하고 신앙생활을 더욱 알차게 만듦으로써 하느님께 더 큰 영광을 바칠 수 있도록 도와준다고 가르쳐 왔다. 조선후기 조선의 신자들은 성모 마리아에 대한 굳은 신심을 가지고 있었다. 우리의 고전을 살펴 볼 때, 조선인들은 모성적 존재에 대한 풍부한 감성을 가지고 있었다. 그리고 부녀자의 貞潔을 강조해 왔다. 그들은 성모신심을 통해서도 천주를 체험하게 되었다. 한편, 초창기 한국교회에서 성모 신심이 강했던 이유 가운데 하나로는 여성의 역할에 대한 인식의 새로운 강화현상과 관련되는 측면도 있을 것이다. 그러나 무엇보다도 박해시대 조선인 신도들은 성모 마리아를 자신의 어머니로 받들었고, 보호자요 언제나 든든한 배경으로 생각하고 있었다. 그 결과로 조선인 마음속에 성모신심은 더욱 널리 자리잡게 되었다. 이러한 정서적 배경 아래서 조선인들은 성모 마리아 공경의 의미를 누구보다도 정확히 이해했다. 따라서 성모 신심은 조선인들에 의해 이 땅에서 자신의 고유한 신심으로 재창조되어 갔다.

저자 소개

김홍규(고려대학교 국어국문학과 교수)
민현구(고려대학교 한국사학과 교수)
조 광(고려대학교 한국사학과 교수)
정우봉(고려대학교 국어국문학과 교수)
우응순(고려대학교 민족문화연구원 연구교수)
김문용(한양대학교 연구교수)
임학성(고려대학교 민족문화연구원 연구교수)
오항녕(행정자치부 국가기록원)
이형대(고려대학교 국어국문학과 교수)
이정주(고려대학교 민족문화연구원 연구교수)
최난경(고려대학교 민족문화연구원 연구교수)
김종혁(고려대학교 민족문화연구원 연구교수)
정치영(고려대학교 민족문화연구원 연구교수)
신항수(한국교육과정평가원)

※ 이 책은 2002년 한국학술진흥재단의 지원에 의해 발간되었음.
(과제번호 : KRF-2002-074-BL1071)

컴퓨터와 인문학 15

조선시대 전자문화지도와 문화 연구

김홍규 민현구 조 광 정우봉
우응순 김문용 임학성 오항녕
이형대 이정주 최난경 김종혁
정치영 신항수

2006년 7월 20일 초판 인쇄
2006년 7월 28일 초판 발행

발행인 • 김 홍 규
발행처 • 고려대학교 민족문화연구원
등 록 • 1964. 9. 28. 제6-18호
주 소 • 서울특별시 성북구 안암동 5-1
전 화 • 3290-1610~9
FAX • 926-8385
http://ikc.korea.ac.kr

정가 15,000원